财会讲堂

一本书
读懂企业所得税汇算清缴

主　编　裴玉梅
副主编　裴　彬　裴冬梅
组　编　中华会计网校

企业管理出版社
ENTERPRISE MANAGEMENT PUBLISHING HOUSE

图书在版编目(CIP)数据

一本书读懂企业所得税汇算清缴/裴玉梅主编；中华会计网校组编. —北京：企业管理出版社，2019.3
ISBN 978-7-5164-1909-0

Ⅰ.①一… Ⅱ.①裴… ②中… Ⅲ.①企业所得税-税收管理-中国 Ⅳ.①F812.424

中国版本图书馆CIP数据核字(2019)第034945号

| 书　　名：一本书读懂企业所得税汇算清缴
| 作　　者：裴玉梅　中华会计网校
| 责任编辑：陈　静
| 书　　号：ISBN 978-7-5164-1909-0
| 出版发行：企业管理出版社
| 地　　址：北京市海淀区紫竹院南路17号　　　邮编：100048
| 网　　址：http://www.emph.cn
| 电　　话：编辑部(010)68701661　发行部(010)68701816
| 电子信箱：78982468@qq.com
| 印　　刷：三河市荣展印务有限公司
| 经　　销：新华书店
| 规　　格：787毫米×1092毫米　16开本　29印张　615千字
| 版　　次：2019年3月第1版　2019年3月第1次印刷
| 定　　价：65.00元

版权所有　翻印必究 · 印装有误　负责调换

前　言

随着企业所得税政策不断完善，税务系统"放管服"改革不断深化，税收信息化建设不断取得新突破，企业所得税汇算清缴纳税申报表承载的职能越来越多，也越来越重要。

为此，国家税务总局发布了2017年第54号公告《中华人民共和国企业所得税年度纳税申报表（A类，2017年版）》，按照"精简表单、优化结构、方便填报"的原则，对企业所得税年度申报表进行了修订。另外，为加强企业所得税税前扣除凭证管理，规范税收执法，优化营商环境，国家税务总局2018年制定了《企业所得税税前扣除凭证管理办法》（国家税务总局公告2018年第23号）。同时，为了有效落实企业所得税各项优惠政策，《国家税务总局关于发布修订后的〈企业所得税优惠政策事项办理办法〉的公告》（国家税务总局公告2018年第23号）等税收文件也陆续出台。企业所得税汇算清缴工作是一个"大工程"，面对每年更新的税收政策和多达37张的纳税申报表，会计人往往会觉得手忙脚乱，无所适从。

为使纳税人更好地理解和执行《中华人民共和国企业所得税法》，了解汇算清缴流程和企业所得税新的政策规定，及时充分享受政策红利，更加适应"营改增"给企业所得税申报带来的新变化，中华会计网校组织了具有30多年实战经验的裴玉梅老师和她的团队，编写了《一本书读懂企业所得税汇算清缴》一书，以方便广大纳税人、税务干部和从事涉税业务的社会中介机构工作人员学习查阅。

本书共分九章内容。第一章企业所得税汇算清缴；第二章应纳所得税额的计算；第三章资产的税务处理；第四章资产损失的税前扣除；第五章企业所得税法与会计准则的重要差异分析；第六章税收优惠；第七章特殊业务的所得税处理；第八章特别纳税调整；第九章企业所得税年度申报表的填写。第一章、第七章、第九章，主要由具备35年基层税务一线税收征管、纳税服务、税务稽查、纳税评估实战经验，现就职于信永中和会计师（税务师）事务所郑州分所的税务总监裴玉梅老师编写；第二章、第三章、第四章、第五章，主要由从事财税审计工作近20年的裴彬老师编写；第六章和第八章，主要由从事基层税务工作30年，有丰富的税务稽查、纳税评估等方面实战经验的裴冬梅老师编写；另外，信永中和会计师（税务师）事务所郑州分所的高级助理陆遥老师就撰写素材、撰写技术应用以及后勤保障方面也提供了大力支持。

在本书中，凡是对本章正文外的延伸内容，我们以【拓展阅读】的形式向读者展示；

借助【相关链接】的形式,将本章正文依据的相关税收文件名称及文号予以说明,方便读者查阅使用;为了方便读者对本章所讲知识点予以做题巩固,我们以【经典案例】的形式在每节后给出了经典题目,并附有有答案及详解。

由于编者水平有限,难免存在疏漏和不足之处,恳请广大读者批评指正,将意见反馈给我们,我们也会通过"正保文化"的微信公众号及时向读者推送有关政策、制度变动的相关信息。

编者

目　录

第一章　企业所得税汇算清缴 ………………………………………………… 001

　　第一节　汇算清缴概述 ……………………………………………………… 002
　　第二节　居民企业纳税人的汇算清缴办法 ………………………………… 006
　　第三节　非居民企业纳税人的汇算清缴办法 ……………………………… 013
　　本章小结 ……………………………………………………………………… 018

第二章　应纳所得税额的计算 ………………………………………………… 019

　　第一节　企业所得税收入的确认 …………………………………………… 020
　　第二节　税前扣除的项目 …………………………………………………… 035
　　第三节　税前扣除的合法凭证 ……………………………………………… 063
　　第四节　应纳税额的计算 …………………………………………………… 069
　　本章小结 ……………………………………………………………………… 088

第三章　资产的税务处理 ……………………………………………………… 089

　　第一节　资产的税务处理概述 ……………………………………………… 090
　　第二节　固定资产的税务处理 ……………………………………………… 092
　　第三节　无形资产的税务处理 ……………………………………………… 095
　　第四节　存货和其他资产的税务处理 ……………………………………… 097
　　本章小结 ……………………………………………………………………… 100

第四章　资产损失的税前扣除 ………………………………………………… 101

　　第一节　资产损失的税前扣除政策 ………………………………………… 102
　　第二节　资产损失税前扣除管理 …………………………………………… 105
　　本章小结 ……………………………………………………………………… 115

第五章　企业所得税法与会计准则的重要差异分析 ………………………… 116

　　第一节　收入的税会差异分析 ……………………………………………… 117

  第二节 有关资产的税会差异 ······ 123
  第三节 有关成本费用的税会差异 ······ 131
  本章小结 ······ 135

第六章 税收优惠 ······ 136
  第一节 税收优惠政策 ······ 137
  第二节 企业所得税优惠的后续管理 ······ 177
  本章小结 ······ 206

第七章 特殊业务的所得税处理 ······ 207
  第一节 房地产开发经营业务所得税处理 ······ 208
  第二节 企业重组业务的所得税处理 ······ 226
  第三节 政策性搬迁的税务处理 ······ 251
  本章小结 ······ 260

第八章 特别纳税调整 ······ 261
  第一节 关联业务往来及调整 ······ 262
  第二节 转让定价及其调整 ······ 276
  第三节 资本弱化及其调整 ······ 287
  第四节 特别纳税调整管理 ······ 293
  本章小结 ······ 300

第九章 企业所得税年度申报表的填写 ······ 301
  第一节 企业所得税纳税申报表概述 ······ 302
  第二节 企业所得税纳税申报表的填写方法 ······ 304
  第三节 企业所得税纳税申报表填写案例 ······ 434
  本章小结 ······ 458

第一章　企业所得税汇算清缴

随着企业所得税政策不断完善，税务系统"放管服"改革不断深化，税收信息化建设不断取得新突破，企业所得税纳税申报表所承载的职能越来越多，作用也越来越重要。例如，为确保税收政策落地见效提供有力支持，为构建现代化纳税信用体系提供重要保证，为税务机关实施风险管理提供信息来源，等等。为贯彻落实《中华人民共和国企业所得税法》及其有关政策，加强企业所得税的征收管理，落实"放管服"改革，减轻纳税人办税负担，国家税务总局于2017年12月29日发布了《中华人民共和国企业所得税年度纳税申报表（A类，2017年版）》，适用于2017年度及以后年度企业所得税汇算清缴纳税申报。

2017年版申报表遵循"精简表单、优化结构、方便填报"原则，在2014年版申报表的基础上做出了修订。《国家税务总局关于发布〈中华人民共和国企业所得税年度纳税申报表（A类，2014年版）〉的公告》（国家税务总局公告2014年第63号）、《国家税务总局关于修改企业所得税年度纳税申报表（A类，2014年版）部分申报表的公告》（国家税务总局公告2016年第3号）同时废止。纳税人应根据修订后的内容办理企业所得税汇算清缴申报，以新的企业所得税申报表，规范企业所得税汇算清缴工作。

第一节 汇算清缴概述

一、汇算清缴的定义

国税发〔2009〕79号《企业所得税汇算清缴管理办法》规定，企业所得税汇算清缴，是指纳税人自纳税年度终了之日起5个月内或实际经营终止之日起60日内，依照税收法律、法规、规章及其他有关企业所得税的规定，自行计算本纳税年度应纳税所得额和应纳所得税额，根据月度或季度预缴企业所得税的数额，确定该纳税年度应补或者应退税额，并填写企业所得税年度纳税申报表，向主管税务机关办理企业所得税年度纳税申报、提供税务机关要求提供的有关资料、结清全年企业所得税税款的行为。

拓展阅读　　　　　**企业所得税的纳税人**

(一)谁是企业所得税的纳税义务人

(1)在中华人民共和国境内，企业和其他取得收入的组织为企业所得税的纳税人(个人独资企业、合伙企业除外)。

(2)企业分为居民企业和非居民企业。

居民企业是指在中国境内成立的企业、事业单位、社会团体以及其他取得收入的组织。

非居民企业是指依照外国(地区)法律成立且实际管理机构不在中国境内，但在中国境内设立机构、场所的，或者在中国境内未设立机构、场所，但有来源于中国境内所得的企业。

(二)谁不属于企业所得税的纳税人

(1)个人独资企业：个人独资企业以投资者为纳税义务人，比照个人所得税法的"经营所得"应税项目，适用5%～35%的五级超额累进税率，计算征收个人所得税。

(2)合伙企业：合伙企业以每一个合伙人为纳税义务人，合伙企业合伙人是自然人的，缴纳个人所得税，合伙人是法人和其他组织的，缴纳企业所得税，合伙企业生产经营所得和其他所得采取"先分后税"的原则。

(3)个体工商户：个体工商户是从事工商业经营的自然人或家庭，依照个人所得税法的"经营所得"应税项目，适用5%～35%的五级超额累进税率，计算征收个人所得税。

相关链接

1. 国务院《关于个人独资企业和合伙企业征收所得税问题的通知》(国发〔2000〕16号)
2. 财政部 国家税务总局《关于合伙企业合伙人所得税问题的通知》(财税〔2008〕159号)

(三)不同类型的企业企业所得税税率的差异

(1)一般企业,企业所得税的税率为25%。

(2)符合条件的小型微利企业,减按20%的税率征收企业所得税。

(3)国家需要重点扶持的高新技术企业、经认定的技术先进型服务企业,减按15%的税率征收企业所得税。

(4)非居民企业在中国境内未设立机构、场所的,或者虽设立机构、场所但取得的所得与其所设机构、场所没有实际联系的,应当就其来源于中国境内的所得缴纳企业所得税,适用税率为20%。

二、汇算清缴的范围

《企业所得税汇算清缴管理办法》规定,凡在纳税年度内从事生产、经营(包括试生产、试经营),或在纳税年度中间终止经营活动的纳税人,无论是否在减税、免税期间,也无论盈利或亏损,均应按照企业所得税法及其实施条例和本办法的有关规定进行企业所得税汇算清缴。

根据《国家税务总局关于印发〈跨地区经营汇总纳税企业所得税征收管理办法〉的公告》(2012年第57号)的规定,跨地区经营汇总纳税企业的分支机构也应按规定进行年度纳税申报,按照总机构计算分摊的应缴应退税款,就地办理税款缴库或退库。

三、需要进行企业所得税汇算清缴的企业

(1)实行查账征收的居民纳税人。
(2)实行企业所得税核定应税所得率征收方式的纳税人。
(3)按《公司法》《企业破产法》等规定需要进行清算的企业。
(4)企业重组中需要按清算处理的企业。

注意:实行核定定额征收企业所得税的纳税人,不进行汇算清缴。

相关链接

1. 国税发〔2009〕79号《企业所得税汇算清缴管理办法》
2. 国家税务总局 关于印发《企业所得税核定征收办法》(试行)的通知(国税发〔2008〕30号)

拓展阅读　采用核定应税所得率征收方式的企业在年度终了后是否需要进行汇算清缴

国家税务总局关于印发《企业所得税核定征收办法》(试行)的通知(国税发〔2008〕30号)规定:(1)主管税务机关根据纳税人应纳税额的大小确定纳税人按月或者按季预缴,年终汇算清缴。预缴方法一经确定,一个纳税年度内不得改变。(2)纳税人年度终了后,在规定的时限内按照实际经营额或实际应纳税额向税务机关申报纳税。申报额超过核定经营额或应纳税额的,按申报额缴纳税款。申报额低于核定经营额或应纳税额的,按核定经营额或应纳税额缴纳税款。

根据上述规定,采用核定应税所得率征收方式的企业在年度终了后也需要进行汇算清缴。

四、企业所得税汇算清缴的时间要求

(1)企业所得税按纳税年度计算。纳税年度自公历1月1日起至12月31日止。企业应当自年度终了之日起5个月内,向税务机关报送年度企业所得税纳税申报表,并汇算清缴,结清应缴应退税款。(《中华人民共和国企业所得税法》第五十四条)

(2)企业在一个纳税年度中间开业,或者终止经营活动,使该纳税年度的实际经营期不足12个月的,应当以其实际经营期为一个纳税年度。

(3)企业依法清算时,应当以清算期间作为一个独立的纳税年度。(《中华人民共和国企业所得税法》第五十三条)纳税人在年度中间发生解散、破产、撤销等终止生产经营情形,需进行企业所得税清算的,应在清算前报告主管税务机关,并自实际经营终止之日起60日内进行汇算清缴,结清应缴应退企业所得税款。

(4)纳税人有其他情形依法终止纳税义务的,应当自停止生产、经营之日起60日内,向主管税务机关办理当期企业所得税汇算清缴。

拓展阅读　企业注销时的企业所得税清算

依据财税〔2009〕60号"财政部 国家税务总局关于企业清算业务企业所得税处理若

干问题的通知"和国税函〔2009〕684号"关于企业清算所得税有关问题的通知"规定，企业注销时，涉及两个纳税年度的企业所得税清算。

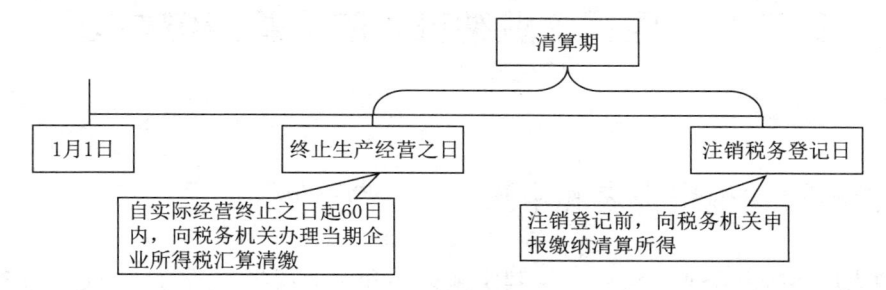

```
                          清算期
         ┌─────────────────┼─────────────────┐
       1月1日          终止生产经营之日      注销税务登记日
                    自实际经营终止之日起60日    注销登记前，向税务机关申
                    内，向税务机关办理当期企    报缴纳清算所得
                    业所得税汇算清缴
```

（1）企业在办理注销税务登记之前，应先就实际经营期（纳税年度中间终止经营活动的）作为一个纳税年度，向税务机关办理当年度经营期企业所得税汇算清缴。

（2）应就清算期作为一个纳税年度，将清算期企业所得税清算情况，向税务机关办理企业清算所得税的纳税申报。

经典案例

1. 根据企业所得税有关规定，下列各项中，不需要进行企业所得税汇算清缴的纳税人的是（   ）。

A. 国有企业　　　　　　　　　　B. 外商投资企业
C. 个人独资企业　　　　　　　　D. 股份制企业

【参考解答】C

《企业所得税法》"第一条　在中华人民共和国境内，企业和其他取得收入的组织（以下统称企业）为企业所得税的纳税人，依照本法的规定缴纳企业所得税。个人独资企业、合伙企业不适用本法。"

2. 按照企业所得税法和实施条例规定，下列各项中属于居民企业的有（   ）。

A. 在江苏省工商局登记注册的企业
B. 在日本注册但实际管理机构在南京的日资独资企业
C. 在美国注册的企业设在苏州的办事处
D. 在江苏省注册但在中东开展工程承包的企业

【参考解答】ABD

《企业所得税法》第二条规定，企业分为居民企业和非居民企业。

所称居民企业，是指依法在中国境内成立，或者依照外国（地区）法律成立但实际管理机构在中国境内的企业。比如选项ABD。

所称非居民企业，是指依照外国（地区）法律成立且实际管理机构不在中国境内，但在中国境内设立机构、场所的，或者在中国境内未设立机构、场所，但有来源于中国境内所得的企业。比如选项C。

第二节 居民企业纳税人的汇算清缴办法

一、填写纳税申报表和申报

纳税人应当按照企业所得税法及其实施条例和企业所得税的有关规定，正确计算应纳税所得额和应纳所得税额，如实、正确填写企业所得税年度纳税申报表及其附表，完整、及时报送相关资料，并对纳税申报的真实性、准确性和完整性负法律责任。

二、汇算清缴需要填报的资料

（1）企业所得税申报表。

实行查账征收企业所得税的居民企业纳税人报送《中华人民共和国企业所得税年度纳税申报表（A类，2017年版）》。[国家税务总局公告2017年第54号 国家税务总局关于发布《中华人民共和国企业所得税年度纳税申报表（A类，2017年版）》的公告]

实行核定征收企业所得税的居民企业纳税人报送《中华人民共和国企业所得税月（季）度预缴和年度纳税申报表》（B类，2018年版）。[国家税务总局公告2018年第26号 国家税务总局关于发布《中华人民共和国企业所得税月（季）度预缴纳税申报表（A类，2018年版）》等报表的公告]

（2）财务报表。包括资产负债表、利润表、现金流量表、附注。

（3）委托中介机构代理纳税申报的，应出具双方签订的代理合同，并附送中介机构出具的包括纳税调整的项目、原因、依据、计算过程、调整金额等内容的报告。

（4）跨省、自治区、直辖市和计划单列市汇总纳税企业还须报送下列资料。

1）跨地区汇总纳税总机构报送《中华人民共和国企业所得税年度纳税申报表（A类，2017年版）》外，同时报送《企业所得税汇总纳税分支机构所得税分配表》和各分支机构的年度财务报表、各分支机构参与企业年度纳税调整情况的说明。

2）执行《跨地区经营汇总纳税企业所得税征收管理办法》（国家税务总局公告2012年第57号发布）的跨地区经营汇总纳税企业的分支机构，使用《中华人民共和国企业所得税月（季）度预缴纳税申报表（A类，2018年版）》进行月度、季度预缴申报和年度汇算清缴申报。[国家税务总局公告2018年第26号 国家税务总局关于发布《中华人民共和国企业所得税月（季）度预缴纳税申报表（A类，2018年版）》等报表的公告]

汇算清缴申报时分支机构还应报送经总机构所在地主管税务机关受理的《中华人民

共和国汇总纳税企业分支机构所得税分配表》、分支机构的年度财务报表(或年度财务状况和营业收支情况)和分支机构参与企业年度纳税调整情况的说明。

(5)享受企业所得税优惠的纳税人,根据国家税务总局公告2018年第23号《企业所得税优惠政策事项办理办法》规定,企业所得税优惠事项全部采用"自行判别、申报享受、相关资料留存备查"的办理方式。企业在年度纳税申报及享受优惠事项前无须再履行备案手续、报送《企业所得税优惠事项备案表》《汇总纳税企业分支机构已备案优惠事项清单》和享受优惠所需要的相关资料,原备案资料全部作为留存备查资料,保留在企业,以备税务机关后续核查时根据需要提供。

但享受软件和集成电路产业优惠的,依据《财政部 国家税务总局 发展改革委 工业和信息化部 关于软件和集成电路产业企业所得税优惠政策有关问题的通知》(财税〔2016〕49号)规定,在汇算清缴期结束前需向税务机关提交以下资料。

1)企业开发销售的主要软件产品列表或技术服务列表。

2)主营业务为软件产品开发的企业,提供至少一个主要产品的软件著作权或专利权等自主知识产权的有效证明文件,以及第三方检测机构提供的软件产品测试报告;主营业务仅为技术服务的企业提供核心技术说明。

3)企业职工人数、学历结构、研究开发人员及其占企业职工总数的比例说明,以及汇算清缴年度最后一个月社会保险缴纳证明等相关证明材料。

4)经具有资质的中介机构鉴证的企业财务会计报告(包括会计报表、会计报表附注和财务情况说明书)以及软件产品开发销售(营业)收入、软件产品自主开发销售(营业)收入、研究开发费用、境内研究开发费用等情况说明。

5)与主要客户签订的一至两份代表性的软件产品销售合同或技术服务合同复印件。

6)企业开发环境相关证明材料。

(6)企业重组业务适用特殊性税务处理的,除财税〔2009〕59号文件第四条第一项所称企业发生其他法律形式简单改变情形外,重组各方应在该重组业务完成当年,办理企业所得税年度申报时,分别向各自主管税务机关报送《企业重组所得税特殊性税务处理报告表及附表》,并说明企业重组具有合理的商业目的,准确记录应予确认的债务重组所得或资产(股权)转让收益总额,在相应年度的企业所得税汇算清缴时,对当年确认额及分年结转额的情况做出说明。

适用特殊性税务处理的企业,在以后年度转让或处置重组资产(股权)的,应在年度纳税申报时对资产(股权)转让所得或损失情况进行专项说明,着重说明特殊性税务处理时确定的重组资产(股权)计税基础与转让或处置时的计税基础的对比情况(变化及原因),还要说明递延所得税负债的处理情况。非货币资产投资和企业重组报送表单资料具体如表1-1所示。

表 1-1　非货币资产投资和企业重组报送表单资料

序号	报送表单资料		报送条件(企业)	参照文件
1	《非货币性资产投资递延纳税调整明细表》		发生非货币性资产转让的企业，在所得递延确认期间	财税〔2014〕116号
2	《企业重组所得税特殊性税务处理报告表》及各类明细表、附报的资料	《企业重组所得税特殊性税务处理报告表(债务重组)》	企业重组业务适用特殊性税务处理的企业，除财税〔2009〕59号文件第四条第(一)项所称企业发生其他法律形式简单改变情形外，重组各方应在该重组业务完成当年进行申报	国家税务总局公告〔2015〕第48号
		《企业重组所得税特殊性税务处理报告表(股权收购)》		
		《企业重组所得税特殊性税务处理报告表(资产收购)》		
		《企业重组所得税特殊性税务处理报告表(企业合并)》		
		《企业重组所得税特殊性税务处理报告表(企业分立)》		

(7)涉及政策性搬迁业务的，依据《企业政策性搬迁所得税管理办法》(国家税务总局公告〔2012〕40号)的要求，企业应自搬迁开始年度，至次年5月31日前，向主管税务机关报送政策性搬迁依据、搬迁规划等相关材料，包括：

1)政府搬迁文件或公告、搬迁重置总体规划、拆迁补偿协议、资产处置计划。

2)企业搬迁完成当年应同时报送《企业政策性搬迁清算损益表》及相关材料。

3)汇缴申报时报送《政策性搬迁纳税调整明细表》的，无须重复报送《企业政策性搬迁清算损益表》。

(8)房地产开发企业在开发产品完工当年度，下列资料(表1-2)随同企业所得税年度纳税申报表一并报送主管税务机关。

表 1-2　房地产开发企业在开发产品完工当年度报送的相关资料

序号	报送表单资料	参照文件
1	房地产开发企业应依据计税成本对象确定原则确定已完工开发产品的成本对象，并就确定原则、依据，共同成本分配原则、方法，以及开发项目基本情况、开发计划等出具专项报告	国家税务总局公告2014年第35号
2	房地产开发产品实际毛利额与预计毛利额之间差异调整情况的报告	国税发〔2009〕31号

房地产开发企业将已确定的成本对象报送主管税务机关后，不得随意调整或相互混淆。如确需调整成本对象的，应就调整的原因、依据和调整前后成本变化情况等出具专项报告，在调整当年企业所得税年度纳税申报时报送主管税务机关。

(9)涉及关联业务往来的纳税人应报送《中华人民共和国企业年度关联业务往来报告表》。

①根据《企业所得税法》第四十三条第一款的规定，企业向税务机关报送年度企业所得税纳税申报表时，应当就其与关联方之间的业务往来，附送《企业年度关联业务往

来报告表》。

②依据国家税务总局公告2016年第42号"关于完善关联申报和同期资料管理有关事项的公告"规定，实行查账征收的居民企业和在中国境内设立机构、场所并据实申报缴纳企业所得税的非居民企业向税务机关报送年度企业所得税纳税申报表时，应当就其与关联方之间的业务往来进行关联申报，附送《中华人民共和国企业年度关联业务往来报告表（2016年版）》。

（10）涉及境外所得税收抵免的，依据《国家税务总局关于发布〈企业境外所得税收抵免操作指南〉的公告》（国家税务总局公告〔2010〕1号）和《国家税务总局关于企业境外承包工程税收抵免凭证有关问题的公告》（国家税务总局公告〔2017〕41号）的要求报送相关资料。

1）企业申报抵免境外所得税收时应向其主管税务机关提交如下书面资料。

①与境外所得相关的完税证明或纳税凭证（原件或复印件）。

②不同类型的境外所得申报税收抵免还需分别提供：

a. 取得境外分支机构的营业利润所得需提供境外分支机构会计报表；境外分支机构所得依照中国境内企业所得税法及实施条例的规定计算的应纳税额的计算过程及说明资料；具有资质的机构出具的有关分支机构审计报告等。

b. 取得境外股息、红利所得需提供集团组织架构图；被投资公司章程复印件；境外企业有权决定利润分配的机构做出的决定书等。

c. 取得境外利息、租金、特许权使用费、转让财产等所得需提供依照中国境内企业所得税法及实施条例规定计算的应纳税额的资料及计算过程；项目合同复印件等。

③申请享受税收饶让抵免的还需提供：

a. 本企业及其直接或间接控制的外国企业在境外所获免税及减税的依据及证明或有关审计报告披露该企业享受的优惠政策的复印件。

b. 企业在其直接或间接控制的外国企业的参股比例等情况的证明复印件。

c. 间接抵免税额或者饶让抵免税额的计算过程。

d. 由本企业直接或间接控制的外国企业的财务会计资料。

④采用简易办法计算抵免限额的还需提供：

取得境外分支机构的营业利润所得需提供企业申请及有关情况说明；来源国（地区）政府机关核发的具有纳税性质的凭证和证明复印件；取得符合境外税额间接抵免条件的股息所得需提供企业申请及有关情况说明；符合企业所得税法第二十四条条件的有关股权证明的文件或凭证复印件。

以上提交备案资料使用非中文的，企业应同时提交中文译本复印件。上述资料已向税务机关提供的，可不再提供；上述资料若有变更的，须重新提供；复印件须注明与原件一致，译本须注明与原本无异议，并加盖企业公章。

（3）企业境外承包工程税收抵免凭证（见表1-3）。

表 1-3 企业境外承包工程税收抵免凭证

序号	纳税、抵免主体	备案内容		税务管理	政策依据
1	总承包企业作为境外纳税主体	应就其在境外缴纳的企业所得税税额，填制《境外承包工程项目完税凭证分割单（总分包方式）》后提交主管税务机关备案，并将以下资料留存备查	总承包企业与境外发包方签订的总承包合同	总承包企业或联合体主导方企业应按项目分别建立分割单台账，准确记录境外所得缴纳税额分配情况	国家税务总局公告2017年第41号"关于企业境外承包工程税收抵免凭证有关问题的公告"
			总承包企业与分包企业签订的分包合同，如建设项目再分包的，还需留存备查分包企业与再分包企业签订的再分包合同		
			总承包企业境外所得相关完税证明或纳税凭证		
			境外所得缴纳的企业所得税税额按收入、工作量等因素确定的合理比例分配的计算过程及相关说明		
2	联合体作为境外纳税主体	应就其在境外缴纳的企业所得税税额，由主导方企业填制《境外承包工程项目完税凭证分割单（联合体方式）》后提交主管税务机关备案，并将以下资料留存备查	联合体与境外发包方签订的工程承包合同		
			各方企业组建联合体合同或协议		
			联合体境外所得相关完税证明或纳税凭证		
			境外所得缴纳的企业所得税税额按收入、工作量等因素确定的合理比例分配的计算过程及相关说明		
3	分包企业或联合体各方企业申报抵免时	应将《分割单（总分包方式）》或《分割单（联合体方式）》复印件提交主管税务机关备案		总承包企业、分包企业、联合体各方企业主管税务机关之间建立复核制度和信息交换制度	

三、汇算清缴的补救措施

纳税人因不可抗力，不能在汇算清缴期内办理企业所得税年度纳税申报或备齐企业所得税年度纳税申报资料的，应按照税收征管法及其实施细则的规定，申请办理延期纳税申报。

纳税人在汇算清缴期内发现当年企业所得税申报有误的，可在汇算清缴期内对已申报内容进行更正，重新办理企业所得税年度纳税申报，也叫"更正申报"。

申报期后(每年的 5 月 31 日之后)，由于纳税人自查、主管税务机关评估等发现以前年度申报有误而需要更改申报的，可以进行"补充申报"。

应注意：不管是"更正申报"还是"补充申报"，都应当全套报表重新填写申报，而不能只申报修改内容所涉及的报表。

四、税款汇算缴纳和退税

纳税人在纳税年度内预缴企业所得税税款少于应缴企业所得税税款的，应在汇算清缴期内结清应补缴的企业所得税税款。

预缴税款超过应纳税款的，主管税务机关应及时按有关规定办理退税，或者经纳税人同意后抵缴其下一年度应缴企业所得税税款。

纳税人因有特殊困难，不能在汇算清缴期内补缴企业所得税款的，应按照税收征管法及其实施细则的有关规定，办理申请延期缴纳税款手续。

五、法律责任

1. 纳税人应当在规定的期限内进行汇算清缴

未按照规定期限办理纳税申报和报送纳税资料的，依据《税收征收管理法》第六十二条规定，由税务机关责令限期改正，可以处 2000 元以下的罚款；情节严重的，可以处 2000 元以上 10000 元以下的罚款。

2. 纳税人应当如实、正确填写有关年度报表，并对纳税申报的真实性、准确性和完整性负法律责任

(1)纳税人进行虚假纳税申报的，依据《税收征收管理法》第六十三条规定认定为偷税。对纳税人偷税的，由税务机关追缴其不缴或者少缴的税款、滞纳金，并处不缴或者少缴的税款 50%以上 5 倍以下的罚款；构成犯罪的，依法追究刑事责任。

(2)依据《税收征收管理法》第六十四条规定，纳税人编造虚假计税依据的，由税务机关责令限期改正，并处 50000 元以下的罚款。

纳税人不进行纳税申报，不缴或者少缴应纳税款的，由税务机关追缴其不缴或者少缴的税款、滞纳金，并处不缴或者少缴的税款 50%以上 5 倍以下的罚款。

拓展阅读　企业所得税汇算清缴税收政策风险提示服务

一、政策依据

依据国家税务总局公告 2017 年第 10 号"关于为纳税人提供企业所得税税收政策风

险提示服务有关问题的公告"，实行查账征收企业所得税的纳税人，通过网络申报平台办理企业所得税汇算清缴时，可以进行"企业所得税汇算清缴税收政策风险提示服务"，这项服务自2017年5月份开始至今，一直持续进行中。

二、"风险提示服务"的含义

所称"企业所得税汇算清缴税收政策风险提示服务"（简称"风险提示服务"），是指税务机关依据现行税收法律法规及相关管理规定，深入挖掘已经掌握的税务登记信息、纳税申报信息、财务会计信息、备案资料信息、第三方涉税信息等内在规律和联系，建立企业所得税政策遵从风险指标体系，并将其内嵌于"金税三期"征管系统，在纳税人完成纳税申报表填报、正式申报纳税前，对其申报数据实施扫描，并将扫描结果和疑点信息及时推送纳税人，指导纳税人正确理解、遵从税法规定，正确计算应纳税款，减少纳税风险。

"风险提示服务"是税务机关为了转变税收征管方式，提升纳税服务水平，让纳税人多跑"网路"，少跑马路而推出的一项便民措施。是税务机关在纳税人正式进行企业所得税年度纳税申报前，就申报数据的合理性、税收与财务的关联性、税款计算的逻辑性等税收风险提供的一项服务，以帮助其防范和降低税收风险。享受这项风险提示服务的对象，只限于查账征收且通过互联网进行纳税申报的居民企业所得税纳税人。

税务机关反馈的提示信息，不改变纳税人依法自行计算和申报应纳税额、享受法定权益、承担法律责任的权利和义务，只是作为企业查找风险的参考，并不作为认定纳税申报表存在问题的直接依据。另外，即使风险提示服务没有显示问题，也并不代表这次纳税申报就一定是准确的。

"风险提示服务"是税务机关提供的一项服务措施，是否选择接受服务，是纳税人的自愿行为。严禁强制纳税人接受服务，也不得以提供此项服务为名，向纳税人收取或变相收取费用。

三、"风险提示服务"的操作

纳税人通过互联网在网络申报平台上，填报《企业所得税年度纳税申报表》并提交税务机关时，系统将会提供前文所述的相关提示。纳税人可以根据自身的情况，自愿决定是否接受此项服务。

（1）如果您选择了接受"风险提示服务"，系统即对您提交的相关申报数据和信息进行风险扫描，只需在申报页面稍稍等待（一般在30秒以内），即可收到提示信息。如果风险预警扫描通过，税务机关直接受理申报；如果风险预警扫描不通过，系统会弹出异常数据提示框，提示框内会显示具体的异常数据事项。

对于看到的风险提示信息，您可以自行确定是否调整、修改、补充数据或信息，当您完成风险提示信息修正后，可以再次选择"政策风险提示"，查看是否已经处理风险提示问题，您可以多次选择接受税收政策风险提示服务，直至认为自身不存在涉税风险；当然，您也可以在中途不考虑所提示的信息（忽略异常数据提示），直接进入纳税申报程序。

（2）如果您选择不接受该项服务，可以直接进入纳税申报程序。直接点击"继续申报"按钮；或选择"直接申报(不进行所得税汇算清缴税收政策风险提示)"，再点击"确定"，之后会直接跳过所得税汇算清缴税收政策风险提示步骤，按照原申报流程继续操作。

经典案例

根据企业所得税法的规定，下列说法中不正确的有（　　）。

A. 企业自年度终了之日起4个月内，向税务机关报送年度企业所得税纳税申报表，并汇算清缴，结清应缴应退税款

B. 企业在年度中间终止经营活动的，应当自实际经营终止之日起30日内，向税务机关办理当期企业所得税汇算清缴

C. 企业应当自清算结束之日起15日内，向主管税务机关报送企业所得税纳税申报表，并结清税款

D. 企业所得税按年计征，分月或者分季预缴，年终汇算清缴，多退少补

【参考解答】AB

（1）《企业所得税法》第五十三条规定，企业所得税按纳税年度计算。纳税年度自公历每年1月1日起至每年12月31日止。

企业在一个纳税年度中间开业，或者终止经营活动，使该纳税年度的实际经营期不足12个月的，应当以其实际经营期为一个纳税年度。

企业依法清算时，应当以清算期间作为一个纳税年度。

第五十四条规定，企业所得税分月或者分季预缴。企业应当自年度终了之日起5个月内，向税务机关报送年度企业所得税纳税申报表，并汇算清缴，结清应缴应退税款。

（2）《国家税务总局关于企业清算所得税有关问题的通知》（国税函〔2009〕684号）的规定：企业清算时，应当以整个清算期间作为一个纳税年度，依法计算清算所得及其应纳所得税。企业应当自清算结束之日起15日内，向主管税务机关报送企业清算所得税纳税申报表，结清税款。

因此，根据上述税法规定，判定A、B说法不正确。

第三节　非居民企业纳税人的汇算清缴办法

鉴于非居民企业纳税人的特殊性，根据《中华人民共和国企业所得税法》及其实施

条例，国家税务总局专门出台了国税发〔2009〕6号《非居民企业所得税汇算清缴管理办法》，以规范非居民企业所得税汇算清缴工作。为提高汇算清缴工作质量，国家税务总局制定颁布了《非居民企业所得税汇算清缴工作规程》（国税发〔2009〕11号）文件。

一、汇算清缴对象

依照外国（地区）法律成立且实际管理机构不在中国境内，但在中国境内设立机构、场所的非居民企业，无论盈利或者亏损，均应按照企业所得税法及相关文件规定，参加年度企业所得税汇算清缴。

非居民企业具有下列情形之一的，可不参加当年度的所得税汇算清缴：

（1）临时来华承包工程和提供劳务不足1年，在年度中间终止经营活动，且已经结清税款。

（2）汇算清缴期内已办理注销。

二、申报和汇算清缴

（一）年度申报表

非居民企业必须使用《国家税务总局关于发布〈中华人民共和国非居民企业所得税年度纳税申报表〉等报表的公告》（国家税务总局公告2015年第30号）中规定的报表：

（1）对据实申报企业，适用《中华人民共和国非居民企业所得税年度纳税申报表》。

（2）对核定征收企业或不构成常设机构和国际运输免税申报，适用《中华人民共和国非居民企业所得税季度和年度纳税申报表》进行年度申报。

非居民企业应及时、准确办理年度申报，避免出现非居民纳税人错误填报居民企业所得税申报表的情况。

（二）需要报送的资料

非居民企业办理所得税年度申报时，应当如实填写和报送下列报表、资料。

（1）年度企业所得税纳税申报表及其附表。

（2）年度财务会计报告。

非居民企业通过网上申报方式提交年度企业所得税纳税申报表及其附表的，可以不重复提供纸质资料。

（三）申报流程

非居民企业可以到申报大厅或在网上进行年度申报。

非居民企业申报年度所得税后，经主管税务机关审核，需补缴或退还所得税的，应在收到主管税务机关送达《非居民企业所得税汇算清缴涉税事宜通知书》后，按规定时限将税款补缴入库，或按照主管税务机关要求办理退税手续。

拓展阅读　主管税务机构受理非居民纳税人提交的汇算清缴资料后，汇算清缴的处理

主管税务机关应在年度终了之日起5个月内完成企业年度所得税纳税申报表及有关资料的受理、审核以及办理处罚、税款的补(退)手续。

(1)资料受理。主管税务机关接到企业的年度所得税纳税申报表和有关资料后，应检查企业报送的资料是否齐全，如发现企业未按规定报齐有关附表、文件等资料，应责令限期补齐；对填报项目不完整的，应退回企业并责令限期补正。

(2)资料审核。对企业报送的有关资料，主管税务机关应就以下几个方面内容进行审核。

1)企业年度所得税纳税申报表及其附表与年度财务会计报告的数字是否一致，各项目之间的逻辑关系是否对应，计算是否正确。

2)企业是否按规定结转或弥补以前年度亏损额。

3)企业是否符合税收减免条件。

4)企业在中国境内设立两个或者两个以上机构、场所，选择由其主要机构、场所汇总缴纳企业所得税的，是否经税务机关审核批准，以及各机构、场所账表所记载涉及计算应纳税所得额的各项数据是否准确。

5)企业有来源于中国境外的应纳税所得额的，境外所得应补企业所得税额是否正确。

6)企业已预缴税款填写是否正确。

(3)结清税款。主管税务机关应结合季度所得税申报表及日常征管情况，对企业报送的年度申报表及其附表和其他有关资料进行初步审核，在5月31日前，对应补缴所得税、应办理退税的企业发送《非居民企业所得税汇算清缴涉税事宜通知书》，并办理税款多退少补事宜。

(4)实施处罚。主管税务机关对企业未按《非居民企业所得税汇算清缴管理办法》的规定办理年度所得税申报，应按照规定实施处罚；必要时发送《非居民企业所得税应纳税款核定通知书》，核定企业年度应纳税额，责令其缴纳。

(5)企业因特殊原因，不能在规定期限内办理年度所得税申报，应当在年度终了之日起5个月内，向主管税务机关提出延期申报申请。主管税务机关批准后，可以适当延长申报期限。

(6)企业委托中介机构代理年度企业所得税纳税申报的，应附送委托人签章的委托书原件。

(7)经批准采取汇总申报缴纳所得税的企业，其履行汇总纳税的机构、场所(以下简称汇缴机构)，应当于每年5月31日前，向汇缴机构所在地主管税务机关索取《非居民企业汇总申报企业所得税证明》(以下称为《汇总申报纳税证明》)；企业其他机构、

场所(以下简称其他机构)应当于每年6月30前将《汇总申报纳税证明》及其财务会计报告送交其所在地主管税务机关。

在上述规定期限内,其他机构未向其所在地主管税务机关提供《汇总申报纳税证明》,且又无汇缴机构延期申报批准文件的,其他机构所在地主管税务机关应负责检查核实或核定该其他机构应纳税所得额,计算征收应补缴税款并实施处罚。

(8)企业补缴税款确因特殊困难需延期缴纳的,按税收征管法及其实施细则的有关规定办理。

(9)企业在所得税汇算清缴期限内,发现当年度所得税申报有误的,应当在年度终了之日起5个月内向主管税务机关重新办理年度所得税申报。

(10)企业报送报表期限的最后1日是法定休假日的,以休假日期满的次日为期限的最后1日;在期限内有连续3日以上法定休假日的,按休假日天数顺延。

三、法律责任

企业未按规定期限办理年度所得税申报,且未经主管税务机关批准延期申报,或报送资料不全、不符合要求的,应在收到主管税务机关送达的《责令限期改正通知书》后按规定时限补报。

企业未按规定期限办理年度所得税申报,且未经主管税务机关批准延期申报的,主管税务机关除责令其限期申报外,可按照税收征管法的规定处以2000元以下的罚款,逾期仍不申报的,可处以2000元以上10000元以下的罚款,同时核定其年度应纳税额,责令其限期缴纳。企业在收到主管税务机关送达的《非居民企业所得税应纳税款核定通知书》后,应在规定时限内缴纳税款。

企业未按规定期限办理所得税汇算清缴,主管税务机关除责令其限期办理外,对发生税款滞纳的,按照税收征管法的规定,加收滞纳金。

企业同税务机关在纳税上发生争议时,依照税收征管法相关规定执行。

拓展阅读 企业(居民企业、非居民企业)所得税汇算清缴培训辅导和纳税咨询渠道

纳税人应如实、准确填报年度纳税申报表及其附表,并对纳税申报的真实性、准确性和完整性承担责任。为帮助纳税人做好汇算清缴申报及相关资料报送工作,提升纳税服务水平,国家税务总局、各省、市、区税务局都提供很多培训辅导和纳税咨询渠道,纳税人可根据实际需要进行选择:

(一)培训辅导

(1)各级税务机关制作了关于年度纳税申报表(A类)修订及填报的培训视频,纳税

人可通过税务局网站"纳税人学堂"在线或下载收看。

(2)各区(市)税务局也会开展汇算清缴相关培训辅导工作,纳税人可根据各区(市)税务局通告的培训时间和培训地点参加主管税务机关组织的培训辅导。

(二)纳税咨询

(1)纳税人对汇算清缴事项有疑问,可通过主管税务机关办税服务厅咨询台、咨询电话进行咨询。

(2)纳税人对汇算清缴政策有疑问,可通过12366纳税服务热线、税务机关网站纳税咨询栏目、手机税税通咨询建议版块等渠道向12366进行咨询,或通过各省市税务局网站在线访谈"企业所得税汇算清缴专题"实时咨询涉税问题。

(三)实操培训与辅导

(1)购买由"中华会计网校"组编,裴玉梅主编的《一本书读懂企业所得税汇算清缴》(本书)系统学习。

(2)参加"中华会计网校"网上或线下《一本书读懂企业所得税汇算清缴》的实操培训与辅导。

经典案例

国家税务总局公告2017年第54号发布了《中华人民共和国企业所得税年度纳税申报表(A类,2017年版)》及填报说明,该年报和填表说明适用于"非居民企业"年度企业所得税汇算清缴填报吗?

【参考解答】不适用。

《中华人民共和国企业所得税年度纳税申报表(A类,2017年版)》封面填报说明中明确,《中华人民共和国企业所得税年度纳税申报表(A类,2017年版)》适用于实行查账征收企业所得税的居民企业纳税人填报。

非居民企业使用《国家税务总局关于发布〈中华人民共和国非居民企业所得税年度纳税申报表〉等报表的公告》(国家税务总局公告2015年第30号)中规定的《中华人民共和国非居民企业所得税年度纳税申报表(适用于据实申报企业)》《中华人民共和国非居民企业所得税季度和年度纳税申报表(适用于核定征收企业)/(不构成常设机构和国际运输免税申报)》进行年度申报。

非居民企业应及时、准确办理年度申报,避免出现非居民纳税人错误填报居民企业所得税申报表的情况。

本章小结

本章从汇算清缴的定义入手，全面系统地介绍了我国居民纳税人和非居民纳税人的汇算清缴程序、提交资料、申报要求、税款解缴和期限，以及纳税人违反汇算清缴规定的罚则。

作为纳税人，要区分居民和非居民纳税身份，分别确定是适用《企业所得税汇算清缴管理办法》还是适用《非居民企业纳税人的汇算清缴管理办法》，避免出现非居民纳税人错误填报居民企业所得税申报表的情况。

对居民纳税人，填报《中华人民共和国企业所得税年度纳税申报表(A类，2017年版)》或《中华人民共和国企业所得税月(季)度预缴和年度纳税申报表》(B类，2018年版)。

对非居民纳税人，填报《中华人民共和国非居民企业所得税年度纳税申报表》或《中华人民共和国非居民企业所得税季度和年度纳税申报表》。

通过【拓展阅读】给大家介绍了"企业所得税汇算清缴税收政策风险提示服务"的内容、操作步骤及法律风险责任，以便了解更多汇算清缴方面的相关最新资讯。

第二章　应纳所得税额的计算

企业所得税汇算清缴工作是一个"大工程"，面对每年更新的税收政策和多达37张的纳税申报表，会计人往往会觉得手忙脚乱，无所适从。

其实，汇算清缴的本质原因是会计处理与税法的差异，汇算清缴的核心就是应纳所得税额的计算。按照税法的规定，在会计利润的基础上进行纳税调整，计算出应纳税所得额，应纳税所得额乘以适用税率，减除依照税法规定关于税收优惠的减免和抵免的税额后的余额，即为应纳所得税额。

实务中，我们可以按照填报《企业所得税年度纳税申报表》的顺序，按照《企业所得税法》及其实施条例对收入和扣除项目及相关税收优惠的规定，逐步计算出应纳所得税额。

确定扣除项目的金额时，必须取得合法的税前扣除凭证，才能税前扣除，这对企业的会计管理和财务管理提出了很高的要求。2018年6月，国家税务总局发布了《企业所得税税前扣除凭证管理办法》，这对减轻纳税人的办税负担、加强企业自身财务管理和内控管理、保障了纳税人合法权益、规范税收执法都具有深远的意义。

第一节　企业所得税收入的确认

一、收入总额

《企业所得税法》第六条规定，企业以货币形式和非货币形式从各种来源取得的收入为收入总额，包括：销售货物收入，提供劳务收入，转让财产收入，股息、红利等权益性投资收益，利息收入，租金收入，特许权使用费收入，接受捐赠收入，其他收入。

企业取得收入的货币形式，包括现金、存款、应收账款、应收票据、准备持有至到期的债券投资以及债务的豁免等；企业取得收入的非货币形式，包括固定资产、生物资产、无形资产、股权投资、存货、不准备持有至到期的债券投资、劳务以及有关权益等，这些非货币资产应当按照公允价值确定收入额，公允价值是指按照市场价格确定的价值。

（一）一般收入的确认

1. 销售货物收入

销售货物收入是指企业销售商品、产品、原材料、包装物、低值易耗品以及其他存货取得的收入。

2. 劳务收入

劳务收入是指企业从事建筑安装、修理修配、交通运输、仓储租赁、金融保险、邮电通信、咨询经纪、文化体育、科学研究、技术服务、教育培训、餐饮住宿、中介代理、卫生保健、社区服务、旅游、娱乐、加工以及其他劳务服务活动取得的收入。

3. 转让财产收入

转让财产收入是指企业转让固定资产、生物资产、无形资产、股权、债权等财产取得的收入。

企业转让股权收入，应于转让协议生效且完成股权变更手续时，确认收入的实现。转让股权收入扣除为取得该股权所发生的成本后，为股权转让所得。企业在计算股权转让所得时，不得扣除被投资企业未分配利润等股东留存收益中按该项股权所可能分配的金额。

居民企业(以下简称企业)以非货币性资产对外投资确认的非货币性资产转让所得，可在不超过5年期限内，分期均匀计入相应年度的应纳税所得额，按规定计算缴纳企业所得税。

企业以非货币性资产对外投资，应于投资协议生效并办理股权登记手续时，确认非货币性资产转让收入的实现。

企业以非货币性资产对外投资，应对非货币性资产进行评估并按评估后的公允价值扣除计税基础后的余额，计算确认非货币性资产转让所得。

企业以非货币性资产对外投资而取得被投资企业的股权，应以非货币性资产的原计税成本为计税基础，加上每年确认的非货币性资产转让所得，逐年进行调整。被投资企业取得非货币性资产的计税基础，应按非货币性资产的公允价值确定。

企业在对外投资5年内转让上述股权或投资收回的，应停止执行递延纳税政策，并就递延期内尚未确认的非货币性资产转让所得，在转让股权或投资收回当年的企业所得税年度汇算清缴时，一次性计算缴纳企业所得税；企业在计算股权转让所得时，可按上述规定将股权的计税基础一次调整到位。

企业在对外投资5年内注销的，应停止执行递延纳税政策，并就递延期内尚未确认的非货币性资产转让所得，在注销当年的企业所得税年度汇算清缴时，一次性计算缴纳企业所得税。

以上居民企业是指实行查账征收的居民企业。

关联企业之间发生的非货币性资产投资行为，投资协议生效后12个月内尚未完成股权变更登记手续的，于投资协议生效时，确认非货币性资产转让收入的实现。

相关链接

1.《国家税务总局关于贯彻落实企业所得税法若干税收问题的通知》（国税函〔2010〕79号）

2.《财政部 国家税务总局关于非货币性资产投资企业所得税政策问题的通知》（财税〔2014〕116号）

3.《国家税务总局关于非货币性资产投资企业所得税有关征管问题的公告》（国家税务总局公告2015年第33号）

拓展阅读 企业转让限售股的税务处理

依据《国家税务总局关于企业转让上市公司限售股有关所得税问题的公告》（国家税务总局公告〔2011〕第39号）规定，因股权分置改革造成原由个人出资而由企业代持有的限售股，企业转让上述限售股取得的收入，应作为企业应税收入计算纳税。

上述限售股转让收入扣除限售股原值和合理税费后的余额为该限售股转让所得。企业未能提供完整、真实的限售股原值凭证，不能准确计算该限售股原值的，主管税务机关一律按该限售股转让收入的15%，核定为该限售股原值和合理税费。

依照本条规定完成纳税义务后的限售股转让收入余额转付给实际所有人时不再纳税。

依法院判决、裁定等原因，通过证券登记结算公司，企业将其代持的个人限售股直接变更到实际所有人名下的，不视同转让限售股。

企业在限售股解禁前将其持有的限售股转让给其他企业或个人，企业应按减持在证券登记结算机构登记的限售股取得的全部收入，计入企业当年度应税收入计算纳税。

企业持有的限售股在解禁前已签订协议转让给受让方，但未变更股权登记、仍由企业持有的，企业实际减持该限售股取得的收入，依照规定纳税后，其余额转付给受让方的，受让方不再纳税。

4. 股息、红利等权益性投资收益

股息、红利等权益性投资收益是指企业因权益性投资从被投资方取得的收入。股息、红利等权益性投资收益，除国务院财政、税务主管部门另有规定外，按照被投资方做出利润分配决定的日期确认收入的实现。

被投资企业将股权（票）溢价所形成的资本公积转为股本的，不作为投资方企业的股息、红利收入，投资方企业也不得增加该项长期投资的计税基础。

拓展阅读　企业股票溢价发行所形成的资本公积企业所得税的处理

由于股票溢价发行所形成的资本公积，本身为后来投资者投入的成本，此部分转股分配属于投资成本的分配，不属于税后留存收益，因此，国税函〔2010〕79号文件规定转股分配时暂不缴税。但在转让或处置股权时需要缴税。

例如，甲公司为某上市公司股东，股权投资计税成本为800万元。2018年2月，该上市公司股东会做出决定，将股票溢价发行形成的资本公积转增股本，甲公司转增股本500万元。2018年9月，甲公司将该项股权转让，获得收入1500万元。在企业所得税处理时，甲公司2018年2月获得转增股本500万元不申报纳税。但应在2018年9月确认转让所得700万元（1500-800），而不是200万元（1500-800-500）。

5. 利息收入

利息收入是指企业将资金提供他人使用但不构成权益性投资，或者因他人占用本企业资金取得的收入，包括存款利息、贷款利息、债券利息、欠款利息等收入。

利息收入，按照合同约定的债务人应付利息的日期确认收入的实现。

拓展阅读　混合性投资业务取得的利息收入所得税规定

依据《国家税务总局关于企业混合性投资业务企业所得税处理问题的公告》（国家税

务总局公告 2013 年第 41 号）规定，企业混合性投资业务，是指兼具权益和债权双重特性的投资业务。同时符合下列条件的混合性投资业务，按照债权性投资业务进行企业所得税处理。

（1）被投资企业接受投资后，需要按投资合同或协议约定的利率定期支付利息（或定期支付保底利息、固定利润、固定股息，下同）。

（2）有明确的投资期限或特定的投资条件，并在投资期满或者满足特定投资条件后，被投资企业需要赎回投资或偿还本金。

（3）投资企业对被投资企业净资产不拥有所有权。

（4）投资企业不具有选举权和被选举权。

（5）投资企业不参与被投资企业日常生产经营活动。

不同投资类别的税会处理差异如表 2-1 所示。

表 2-1 不同投资类别的税务处理差异

投资类别	投资方的税务处理		被投资方的税务处理
权益性投资	投资回报为股息、红利收入——符合条件的居民企业之间的股息、红利等权益性收益免征企业所得税		支付的股息、红利不能作为费用在企业所得税前扣除
债权性投资	投资回报为利息收入——取得利息收入按规定缴纳企业所得税		支付的不超标利息可在业所得税税前扣除
混合型投资（同时符合5个条件）	对于被投资企业支付的利息，应于被投资企业应付利息的日期，根据合同或协议约定的利率，计算确认本期利息收入的实现并计入当期应纳税所得额		于应付利息的日期确认本期利息支出，并按税法和（国家税务总局公告 2011 年第 34 号）第一条规定，进行税前扣除
	投资期满按协议价格赎回投资时	实际赎价高于投资成本时	差额确认为债务重组收益，并计入当期应纳税所得额	差额确认为债务重组损失，并准予在税前扣除
		实际赎价低于投资成本时	差额确认为债务重组损失，并准予在税前扣除	差额确认为债务重组收益，并计入当期应纳税所得额

6. 租金收入

租金收入是指企业提供固定资产、包装物或者其他有形资产的使用权取得的收入。租金收入，按照合同约定的承租人应付租金的日期确认收入的实现。

《国家税务总局关于贯彻落实企业所得税法若干税收问题的通知》（国税函〔2010〕79 号）第一款规定，如果交易合同或协议中规定租赁期限跨年度，且租金提前一次性支付的，根据《实施条例》第九条规定的收入与费用配比原则，出租人可对上述已确认的收入，在租赁期内，分期均匀计入相关年度收入。

出租方如为在我国境内设有机构场所，且采取据实申报缴纳企业所得税的非居民企业，也按本条规定执行。

> **拓展阅读** 营改增后，一次性取得跨年度租金收入的增值税和企业所得税相关规定
>
> A公司为一般纳税人，2017年1月1日把营改增前已建成的厂房出租，租赁期2年，租金总额210万元。合同规定，租期内全部租金自房屋使用权转移之日起3日内全部付清。
>
> 根据《增值税暂行条例》第十九条规定，发生应税销售行为的增值税纳税义务发生时间，为收讫销售款项或者取得索取销售款项凭据的当天；先开具发票的，为开具发票的当天。《财政部、国家税务总局关于全面推开营业税改征增值税试点的通知》（财税〔2016〕36号）附件1：《营业税改征增值税试点实施办法》第四十五条规定，纳税人提供租赁服务采取预收款方式的，其纳税义务发生时间为收到预收款的当天。另外，财税〔2016〕36号文件附件2：《营业税改征增值税试点有关事项的规定》第九条规定，一般纳税人出租其2016年4月30日前取得的不动产，可以选择适用简易计税方法，按照5%的征收率计算应纳税额。
>
> A公司应于收到租金当月缴纳增值税：210÷(1+5%)×5%＝10(万元)
>
> 根据《企业所得税法》第六条及实施条例第十九条规定，租金收入，按照合同约定的承租人应付租金的日期确认收入的实现。《国家税务总局关于贯彻落实企业所得税法若干税收问题的通知》（国税函〔2010〕79号）第一条规定，如果交易合同或协议中规定租赁期限跨年度，且租金提前一次性支付的，出租人可对上述已确认的收入，在租赁期内，分期均匀计入相关年度收入。
>
> A公司应于2017年确认租金收入100万元，于2018年确认租金收入100万元。

7. 特许权使用费收入

特许权使用费收入是指企业提供专利权、非专利技术、商标权、著作权以及其他特许权的使用权取得的收入。特许权使用费收入，按照合同约定的特许权使用人应付特许权使用费的日期确认收入的实现。

8. 接受捐赠收入

接受捐赠收入是指企业接受的来自其他企业、组织或者个人无偿给予的货币性资产、非货币性资产。接受捐赠收入，按照实际收到捐赠资产的日期确认收入的实现。

9. 其他收入

其他收入是指企业取得的除以上收入外的其他收入，包括企业资产溢余收入、逾期未退包装物押金收入、确实无法偿付的应付款项、已作坏账损失处理后又收回的应收款项、债务重组收入、补贴收入、违约金收入、汇兑收益等。

(二)特殊收入的确认

（1）以分期收款方式销售货物的，按照合同约定的收款日期确认收入的实现。

（2）企业受托加工制造大型机械设备、船舶、飞机，以及从事建筑、安装、装配工程业务或者提供其他劳务等，持续时间超过12个月的，按照纳税年度内完工进度或者完成的工作量确认收入的实现。

（3）采取产品分成方式取得收入的，按照企业分得产品的日期确认收入的实现，其收入额按照产品的公允价值确定。

（4）企业发生非货币性资产交换，以及将货物、财产、劳务用于捐赠、偿债、赞助、集资、广告、样品、职工福利或者利润分配等用途的，应当视同销售货物、转让财产或者提供劳务，但国务院财政、税务主管部门另有规定的除外。

（三）处置资产收入的确认

（1）企业发生下列情形的处置资产，除将资产转移至境外以外，由于资产所有权属在形式和实质上均不发生改变，可作为内部处置资产，不视同销售确认收入，相关资产的计税基础延续计算。

1）将资产用于生产、制造、加工另一产品。

2）改变资产形状、结构或性能。

3）改变资产用途（如自建商品房转为自用或经营）。

4）将资产在总机构及其分支机构之间转移。

5）上述两种或两种以上情形的混合。

6）其他不改变资产所有权属的用途。

（2）企业将资产移送他人的下列情形，因资产所有权属已发生改变而不属于内部处置资产，应按规定视同销售确定收入。

1）用于市场推广或销售。

2）用于交际应酬。

3）用于职工奖励或福利。

4）用于股息分配。

5）用于对外捐赠。

6）其他改变资产所有权属的用途。

（3）企业发生第2条规定情形时，除另有规定外，应按照被移送资产的公允价值确定销售收入。

（四）相关收入实现的确认

除企业所得税法及实施条例另有规定外，企业销售收入的确认，必须遵循权责发生制原则和实质重于形式原则。

（1）企业销售商品同时满足下列条件的，应确认收入的实现。

1）商品销售合同已经签订，企业已将商品所有权相关的主要风险和报酬转移给购货方。

2）企业对已售出的商品既没有保留通常与所有权相联系的继续管理权，也没有实施有效控制。

3）收入的金额能够可靠地计量。

4）已发生或将发生的销售方的成本能够可靠地核算。

（2）符合上款收入确认条件，采取下列商品销售方式的，应按以下规定确认收入实现时间。

1）销售商品采用托收承付方式的，在办妥托收手续时确认收入。

2）销售商品采取预收款方式的，在发出商品时确认收入。

3）销售商品需要安装和检验的，在购买方接受商品以及安装和检验完毕时确认收入。如果安装程序比较简单，可在发出商品时确认收入。

4）销售商品采用支付手续费方式委托代销的，在收到代销清单时确认收入。

（3）采用售后回购方式销售商品的，销售的商品按售价确认收入，回购的商品作为购进商品处理。有证据表明不符合销售收入确认条件的，如以销售商品方式进行融资，收到的款项应确认为负债，回购价格大于原售价的，差额应在回购期间确认为利息费用。

（4）销售商品以旧换新的，销售商品应当按照销售商品收入确认条件确认收入，回收的商品作为购进商品处理。

（5）企业为促进商品销售而在商品价格上给予的价格扣除属于商业折扣，商品销售涉及商业折扣的，应当按照扣除商业折扣后的金额确定销售商品收入金额。

债权人为鼓励债务人在规定的期限内付款而向债务人提供的债务扣除属于现金折扣，销售商品涉及现金折扣的，应当按扣除现金折扣前的金额确定销售商品收入金额，现金折扣在实际发生时作为财务费用扣除。

企业因售出商品的质量不合格等原因而在售价上给予的减让属于销售折让；企业因售出商品质量、品种不符合要求等原因而发生的退货属于销售退回。企业已经确认销售收入的售出商品发生销售折让和销售退回，应当在发生当期冲减当期销售商品收入。

（6）企业在各个纳税期末，提供劳务交易的结果能够可靠估计的，应采用完工进度（完工百分比）法确认提供劳务收入。

1）提供劳务交易的结果能够可靠估计，是指同时满足下列条件。

①收入的金额能够可靠地计量。

②交易的完工进度能够可靠地确定。

③交易中已发生和将发生的成本能够可靠地核算。

2）企业提供劳务完工进度的确定，可选用下列方法。

①已完工作的测量。

②已提供劳务占劳务总量的比例。

③发生成本占总成本的比例。

3）企业应按照从接受劳务方已收或应收的合同或协议价款确定劳务收入总额，根据纳税期末提供劳务收入总额乘以完工进度扣除以前纳税年度累计已确认提供劳务收入后的金额，确认为当期劳务收入；同时，按照提供劳务估计总成本乘以完工进度扣除以前纳税期间累计已确认劳务成本后的金额，结转为当期劳务成本。

4）下列提供劳务满足收入确认条件的，应按规定确认收入。

①安装费。应根据安装完工进度确认收入。安装工作是商品销售附带条件的，安装费在确认商品销售实现时确认收入。

②宣传媒介的收费。应在相关的广告或商业行为出现于公众面前时确认收入。广告的制作费，应根据制作广告的完工进度确认收入。

③软件费。为特定客户开发软件的收费，应根据开发的完工进度确认收入。

④服务费。包含在商品售价内可区分的服务费，在提供服务的期间分期确认收入。

⑤艺术表演、招待宴会和其他特殊活动的收费。在相关活动发生时确认收入。收费涉及几项活动的，预收的款项应合理分配给每项活动，分别确认收入。

⑥会员费。申请入会或加入会员，只允许取得会籍，所有其他服务或商品都要另行收费的，在取得该会员费时确认收入。申请入会或加入会员后，会员在会员期内不再付费就可得到各种服务或商品，或者以低于非会员的价格销售商品或提供服务的，该会员费应在整个受益期内分期确认收入。

⑦特许权费。属于提供设备和其他有形资产的特许权费，在交付资产或转移资产所有权时确认收入；属于提供初始及后续服务的特许权费，在提供服务时确认收入。

⑧劳务费。长期为客户提供重复的劳务收取的劳务费，在相关劳务活动发生时确认收入。

（7）企业以买一赠一等方式组合销售本企业商品的，不属于捐赠，应将总的销售金额按各项商品的公允价值的比例来分摊确认各项的销售收入。

二、不征税收入和免税收入

国家为了扶持和鼓励某些特殊的纳税人和特定的项目，或者避免因征税影响企业的正常经营，对企业取得的某些收入予以不征税或免税的特殊政策，以减轻企业的负担，促进经济的协调发展；或准予抵扣应纳税所得额，或者是对专项用途的资金作为非税收入处理，减轻企业的税负，增加企业可用资金。

（一）不征税收入

1. 不征税收入的范围

（1）财政拨款，是指各级人民政府对纳入预算管理的事业单位、社会团体等组织拨付的财政资金，但国务院和国务院财政、税务主管部门另有规定的除外。

（2）依法收取并纳入财政管理的行政事业性收费、政府性基金。行政事业性收费，是指依照法律法规等有关规定，按照国务院规定程序批准，在实施社会公共管理，以及在向公民、法人或者其他组织提供特定公共服务过程中，向特定对象收取并纳入财政管理的费用。

政府性基金，是指企业依照法律、行政法规等有关规定，代政府收取的具有专项用途的财政资金。

(3)国务院规定的其他不征税收入，是指企业取得的，由国务院财政、税务主管部门规定专项用途并经国务院批准的财政性资金。

2. 不征税收入的具体规定

(1)关于政府性基金和行政事业性收费。

1)企业按照规定缴纳的、由国务院或财政部批准设立的政府性基金以及由国务院和省、自治区、直辖市人民政府及其财政、价格主管部门批准设立的行政事业性收费，准予在计算应纳税所得额时扣除。企业缴纳的不符合上述审批管理权限设立的基金、收费，不得在计算应纳税所得额时扣除。

2)企业收取的各种基金、收费，应计入企业当年收入总额。

3)对企业依照法律、法规及国务院有关规定收取并上缴财政的政府性基金和行政事业性收费，准予作为不征税收入，于上缴财政的当年在计算应纳税所得额时从收入总额中减除；未上缴财政的部分，不得从收入总额中减除。

(2)财政性资金。

财政性资金，是指企业取得的来源于政府及其有关部门的财政补助、补贴、贷款贴息，以及其他各类财政专项资金，包括直接减免的增值税和即征即退、先征后退、先征后返的各种税收，但不包括企业按规定取得的出口退税款。

1)企业取得的各类财政性资金，除属于国家投资和资金使用后要求归还本金的以外，均应计入企业当年收入总额。所称国家投资，是指国家以投资者身份投入企业、并按有关规定相应增加企业实收资本(股本)的直接投资。

2)对企业取得的由国务院财政、税务主管部门规定专项用途并经国务院批准的财政性资金，准予作为不征税收入，在计算应纳税所得额时从收入总额中减除。

3)纳入预算管理的事业单位、社会团体等组织按照核定的预算和经费报领关系收到的由财政部门或上级单位拨入的财政补助收入，准予作为不征税收入，在计算应纳税所得额时从收入总额中减除，但国务院和国务院财政、税务主管部门另有规定的除外。

4)企业从县级以上各级人民政府财政部门及其他部门取得的应计入收入总额的财政性资金，凡同时符合以下条件的，可以作为不征税收入，在计算应纳税所得额时从收入总额中减除：企业能够提供规定资金专项用途的资金拨付文件；财政部门或其他拨付资金的政府部门对该资金有专门的资金管理办法或具体管理要求；企业对该资金以及以该资金发生的支出单独进行核算。

5)企业将符合条件的财政性资金作不征税收入处理后，在5年(60个月)内未发生支出且未缴回财政部门或其他拨付资金的政府部门的部分，应计入取得该资金第六年的应税收入总额；计入应税收入总额的财政性资金发生的支出，允许在计算应纳税所得额时扣除。

(3) 其他规定。

1) 不征税收入用于支出所形成的费用，不得在计算应纳税所得额时扣除；用于支出所形成的资产，其计算的折旧、摊销不得在计算应纳税所得额时扣除。

2) 企业取得的不征税收入，应按照《财政部 国家税务总局关于专项用途财政性资金企业所得税处理问题的通知》(财税〔2011〕70号，以下简称《通知》) 的规定进行处理。凡未按照《通知》规定进行管理的，应作为企业应税收入计入应纳税所得额，依法缴纳企业所得税。

3) 符合条件的软件企业按照《财政部 国家税务总局关于软件产品增值税政策的通知》(财税〔2011〕100号) 规定取得的即征即退增值税款，由企业专项用于软件产品研发和扩大再生产并单独进行核算，可以作为不征税收入，在计算应纳税所得额时从收入总额中减除。

4) 对社保基金理事会、社保基金投资管理人管理的社保基金银行存款利息收入，社保基金从证券市场中取得的收入，包括买卖证券投资基金、股票、债券的差价收入，证券投资基金红利收入，股票的股息、红利收入，债券的利息收入及产业投资基金收益、信托投资收益等其他投资收入，作为企业所得税不征税收入。

相关链接

1.《财政部 国家税务总局关于财政性资金行政事业性收费政府性基金有关企业所得税政策问题的通知》(财税〔2008〕151号)

2.《财政部 国家税务总局关于专项用途财政性资金企业所得税处理问题的通知》(财税〔2011〕70号)

3.《国家税务总局关于企业所得税应纳税所得额若干税务处理问题的公告》(国家税务总局公告2012年第15号)

4.《财政部 国家税务总局关于进一步鼓励软件产业和集成电路产业发展企业所得税政策的通知》财税〔2012〕27号

5.《全国社会保障基金有关企业所得税问题》财税〔2008〕136号

拓展阅读 不征税收入应注意的风险点

1. 折旧或摊销的处理

企业取得不征税收入时，一定要注意不征税收入支出所形成的资产折旧或者摊销的处理，检查是否将不征税收入填入税收优惠项目，按免税收入直接减免，而对应的用于支出所形成的费用，形成的资产折旧、摊销直接在计算应纳税所得额时扣除；或者将不征税收入进行纳税调减处理的同时，用于支出所形成的费用、折旧、摊销金额，在计算应纳税所得额时未进行调增。对于部分既有征税收入又有不征税收入所共同形成的资产折旧、摊销是否全部在计算应纳税所得额时扣除。

2. 政府性基金和行政事业性收费的处理

企业收取的各种基金、收费，是否有法律、法规及国务院有关规定等依据，是否属于"乱收费"项目，具体参照《财政部关于公布行政事业性收费和政府性基金目录清单的公告》(财政部公告2014年第80号)。

3. 长期挂账，未使用也未退回拨付部门等专项资金的处理

财政性资金作不征税收入处理后，在5年(60个月)内未发生支出且未缴回财政部门或其他拨付资金的政府部门的部分，应计入取得该资金第六年的应税收入总额。并准确填写企业年度申报表附表《专项用途财政性资金纳税调整明细表》(A105040)。

4. 软件企业按规定取得的即征即退增值税款的处理

软件企业按规定取得的即征即退增值税款，如未专项用于软件产品研发和扩大再生产，则不能作为不征税收入。

5. 不征税收入孳生的利息的处理

实务中因为对不征税收入要求单独核算，因此有些企业把不征税收入产生的利息收入也作为不征税收入处理。这是违背不征税收入的确认规则的，不征税收入的资金来源只限于政府的财政部门或其他部门，从其他途径取得的资金收入不属于不征税收入范围。那么这笔利息收入需要交纳企业所得税吗？

按照《财政部 国家税务总局关于非营利组织企业所得税免税收入问题的通知》财税[2009]122号规定，非营利组织取得的不征税收入孳生的利息是免税的，那么在税法没有特别规定的情况下，除了非营利组织，别的企业不征税收入取得的孳生利息是需要缴纳企业所得税的。

(二) 免税收入

1. 免税收入的范围

(1) 国债利息收入是指企业持有国务院财政部门发行的国债取得的利息收入。

(2) 符合条件的居民企业之间的股息、红利等权益性收益，是指居民企业直接投资于其他居民企业取得的投资收益。

(3) 在中国境内设立机构、场所的非居民企业从居民企业取得与该机构、场所有实际联系的股息、红利等权益性投资收益。

(4) 符合条件的非营利组织的收入。

2. 免税收入的具体规定

（1）国债利息收入。

1）企业从发行者直接投资购买的国债持有至到期，其从发行者取得的国债利息收入，全额免征企业所得税。

2）企业到期前转让国债，或者从非发行者投资购买的国债，其持有期间尚未兑付的国债利息收入，免征企业所得税。

尚未兑付的国债利息收入＝国债金额×（适用年利率÷365）×持有天数

3）企业转让或到期兑付国债取得的价款，减除其购买国债成本，并扣除其持有期间尚未兑付的国债利息收入、交易过程中相关税费后的余额，为企业转让国债收益（损失），应按规定纳税。通过支付现金方式取得的国债，以买入价和支付的相关税费为成本；通过支付现金以外的方式取得的国债，以该资产的公允价值和支付的相关税费为成本。企业在不同时间购买同一品种国债的，其转让时的成本计算方法，可在先进先出法、加权平均法、个别计价法中选用一种。计价方法一经选用，不得随意改变。

（2）符合条件的居民企业之间的股息、红利等权益性投资收益。

"符合条件"是指：

1）居民企业之间——不包括投资到"独资企业、合伙企业、非居民企业"。

2）直接投资——不包括"间接投资"。

3）不包括连续持有居民企业公开发行并上市流通的股票在一年（12个月）以内取得的投资收益。未上市的居民企业之间的投资，不受一年期限限制。

4）权益性投资，非债权性投资。

（3）在中国境内设立机构、场所的非居民企业从居民企业取得与该机构、场所有实际联系的股息、红利等权益性投资收益。

不包括连续持有居民企业公开发行并上市流通的股票在一年（12个月）以内取得的投资收益。投资方只能是在境内有机构的非居民企业才有优惠。如果投资方是境内无机构的非居民企业则无此优惠。

（4）符合条件的非营利组织的收入。

非营利组织是指同时符合下列条件的组织。

1）依法履行非营利组织登记手续。

2）从事公益性或者非营利性活动。

3）取得的收入除用于与该组织有关的、合理的支出外，全部用于登记核定或者章程规定的公益性或者非营利性事业。

4）财产及其孳息不用于分配。

5）按照登记核定或者章程规定，该组织注销后的剩余财产用于公益性或者非营利性目的，或者由登记管理机关转赠给与该组织性质、宗旨相同的组织，并向社会公告。

6）投入人对投入该组织的财产不保留或者享有任何财产权利。

7）工作人员工资福利开支控制在规定的比例内，不变相分配该组织的财产。

前款规定的非营利组织的认定管理办法由国务院财政、税务主管部门会同国务院有关部门制定。

非营利组织的免税收入，不包括非营利组织从事营利性活动取得的收入，但国务院财政、税务主管部门另有规定的除外。

非营利组织的下列收入为免税收入。

1）接受其他单位或者个人捐赠的收入。

2）除《中华人民共和国企业所得税法》第七条规定的财政拨款以外的其他政府补助收入，但不包括因政府购买服务取得的收入。

3）按照省级以上民政、财政部门规定收取的会费。

4）不征税收入和免税收入孳生的银行存款利息收入。

5）财政部、国家税务总局规定的其他收入。

相关链接

1.《国家税务总局关于企业国债投资业务企业所得税处理问题的公告》（国家税务总局公告2011年第36号）

2.《财政部 国家税务总局关于非营利组织企业所得税免税收入问题的通知》（财税〔2009〕122号）

拓展阅读　不征税收入和免税收入的区别

不征税收入是指专门从事特定目的从政府部门取得的收入，是税法规定不予征收的项目。免税收入是纳税人应税收入的重要组成部分，实质是国家对纳税人的一种税收优惠政策。两者从根源和性质上存在差异；不征税收入对应的支出不得税前扣除应进行纳税调整；免税收入对应的支出准予税前扣除。

不征税收入用于支出形成的费用和不得税前扣除资产的折旧或摊销额，应在纳税申报表的不同行次分别做纳税调增处理。一是用于支出形成的费用填报《A105000纳税调整明细表》第24行"不征税收入用于支出所形成的费用"中第3列作纳税调增；二是用于支出形成的资产填报《A105000纳税调整明细表》第31行中第3列做纳税调增。

拓展阅读　将专项拨款作为应税收入或不征税收入税务处理的差异

甲公司在2017年1月1日取得政府部门拨付购置一台环保设备的专项拨款1200万

元，设备预计使用年限10年。会计如何核算和纳税申报？

一、若甲公司将专项拨款作为应税收入处理

（一）会计核算

1. 2017年度收到专项拨款

借：银行存款　　　　　　　　　　　　　　　　　　　1200
　　贷：递延收益　　　　　　　　　　　　　　　　　　1200

2. 专项拨款用于购置资产

借：固定资产　　　　　　　　　　　　　　　　　　　1200
　　贷：银行存款　　　　　　　　　　　　　　　　　　1200

3. 该设备计提折旧：1200/120＝10

借：生产成本　　　　　　　　　　　　　　　　　　　　10
　　贷：累计折旧　　　　　　　　　　　　　　　　　　　10

3. 2017～2026年每年结转递延收益

借：递延收益　　　　　　　　　　　　　　　　　　　　120
　　贷：营业外收入　　　　　　　　　　　　　　　　　　120

借：生产成本　　　　　　　　　　　　　　　　　　　　10
　　贷：累计折旧　　　　　　　　　　　　　　　　　　　10

（二）纳税申报

（1）2017年度的纳税申报：一次性确认政府补助收入1200万元。

甲公司于2017年1月1日收到政府专项拨款时，会计核算收入120万元，纳税申报一次性确认收入1200万元。

填报《A101010一般企业收入明细表》第20行营业外收入其中项的"政府补助利得"120万元，同时填报A100000主表第11行"营业外收入"120万元。

填报《A105020未按权责发生制确认收入调整明细表》第11行"政府补助递延收入"中"与资产相关的政府补助"第1列"合同额（交易额）"1200万元、第2列"账载金额－本年"120万元、第4列"税收金额－本年"1200万元、第6列"纳税调整金额"1080万元。

同时填报《A105000纳税调整项目明细表》第3行"未按权责发生制原则确认的收入"第1列"账载金额"120万元；第2列"税收金额"1200万元；第3列"调增金额"1080万元。

（2）2018～2026年度每年调减已转入营业外收入的政策性搬迁收入120万元。

填报《A101010收入明细表》第20行营业外收入其中项的"政府补助利得"120万元，同时填报A100000主表第11行"营业外收入"120万元。

填报《A105020未按权责发生制确认收入调整明细表》第11行"政府补助递延收入"中"与资产相关的政府补助"第1列"合同额（交易额）"1200万元、第2列"账载金额－本年"120万元、第4列"税收金额－本年"0万元、第6列"纳税调整金额"－120万元。

同时填报《A105000纳税调整项目明细表》第3行"未按权责发生制原则确认的收入"第1列"账载金额"120万元；第2列"税收金额"0万元；第4列"调减金额"120万元。

同时计提的折旧允许税前扣除。

二、若甲公司将专项拨款作为不征税收入处理

(一)会计核算同应税收入处理

(二)纳税申报

(1)2017年度的纳税申报。

填报《A105040专项用途财政性资金纳税调整明细表》第6行第3列符合不征税收入条件的财政性资金1200万元，第4列其中计入本年损益的金额120万元，第10列本年支出情况支出金额1200万元。

填报《A105080资产折旧、摊销情况及纳税调整明细表》第3行第1列资产原值1200万元，第2列本年折旧、摊销额10万元，第3列累计折旧、摊销额10万元，第9列纳税调整金额10万元。

同时填报《A105000纳税调整项目明细表》第32行第3列调增金额10万元。

(2)2018～2026年度每年调增计提折旧金额10万元。

填报《A105080资产折旧、摊销情况及纳税调整明细表》第3行第1列资产原值1200万元，第2列本年折旧、摊销额10万元，第3列累计折旧、摊销额20、30、40……万元(按年累计)，第9列纳税调整金额10万元。

同时填报《A105000纳税调整项目明细表》第32行第3列调增金额10万元。

经典案例

下列情况属于外部移送资产，需要缴纳企业所得税的有(　　)。

A. 用于职工奖励或福利

B. 将资产在总机构及其分支机构之间转移

C. 改变资产形状、结构或性能

D. 将资产用于生产、制造、加工另一产品

【参考解答】 A

企业将资产移送他人的下列情形，因资产所有权属已发生改变而不属于内部处置资产，应按规定视同销售确定收入。

(1)用于市场推广或销售。

(2)用于交际应酬。

(3)用于职工奖励或福利。

(4)用于股息分配。

(5)用于对外捐赠。
(6)其他改变资产所有权属的用途。

第二节　税前扣除的项目

一、扣除原则

企业申报的扣除项目和金额要真实、合法。所谓真实是指能提供证明有关支出确属已经实际发生；合法是指符合国家税法的规定，若其他法规规定与税收法规规定不一致，应以税收法规的规定为标准。除税收法规另有规定外，税前扣除一般应遵循以下原则。

(1)权责发生制原则。即纳税人应在费用发生时而不是实际支付时确认扣除。
(2)配比原则。即纳税人发生的费用应在费用应配比或应分配的当期申报扣除。纳税人某一纳税年度应申报的可扣除费用不得提前或滞后申报扣除。
(3)相关性原则。即纳税人可扣除的费用从性质和根源上必须与取得应税收入相关。
(4)确定性原则。即纳税人可扣除的费用不论何时支付，其金额必须是确定的。
(5)合理性原则。即纳税人可扣除费用的计算和分配方法应符合一般的经营常规和会计惯例。

二、扣除项目的范围

《企业所得税法》第八条规定，企业实际发生的与取得收入有关的、合理的支出，包括成本、费用、税金、损失和其他支出，准予在计算应纳税所得额时扣除。

《中华人民共和国企业所得税法实施条例》第二十七条规定，企业所得税法第八条所称有关的支出，是指与取得收入直接相关的支出。所称合理的支出，是指符合生产经营活动常规，应当计入当期损益或者有关资产成本的必要和正常的支出。

(一)成本

成本是指企业在生产经营活动中发生的销售成本、销货成本、业务支出以及其他耗费，即必须是企业在生产产品、提供劳务、销售商品等过程中的支出和耗费。

销售成本，这主要是针对以制造业为主的生产性企业而言。生产性企业在生产产品过程中，将耗费产品所需的原材料、直接人工以及耗费在产品上的辅助材料、物料等，这些都属于销售成本的组成部分。

销货成本，这主要是针对以商业企业为主的流通性企业而言。流通性企业本身并不直接制造可见的成品，而是通过向生产性企业购买成品或者经过简单包装、处理就能出售的产品，通过购入价与售出价的差额等，来获取相应的利润。所以，此类企业的成本主要是所销售货物的成本，而所销售的货物是购置于生产性企业，应以购买价（包括了生产性企业所获取的利润）为主体部分，加上可直接归属于销售货物所发生的支出，就是销货成本。

业务支出，这主要是针对服务业企业而言的成本概念。与制造业企业和商业企业不同，服务业企业提供的服务，从广义上也可以称之为"产品"，但是从根本上说这种"产品"往往是无形的劳务，虽然在提供服务过程中也可能需要一定的辅助材料，但是它必须借助于服务业企业特有的人工或者技术，所以服务业企业的成本就称之为业务支出，以区别于制造业企业和商业企业，它的成本主要包括提供服务过程中直接耗费的原材料、服务人员的工资、薪金等直接可归属于服务的其他支出。

其他耗费，这是一个兜底的规定，保证企业发生的与取得收入有关、合理的支出得以税前扣除。它适用于销售成本、销货成本和业务支出，凡是企业生产产品、销售商品、提供劳务等过程中耗费的直接相关支出，如果没有列入费用的范畴，则将被允许列入成本的范围，准予税前扣除。

（二）费用

费用是指企业在生产经营活动中发生的销售费用、管理费用和财务费用，已经计入成本的有关费用除外。

销售费用是企业为销售商品和材料、提供劳务的过程中发生的各种费用。企业所生产出来的产品，在出售前，其经济利益只能说是潜在的，而尚未得到正式的社会承认，只有等产品真正售出后，才能实现现实的经济利益，而企业为销售商品，必然将发生一定的支出，这部分支出是企业为获取收入而产生的必要与正常的支出，包括广告费、运输费、装卸费、包装费、展览费、保险费、销售佣金、代销手续费、经营性租赁费及销售部门发生的差旅费、工资、福利费等费用。从事商品流通业务的纳税人购入存货抵达仓库前发生的包装费、运杂费、运输存储过程中的保险费、装卸费、运输途中的合理损耗和入库前的挑选整理费用等购货费用可直接计入销售费用。从事房地产开发业务的纳税人的销售费用还包括开发产品销售之前的改装修复费、看护费、采暖费等。从事邮电等其他业务的纳税人发生的销售费用已计入营运成本的不得再计入销售费用重复扣除。

管理费用是企业的行政管理部门等为管理组织经营活动提供各项支援性服务而发生的费用。企业除了生产经营所直接相关的各种机构、人员、财物之外，作为一个行为主体，还需要一些为组织生产经营提供辅助性服务的机构和人员，这些机构和人员的配置、职能的发挥等，都将影响到企业的生产经营活动的效益性，相应地支出也是与企业取得收入有关的必要与正常的支出，这些在企业所得税扣除方面体现为管理费用，包括由纳税人统一负担的总部（公司）经费（包括总部行政管理人员的工资薪金、福利费、差旅费、办公费、折旧费、修理费、物料消耗、低值易耗品摊销等）、研究开发费（技术开发费）、劳动保护费、业务招待费、工会经费、职工教育经费、股东大会或董事会费、开办费摊销、无形资产摊销（含土地使用费、土地损失补偿费）、坏账损失、印花税等税金、消防费、排污费、绿化费、外事费和法律、财务、资料处理及会计事务方面的成本（咨询费、诉讼费、聘请中介机构费、商标注册费等）。

财务费用是企业筹集经营性资金而发生的费用。实践中，一个企业很少能做到不借助外来资金来满足自身生产经营的需要，企业发生的资金拆借行为较为普遍，为此企业要发生一定的费用，这些费用就是被计入财务费用的，包括利息净支出、汇兑净损失、金融机构手续费以及其他非资本化支出等。

（三）税金

税金是指企业发生的除企业所得税和允许抵扣的增值税以外的各项税金及其附加。

在我国目前的税收体系中，允许税前扣除的税收种类主要有消费税、资源税和城市维护建设税、教育费附加，以及房产税、车船税、耕地占用税、城镇土地使用税、车辆购置税、印花税、环境保护税等。

准许扣除的税金有两种方式：一是在发生当期扣除；二是在发生当期计入相关资产的成本，在以后各期分摊扣除。

（四）损失

损失是指企业在生产经营活动中发生的固定资产和存货的盘亏、毁损、报废损失，转让财产损失、呆账损失、坏账损失，自然灾害等不可抗力因素造成的损失以及其他损失。

企业发生的损失，减除责任人赔偿和保险赔款后的余额，依照国务院财政、税务主管部门的规定扣除。

企业已经作为损失处理的资产，在以后纳税年度又全部收回或者部分收回时，应当计入当期收入。

（五）其他支出

其他支出是指除成本、费用、税金、损失外，企业在生产经营活动中发生的与生产经营活动有关的、合理的支出。

拓展阅读 计算应纳税所得额时应注意的内容

实务中，计算应纳税所得额时应注意三方面的内容。

（1）企业发生的支出应当区分收益性支出和资本性支出。收益性支出在发生当期直接扣除；资本性支出应当分期扣除或者计入有关资产成本，不得在发生当期直接扣除。

（2）企业的不征税收入用于支出所形成的费用或者财产，不得扣除或者计算对应的折旧、摊销扣除。

（3）除企业所得税法和实施条例另有规定外，企业实际发生的成本、费用、税金、损失和其他支出，不得重复扣除。

三、扣除项目的具体规定

在计算应纳税所得额时，下列项目可按照实际发生额或规定的标准扣除。

（一）工资、薪金支出

企业发生的合理的工资、薪金支出准予据实扣除。工资、薪金支出是指企业每一纳税年度支付给在本企业任职或者受雇的员工的所有现金形式或者非现金形式的劳动报酬，包括基本工资、奖金、津贴、补贴、年终加薪、加班工资，以及与员工任职或者受雇有关的其他支出。

1. 必须是实际发生的工资薪金支出

准予税前扣除的，应该是企业实际所发生的工资薪金支出。这一点强调的是，作为企业税前扣除项目的工资薪金支出，应该是企业已经实际支付给其职工的那部分工资薪金支出，尚未支付的所谓应付工资薪金支出，不能在其未支付的这个纳税年度内扣除，只有等到实际发生后，才准予税前扣除。

2. 工资薪金的发放对象是在本企业任职或者受雇的员工

也就是说，只有为企业提供特定劳务，能为企业带来经济利益流入的员工，才能作为企业工资薪金的支付对象，企业因此而发生的支出，就是符合生产经营活动常规，是企业取得收入的必要与正常的支出。

所谓任职或者雇佣关系，一般是指所有连续性的服务关系，提供服务的任职者或者雇员的主要收入或者很大一部分收入来自任职的企业，并且这种收入基本上代表了提供服务人员的劳动。

所谓连续性服务并不排除临时工的使用，临时工可能是由于季节性经营活动需要雇佣的，虽然对某些临时工的使用是一次性的，但从企业经营活动的整体需要看又具有周期性，服务的连续性应足以对提供劳动的人确定计时或者计件工资，应足以与个人劳务支出相区别。

职工在企业任职过程中，企业可能根据国家政策的要求，为其支付一定的养老、失业等基本社会保障款；按照劳动保障法律的要求支付劳动保护费；职工调动工作时支付一定的旅费和安家费；按照国家计划生育政策的要求，支付独生子女补贴；按照国家住房制度改革的要求，为职工承担一定的住房公积金；按照离退休政策规定支付给离退休人员的支出等，这些支出虽然是支付给职工的，但与职工的劳动并没有必然关联，实施条例专门做出规定，将其排除在工资薪金支出范围之外。

3. 工资薪金的标准应该限于合理的范围和幅度

"合理工资薪金",是指企业按照股东大会、董事会、薪酬委员会或相关管理机构制订的工资薪金制度规定实际发放给员工的工资薪金。税务机关在对工资薪金进行合理性确认时,可按以下原则掌握。

(1)企业制订了较为规范的员工工资薪金制度。

(2)企业所制订的工资薪金制度符合行业及地区水平。

(3)企业在一定时期所发放的工资薪金是相对固定的,工资薪金的调整是有序进行的。

(4)企业对实际发放的工资薪金,已依法履行了代扣代缴个人所得税义务。

(5)有关工资薪金的安排,不以减少或逃避税款为目的。

对工资支出合理性的判断,主要包括两个方面。一是雇员实际提供了服务;二是报酬总额在数量上是合理的。实际操作中主要考虑雇员的职责、过去的报酬情况,以及雇员的业务量和复杂程度等相关因素。同时,还要考虑当地同行业职工平均工资水平。

税务机关对工资薪金合理性判断尺度的提出客观上要求企业建立健全内部工资薪金管理规范,明确内部工资发放标准和程序。每次工资调整都要有案可查、有章可循。尤其要注意,每一笔工资薪金支出,是否及时、足额扣缴了个人所得税。税务机关很可能会建立企业所得税工资薪金支出与个人所得税工资薪金所得之间的对比评估机制,以判断各自的合理性。

(二)职工福利费、工会经费、职工教育经费

企业发生的职工福利费、工会经费、职工教育经费按标准扣除,未超过标准的按实际数扣除,超过标准的只能按标准扣除。

(1)企业发生的职工福利费支出,不超过工资薪金总额14%的部分准予扣除。

企业职工福利费,包括以下内容。

1)尚未实行分离办社会职能的企业,其内设福利部门所发生的设备、设施和人员费用,包括职工食堂、职工浴室、理发室、医务所、托儿所、疗养院等集体福利部门的设备、设施及维修保养费用和福利部门工作人员的工资薪金、社会保险费、住房公积金、劳务费等。

2)为职工卫生保健、生活、住房、交通等所发放的各项补贴和非货币性福利,包括企业向职工发放的因公外地就医费用、未实行医疗统筹企业职工医疗费用、职工供养直系亲属医疗补贴、供暖费补贴、职工防暑降温费、职工困难补贴、救济费、职工食堂经费补贴、职工交通补贴等。

3)按照其他规定发生的其他职工福利费,包括丧葬补助费、抚恤费、安家费、探亲假路费等。

值得注意的是,企业发生的职工福利费,应该单独设置账册,进行准确核算。没有单独设置账册准确核算的,税务机关应责令企业在规定的期限内进行改正。逾期仍未改正的,税务机关可对企业发生的职工福利费进行合理的核定。

依据《国家税务总局关于企业工资薪金和职工福利费等支出税前扣除问题的公告》（国家税务总局公告2015年第34号）文件的规定：列入企业员工工资薪金制度、固定与工资薪金一起发放，符合上述工资、薪金支出中所定义的"合理工资薪金"条件的福利性补贴，可作为企业发生的工资薪金支出，按规定在税前扣除；不能同时符合上述条件的福利性补贴，应作为职工福利费，按规定计算限额税前扣除。

企业接受外部劳务派遣用工所实际发生的费用，应分两种情况按规定在税前扣除：按照协议（合同）约定直接支付给劳务派遣公司的费用，应作为劳务费支出；直接支付给员工个人的费用，应作为工资薪金支出和职工福利费支出。其中属于工资薪金支出的费用，准予计入企业工资薪金总额的基数，作为计算其他各项相关费用扣除的依据。

（2）企业拨缴的工会经费，不超过工资薪金总额2%的部分准予扣除。

自2010年7月1日起，企业拨缴的职工工会经费，不超过工资薪金总额2%的部分，凭工会组织开具的《工会经费收入专用收据》在企业所得税税前扣除。自2010年1月1日起，在委托税务机关代收工会经费的地区，企业拨缴的工会经费，也可凭合法、有效的工会经费代收凭据依法在税前扣除。

拓展阅读　工会经费的拨缴形式

根据《工会法》的规定，在中国境内的企业、事业单位中以工资收入为主要生活来源的体力劳动者和脑力劳动者，不分民族、种族、性别、职业、宗教信仰、教育程度，都有依法参加和组织工会的权利。同时，《工会法》对工会的职责、设立、组织机构、权利、义务等都做了全面而详细的规定，并对工会经费的来源、支出、管理等也做了全面规定。《工会法》第四十二条规定，工会经费主要用于为职工服务和工会活动，其来源有：工会会员缴纳的会费；建立工会组织的企业、事业单位、机关按每月全部职工工资总额的2%向工会拨缴的经费；工会所属的企业、事业单位上缴的收入；人民政府的补助；其他收入。其中，对于企业、事业单位按每月全部职工工资总额的2%向工会拨缴的经费，在税前列支。

企业已正式成立工会并依法取得社会团体法人资格（单独开设银行账户，实行工会经费独立核算）的，可以向其上缴经费的上级工会组织办理领用《工会经费收入专用收据》事宜。

基层工会组织领用的《工会经费收入专用收据》只能用于收取以下项目：工会会员缴纳的会费；上级工会按规定比例转拨基层工会的经费；上级工会补助的款项；单位行政按照国家有关规定给予工会组织的补助款项；工会所属的企业、事业单位上缴的收入；基层工会对外投资取得的收益；其他收入。《工会经费收入专用收据》不得替代其他财政票据、税务发票使用。

实务中，企业基层工会日常使用的工会经费（工会为会员及其他职工开展教育、文体、宣传等活动产生的支出，工会直接用于维护职工权益的支出、由工会组织的职工集体福利等方面的支出等）的来源有两种形式。

（1）先缴再返。先按每月全部职工工资薪金总额的2%计算出工会经费全额向工会组织拨缴，取得《工会经费收入专用收据》；或者向受委托代收工会经费的税务机关缴纳，取得工会经费代收凭据，上级工会组织再按规定比例（一般为60%）转拨给缴费企业基层工会。

（2）分级拨缴。按每月全部职工工资薪金总额的2%计算出工会经费后，按当地规定比例（一般为40%）向受委托代收工会经费的税务机关缴纳，取得工会经费代收凭据；留成部分（一般为60%）由企业同时拨付给其所在的基层工会，取得本单位基层工会开具的《工会经费收入专用收据》。

具体缴付方式以及基层工会组织的留成比例等，有些地区会有不同的规定，具体以当地的规定为准。

（3）除国务院财政、税务主管部门另有规定外，企业发生的职工教育经费支出，不超过工资薪金总额8%的部分，准予扣除；超过部分，准予在以后纳税年度结转扣除。

这里的职工教育经费支出，是指企业为提高其职工工作技能，为企业带来更多的经济利益流入，而通过各种形式提升职工素质，提高职工工作能力等方面的教育所发生的教育费支出，具体的范围有国务院财政、税务主管部门再具体认定。

集成电路设计企业、软件企业、动漫企业等三类企业发生的职工培训费用，全额税前列支，不受8%的比例限制。

航空企业实际发生的飞行员养成费、训练费、核电企业的操纵员培养费，有专门规定，按企业的一般成本费用在所得税前扣除，不占职工教育经费比例的指标。

（三）社会保险费

（1）企业依照国务院有关主管部门或者省级人民政府规定的范围和标准为职工缴纳的基本养老保险费、基本医疗保险费、失业保险费、工伤保险费、生育保险费等基本社会保险费和住房公积金，准予扣除。

此条明确指出，必须是扣除对象是基本医疗保险费、基本养老保险费、失业保险费、工伤保险费和生育保险费等基本社会保险费和住房公积金，扣除的范围和标准以国务院有关主管部门或者省级人民政府的规定为依据，超出这个范围和标准的部分，不得在税前扣除。

拓展阅读　社会保险费征缴的相关规定

为了确保劳动者的基本生活后勤保障，国家要求劳动者个人在缴纳一定基本保障费、住房公积金的基础上，企业也应相应地为其员工缴纳基本保障费和住房公积金。企业的这部分费用支出的对象是本企业的员工，目的是保证员工更好地为企业服务，为企业创造更多的利润，是企业取得收入的正常与必要的支出，在计算应纳税所得额时应该予以扣除，以鼓励企业更好地完成所承担的社会义务。

根据《社会保险费征缴暂行条例》第三条的规定。

(1)基本养老保险费的征缴范围为国有企业、城镇集体企业、外商投资企业、城镇私营企业和其他城镇企业及其职工，实行企业化管理的事业单位及其职工。

(2)基本医疗保险费的征缴范围为国有企业、城镇集体企业、外商投资企业、城镇私营企业和其他城镇企业及其职工，事业单位及其职工，民办非企业单位及其职工，社会团体及其专职人员。

(3)失业保险费的征缴范围为国有企业、城镇集体企业、外商投资企业、城镇私营企业和其他城镇企业及其职工，事业单位及其职工。

(4)省、自治区、直辖市人民政府根据本地实际情况，可以决定《社会保险费征缴暂行条例》适用于本行政区域内工伤保险费和生育保险费的征收、缴纳。

(5)根据《住房公积金管理条例》的规定，国有企业、城镇集体企业、外商投资企业、城镇私营企业及其他城镇企业、事业单位、民办非企业单位、社会团体应当每月为职工缴存职工本人上一年度月平均工资乘以职工住房公积金缴存比例后的数额的住房公积金。

(2)企业为投资者或者职工支付的补充养老保险费、补充医疗保险费，在国务院财政、税务主管部门规定的范围和标准内，准予扣除。

自2008年1月1日起，企业根据国家有关政策规定，为在本企业任职或者受雇的全体员工支付的补充养老保险费、补充医疗保险费，分别在不超过职工工资总额5%标准内的部分，在计算应纳税所得额时准予扣除；超过的部分，不予扣除。

(3)除企业依照国家有关规定为特殊工种职工支付的人身安全保险费和国务院财政、税务主管部门规定可以扣除的其他商业保险费外，企业为投资者或者职工支付的商业保险费，不得扣除。

在一些特殊行业的企业中，从事特定工种的职工，其人身可能具有高度危险性，一次微小的失误或者事故，都可能使这些职工的生命、健康受到致命性威胁。为了减少这些职工工作的后顾之忧，同时为了尽可能地保障这些职工的生命和健康安全，国家会做出要求企业为这些职工投保人身安全保险的强制性规定，且从企业角度来看，其对本企业职工的工伤等负有赔偿责任，若通过保险，能分散和减少其所承担的责任，是其取得经济利益流入所发生的必要与正常的支出，也符合税前扣除原则。为了鼓励企业为特定工种职工投保人身安全保险费，落实其他国家有关规定的精神，有必要允许企业发生的这部分支出准予税前扣除。此类保险费，其依据必须是法定的，即是国家其他法律法规强制规定企业应当为其职工投保的人身安全保险，如果不是国家法律法规所强制性规定的,企业自愿为其职工投保的所谓人身安全保险而发生的保险费支出是不准予税前扣除的。此类保险费范围的大小、保险费率的高低、投保对象的多少等都是有国家法律法规依据的,如《建筑法》第四十八条规定,建筑施工企业必须为从事危险作业的职工办理意外伤害保险,支付保险费。《煤炭法》第四十四条规定,煤矿企业必须为煤矿井下作业职工办理意外伤害保险,支付保险费。《中华人民共和国保安服务管理条例》第二十条保安从业单位应当根据保安服务岗位的风险程度为保安员投保意外伤害保险。《高危行业企业安全生产费用财务管理暂行办法》第十八条规定企业应当为从事高空、高压、易燃、易爆、剧毒、放射性、高速运输、野外、矿井等高危作业的人员办理团体人身意外伤害保险或个人意外伤害保险。

拓展阅读　　特殊工种与可税前扣除的商业保险

特殊工种是指从事特种作业人员岗位类别的统称,是指容易发生人员伤亡事故,对操作本人、他人及周围设施的安全有重大危害的工种。原国家劳动部将从事井下、高空、高温、特重体力劳动或其他有害身体健康的工种定为特殊工种,并明确特殊工种的范围由各行业主管部门或劳动部门确定。

根据《国家税务总局关于企业所得税有关问题的公告》(国家税务总局公告2016年第80号)企业职工因公出差乘坐交通工具发生的人身意外保险费支出,准予企业在计算应纳税所得额时扣除。

根据《国家税务总局关于责任保险费企业所得税税前扣除有关问题的公告》(国家税务总局公告2018年第52号)企业参加雇主责任险、公众责任险等责任保险,按照规定缴纳的保险费,准予在企业所得税税前扣除。

(四)借款费用

(1)企业在生产经营活动中发生的合理的不需要资本化的借款费用,准予扣除。

根据2006年修订的《企业会计准则第17号——借款费用》的有关规定,所谓借款费用,是指企业因借款而发生的利息及其他相关成本,包括借款利息、折价或者溢价的摊销、辅助费用以及因外币借款而发生的汇兑差额。其中,借款利息,是指企业向其他组织、个人借用资金而支付的利息,包括企业向银行或者其他金融机构等借入资金发生的利息、发行公司债券发生的利息等。因借款而发生的折价或者溢价主要是指发行企业债券等所发生的折价或者溢价,因为企业发行债券,往往不是按照其票面价值对外发售,而需要对票面价值进行一定幅度的调整后,才可能顺利筹款,实现目的,发行债券中的折价或者溢价,其实质是对债券票面利息的调整(即将债券票面利率调整为实际利率),属于借款费用的范畴。由于汇率并不是固定的,而是根据各国经济发展情况、市场需求等因素，不停地波动，所以因外币借款而发生的汇兑差额，是指由于汇率变动对外币借款本金及其利息的计账本位币金额所产生的影响金额。由于汇率的变化往往和利率的变化相联动，它是企业外币借款所需承担的风险，因此，因外币借款相关汇率变化所导致的汇兑差额，属于借款费用的有机组成部分。因借款而发生的辅助费用，是指企业在借款过程中发生的诸如手续费、佣金等费用，由于这些费用是因安排借款而发生的，也属于借入资金所付出的代价，是借款费用的构成部分。上述所列举的借款费用，如果是不需要资本化的，就允许在发生当期扣除，这是借款费用扣除的一个原则性规定，只要不是明确被认定为资本化支出的费用，都应该被视为不需要资本化的借款费用，予以当期扣除。

（2）企业为购置、建造固定资产、无形资产和经过12个月以上的建造才能达到预定可销售状态的存货发生借款的，在有关资产购置、建造期间发生的合理的借款费用，应当作为资本性支出计入有关资产的成本，予以分期扣除或者摊销。

企业所发生的借款费用，有些是用于一些长期资产的构建等，其经济效益并不能得到立即实现，而是需要一个长期的过程，或者体现在其他一些需要长期才能回收利益的企业资产中，根据企业所得税税前扣除中的收入与支出相配比原则，对于这部分借款费用是不能予以在发生时全额直接扣除，而应计入有关资产的成本，予以分期扣除或者摊销。

（五）利息费用

企业在生产、经营活动中发生的利息费用，按下列规定扣除。

（1）非金融企业向金融企业借款的利息支出、金融企业的各项存款利息支出和同业拆借利息支出、企业经批准发行债券的利息支出可据实扣除。

（2）非金融企业向非金融企业借款的利息支出，不超过按照金融企业同期同类贷款利率计算的数额的部分可据实扣除，超过部分不许扣除。

关于金融企业同期同类贷款利率确定问题，国家税务总局2011年第34号公告明确规定：根据《实施条例》第三十八条规定，非金融企业向非金融企业借款的利息支出，不超过按照金融企业同期同类贷款利率计算的数额的部分，准予税前扣除。鉴于目前我国对金融企业利率要求的具体情况，企业在按照合同要求首次支付利息并进行税前扣除时，应提供"金融企业的同期同类贷款利率情况说明"，以证明其利息支出的合理性。"金融企业的同期同类贷款利率情况说明"中，应包括在签订该借款合同当时，本省任何一家金融企业提供同期同类贷款利率情况。该金融企业应为经政府有关部门批准成立的可以从事贷款业务的企业，包括银行、财务公司、信托公司等金融机构。"同期同类贷款利率"是指在贷款期限、贷款金额、贷款担保以及企业信誉等条件基本相同下，金融企业提供贷款的利率。既可以是金融企业公布的同期同类平均利率，也可以是金融企业对某些企业提供的实际贷款利率。

（3）关联企业利息费用的扣除。企业从其关联方接受的债权性投资与权益性投资的比例超过规定标准而发生的利息支出，不得在计算应纳税所得额时扣除。

1）在计算应纳税所得额时，企业实际支付给关联方的利息支出，不超过以下规定比例和税法及其实施条例有关规定计算的部分，准予扣除，超过的部分不得在发生当期和以后年度扣除。企业实际支付给关联方的利息支出，除符合以下2）规定外，其接受关联方债权性投资与其权益性投资比例为：金融企业为5∶1；其他企业为2∶1。

2）企业如果能够按照税法及其实施条例的有关规定提供相关资料，并证明相关交易活动符合独立交易原则的；或者该企业的实际税负不高于境内关联方的，其实际支付给境内关联方的利息支出，在计算应纳税所得额时准予扣除。

3）企业同时从事金融业务和非金融业务，其实际支付给关联方的利息支出，应按照合理方法分开计算；没有按照合理方法分开计算的，一律按前述第1）条有关其他企业的比例计算准予税前扣除的利息支出。

4）企业自关联方取得的不符合规定的利息收入应按照有关规定缴纳企业所得税。

（4）企业向自然人借款的利息支出在企业所得税税前的扣除。

1）企业向股东或其他与企业有关联关系的自然人借款的利息支出，应根据《中华人民共和国企业所得税法》第四十六条及《财政部、国家税务总局关于企业关联方利息支出税前扣除标准有关税收政策问题的通知》（财税〔2008〕121号）规定的条件，计算企业所得税扣除额。

2）企业向除1）规定以外的内部职工或其他人员借款的利息支出，其借款情况同时符合以下条件的，其利息支出在不超过按照金融企业同期同类贷款利率计算的数额的部分，准予扣除。

①企业与个人之间的借贷是真实、合法、有效的，并且不具有非法集资目的或其他违反法律、法规的行为。

②企业与个人之间签订了借款合同。

相关链接

《国家税务总局关于企业向自然人借款的利息支出企业所得税税前扣除问题的通知》（国税函〔2009〕777号）

（5）企业投资者投资未到位而发生的利息支出。

《国家税务总局关于企业投资者投资未到位而发生的利息支出企业所得税前扣除问题的批复》（国税函〔2009〕312号）规定，凡企业投资者在规定期限内未缴足其应缴资本额的，该企业对外借款所发生的利息，相当于投资者实缴资本额与在规定期限内应缴资本额的差额应计付的利息，其不属于企业合理的支出，应由企业投资者负担，不得在计算企业应纳税所得额时扣除。

具体计算不得扣除的利息，应以企业一个年度内每一账面实收资本与借款余额保持不变的期间作为一个计算期，每一计算期内不得扣除的借款利息按该期间借款利息发生额乘以该期间企业未缴足的注册资本占借款总额的比例计算，公式为

企业每一计算期不得扣除的借款利息＝该期间借款利息额×该期间未缴足注册资本额÷该期间借款额。

企业一个年度内不得扣除的借款利息总额为该年度内每一计算期不得扣除的借款利息额之和。

例如，股东甲、乙于2017年1月1日共同出资成立A公司，注册资本100万元。股东甲、乙认缴出资分别为50万元，章程规定一次性缴足，结果甲实际出资30万元，乙实际出资20万元，甲、乙余额在2018年1月1日才缴足。因生产经营的需要，A公司于2017年7月1日向银行100万元，年利率6%，期限一年。

分析：100万元借款中，对应资本金未出资到位的50万元产生的利息1.5万元，不允许税前抵扣。A公司应于2017年调增应纳税所得额1.5万元。

（六）汇兑损失

企业在货币交易中，以及纳税年度终了时将人民币以外的货币性资产、负债按照期末即期人民币汇率中间价折算为人民币时产生的汇兑损失，除已经计入有关资产成本以及与向所有者进行利润分配相关的部分外，准予扣除。

（七）业务招待费

企业发生的与生产经营活动有关的业务招待费支出，按照发生额的60%扣除，但最高不得超过当年销售（营业）收入的5‰。

对从事股权投资业务的企业（包括集团公司总部、创业投资企业等），其从被投资企业所分配的股息、红利以及股权转让收入，可以按规定的比例计算业务招待费扣除限额。

企业在计算业务招待费、广告费和业务宣传费等费用扣除限额时，其销售（营业）收入额应包括《实施条例》第二十五条规定的视同销售（营业）收入额。

企业在筹建期间，发生的与筹办活动有关的业务招待费支出，可按实际发生额的60%计入企业筹办费，并按有关规定在税前扣除；发生的广告费和业务宣传费，可按实际发生额计入企业筹办费，并按有关规定在税前扣除。

相关链接

1.《国家税务总局关于贯彻落实企业所得税法若干税收问题的通知》（国税函〔2010〕79号）

2.《国家税务总局关于企业所得税执行中若干税务处理问题的通知》（国税函〔2009〕202号）

3.《国家税务总局关于企业所得税应纳税所得额若干税务处理的公告》(国家税务总局公告 2012 年第 15 号)

(八)广告费和业务宣传费

企业发生的符合条件的广告费和业务宣传费支出,除国务院财政、税务主管部门另有规定外,不超过当年销售(营业)收入 15%的部分,准予扣除;超过部分,准予在以后纳税年度结转扣除。

(1)根据《财政部 税务总局关于广告费和业务宣传费支出税前扣除政策的通知》(财税〔2017〕41 号)文件规定,自 2016 年 1 月 1 日起至 2020 年 12 月 31 日止。

1)对化妆品制造或销售、医药制造和饮料制造(不含酒类制造)企业发生的广告费和业务宣传费支出,不超过当年销售(营业)收入 30%的部分,准予扣除;超过部分,准予在以后纳税年度结转扣除。

2)对签订广告费和业务宣传费分摊协议(以下简称分摊协议)的关联企业,其中一方发生的不超过当年销售(营业)收入税前扣除限额比例内的广告费和业务宣传费支出可以在本企业扣除,也可以将其中的部分或全部按照分摊协议归集至另一方扣除。另一方在计算本企业广告费和业务宣传费支出企业所得税税前扣除限额时,可将按照上述办法归集至本企业的广告费和业务宣传费不计算在内。

3)烟草企业的烟草广告费和业务宣传费支出,一律不得在计算应纳税所得额时扣除。

(2)企业申报扣除的广告费、宣传费支出应与赞助支出严格区分。赞助支出,是指企业发生的与生产经营活动无关的各种非广告性质支出。主要从以下几点区分。

1)合同性质是否是有偿合同。如果企业对外支出费用属于单方面赠予,而未约定对方必须履行任何义务,或者双方约定接受资金一方应当履行义务,但是无法确定履行义务的具体范围、时间、方式,则该项对外支出仍然不能认为是具有广告性质的支出。

2)支付费用方是否使自己提供的产品或服务通过一定媒介和形式表现出来。如果收取费用一方履行合同的具体内容不能使支付费用的企业所提供的产品或服务通过一定媒介和形式表现出来,则该项对外支出不具有广告性质。

3)支付对象是否具有合法经营资格的广告经营者或广告发布者。

4)企业支付费用是否取得内容为广告费或业务宣传费的发票。

拓展阅读 广告费、业务宣传费税前扣除应注意的风险点

1. 将业务招待费作为业务宣传费税前扣除

业务宣传费是指企业开展业务宣传活动所支付的费用,主要是指未通过媒体传播

的广告性支出，包括企业发放的印有企业标志的礼品、纪念品等，超过标准的部分可以结转以后年度扣除。对于以业务宣传名义向客户或特定关系人赠送礼品的支出，不属于业务宣传费。审核要点如下：

（1）查看发票。若发票内容为餐饮、住宿等一般不得作为业务宣传费进行税前扣除。

（2）查看实物。对于礼品赠送行为，一般业务宣传品是指在礼品上印制有企业LOGO、企业介绍、产品介绍等，对企业形象或企业产品有宣传作用，同时金额不应太大。赠送礼品具有价值小而赠送对象多且随机的特点

如果赠送对象不是随机的，且赠送礼品金额较大，或者礼品没有企业LOGO等，一般不得作为业务宣传费进行税前扣除。

2. 关联企业超额分摊或重复扣除广告费和业务宣传费

（1）关联企业之间是否签订了广告宣传费分摊协议，若未签订分摊协议，关联企业之间广告费和业务宣传费不得分摊扣除。

（2）关联企业之间若签订了分摊协议，应重点关注广告分摊协议约定的广告费宣传期限、分摊比例、广告宣传方式、费用支付方式等内容。不属于协议规定内容或超过分摊比例的部分不得分摊扣除。

（3）查看分摊企业分摊前发生的广告费和业务宣传费是否已经超标，是否将超标的广告费和业务宣传费进行转移，查看广告费和业务宣传费的红字发生额。

（九）保险费

企业参加财产保险，按照规定缴纳的保险费，准予扣除。

（十）特定专项资金

企业依照法律、行政法规有关规定提取的用于环境保护、生态恢复等方面的专项资金，准予扣除。上述专项资金提取后改变用途的，不得扣除。

（十一）租赁费

企业根据生产经营活动的需要租入固定资产支付的租赁费，按照以下方法扣除。

（1）以经营租赁方式租入固定资产发生的租赁费支出，按照租赁期限均匀扣除。

（2）以融资租赁方式租入固定资产发生的租赁费支出，按照规定构成融资租入固定资产价值的部分应当提取折旧费用，分期扣除。

融资租赁是指在实质上转移与一项资产所有权有关的全部风险和报酬的一种租赁。

（十二）劳动保护费

企业发生的合理的劳动保护支出，准予扣除。

劳动保护支出的范围包括：工作服、手套、洗衣粉等劳保用品，解毒剂等安全保护用品，清凉饮料等防暑降温用品，以及按照原劳动部等部门规定的范围对接触有毒物质、矽尘作业、放射线作业和潜水、沉箱作业、高温作业等5类工种所享受的由劳

动保护费开支的保健食品待遇。

允许税前扣除的劳动保护费应满足以下条件，一是必须是确因工作需要，如果企业所发生的所谓的支出，并非出于工作的需要，那么其支出就不得予以扣除；二是为其雇员配备或提供，而不是给其他与其没有任何劳动关系的人配备或提供；三是限于工作服、手套、安全保护用品、防暑降温品等，如高温冶炼企业职工、道路施工企业的防暑降温品，采煤工人的手套、头盔等用品。

劳动保护费的服装限于工作服而非所有服装。企业购买高档品牌服装，在劳动保护费中列支，既不合情又不合理。企业根据其工作性质和特点，由企业统一制作并要求员工工作时统一着装所发生的工作服饰费用，根据《实施条例》第二十七条的规定，可以作为企业合理的支出给予税前扣除。

(十三) 公益性捐赠支出

公益性捐赠，是指企业通过公益性社会团体或者县级以上人民政府及其部门，用于《中华人民共和国公益事业捐赠法》规定的公益事业的捐赠。

企业发生的公益性捐赠支出，在年度利润总额12%以内的部分，准予在计算应纳税所得额时扣除；自2017年1月1日起，超过年度利润总额12%的部分，准予结转以后3年内在计算应纳税所得额时扣除。年度利润总额，是指企业依照国家统一会计制度的规定计算的大于零的数额。

企业在对公益性捐赠支出计算扣除时，应先扣除以前年度结转的捐赠支出，再扣除当年发生的捐赠支出。

公益性捐赠必须符合以下条件。

(1) 必须通过公益性社会团体或者县级以上人民政府及其部门。

公益性社会团体，指依据国务院发布的《基金会管理条例》和《社会团体登记管理条例》的规定，经民政部门依法登记、符合以下条件的基金会、慈善组织等公益性社会团体。

1) 符合《中华人民共和国企业所得税法实施条例》第五十二条第(一)项到第(八)项规定的条件；即：

①依法登记，具有法人资格。

②以发展公益事业为宗旨，且不以营利为目的。

③全部资产及其增值为该法人所有。

④收益和营运结余主要用于符合该法人设立目的的事业。

⑤终止后的剩余财产不归属任何个人或者营利组织。

⑥不经营与其设立目的无关的业务。

⑦有健全的财务会计制度。

⑧捐赠者不以任何形式参与社会团体财产的分配。

2) 申请前3年内未受到行政处罚；"行政处罚"是指税务机关和登记管理机关给予

的行政处罚(警告或单次 1 万元以下罚款除外)。

  3)基金会在民政部门依法登记 3 年以上(含 3 年)的,应当在申请前连续 2 年年度检查合格,或最近 1 年年度检查合格且社会组织评估等级在 3A 以上(含 3A),登记 3 年以下 1 年以上(含 1 年)的,应当在申请前 1 年年度检查合格或社会组织评估等级在 3A 以上(含 3A),登记 1 年以下的基金会具备(1)(2)规定的条件;

  4)公益性社会团体(不含基金会)在民政部门依法登记 3 年以上,净资产不低于登记的活动资金数额,申请前连续 2 年年度检查合格,或最近 1 年年度检查合格且社会组织评估等级在 3A 以上(含 3A),申请前连续 3 年每年用于公益活动的支出不低于上年总收入的 70%(含 70%),同时需达到当年总支出的 50%以上(含 50%)。

  前款所称年度检查合格是指民政部门对基金会、公益性社会团体(不含基金会)进行年度检查,做出年度检查合格的结论;社会组织评估等级在 3A 以上(含 3A)是指社会组织在民政部门主导的社会组织评估中被评为 3A、4A、5A 级别,且评估结果在有效期内。

  县级以上人民政府及其部门是指县级(含县级,下同)以上人民政府及其组成部门和直属机构。

  (2)必须是用于《中华人民共和国公益事业捐赠法》规定的公益事业的捐赠。

  目前,依据《中华人民共和国公益事业捐赠法》规定,公益事业捐赠的范围如下。

1)救助灾害、救济贫困、扶助残疾人等困难的社会群体和个人的活动。

2)教育、科学、文化、卫生、体育事业。

3)环境保护、社会公共设施建设。

4)促进社会发展和进步的其他社会公共和福利事业。

  (3)公益性社会团体和县级以上人民政府及其组成部门和直属机构在接受捐赠时,应按照行政管理级次分别使用由财政部或省、自治区、直辖市财政部门印制的公益性捐赠票据,并加盖本单位的印章;对个人索取捐赠票据的,应予以开具。新设立的基金会在申请获得捐赠税前扣除资格后,原始基金的捐赠人可凭捐赠票据依法享受税前扣除。

  公益性社会团体和县级以上人民政府及其组成部门和直属机构在接受捐赠时,捐赠资产的价值,按以下原则确认。

1)接受捐赠的货币性资产,应当按照实际收到的金额计算。

2)接受捐赠的非货币性资产,应当以其公允价值计算。捐赠方在向公益性社会团体和县级以上人民政府及其组成部门和直属机构捐赠时,应当提供注明捐赠非货币性资产公允价值的证明,如果不能提供上述证明,公益性社会团体和县级以上人民政府及其组成部门和直属机构不得向其开具公益性捐赠票据。

  (4)存在以下情形之一的公益性社会团体,应取消公益性捐赠税前扣除资格。

1)年度检查不合格或最近一次社会组织评估等级低于 3A 的。

2)在申请公益性捐赠税前扣除资格时有弄虚作假行为的。

3)存在偷税行为或为他人偷税提供便利的。

4)存在违反该组织章程的活动，或者接受的捐赠款项用于组织章程规定用途之外的支出等情况的。

5)受到行政处罚的。

被取消公益性捐赠税前扣除资格的公益性社会团体，存在第(1)项情形的，1年内不得重新申请公益性捐赠税前扣除资格，存在第(2)项、第(3)项、第(4)项、第(5)项情形的，3年内不得重新申请公益性捐赠税前扣除资格。

对第(3)项、第(4)项情形，应对其接受捐赠收入和其他各项收入依法补征企业所得税。

(5)公益股权捐赠。

企业向公益性社会团体实施的股权捐赠，应按规定视同转让股权，股权转让收入额以企业所捐赠股权取得时的历史成本确定。股权指企业持有的其他企业的股权、上市公司股票等。

企业实施股权捐赠后，以其股权历史成本为依据确定捐赠额，并依此按照企业所得税法有关规定在所得税前予以扣除。公益性社会团体接受股权捐赠后，应按照捐赠企业提供的股权历史成本开具捐赠票据。

企业向中华人民共和国境外的社会组织或团体实施的股权捐赠行为不适用本规定。

(十四)有关资产的费用

企业转让各类固定资产发生的费用，允许扣除。企业按规定计算的固定资产折旧费、无形资产和递延资产的摊销费，准予扣除。

(十五)总机构分摊的费用

非居民企业在中国境内设立的机构、场所，就其中国境外总机构发生的与该机构、场所生产经营有关的费用，能够提供总机构出具的费用汇集范围、定额、分配依据和方法等证明文件，并合理分摊的，准予扣除。

非居民企业总机构分摊的费用税前扣除一般应满足以下要求。

(1)所分摊的费用必须是由中国境外总机构所负担，且与其在中国境内设立的机构、场所生产经营有关。即，首先这部分允许分摊的费用，必须是由非居民企业在中国境外的总机构所负担，且这部分费用是与其在中国境内设立的机构、场所的生产经营有关，否则不得作为本条规定的分摊费用。

(2)在中国境内设立的机构、场所能够提供总机构出具的费用汇集范围、定额、分配依据和方法等证明文件。

这主要是考虑到，基于税收管辖权上的局限性以及税务机关征管能力的局限性等，若没有非居民企业在中国境内设立的机构、场所的协助，中国的税务机关可能无法掌握总分机构之间的费用往来情况，所以有必要规定非居民企业在中国境内设立的机构、场所有提供证明文件的义务。

(十六)手续费及佣金支出

(1)企业发生与生产经营有关的手续费及佣金支出,不超过以下规定计算限额以内的部分,准予扣除;超过部分,不得扣除。

1)保险企业:财产保险企业按当年全部保费收入扣除退保金等后余额的15%(含本数,下同)计算限额;人身保险企业按当年全部保费收入扣除退保金等后余额的10%计算限额。

2)其他企业:按与具有合法经营资格中介服务机构或个人(不含交易双方及其雇员、代理人和代表人等)所签订服务协议或合同确认的收入金额的5%计算限额。

(2)企业应与具有合法经营资格中介服务企业或个人签订代办协议或合同,并按国家有关规定支付手续费及佣金。除委托个人代理外,企业以现金等非转账方式支付的手续费及佣金不得在税前扣除。企业为发行权益性证券支付给有关证券承销机构的手续费及佣金不得在税前扣除。

(3)企业不得将手续费及佣金支出计入回扣、业务提成、返利、进场费等费用。

(4)企业已计入固定资产、无形资产等相关资产的手续费及佣金支出,应当通过折旧、摊销等方式分期扣除,不得在发生当期直接扣除。

(5)企业支付的手续费及佣金不得直接冲减服务协议或合同金额,并如实入账。

(6)企业应当如实向当地主管税务机关提供当年手续费及佣金计算分配表和其他相关资料,并依法取得合法真实凭证。

(7)电信企业在发展客户、拓展业务等过程中(如委托销售电话入网卡、电话充值卡等),需向经纪人、代办商支付手续费及佣金的,其实际发生的相关手续费及佣金支出,不超过企业当年收入总额5%的部分,准予在企业所得税前据实扣除。

经典案例

我公司因历史原因有一些应收账款无法收回,委托财务公司帮我们催讨应收账款,我公司付给财务公司催回款项的20%,请问是否符合财政部、国家税务总局《关于企业手续费及佣金支出税前扣除政策的通知》(财税[2009]29号)中所说的手续费和佣金内容,是否按5%的比例税前扣除?

【参考解答】根据《财政部、国家税务总局关于企业手续费及佣金支出税前扣除政策的通知》(财税[2009]29号)文件第二条规定:"企业应与具有合法经营资格中介服务企业或个人签订代办协议或合同,并按国家有关规定支付手续费及佣金。"可见具有合法经营资格的中介服务企业或个人才是手续费和佣金的支付对象,如果该财务公司不具备上述合法经营资格,则不属于手续费或佣金支出。

(十七)维简费支出

维简费(又称更新改造资金),是从成本中提取,专项用于维持简单再生产的资金。

《国家税务总局关于企业维简费支出企业所得税税前扣除问题的公告》(国家税务总局公告2013年第67号)规定。

(1)企业实际发生的维简费支出,属于收益性支出的,可作为当期费用税前扣除;属于资本性支出的,应计入有关资产成本,并按企业所得税法规定计提折旧或摊销费用在税前扣除。

企业按照有关规定预提的维简费,不得在当期税前扣除。

(2)本公告实施前,企业按照有关规定提取且已在当期税前扣除的维简费,按以下规定处理。

1)尚未使用的维简费,并未作纳税调整的,可不作纳税调整,应首先抵减2013年实际发生的维简费,仍有余额的,继续抵减以后年度实际发生的维简费,至余额为零时,企业方可按照本公告第一条规定执行;已作纳税调整的,不再调回,直接按照本公告第一条规定执行。

2)已用于资产投资并形成相关资产全部成本的,该资产提取的折旧或费用摊销额,不得税前扣除;已用于资产投资并形成相关资产部分成本的,该资产提取的折旧或费用摊销额中与该部分成本对应的部分,不得税前扣除;已税前扣除的,应调整作为2013年度应纳税所得额。

(3)本公告自2013年1月1日起施行。煤矿企业不执行本公告,继续执行《国家税务总局关于煤矿企业维简费和高危行业企业安全生产费用企业所得税税前扣除问题的公告》(国家税务总局公告2011年第26号)。

(十八)党组织工资经费

《中共中央组织部 财政部 国家税务总局关于非公有制企业党组织工作经费问题的通知》(组通字〔2014〕42号)第二条规定,根据《中华人民共和国公司法》"公司应当为党组织的活动提供必要条件"规定和中办发〔2012〕11号文件"建立并落实税前列支制度"等要求,非公有制企业党组织工作经费纳入企业管理费列支,不超过职工年度工资薪金总额1%的部分,可以据实在企业所得税前扣除。

四、不得扣除项目

在计算应纳税所得额时,下列支出不得扣除。
(1)向投资者支付的股息、红利等权益性投资收益款项。
(2)企业所得税税款。
(3)税收滞纳金。
(4)罚金、罚款和被没收财物的损失。

值得注意的是,企业在经济活动中正常发生的,不是以违法被查处为前提的额外负担的违约金、罚息等都可以扣除,如合同违约的补偿金、逾期偿还银行贷款加处的罚息都可以正常在税前扣除。

（5）公益性捐赠支出以外的捐赠支出。

（6）赞助支出。赞助支出是指企业发生的与生产经营活动无关的各种非广告性质支出。

（7）未经核定的准备金支出。未经核定的准备金支出，是指不符合国务院财政、税务主管部门规定的各项资产减值准备、风险准备等准备金支出。

（8）与取得收入无关的其他支出。

拓展阅读　　**特殊行业准备金税前扣除政策**

一、保险公司

根据《财政部、国家税务总局关于保险公司准备金支出企业所得税税前扣除有关政策问题的通知》（财税〔2016〕114号）的规定。

（一）保险公司按下列规定缴纳的保险保障基金，准予据实税前扣除。

（1）非投资型财产保险业务，不得超过保费收入的0.8%；投资型财产保险业务，有保证收益的，不得超过业务收入的0.08%，无保证收益的，不得超过业务收入的0.05%。

（2）有保证收益的人寿保险业务，不得超过业务收入的0.15%；无保证收益的人寿保险业务，不得超过业务收入的0.05%。

（3）短期健康保险业务，不得超过保费收入的0.8%；长期健康保险业务，不得超过保费收入的0.15%。

（4）非投资型意外伤害保险业务，不得超过保费收入的0.8%；投资型意外伤害保险业务，有保证收益的，不得超过业务收入的0.08%，无保证收益的，不得超过业务收入的0.05%。

保险保障基金，是指按照《中华人民共和国保险法》和《保险保障基金管理办法》规定缴纳形成的，在规定情形下用于救助保单持有人、保单受让公司或者处置保险业风险的非政府性行业风险救助基金。

保费收入，是指投保人按照保险合同约定，向保险公司支付的保险费。

业务收入，是指投保人按照保险合同约定，为购买相应的保险产品支付给保险公司的全部金额。

非投资型财产保险业务，是指仅具有保险保障功能而不具有投资理财功能的财产保险业务。

投资型财产保险业务，是指兼具有保险保障与投资理财功能的财产保险业务。

有保证收益，是指保险产品在投资收益方面提供固定收益或最低收益保障。

无保证收益，是指保险产品在投资收益方面不提供收益保证，投保人承担全部投资风险。

（二）保险公司有下列情形之一的，其缴纳的保险保障基金不得在税前扣除。

（1）财产保险公司的保险保障基金余额达到公司总资产6%的。

（2）人身保险公司的保险保障基金余额达到公司总资产1%的。

（三）保险公司按国务院财政部门的相关规定提取的未到期责任准备金、寿险责任准备金、长期健康险责任准备金、已发生已报案未决赔款准备金和已发生未报案未决赔款准备金，准予在税前扣除。

（1）未到期责任准备金、寿险责任准备金、长期健康险责任准备金依据经中国保监会核准任职资格的精算师或出具专项审计报告的中介机构确定的金额提取。

未到期责任准备金，是指保险人为尚未终止的非寿险保险责任提取的准备金。

寿险责任准备金，是指保险人为尚未终止的人寿保险责任提取的准备金。

长期健康险责任准备金，是指保险人为尚未终止的长期健康保险责任提取的准备金。

（2）已发生已报案未决赔款准备金，按最高不超过当期已经提出的保险赔款或者给付金额的100%提取；已发生未报案未决赔款准备金按不超过当年实际赔款支出额的8%提取。

已发生已报案未决赔款准备金，是指保险人为非寿险保险事故已经发生并已向保险人提出索赔、尚未结案的赔案提取的准备金。

已发生未报案未决赔款准备金，是指保险人为非寿险保险事故已经发生、尚未向保险人提出索赔的赔案提取的准备金。

（四）保险公司经营财政给予保费补贴的农业保险，按不超过财政部门规定的农业保险大灾风险准备金（简称大灾准备金）计提比例，计提的大灾准备金，准予在企业所得税前据实扣除。具体计算公式如下：

本年度扣除的大灾准备金＝本年度保费收入×规定比例－上年度已在税前扣除的大灾准备金结存余额。

按上述公式计算的数额如为负数，应调增当年应纳税所得额。

财政给予保费补贴的农业保险，是指各级财政按照中央财政农业保险保费补贴政策规定给予保费补贴的种植业、养殖业、林业等农业保险。

规定比例，是指按照《财政部关于印发〈农业保险大灾风险准备金管理办法〉的通知》（财金〔2013〕129号）规定的计提比例。

（五）保险公司实际发生的各种保险赔款、给付，应首先冲抵按规定提取的准备金，不足冲抵部分，准予在当年税前扣除。

（六）本通知自2016年1月1日至2020年12月31日执行。

二、证券期货行业

根据《财政部 国家税务总局关于证券行业准备金支出企业所得税税前扣除有关政

策问题的通知》(财税〔2017〕23号)的规定。

(一)证券类准备金。

1. 证券交易所风险基金

上海、深圳证券交易所依据《证券交易所风险基金管理暂行办法》(证监发〔2000〕22号)的有关规定,按证券交易所交易收取经手费的20%、会员年费的10%提取的证券交易所风险基金,在各基金净资产不超过10亿元的额度内,准予在企业所得税税前扣除。

2. 证券结算风险基金

(1)中国证券登记结算公司所属上海分公司、深圳分公司依据《证券结算风险基金管理办法》(证监发〔2006〕65号)的有关规定,按证券登记结算公司业务收入的20%提取的证券结算风险基金,在各基金净资产不超过30亿元的额度内,准予在企业所得税税前扣除。

(2)证券公司依据《证券结算风险基金管理办法》(证监发〔2006〕65号)的有关规定,作为结算会员按人民币普通股和基金成交金额的十万分之三、国债现货成交金额的十万分之一、1天期国债回购成交额的千万分之五、2天期国债回购成交额的千万分之十、3天期国债回购成交额的千万分之十五、4天期国债回购成交额的千万分之二十、7天期国债回购成交额的千万分之五十、14天期国债回购成交额的十万分之一、28天期国债回购成交额的十万分之二、91天期国债回购成交额的十万分之六、182天期国债回购成交额的十万分之十二逐日交纳的证券结算风险基金,准予在企业所得税税前扣除。

3. 证券投资者保护基金

(1)上海、深圳证券交易所依据《证券投资者保护基金管理办法》(证监会令第27号、第124号)的有关规定,在风险基金分别达到规定的上限后,按交易经手费的20%缴纳的证券投资者保护基金,准予在企业所得税税前扣除。

(2)证券公司依据《证券投资者保护基金管理办法》(证监会令第27号、第124号)的有关规定,按其营业收入0.5%~5%缴纳的证券投资者保护基金,准予在企业所得税税前扣除。

(二)期货类准备金。

1. 期货交易所风险准备金

大连商品交易所、郑州商品交易所和中国金融期货交易所依据《期货交易管理条例》(国务院令第489号)、《期货交易所管理办法》(证监会令第42号)和《商品期货交易财务管理暂行规定》(财商字〔1997〕44号)的有关规定,上海期货交易所依据《期货交易管理条例》(国务院令第489号)、《期货交易所管理办法》(证监会令第42号)和《关于调整上海期货交易所风险准备金规模的批复》(证监函〔2009〕407号)的有关规定,分别按向会员收取手续费收入的20%计提的风险准备金,在风险准备金余额达到有关规定的额度内，准予在企业所得税税前扣除。

2. 期货公司风险准备金

期货公司依据《期货公司管理办法》(证监会令第43号)和《商品期货交易财务管理暂行规定》(财商字〔1997〕44号)的有关规定，从其收取的交易手续费收入减去应付期货交易所手续费后的净收入的5%提取的期货公司风险准备金，准予在企业所得税税前扣除。

3. 期货投资者保障基金

(1)上海期货交易所、大连商品交易所、郑州商品交易所和中国金融期货交易所依据《期货投资者保障基金管理暂行办法》(证监会令第38号、第129号)和《关于明确期货投资者保障基金缴纳比例有关事项的规定》(证监会财政部公告〔2016〕26号)的有关规定，按其向期货公司会员收取的交易手续费的2%(2016年12月8日前按3%)缴纳的期货投资者保障基金，在基金总额达到有关规定的额度内，准予在企业所得税税前扣除。

(2)期货公司依据《期货投资者保障基金管理办法》(证监会令第38号、第129号)和《关于明确期货投资者保障基金缴纳比例有关事项的规定》(证监会财政部公告〔2016〕26号)的有关规定，从其收取的交易手续费中按照代理交易额的亿分之五至亿分之十的比例(2016年12月8日前按千万分之五至千万分之十的比例)缴纳的期货投资者保障基金，在基金总额达到有关规定的额度内，准予在企业所得税税前扣除。

(三)上述准备金如发生清算、退还，应按规定补征企业所得税。

(四)本通知自2016年1月1日起至2020年12月31日止执行。

三、金融行业

(一)涉农和中小企业贷款损失准备金。

根据《财政部 国家税务总局关于金融企业涉农贷款和中小企业贷款损失准备金税前扣除有关问题的通知》(财税〔2015〕3号)的规定。

(1)金融企业根据《贷款风险分类指引》(银监发〔2007〕54号)，对其涉农贷款和中小企业贷款进行风险分类后，按照以下比例计提的贷款损失准备金，准予在计算应纳税所得额时扣除。

1)关注类贷款，计提比例为2%。

2)次级类贷款，计提比例为25%。

3)可疑类贷款，计提比例为50%。

4)损失类贷款，计提比例为100%。

(2)本通知所称涉农贷款，是指《涉农贷款专项统计制度》(银发〔2007〕246号)统计的以下贷款。

1)农户贷款。

2)农村企业及各类组织贷款。

本条所称农户贷款，是指金融企业发放给农户的所有贷款。农户贷款的判定应以贷款发放时的承贷主体是否属于农户为准。农户，是指长期(一年以上)居住在乡镇(不包括城关镇)行政管理区域内的住户，还包括长期居住在城关镇所辖行政村范围内的住户和户口不在本地而在本地居住一年以上的住户，国有农场的职工和农村个体工商户。位于乡镇(不包括城关镇)行政管理区域内和在城关镇所辖行政村范围内的国有经济的机关、团体、学校、企事业单位的集体户；有本地户口，但举家外出谋生一年以上的住户，无论是否保留承包耕地均不属于农户。农户以户为统计单位，既可以从事农业生产经营，也可以从事非农业生产经营。

本条所称农村企业及各类组织贷款，是指金融企业发放给注册地位于农村区域的企业及各类组织的所有贷款。农村区域，是指除地级及以上城市的城市行政区及其市辖建制镇之外的区域。

(3) 本通知所称中小企业贷款，是指金融企业对年销售额和资产总额均不超过2亿元的企业的贷款。

(4) 金融企业发生的符合条件的涉农贷款和中小企业贷款损失，应先冲减已在税前扣除的贷款损失准备金，不足冲减部分可据实在计算应纳税所得额时扣除。

(5) 本通知自2014年1月1日起至2018年12月31日止执行。

(二) 贷款损失准备金。

根据《财政部 国家税务总局关于金融企业贷款损失准备金企业所得税税前扣除有关政策的通知》(财税〔2015〕9号) 的规定。

(1) 准予税前提取贷款损失准备金的贷款资产范围包括：

1) 贷款(含抵押、质押、担保等贷款)。

2) 银行卡透支、贴现、信用垫款(含银行承兑汇票垫款、信用证垫款、担保垫款等)、进出口押汇、同业拆出、应收融资租赁款等各项具有贷款特征的风险资产。

3) 由金融企业转贷并承担对外还款责任的国外贷款，包括国际金融组织贷款、外国买方信贷、外国政府贷款、日本国际协力银行不附条件贷款和外国政府混合贷款等资产。

(2) 金融企业准予当年税前扣除的贷款损失准备金计算公式如下：

准予当年税前扣除的贷款损失准备金=本年末准予提取贷款损失准备金的贷款资产余额×1%-截至上年末已在税前扣除的贷款损失准备金的余额。

金融企业按上述公式计算的数额如为负数，应当相应调增当年应纳税所得额。

(3) 金融企业的委托贷款、代理贷款、国债投资、应收股利、上交央行准备金以及金融企业剥离的债权和股权、应收财政贴息、央行款项等不承担风险和损失的资产，不得提取贷款损失准备金在税前扣除。

(4) 金融企业发生的符合条件的贷款损失，应先冲减已在税前扣除的贷款损失准备金，不足冲减部分可据实在计算当年应纳税所得额时扣除。

(5)金融企业涉农贷款和中小企业贷款损失准备金的税前扣除政策,凡按照《财政部 国家税务总局关于金融企业涉农贷款和中小企业贷款损失准备金税前扣除有关问题的通知》(财税〔2015〕3号)的规定执行的,不再适用本通知第一条至第四条的规定。

(6)本通知自2014年1月1日起至2018年12月31日止执行。

四、中小企业融资(信用)担保机构

根据《财政部 国家税务总局关于中小企业融资(信用)担保机构有关准备金企业所得税税前扣除政策的通知》(财税〔2017〕22号)的规定。

(1)符合条件的中小企业融资(信用)担保机构按照不超过当年年末担保责任余额1%的比例计提的担保赔偿准备,允许在企业所得税税前扣除,同时将上年度计提的担保赔偿准备余额转为当期收入。

(2)符合条件的中小企业融资(信用)担保机构按照不超过当年担保费收入50%的比例计提的未到期责任准备,允许在企业所得税税前扣除,同时将上年度计提的未到期责任准备余额转为当期收入。

(3)中小企业融资(信用)担保机构实际发生的代偿损失,符合税收法律法规关于资产损失税前扣除政策规定的,应冲减已在税前扣除的担保赔偿准备,不足冲减部分据实在企业所得税税前扣除。

(4)本通知所称符合条件的中小企业融资(信用)担保机构,必须同时满足以下条件。

1)符合《融资性担保公司管理暂行办法》(银监会等七部委令2010年第3号)相关规定,并具有融资性担保机构监管部门颁发的经营许可证。

2)以中小企业为主要服务对象,当年中小企业信用担保业务和再担保业务发生额占当年信用担保业务发生总额的70%以上(上述收入不包括信用评级、咨询、培训等收入)。

3)中小企业融资担保业务的平均年担保费率不超过银行同期贷款基准利率的50%。

4)财政、税务部门规定的其他条件。

(5)申请享受本通知规定的准备金税前扣除政策的中小企业融资(信用)担保机构,在汇算清缴时,需报送法人执照副本复印件、融资性担保机构监管部门颁发的经营许可证复印件、年度会计报表和担保业务情况(包括担保业务明细和风险准备金提取等),以及财政、税务部门要求提供的其他材料。

(6)本通知自2016年1月1日起至2020年12月31日止执行。

五、小额贷款公司

根据《财政部 税务总局关于小额贷款公司有关税收政策的通知》(财税〔2017〕48号)的规定。

自2017年1月1日至2019年12月31日,对经省级金融管理部门(金融办、局等)批准成立的小额贷款公司按年末贷款余额的1%计提的贷款损失准备金准予在企业所得税税前扣除。具体政策口径按照《财政部 国家税务总局关于金融企业贷款损失准备金企业所得税税前扣除有关政策的通知》(财税〔2015〕9号)执行。

五、亏损弥补

亏损,是指企业依照企业所得税法及其实施条例的规定将每一纳税年度的收入总额减除不征税收入、免税收入和各项扣除后小于零的数额。

企业纳税年度发生的亏损,准予向以后年度结转,用以后年度的所得弥补,但结转年限最长不得超过五年。

(一)企业亏损年度的确定

企业自开始生产经营的年度,为开始计算企业损益的年度。企业从事生产经营之前进行筹办活动期间发生筹办费用支出,不得计算为当期的亏损,应按照《国家税务总局关于企业所得税若干税务事项衔接问题的通知》(国税函〔2009〕98号)第九条规定执行。即开(筹)办费未明确列作长期待摊费用,企业可以在开始经营之日的当年一次性扣除,也可以按照有关长期待摊费用的处理规定处理,但一经选定,不得改变。

(二)查增应纳税所得额弥补以前年度亏损

根据《中华人民共和国企业所得税法》(以下简称企业所得税法)第五条的规定,税务机关对企业以前年度纳税情况进行检查时调增的应纳税所得额,凡企业以前年度发生亏损、且该亏损属于企业所得税法规定允许弥补的,应允许用调增的应纳税所得额弥补该亏损。

弥补该亏损后仍有余额的,按照企业所得税法规定计算缴纳企业所得税。对检查调增的应纳税所得额应根据其情节,依照《中华人民共和国税收征收管理法》有关规定进行处理或处罚。

(三)资产损失追补确认出现亏损的弥补

《企业资产损失所得税税前扣除管理办法》(国家税务总局公告2011年第25号)规定。

企业以前年度发生的资产损失未能在当年税前扣除的,可以按照本办法的规定,向税务机关说明并进行专项申报扣除。其中,属于实际资产损失,准予追补至该项损失发生年度扣除。

企业因以前年度实际资产损失未在税前扣除而多缴的企业所得税税款,可在追补确认年度企业所得税应纳税款中予以抵扣,不足抵扣的,向以后年度递延抵扣。

企业实际资产损失发生年度扣除追补确认的损失后出现亏损的,应先调整资产损失发生年度的亏损额,再按弥补亏损的原则计算以后年度多缴的企业所得税税款,并按前款办法进行税务处理。

(四)被投资企业的亏损在投资方弥补

《国家税务总局关于企业所得税若干问题的公告》(国家税务总局公告2011年第34

号)第五条第二款规定,被投资企业发生的经营亏损,由被投资企业按规定结转弥补;投资企业不得调整减低其投资成本,也不得将其确认为投资损失。

(五)加计扣除形成的亏损处理

根据《国家税务总局关于企业所得税若干税务事项衔接问题的通知》国税函〔2009〕98号:企业技术开发费加计扣除部分已形成企业年度亏损,可以用以后年度所得弥补,但结转年限最长不得超过5年。

(六)高新技术企业和科技型中小企业亏损结转弥补年限

(1)自2018年1月1日起,当年具备高新技术企业或科技型中小企业资格(以下统称资格)的企业,其具备资格年度之前5个年度发生的尚未弥补完的亏损,准予结转以后年度弥补,最长结转年限由5年延长至10年。

(2)具备资格年度之前5个年度发生的尚未弥补完的亏损,是指当年具备资格的企业,其前5个年度无论是否具备资格,所发生的尚未弥补完的亏损。2018年具备资格的企业,无论2013年至2017年是否具备资格,其2013年至2017年发生的尚未弥补完的亏损,均准予结转以后年度弥补,最长结转年限为10年。2018年以后年度具备资格的企业,依此类推,进行亏损结转弥补税务处理。

(3)高新技术企业,是指按照《科技部、财政部、国家税务总局关于修订印发〈高新技术企业认定管理办法〉的通知》(国科发火〔2016〕32号)规定认定的高新技术企业;所称科技型中小企业,是指按照《科技部、财政部、国家税务总局关于印发〈科技型中小企业评价办法〉的通知》(国科发政〔2017〕115号)规定取得科技型中小企业登记编号的企业。

(4)高新技术企业按照其取得的高新技术企业证书注明的有效期所属年度,确定其具备资格的年度。科技型中小企业按照其取得的科技型中小企业入库登记编号注明的年度,确定其具备资格的年度。

(5)企业发生符合特殊性税务处理规定的合并或分立重组事项的,其尚未弥补完的亏损,按照《财政部 国家税务总局关于企业重组业务企业所得税处理若干问题的通知》(财税〔2009〕59号)和国家税务总局公告2018年第45号文有关规定进行税务处理。

1)合并企业承继被合并企业尚未弥补完的亏损的结转年限,按照被合并企业的亏损结转年限确定。

2)分立企业承继被分立企业尚未弥补完的亏损的结转年限,按照被分立企业的亏损结转年限确定。

3)合并企业或分立企业具备资格的,其承继被合并企业或被分立企业尚未弥补完的亏损的结转年限,按照第1)条和第2)条规定处理。

经典案例

1. 甲企业在2017年度终了时"应付职工薪酬"科目余额100万元(当年计提800万元;实际发放700万元),截止2018年5月31日未发放,是否可以在2017年度企业所得税税前扣除？如果在 2018 年 5 月 31 日前发放，是否可以在 2017 年度企业所得税税前扣除？如果在 2018 年 6 月 1 日发放，又该如何处理？

【参考解答】《国家税务总局关于企业所得税若干问题的公告》(国家税务总局公告 2011 年第 34 号) 第六条规定，企业当年度实际发生的相关成本、费用，由于各种原因未能及时取得该成本、费用的有效凭证，企业在预缴季度所得税时，可暂按账面发生金额进行核算；但在汇算清缴时，应补充提供该成本、费用的有效凭证。

《国家税务总局关于企业工资薪金和职工福利费等支出税前扣除问题的公告》(国家税务总局公告 2015 年第 34 号) 第二条规定，企业在年度汇算清缴结束前向员工实际支付的已预提汇缴年度工资薪金，准予在汇缴年度按规定扣除。

(1) 如果截止 2018 年 5 月 31 日已发放，可以在 2017 年企业所得税税前扣除，汇算清缴不需要进行纳税调整。

(2) 如果截止 2018 年 5 月 31 日仍未发放，应在 2017 年度企业所得税汇算清缴时，将未发放的 100 万元工资薪金进行纳税调增处理。

(3) 如果 2018 年 6 月 1 日发放，应在实际发放年度 2018 年度税前扣除 100 万元。

2. 某工业企业为居民企业，假定 2018 年经营情况如下。

(1) 产品销售收入 1000 万元，房屋出租收入 10 万元，国债利息收入 26 万元，接受捐赠所得 420 万元。

(2) 取得房屋转让收入 1000 万元，相关的转让成本及费用等 480 万元。

(3) 产品销售成本 670.2 万元，房屋出租成本 6 万元。

(4) 发生管理费用 200 万元，其中，管理费用中有当期列支的业务招待费 50 万元。

(5) 发生销售费用 240 万元，其中，广告和业务宣传费 80 万元。

(6) 发生财务费用 44.8 万元，其中有一年期银行贷款 200 万元，全部用于在建工程的建设，一年内支付此笔利息 8 万元。

(7) 税金及附加 75 万元，实际缴纳的增值税 30 万元。

(8) 营业外支出 125 万元，其中：向工商银行贷款到期无力偿还，被银行加收罚息 3 万元；税款滞纳金 1 万元；环保部门罚款 1 万元；公益性捐款 120 万元。

(9) 上年超过税前扣除标准的广告和业务宣传费有 40 万元。

要求：根据上述资料和税法有关规定，假定不考虑摊销费用的扣除，回答下列问题。

①企业 2017 年准予税前扣除的管理费用为(　　)万元。

A. 5.05　　　　　　　　　B. 155.05

C. 30　　　　　　　　　　D. 160.05

【参考解答】B

销售(营业)收入总额 = 1000 + 10 = 1010(万元)。

业务招待费扣除标准：(1000 + 10) × 5‰ = 5.05(万元) < 50 × 60% = 30(万元)。

税前可以扣除的业务招待费是 5.05 万元。

所以，税前可以扣除的管理费用＝200－50＋5.05＝155.05（万元）。

②企业2017年准予税前扣除的销售费用为（　）万元。

A．140　　　　　　　　　　B．180
C．240　　　　　　　　　　D．280

【参考解答】C

广告和业务宣传费扣除限额＝(1000＋10)×15%＝151.5（万元），本期实际列支80万元，可以据实扣除。税前可以扣除的销售费用为240万元。

③企业2017年准予扣除的营业外支出为（　）万元。

A．125　　　　　　　　　　B．72.76
C．77.76　　　　　　　　　D．74.76

【参考解答】C

企业会计利润＝(1010＋26＋420＋1000)－480－670.2－6－200－240－(44.8－8)－75－125＝623（万元）。

用于在建工程项目的贷款利息支出应予资本化，不能计入财务费用扣除。

公益性捐赠扣除的限额＝623×12%＝74.76（万元），捐赠额实际发生额为120万元，税前可以扣除的捐赠额为74.76万元。

纳税人因违反税法规定，被处以的滞纳金，不得扣除；纳税人的生产、经营因违反国家法律、法规和规章，被有关部门处以的罚金、罚款，以及被没收财物的损失，不得扣除；但纳税人逾期归还银行贷款，银行按规定加收的罚息，不属于行政性罚款，允许在税前扣除。

税前准予扣除的营业外支出＝125－1－1－120＋74.76＝77.76（万元）

④企业2017年应当缴纳的企业所得税税额为（　）万元。

A．162.30　　　　　　　　B．132.99
C．142.68　　　　　　　　D．132.88

【参考解答】A

广告和业务宣传费在上年未扣除的部分40万元，可以在本年未扣完的限额内扣除。应纳税所得额＝623－26＋(50－5.05)＋(125－77.76)－40＝649.19（万元）。

应缴纳的所得税税额＝649.19×25%＝162.30（万元）。

第三节　税前扣除的合法凭证

为加强企业所得税税前扣除凭证管理，规范税收执法，优化营商环境，国家税务总局于2018年6月发布了《企业所得税税前扣除凭证管理办法》（以下简称管理办法）。

对税前扣除凭证的相关概念、适用范围、管理原则、种类、基本情形税务处理、特殊情形税务处理等予以明确。

一、税前扣除凭证概念

《管理办法》所称的税前扣除凭证，是指企业在计算企业所得税应纳税所得额时，证明与取得收入有关的、合理的支出实际发生，并据以税前扣除的各类凭证。

二、适用范围

《管理办法》适用的纳税人主体是指企业所得税法及其实施条例规定的居民企业和非居民企业。

三、基本原则

税前扣除凭证在管理中遵循真实性、合法性、关联性原则。
(一)真实性原则
真实性是指税前扣除凭证反映的经济业务真实，且支出已经实际发生。这是税前扣除凭证管理的首要原则。扣除凭证反映的，企业发生的各项支出，应当确属已经实际发生。要求支出是真实发生的，证明支出发生的凭据是真实有效的。
(二)合法性原则
合法性是指税前扣除凭证的形式、来源符合国家法律、法规等相关规定。各类扣除凭证无论从形式(如开具凭证的内容、时间、对象等)或来源(如发票是从税务机关领购的，从对方取得的，对方有资格开具等)都应当符合国家法律、法规等相关规定。
(三)关联性原则
关联性是指税前扣除凭证与其反映的支出相关联且有证明力。关联且有证明力，就要有相应的证据链，互相印证。如实物流向、运输流向与资金流向匹配印证；购进、生产、销售的实物数量金额匹配印证；实际生产规模、生产耗费与销售规模匹配印证；某一单项支出与其经济活动常规匹配印证等。

四、税前扣除凭证的分类

税前扣除凭证按照来源分为内部凭证和外部凭证。
内部凭证是指企业自制用于成本、费用、损失和其他支出核算的会计原始凭证。内部凭证的填制和使用应当符合国家会计法律、法规等相关规定。
外部凭证是指企业发生经营活动和其他事项时，从其他单位、个人取得的用于证明其支出发生的凭证，包括但不限于发票（包括纸质发票和电子发票）、财政票据、完税凭证、收款凭证、分割单等。

五、税前扣除与税前扣除凭证的关系

税前扣除凭证是企业计算企业所得税应纳税所得额时，扣除相关支出的依据。企业支出的税前扣除范围和标准应当按照企业所得税法及其实施条例等相关规定执行。

六、取得税前扣除凭证的时间要求

企业应在支出发生时取得符合规定的税前扣除凭证，但是考虑到在某些情形下企业可能需要补开、换开符合规定的税前扣除凭证。因此，《管理办法》规定了企业应在当年度企业所得税法规定的汇算清缴期结束前取得符合规定的税前扣除凭证。

七、税前扣除凭证与相关资料的关系

企业在经营活动、经济往来中常常伴生有合同协议、付款凭证等相关资料，在某些情形下，则为支出依据，如法院判决企业支付违约金而出具的裁判文书。以上资料不属于税前扣除凭证，但属于与企业经营活动直接相关且能够证明税前扣除凭证真实性的资料，企业也应按照法律、法规等相关规定，履行保管责任，以备包括税务机关在内的有关部门、机构或者人员核实。

在某些情形下，企业发生的支出不会伴生合同协议，而是支出依据，企业也应将这类资料留存备查。如法院判决企业支付违约金而出具的判决文书就是一种比较典型的支出依据。

八、境内支出的税前扣除凭证管理要求

(一)增值税应税项目

(1)对方为已办理税务登记的增值税纳税人。企业支出以对方开具的发票作为税前扣除凭证。也就是，凡对方能够开具增值税发票的，必须以发票作为扣除凭证。以往一些企业（如银行）用利息单代替发票给予企业，而没有按照规定开具发票，本公告发布后，必须统一按照规定开具发票。否则，相关企业发生的利息，将无法税前扣除。

(2)对方为无须办理税务登记的单位。企业与一些单位发生交易，这些交易虽为应税劳务，但这些单位无须办理税务登记，无法日常开具增值税发票，此种情形，可以用代开发票或收款凭证及内部凭证作为税前扣除凭证。如从政府机关、团体收购废旧物资，这些单位无法开具增值税发票，要么代开，要么以收款凭证作为税前扣除凭证。收款凭

证应载明收款单位名称、个人姓名及身份证号、支出项目、收款金额等相关信息。

(3) 对方为个人且从事小额零星经营业务，即企业与个人发生交易，且与该个人应税交易额未超过增值税相关政策规定起征点的，企业支出可以税务机关代开的发票或者收款凭证（取得要求同2）以及内部凭证作为税前扣除凭证。对起征点的理解如下。

1)《增值税暂行条例》第十七条纳税人销售额未达到国务院财政、税务主管部门规定的增值税起征点的，免征增值税；达到起征点的，依照本条例规定全额计算缴纳增值税。

2)《增值税暂行条例实施细则》第三十七条规定，增值税起征点的适用范围限于个人。

3)《财政部 国家税务总局关于全面推开营业税改征增值税试点的通知》(财税〔2016〕36号)文件附件一《营业税改征增值税试点实施办法》第五十条规定，增值税起征点幅度如下。

① 按期纳税的，为月销售额5000~20000元(含本数)。

② 按次纳税的，为每次(日)销售额300~500元(含本数)。

但是，如果个人销售额超过上述规定，相关支出仍应以发票(包括按照规定由税务机关代开的发票)作为税前扣除凭证。

(二) 非增值税应税项目

企业在境内发生的不属于应税项目的支出，如企业按照规定缴纳的政府性基金、行政事业性收费、税金、土地出让金、社会保险费、工会经费、住房公积金、公益事业捐赠支出、向法院支付的诉讼费用等，一般情况下按以下规定处理。

(1) 对方为单位。企业以对方开具的发票以外的其他外部凭证，如财政票据、完税凭证、收款凭证等作为税前扣除凭证。

(2) 对方为个人。企业以内部凭证作为税前扣除凭证。

九、境外支出的税前扣除凭证管理要求

企业从境外购进货物或者劳务发生的支出，以对方开具的发票或者具有发票性质的收款凭证、相关税费缴纳凭证作为税前扣除凭证。

根据《中华人民共和国发票管理办法》(中华人民共和国财政部令第6号)文件的规定：单位和个人从中国境外取得的与纳税有关的发票或者凭证，税务机关在纳税审查时有疑义的，可以要求其提供境外公证机构或者注册会计师的确认证明，经税务机关审核认可后，方可作为记账核算的凭证。因此，取得境外凭证可以列支，但税务机关审查时可能会要求企业提供确认证明。

十、不得作为税前扣除凭证的发票

企业取得私自印制、伪造、变造、作废、开票方非法取得、虚开、填写不规范等

不符合规定的发票(以下简称"不合规发票"),以及取得不符合国家法律、法规等相关规定的其他外部凭证(以下简称"不合规其他外部凭证"),不得作为税前扣除凭证。

常见不合规发票情形如下。

(1)未填开付款方全称的发票。

(2)变更品名的发票。

(3)虚开发票。比如:未发生业务却开具发票;发生业务但是开具与实际业务不符的发票;由第三方非法代开发票等情形。

(4)假发票。

(5)跨地区开具发票。根据《发票管理办法》的规定,除国务院税务主管部门规定的特殊情形外,发票限于领购单位和个人在本省、自治区、直辖市内开具。

(6)大头小尾增值税普通发票。例如,先在增值税防伪税控子系统拿 A4 纸开 1 万元,然后再拿发票用其他方法开 10 万元。

(7)发票专用章不合规发票。自 2011 年 2 月 1 日起,所有的发票必须加盖发票专用章,不再加盖财务专用章。

(8)票面信息不全或者不清晰发票。增值税专用发票压线错误,甚至票面信息超出纸质发票边缘,都是不可以的。

(9)应当备注而未备注的。纳税人提供建筑服务应在发票的备注栏注明建筑服务发生地县(市、区)名称及项目名称;销售不动产和出租不动产,应当在发票的备注栏注明不动产的详细地址等。未进行相应的备注的,属于不合规发票,不能抵扣进项税并且不能税前扣除。

增值税一般纳税人提供货物运输服务,使用增值税专用发票和增值税普通发票,开票时应将起运地、到达地、车种车号以及运输货物信息等内容填写在发票备注栏中,如内容较多可另附清单。

(10)自行打印专票销货清单的,一定要要求开票方通过税控系统开具销货清单。

(11)增值税普通发票从 2017 年 7 月 1 日起,必须填写购货方企业名称、纳税人识别号或社会统一信用代码。

(12)加油票从 2018 年 3 月 1 日起,开具增值税普通发票,不得用以前的机打发票。

(13)商品和服务税收分类编码开错。

根据《中华人民共和国发票管理办法》第二十二条和《增值税专用发票使用规定》第十一条,纳税人不选择商品和服务税收分类与编码的,属于发票栏目填写不全。不符合规定的发票,不得作为财务报销凭证,任何单位和个人有权拒收。未按照规定的时限、顺序、栏目,全部联次一次性开具发票的,主管税务机关将依照《中华人民共和国发票管理办法》第三十五条第一款处理,由税务机关责令改正,可以处 1 万元以下罚款,并公开处罚情况。

十一、未取得合规税前扣除凭证的补救措施

企业在规定期限内取得符合规定的发票、其他外部凭证的，相应支出可以税前扣除。应当取得而未取得发票、其他外部凭证或者取得不合规发票、不合规其他外部凭证的，可以按照以下规定处理：

（1）能够补开、换开符合规定的发票、其他外部凭证的，相应支出可以税前扣除。

（2）因对方注销、撤销、依法被吊销营业执照、被税务机关认定为非正常户等特殊原因无法补开、换开符合规定的发票、其他外部凭证的，凭以下资料证实支出真实性后，相应支出可以税前扣除。

1）无法补开、换开发票、其他外部凭证原因的证明资料（包括工商注销、机构撤销、列入非正常经营户、破产公告等证明资料）。

2）相关业务活动的合同或者协议。

3）采用非现金方式支付的付款凭证。

4）货物运输的证明资料。

5）货物入库、出库内部凭证。

6）企业会计核算记录以及其他资料。

其中第 1 项至第 3 项为必备资料。

（3）未能补开、换开符合规定的发票、其他外部凭证并且未能凭相关资料证实支出真实性的，相应支出不得在发生年度税前扣除。

十二、以前年度支出的税务处理

由于一些原因（如购销合同、工程项目纠纷等），企业在规定的期限内未能取得符合规定的发票、其他外部凭证或者取得不合规发票、不合规其他外部凭证，企业主动没有进行税前扣除的，待以后年度取得符合规定的发票、其他外部凭证后，相应支出可以追补至该支出发生年度扣除，追补扣除年限不得超过 5 年。其中，因对方注销、撤销、依法被吊销营业执照、被税务机关认定为非正常户等特殊原因无法补开、换开符合规定的发票、其他外部凭证的，企业在以后年度凭相关资料证实支出真实性后，相应支出也可以追补至该支出发生年度扣除，追补扣除年限不得超过 5 年。

税务机关发现企业应当取得而未取得发票、其他外部凭证或者取得不合规发票、不合规其他外部凭证并且告知企业的，企业应当自被告知之日起 60 日内补开、换开符合规定的发票、其他外部凭证，或者按照上述十一条的规定，自被告知之日起 60 日内提供可以证实其支出真实性的相关资料。否则，该支出不得在发生年度税前扣除，也不得在以后年度追补扣除。

十三、分摊费用的扣除凭证要求

企业与其他企业(包括关联企业)、个人在境内共同接受应纳增值税劳务(以下简称"应税劳务")发生的支出,采取分摊方式的,应当按照独立交易原则进行分摊,企业以发票和分割单作为税前扣除凭证,共同接受应税劳务的其他企业以企业开具的分割单作为税前扣除凭证。

企业与其他企业、个人在境内共同接受非应税劳务发生的支出,采取分摊方式的,企业以发票外的其他外部凭证和分割单作为税前扣除凭证,共同接受非应税劳务的其他企业以企业开具的分割单作为税前扣除凭证。

企业租用(包括企业作为单一承租方租用)办公、生产用房等资产发生的水、电、燃气、冷气、暖气、通讯线路、有线电视、网络等费用,出租方作为应税项目开具发票的,企业以发票作为税前扣除凭证;出租方采取分摊方式的,企业以出租方开具的其他外部凭证作为税前扣除凭证。

【经典案例】

企业以前年度应当取得而未取得发票、其他外部凭证,且相应支出在该年度没有税前扣除的,在以后年度取得符合规定的发票、其他外部凭证或者按照规定提供可以证实其支出真实性的相关资料,相应支出可以追补至该支出发生年度税前扣除,但追补年限不得超过( )年。

A. 3　　　　　　　　　　　　B. 4
C. 5　　　　　　　　　　　　D. 6

【参考解答】C

第四节　应纳税额的计算

一、企业所得税征收方式

(一)查账征收

查账征收是由纳税人依据账簿记载,自行计算并申报缴纳,事后经税务机关查账核实,如有不符时,可多退少补。这种征收方式主要被已建立会计账册、会计记录完整、具备一定规模的单位采用。这种征收方式适用于账簿、凭证、财务核算制度比较健全,能够据以如实核算,反映生产经营成果,正确计算应纳税款的纳税人。

(二)核定征收

核定征收，是指由于纳税人的会计账簿不健全，资料残缺难以查账，或因其他原因难以准确确定纳税人应纳税额时，由税务机关采用合理的方法依法核定纳税人应纳税款的一种征收方式。

1. 应采取核定征收方式征收企业所得税的情形

(1)纳税人具有下列情形之一的，核定征收企业所得税。

1)依照法律、行政法规的规定可以不设置账簿的。

2)依照法律、行政法规的规定应当设置但未设置账簿的。

3)擅自销毁账簿或者拒不提供纳税资料的。

4)虽设置账簿，但账目混乱或者成本资料、收入凭证、费用凭证残缺不全，难以查账的。

5)发生纳税义务，未按照规定的期限办理纳税申报，经税务机关责令限期申报，逾期仍不申报的。

6)申报的计税依据明显偏低，又无正当理由的。

(2)特殊行业、特殊类型的纳税人和一定规模以上的纳税人不适用核定征收。特定纳税人包括以下类型的企业。

1)享受《中华人民共和国企业所得税法》及其实施条例和国务院规定的一项或几项企业所得税优惠政策的企业(不包括仅享受《中华人民共和国企业所得税法》第二十六条规定免税收入优惠政策的企业、第二十八条规定的符合条件的小型微利企业)。

2)汇总纳税企业。

3)上市公司。

4)银行、信用社、小额贷款公司、保险公司、证券公司、期货公司、信托投资公司、金融资产管理公司、融资租赁公司、担保公司、财务公司、典当公司等金融企业。

5)会计、审计、资产评估、税务、房地产估价、土地估价、工程造价、律师、价格鉴证、公证机构、基层法律服务机构、专利代理、商标代理以及其他经济鉴证类社会中介机构。

6)国家税务总局规定的其他企业。

2. 企业所得税核定征收的分类

核定征收又分为核定应税所得率征收与核定应纳所得税额征收两种。

(1)核定应税所得率征收。具有下列情形之一的，核定其应税所得率。

1)能正确核算(查实)收入总额，但不能正确核算(查实)成本费用总额的。

2)能正确核算(查实)成本费用总额，但不能正确核算(查实)收入总额的。

3)通过合理方法，能计算和推定纳税人收入总额或成本费用总额的。

实行应税所得率方式核定征收企业所得税的纳税人，经营多业的，无论其经营项目是否单独核算，均由税务机关根据其主营项目确定适用的应税所得率。主营项目应为纳税人所有经营项目中，收入总额或者成本(费用)支出额或者耗用原材料、燃料、动力数量所占比重最大的项目。

应税所得率按表 2-2 规定的幅度标准确定。

表 2-2 应税所得率的幅度标准

行业	应税所得率
农、林、牧、渔业	3%～10%
制造业	5%～15%
批发和零售贸易业	4%～15%
交通运输业	7%～15%
建筑业	8%～20%
饮食业	8%～25%
娱乐业	15%～30%
其他行业	10%～30%

【提示】纳税人的生产经营范围、主营业务发生重大变化，或者应纳税所得额或应纳税额增减变化达到20%的，应及时向税务机关申报调整已确定的应纳税额或应税所得率。

应纳税额的计算。

采用应税所得率方式核定征收企业所得税的，应纳所得税额计算公式如下：

应纳税所得额=应税收入额×应税所得率×适用税率

或：应纳税所得额=成本(费用)支出额/(1-应税所得率)×应税所得率×适用税率

上述应税收入额等于收入总额减去不征税收入和免税收入后的余额。用公式表示如下：

应税收入额=收入总额-不征税收入-免税收入

其中，收入总额为企业以货币形式和非货币形式从各种来源取得的收入。

经典案例

2018年某居民企业向主管税务机关申报收入总额120万元，成本费用支出总额127.5万元，全年亏损7.5万元，经税务机关检查，成本费用支出核算准确，但收入总额不能确定。税务机关对该企业采取核定征税办法，应税所得率为25%。2018年度该企业应缴纳企业所得税(　　)万元。

A．10.07　　　　　　　　　　B．10.15
C．10.5　　　　　　　　　　　D．10.63

【参考解答】D

由于该居民企业申报的成本费用支出核算准确而收入总额不准确，因此该企业应纳税所得额=127.5÷(1-25%)×25%=42.5(万元);应纳企业所得税额=42.5×25%=10.63(万元)。

(2)核定应纳所得税额征收。

纳税人不属于应核定应税所得率情形的,应核定其应纳所得税额。

实行核定定额征收企业所得税的纳税人,不进行汇算清缴。

二、应纳税额的计算

(一)实行查账征收的居民企业应纳税额的计算

1. 应纳税额的计算

《企业所得税法》第二十二条规定,企业的应纳税所得额乘以适用税率,减除依照本法关于税收优惠的规定减免和抵免的税额后的余额,为应纳税额。

即:应纳税额=应纳税所得额×适用税率-减免税额-抵免税额

(1)直接法。

《企业所得税法》第五条规定,企业每一纳税年度的收入总额,减除不征税收入、免税收入、各项扣除以及允许弥补的以前年度亏损后的余额,为应纳税所得额。

那么,应纳税额的计算用公式表示为

应纳税额=(收入总额-不征税收入-免税收入-各项扣除额-允许弥补的以前年度亏损)×适用税率-减免税额-抵免税额

(2)间接法。

通常我们在进行企业所得税汇算清缴时,在会计利润总额的基础上加或减按照税法规定调整的项目金额,所得即为应纳税所得额。

那么,应纳税额的计算用公式表示为

应纳税额=(会计利润总额±纳税调整项目金额)×适用税率-减免税额-抵免税额

纳税调整项目金额包括两方面的内容,一是企业的财务会计处理和税收规定不一致的应予以调整的金额;二是企业按税法规定准予扣除的税收金额。

2. 减免税额和抵免税额

(1)上述计算应纳税额公式中的减免税额是指依照企业所得税法和国务院的税收优惠规定减征、免征应纳税额,包括符合条件的小型微利企业减免企业所得税、国家需要重点扶持的高新技术企业减按15%的税率征收企业所得税等。

(2)居民企业的抵免税额,是居民企业取得的来源于中国境外的应税所得已在境外缴纳的所得税税额,可以从其当期应纳税额中抵免,抵免限额为该项所得依照《企业所得税法》计算的应纳税额;超过抵免限额的部分,可以在以后五个年度内,用每年度抵免限额抵免当年应抵税额后的余额进行抵补。

已在境外缴纳的所得税税额，是指企业来源于中国境外的所得依照中国境外税收法律以及相关规定应当缴纳并已经实际缴纳的企业所得税性质的税款。

抵免限额的计算有两种方式：

一是"分国（地区）不分项"计算，计算公式如下：

某国（地区）的所得税抵免限额＝中国境内、境外所得依照企业所得税法和实施条例的规定计算的应纳税总额×来源于某国（地区）的应纳税所得额÷中国境内、境外应纳税所得总额

二是"不分国（地区）不分项"的境外所得抵免方式。

相关链接

《财政部、国家税务总局关于完善企业境外所得税收抵免政策问题的通知》（财税〔2017〕84号），规定企业可以选择按国（地区）别分别计算［即"分国（地区）不分项"］，或者不按国（地区）别汇总计算［即"不分国（地区）不分项"］其来源于境外的应纳税所得额，并按照规定的税率，分别计算其可抵免境外所得税税额和抵免限额。上述方式一经选择，5年内不得改变。

(3)居民企业从其直接或者间接控制的外国企业分得的来源于中国境外的股息、红利等权益性投资收益，外国企业在境外实际缴纳的所得税税额中属于该项所得负担的部分，可以作为该居民企业的可抵免境外所得税税额，在本法第二十三条规定的抵免限额内抵免。

直接控制，是指居民企业直接持有外国企业20%以上股份。

间接控制，是指居民企业以间接持股方式持有外国企业20%以上股份，具体认定办法由国务院财政、税务主管部门另行制定。

(4)企业依照企业所得税法第二十三条、第二十四条的规定抵免企业所得税税额时，应当提供中国境外税务机关出具的税款所属年度的有关纳税凭证。

经典案例

1. 境内某公司（居民企业）实行分国不分项计算抵免限额，2018年度境内应纳税所得额为3000万元。该公司在A、B两国设有分支机构，A国分支机构当年应纳税所得额600万元，其中生产经营所得500万元，A国规定的税率为20%，特许权使用费所得100万元，A国规定的税率为30%；B国分支机构当年应纳税所得额400万元，其中生产经营所得300万元，B国规定的税率为30%，租金所得100万元，B国规定的税率为20%。该公司已经按照规定在A、B两国缴纳了所得税，则下列说法正确的有（   ）。

A. 来源于A、B两国的所得应当汇总计算抵免限额

B. A国所得的抵免限额是130万元
C. B国所得的抵免限额是100万元
D. 境内外所得汇总缴纳的企业所得税为770万元

【参考解答】 CD

企业所得税实行分国不分项计算抵免限额，因此来源于A、B两国的所得应当分别计算抵免限额。

(1)该企业当年境内外应纳税所得额＝3000+600+400＝4000(万元)，境内外所得按照我国税法规定应纳税额＝4000×25%＝1000(万元)。

(2)A国分支机构在境外实际缴纳的税额＝500×20%+100×30%＝130(万元)，在A国的分支机构境外所得的抵免限额＝1000×600/4000＝150(万元)，按照实际缴纳的130万元抵扣。

(3)B国分支机构在境外实际缴纳的税额＝300×30%+100×20%＝110(万元)，在B国的分支机构境外所得的抵免限额＝1000×400/4000＝100(万元)，按照抵免限额抵扣。

(4)A、B两国分支机构境外所得可从应纳税额中扣除的税额分别为130万元和100万元。全年应纳税额＝1000-130-100＝770(万元)。

2. 境内A企业采用不分国不分项的抵免方式计算抵免限额，2018年境内应纳税所得额为300万元，在境外甲国和乙国都设有分支机构，当年甲国分支机构应纳税所得额为100万元；乙国分支机构的应纳税所得额为-240万元。则A企业当年应纳税所得额为多少？

【参考解答】 境内应纳税所得额＝300万元；

甲国应纳税所得额＝100万元；

乙国应纳税所得额＝-240万元；

乙国亏损-240万元可以抵减甲国100万元盈利，剩余-140万元的非实际亏损留待以后年度无限期结转。此抵免方式一旦确定，5年内不得改变。

A企业当年度应纳税所得总额＝300万元。

(二)非居民企业应纳税额的计算

1. 查账征收非居民企业

(1)非居民企业在中国境内设立机构、场所的，应当就其所设机构、场所取得的来源于中国境内的所得，以及发生在中国境外但与其所设机构、场所有实际联系的所得，缴纳企业所得税。其中：实际联系，是指非居民企业在中国境内设立的机构、场所拥有据以取得所得的股权、债权，以及拥有、管理、控制据以取得所得的财产等。

非居民企业取得上述所得，适用25%的税率，非居民企业应向机构、场所所在地主管税务机关自行申报缴纳企业所得税。企业所得税按纳税年度计算，分月或分季预缴，年终汇算清缴。

非居民企业在中国境内设立机构、场所，取得发生在中国境外但与该机构、场所有实际联系的应税所得，已在境外缴纳的所得税税额，可以从其当期应纳税额中抵免，抵免限额为该项所得依照规定计算的应纳税额；超过抵免限额的部分，可以在以后五个年度内，用每年度抵免限额抵免当年应抵税额后的余额进行抵补。

（2）非居民企业在中国境内未设立机构、场所的，或者虽设立机构、场所但取得的所得与其所设机构、场所没有实际联系的，应当就其来源于中国境内的所得缴纳企业所得税。

非居民企业取得上述所得，按照下列方法计算其应纳税所得额。

1）股息、红利等权益性投资收益和利息、租金、特许权使用费所得，以收入全额为应纳税所得额。

2）转让财产所得，以收入全额减除财产净值后的余额为应纳税所得额。

3）其他所得，参照前两项规定的方法计算应纳税所得额。

收入全额，是指非居民企业向支付人收取的全部价款和价外费用。

非居民企业取得上述规定的所得，适用税率为20%，减按10%的税率征收企业所得税。实行源泉扣缴，以支付人为扣缴义务人。税款由扣缴义务人在每次支付或者到期应支付时，从支付或者到期应支付的款项中扣缴。该源泉扣缴的税款也称为预提所得税。源泉扣缴的税款由扣缴义务人向扣缴义务人所在地主管税务机关申报缴纳。

应当扣缴的所得税，扣缴义务人未依法扣缴或者无法履行扣缴义务的，由纳税人在所得发生地缴纳。纳税人未依法缴纳的，税务机关可以从该纳税人在中国境内其他收入项目的支付人应付的款项中，追缴该纳税人的应纳税款。

（3）所得来源地的判定。

根据企业所得税法实施条例第七条有关规定，企业所得税法第三条所称来源于中国境内、境外的所得，按照以下原则确定。

1）销售货物所得，按照交易活动发生地确定。

2）提供劳务所得，按照劳务发生地确定。

3）转让财产所得，不动产转让所得按照不动产所在地确定，动产转让所得按照转让动产的企业或者机构、场所所在地确定，权益性投资资产转让所得按照被投资企业所在地确定。

4）股息、红利等权益性投资所得，按照分配所得的企业所在地确定。

5）利息所得、租金所得、特许权使用费所得，按照负担、支付所得的企业或者机构、场所所在地确定，或者按照负担、支付所得的个人的住所地确定。

6）其他所得，由国务院财政、税务主管部门确定。

2. 核定征收非居民企业

非居民企业因会计账簿不健全，资料残缺难以查账，或者因其他原因不能准确计算并据实申报其应纳税所得额的，税务机关有权采取以下方法核定其应纳税所得额。

(1)按收入总额核定应纳税所得额：适用于能够正确核算收入或通过合理方法推定收入总额，但不能正确核算成本费用的非居民企业。计算公式如下：

应纳税所得额=收入总额×经税务机关核定的利润率

(2)按成本费用核定应纳税所得额：适用于能够正确核算成本费用，但不能正确核算收入总额的非居民企业。计算公式如下：

应纳税所得额=成本费用总额/(1-经税务机关核定的利润率)×经税务机关核定的利润率

(3)按经费支出换算收入核定应纳税所得额：适用于能够正确核算经费支出总额，但不能正确核算收入总额和成本费用的非居民企业。计算公式如下：

应纳税所得额=本期经费支出额/(1-核定利润率)×核定利润率

拓展阅读　非居民企业所得税源泉扣缴政策问答

(选自《广东国税非居民企业所得税源泉扣缴政策问答(1.0)》)

1.《国家税务总局关于非居民企业所得税源泉扣缴有关问题的公告》适用范围是什么？

《国家税务总局关于非居民企业所得税源泉扣缴有关问题的公告》(国家税务总局公告2017年第37号)(以下简称37号公告)第一条规定，依照企业所得税法第三十七条、第三十九条和第四十条规定办理非居民企业所得税源泉扣缴相关事项，适用本公告。与执行企业所得税法第三十八条规定相关的事项(即"指定扣缴")不适用本公告。

37号公告将从2017年12月1日起实施，个别条款可以适用于在本公告施行前已经发生但未处理的所得。37号公告同时废止国税发〔2009〕3号(以下简称原3号文)和国税函〔2009〕698号文的全部内容，以及24号公告、7号公告等文件的部分条款。

2. 第三方代为支付相关款项时扣缴义务人如何界定？

37号公告第二条规定，企业所得税法实施条例第一百零四条规定的支付人自行委托代理人或指定其他第三方代为支付相关款项，或者因担保合同或法律规定等原因由第三方保证人或担保人支付相关款项的，仍由委托人、指定人或被保证人、被担保人承担扣缴义务。

3. 扣缴义务人应在什么时候履行扣缴义务？

企业所得税法第三十七条规定，税款由扣缴义务人在每次支付或者到期应支付时，从支付或者到期应支付的款项中扣缴。

企业所得税法实施条例第一百零五条规定，企业所得税法第三十七条所称支付，包括现金支付、汇拨支付、转账支付和权益兑价支付等货币支付和非货币支付。企业所得税法第三十七条所称到期应支付的款项，是指支付人按照权责发生制原则应当计入相关成本、费用的应付款项。

37号公告第四条进一步明确，扣缴义务发生之日为相关款项实际支付或者到期应支付之日。

4. 扣缴义务人发生到期应支付而未支付情形，怎么处理？

37号公告第七条第一款明确，扣缴义务人发生到期应支付未支付情形，应按照《国家税务总局关于非居民企业所得税若干问题的公告》（国家税务总局公告2011年第24号）第一条规定进行税务处理。

《国家税务总局关于非居民企业所得税若干问题的公告》（国家税务总局公告2011年第24号）第一条规定，中国境内企业和非居民企业签订与利息、租金、特许权使用费等所得有关的合同或协议，如果未按照合同或协议约定的日期支付上述所得款项，或者变更或修改合同或协议延期支付，但已计入企业当期成本、费用，并在企业所得税年度纳税申报中做税前扣除的，应在企业所得税年度纳税申报时按照企业所得税法有关规定代扣代缴企业所得税。如果企业上述到期未支付的所得款项，不是一次性计入当期成本、费用，而是计入相应资产原价或企业筹办费，在该类资产投入使用或开始生产经营后分期摊入成本、费用，分年度在企业所得税前扣除的，应在企业计入相关资产的年度纳税申报时就上述所得全额代扣代缴企业所得税。如果企业在合同或协议约定的支付日期之前支付上述所得款项的，应在实际支付时按照企业所得税法有关规定代扣代缴企业所得税。

5. 扣缴义务人支付或到期应支付的款项以外币支付或计价的，计算应纳税所得额时，如何进行外币折算？

37号公告第四条规定，扣缴义务人支付或者到期应支付的款项以人民币以外的货币支付或计价的，分别按以下情形进行外币折算：

（1）扣缴义务人扣缴企业所得税的，应当按照扣缴义务发生之日人民币汇率中间价折合成人民币，计算非居民企业应纳税所得额。扣缴义务发生之日为相关款项实际支付或者到期应支付之日。

（2）取得收入的非居民企业在主管税务机关责令限期缴纳税款前自行申报缴纳应源泉扣缴税款的，应当按照填开税收缴款书之日前一日人民币汇率中间价折合成人民币，计算非居民企业应纳税所得额。

（3）主管税务机关责令取得收入的非居民企业限期缴纳应源泉扣缴税款的，应当按照主管税务机关做出限期缴税决定之日前一日人民币汇率中间价折合成人民币，计算非居民企业应纳税所得额。

6. 扣缴义务人在解缴应扣税款时如何区别是否含税的不同情形进行所得换算？

37号公告第六条规定，扣缴义务人与非居民企业签订与企业所得税法第三条第三款规定的所得有关的业务合同时，凡合同中约定由扣缴义务人实际承担应纳税款的，应将非居民企业取得的不含税所得换算为含税所得计算并解缴应扣税款。

《国家税务总局关于营业税改征增值税试点中非居民企业缴纳企业所得税有关问题的公告》(国家税务总局2013年第9号公告)规定,营业税改征增值税试点中的非居民企业,取得《中华人民共和国企业所得税法》第三条第三款规定的所得,在计算缴纳企业所得税时,应以不含增值税的收入全额作为应纳税所得额。

7. 非居民企业取得源泉扣缴所得如何享受税收协定待遇?

《国家税务总局关于发布〈非居民纳税人享受税收协定待遇管理办法〉的公告》(国家税务总局公告2015年第60号)第三条规定,非居民纳税人符合享受协定待遇条件的,可在纳税申报时,或通过扣缴义务人在扣缴申报时,自行享受协定待遇,并接受税务机关的后续管理。

这里所说的协定待遇,是指按照中华人民共和国政府对外签署的避免双重征税协定(含与香港、澳门特别行政区签署的税收安排),中华人民共和国对外签署的航空协定税收条款、海运协定税收条款、汽车运输协定税收条款、互免国际运输收入税收协议或换函(以下统称国际运输协定)可以减轻或者免除按照国内税收法律规定应当履行的企业所得税、个人所得税纳税义务。

8. 扣缴义务人还需要履行合同备案义务吗?

原3号文规定,扣缴义务人每次与非居民企业签订涉及源泉扣缴事项的业务合同时,应当自合同签订或修改之日起30日内,向其主管税务机关报送《扣缴企业所得税合同备案登记表》、合同复印件等相关资料。随着37号公告的施行,上述规定和《扣缴企业所得税合同备案登记表》同时废止。但需要注意37号公告的相关规定,一是主管税务机关可以要求纳税人、扣缴义务人和其他知晓情况的相关方提供与应扣缴税款有关的合同和其他相关资料;二是扣缴义务人应当设立代扣代缴税款账簿和合同资料档案,准确记录非居民企业所得税扣缴情况;三是扣缴义务人可以在申报和解缴应扣税款前报送有关申报资料;已经报送的,在申报时不再重复报送。

此外,扣缴义务人依然需要留意办理扣缴申报和对外支付时相关文件关于资料提交的具体要求。

9. 扣缴义务人还需要办理扣缴税款登记吗?

《中华人民共和国税收征收管理法实施细则》第十三条规定,扣缴义务人应当自扣缴义务发生之日起30日内,向所在地的主管税务机关申报办理扣缴税款登记,领取扣缴税款登记证件;税务机关对已办理税务登记的扣缴义务人,可以只在其税务登记证件上登记扣缴税款事项,不再发给扣缴税款登记证件。

10. 扣缴义务人解缴税款的期限和申报地点如何规定?

企业所得税法第四十条规定,扣缴义务人每次代扣的税款,应当自代扣之日起7日内缴入国库,并向所在地的税务机关报送扣缴企业所得税报告表。

37号公告第七条第一款进一步明确,扣缴义务人应当自扣缴义务发生之日起7日内向扣缴义务人所在地主管税务机关申报和解缴代扣税款。

11. 扣缴义务人应如何进行扣缴申报？

扣缴义务人在申报和解缴应扣税款时，应填报《中华人民共和国扣缴企业所得税报告表》，并按要求报送合同等相关资料。扣缴义务人在申报和解缴应扣税款前已报送有关申报资料，在申报时不再重复报送。

12. 扣缴义务人还要办理扣缴税款清算手续吗？

原3号文规定，对多次付款的合同项目，扣缴义务人应当在履行合同最后一次付款前15日内，向主管税务机关报送合同全部付款明细、前期扣缴表和完税凭证等资料，办理扣缴税款清算手续。37号公告取消了上述规定，对多次付款的合同项目，扣缴义务人不再需要向主管税务机关办理扣缴税款清算手续。

13. 当非居民企业拒绝代扣税款时，扣缴义务人应如何处理？

原3号文条规定，因非居民企业拒绝代扣税款的，扣缴义务人应当暂停支付相当于应纳税款的款项并在1日之内向主管税务机关报告，并报送书面说明。该规定源于《国家税务总局关于贯彻〈中华人民共和国税收征收管理法〉及其实施细则若干具体问题的通知》（国税发〔2003〕47号）第二条。37号公告施行后，原3号文已经废止，但国税发〔2003〕47号第二条仍然有效，上述规定仍然有效。而且，征管法实施细则第九十四条也规定了，纳税人拒绝代扣、代收税款的，扣缴义务人应当向税务机关报告。

14. 非居民企业取得源泉扣缴所得应履行申报缴纳税款义务的情形、时间及地点是如何规定的？

37号公告第九条规定，按照企业所得税法第三十七条规定应当扣缴的所得税，扣缴义务人未依法扣缴或者无法履行扣缴义务的，取得所得的非居民企业应当按照企业所得税法第三十九条规定，向所得发生地主管税务机关申报缴纳未扣缴税款，并填报《中华人民共和国扣缴企业所得税报告表》。非居民企业未按照企业所得税法第三十九条规定申报缴纳税款的，税务机关可以责令限期缴纳，非居民企业应当按照税务机关确定的期限申报缴纳税款；非居民企业在税务机关责令限期缴纳前自行申报缴纳税款的，视为已按期缴纳税款。

15. 非居民企业取得的同一项所得在境内存在多个所得发生地，涉及多个主管税务机关的如何处理？

37号公告第十条规定，非居民企业取得的同一项所得在境内存在多个所得发生地，涉及多个主管税务机关的，在按照企业所得税法第三十九条规定自行申报缴纳未扣缴税款时，可以选择一地办理本公告第九条规定的申报缴税事宜。

16. 扣缴义务人未依法扣缴或者无法履行扣缴义务的，税务机关可以采取哪些追缴措施？

企业所得税法第三十九条规定，依照本法第三十七条、第三十八条规定应当扣缴的所得税，扣缴义务人未依法扣缴或者无法履行扣缴义务的，由纳税人在所得发生地缴纳。纳税人未依法缴纳的，税务机关可以从该纳税人在中国境内其他收入项目的支付人应付的款项中，追缴该纳税人的应纳税款。

37号公告第十二条规定，按照企业所得税法第三十七条规定应当扣缴的税款，扣缴义务人应扣未扣的，由扣缴义务人所在地主管税务机关依照《中华人民共和国行政处罚法》第二十三条规定责令扣缴义务人补扣税款，并依法追究扣缴义务人责任；需要向纳税人追缴税款的，由所得发生地主管税务机关依法执行。

17. 如何区分扣缴义务人未扣缴税款属于"已扣未解缴"，还是"应扣未扣"的情形？

37号公告第十四条规定，按照本公告规定应当源泉扣缴税款的款项已经由扣缴义务人实际支付，但未在规定的期限内解缴应扣税款，并具有以下情形之一的，应作为税款已扣但未解缴情形，按照有关法律、行政法规规定处理。

（1）扣缴义务人明确告知收款人已代扣税款的。

（2）已在财务会计处理中单独列示应扣税款的。

（3）已在其纳税申报中单独扣除或开始单独摊销扣除应扣税款的。

（4）其他证据证明已代扣税款的。

除上款规定情形外，按本公告规定应该源泉扣缴的税款未在规定的期限内解缴入库的，均作为应扣未扣税款情形，按照有关法律、行政法规规定处理。

18. 向非居民企业追缴应纳税款时，税务机关可以采取什么措施？

37号公告第十三条规定，主管税务机关在按照本公告第十二条规定追缴非居民企业应纳税款时，可以采取以下措施。

（1）责令该非居民企业限期申报缴纳应纳税款。

（2）收集、查实该非居民企业在中国境内其他收入项目及其支付人的相关信息，并向该其他项目支付人发出《税务事项通知书》，从该非居民企业其他收入项目款项中依照法定程序追缴欠缴税款及应缴的滞纳金。

19. 如何确定扣缴义务人和所得发生地主管税务机关？

37号公告第十六条规定，扣缴义务人所在地主管税务机关为扣缴义务人所得税主管税务机关。对企业所得税法实施条例第七条规定的不同所得，所得发生地主管税务机关按以下原则确定。

（1）不动产转让所得，为不动产所在地税务机关。

（2）权益性投资资产转让所得，为被投资企业的所得税主管税务机关。

（3）股息、红利等权益性投资所得，为分配所得企业的所得税主管税务机关。

（4）利息所得、租金所得、特许权使用费所得，为负担、支付所得的单位或个人的所得税主管税务机关。

20. 非居民企业取得应源泉扣缴的所得为股息、红利等权益性投资收益的，扣缴义务发生时间如何确定？

37号公告第七条第二款规定，非居民企业取得应源泉扣缴的所得为股息、红利等权益性投资收益的，相关应纳税款扣缴义务发生之日为股息、红利等权益性投资收益实际支付之日。

21. 股权转让所得应纳税所得额如何计算？

37号公告第三条规定，企业所得税法第十九条第二项规定的转让财产所得包含转让股权等权益性投资资产（以下称"股权"）所得。股权转让收入减除股权净值后的余额为股权转让所得应纳税所得额。

股权转让收入是指股权转让人转让股权所收取的对价，包括货币形式和非货币形式的各种收入。

股权净值是指取得该股权的计税基础。股权的计税基础是股权转让人投资入股时向中国居民企业实际支付的出资成本，或购买该项股权时向该股权的原转让人实际支付的股权受让成本。股权在持有期间发生减值或者增值，按照国务院财政、税务主管部门规定可以确认损益的，股权净值应进行相应调整。企业在计算股权转让所得时，不得扣除被投资企业未分配利润等股东留存收益中按该项股权所可能分配的金额。

22. 多次投资或收购的同项股权被部分转让的，如何计算对应股权成本？

37号公告第三条第四款规定，多次投资或收购的同项股权被部分转让的，从该项股权全部成本中按照转让比例计算确定被转让股权对应的成本。

23. 非居民企业采取分期收款方式取得同一项转让财产所得的，扣缴义务发生时间在什么时候？

37号公告第七条第三款规定，非居民企业采取分期收款方式取得应源泉扣缴所得税的同一项转让财产所得的，其分期收取的款项可先视为收回以前投资财产的成本，待成本全部收回后，再计算并扣缴应扣税款。

举例说明如下。

境外A企业为非居民企业，境内B企业和C企业均为居民企业，A企业和B企业各持有C企业50%股权，A企业投资取得C企业50%股权的成本为500万元人民币。2018年1月10日A企业以人民币1000万元人民币将该项股权一次转让给B企业，按股权转让合同约定，B企业分别于2018年2月10日、2018年3月10日和2018年4月10日支付转让价款300万元、400万元和300万元。在本次交易中，B企业于2018年2月10日支付的300万元人民币价款可视为A企业收回500万元股权转让成本中的300万元；B企业于2018年3月10日支付的400万元人民币价款中的200万元为A企业收回500万元股权转让成本中的剩余200万元成本，其余200万元价款应作为股权转让收益计算扣缴税款；B企业于2018年4月10日支付的300万元人民币价款全部作为股权转让收益计算扣缴税款。

24. 财产转让收入或财产净值以人民币以外的货币计价的，如何折算为人民币？

37号公告第五条规定，财产转让收入或财产净值以人民币以外的货币计价的，分扣缴义务人扣缴税款、纳税人自行申报缴纳税款和主管税务机关责令限期缴纳税款三种情形，先将以非人民币计价项目金额比照本公告第四条规定折合成人民币金额；再按企业所得税法第十九条第二项及相关规定计算非居民企业财产转让所得应纳税所得额。

财产净值或财产转让收入的计价货币按照取得或转让财产时实际支付或收取的计价币种确定。原计价币种停止流通并启用新币种的，按照新旧货币市场转换比例转换为新币种后进行计算。

举例说明如下。

境外 A 企业为非居民企业，境内 B 企业和 C 企业为居民企业，A 企业经过前后两次投资 C 企业，合计持有 C 企业 40%的股权，2008 年 8 月 1 日第一次出资 100 万美元（假设当时人民币汇率中间价为：1 美元＝8.6 元人民币），2010 年 9 月 1 日第二次投资 50 万欧元（假设当时人民币汇率中间价为：1 欧元＝8.9 元人民币），2018 年 1 月 10 日 A 企业以人民币 2000 万元将该项股权转让给 B 企业，合同于当天生效，B 企业于 2018 年 1 月 15 日向 A 企业支付了股权转让款 2000 万元，假设 2018 年 1 月 15 日，人民币兑美元和欧元的中间价分别为：1 美元＝6.6 元人民币，1 欧元＝7.2 元人民币。则本次交易财产转让收入为 2000 万元人民币；本次交易财产净值为 1020 万元人民币（100×6.6+50×7.2）；本次交易应纳税所得额为 980 万元人民币（2000-1020）。

经典案例

某国企商贸公司 2018 年度财务数据如下。

(一)收入项目数据

1. 取得销售收入 1000 万元。

2. 出租房产收入 300 万元。

3. 无法支付的应付款转为营业外收入 90 万元。

4. 国债利息收入 20 万元。

(二)成本项目数据

销售成本 800 万元。

(三)费用项目数据

1. 销售费用 200 万元（全部为广告费 200 万元）。

2. 管理费用 220 万元。

(1)其中业务招待费 20 万元。

(2)其中实发工资总额 100 万元。

(3)其中支出的职工福利费 44 万元。

(4)其中支付的职工教育经费 12.5 万元。

(5)其中支付的法定社会保险费用 37.5 万元。

(6)其中支付的商业性保险 2 万元。

(7)其中支付的党组织工作经费 2 万元。

(8)其中支付的日常办公费用无发票2万元。
3. 财务费用10万元(向自然人借款100万元,年息10%,同期银行贷款利率5%)。
4. 税金及附加40万元。
5. 营业外支出50万元
(1)其中通过公益性社会团体向贫困山区捐款42万元。
(2)支付经营合同违约金6万元。
(3)支付税收滞纳金2万元。

已知2018年前四个季度已经预交企业所得税5万元,年度企业所得税汇算清缴应纳所得税50万元。如无其他纳税调因素,分析该企业2018年度企业所得税申报是否正确。

【参考解答】

分析如下。

1. 计算2018年度利润总额

利润总额=收入-成本费用=(1000+300+90+20)-(800+200+220+10+40+50)=90(万元)

2. 各项目纳税调整额

(1)扣除项目1:广告费。

广告费允许扣除金额=1300×15%=195(万元)

需要纳税调增的广告费=账载金额-税收金额=200-195=5(万元)

政策分析:

1)《企业所得税法实施条例》第四十四条规定,企业发生的符合条件的广告费和业务宣传费支出,除国务院财政、税务主管部门另有规定外,不超过当年销售(营业)收入15%的部分,准予扣除;超过部分,准予在以后纳税年度结转扣除。

2)计算扣除限额的基数。包括主营业务收入、其他业务收入和视同销售收入,不含营业外收入和投资收益。房地产开发企业销售未完工开发产品取得的收入,可以作为广告宣传费的基数,但开发产品完工会计核算转为销售收入时,已作为计算基数的未完工开发产品的销售收入不得重复计提广告费和业务宣传费。从事股权投资业务的企业从被投资企业所分配的股息、红利以及股权转让收入,可以作为计算扣除的基数。

3)财税[2012]48号文件规定,烟草企业的烟草广告费和业务宣传费支出,一律不得在计算应纳税所得额时扣除。

(2)扣除项目2:业务招待费。

业务招待费若按照实际发生金额的60%=20×60%=12(万元)

业务招待费若按照营业收入金额的0.5%=1300×0.5%=6.5(万元)

应以孰低为原则,需要纳税调增的业务招待费=账载金额-税收金额=20-6.5=13.5(万元)。

政策分析：

1)《企业所得税法实施条例》第四十三条规定，企业发生的与生产经营活动有关的业务招待费支出，按照发生额的60%扣除，但最高不得超过当年销售（营业）收入的0.5%。

2) 对从事股权投资业务法人企业（包括集团公司总部、创业投资企业等），其从被投资企业所分配的股息、红利以及股权转让收入，可以按规定的比例计算业务招待费扣除限额。

3) 企业在筹建期间，发生的与筹办活动有关的业务招待费支出，可按实际发生额的60%计入企业筹办费，并按有关规定在税前扣除。

(3) 扣除项目3：工资薪金。

需要纳税调增的工资薪金金额＝账载金额－税收金额＝100－100＝0（万元）

政策分析：

1)《企业所得税法实施条例》第三十四条规定，企业发生的合理的工资薪金支出，准予扣除。

2)《企业所得税法实施条例》第九十六条规定，《企业所得税法》第三十条第(二)项所称企业安置残疾人员所支付的工资的加计扣除，是指企业安置残疾人员的，在按照支付给残疾职工工资据实扣除的基础上，按照支付给残疾职工工资的100%加计扣除。残疾人员的范围适用《中华人民共和国残疾人保障法》的有关规定。

(4) 扣除项目4：职工福利费。

职工福利费按照工资薪金的14%＝100×14%＝14（万元）

需要纳税调增的福利费＝账载金额－税收金额＝44－14＝30（万元）

注：

支付福利费的会计分录如下。

借：应付职工薪酬——福利费　　　　　　　　　　　　　　440000
　　贷：银行存款　　　　　　　　　　　　　　　　　　　　440000

月底结转福利

借：管理费用——福利费　　　　　　　　　　　　　　　　440000
　　贷：应付职工薪酬——福利费　　　　　　　　　　　　　440000

注意：福利费要单独设置账户。

政策分析：

1)《企业所得税法实施条例》第四十条规定，企业发生的职工福利费支出，不超过工资薪金总额14%的部分，准予扣除。

2) 企业发生的职工福利费，应该单独设置账册，进行准确核算。没有单独设置账册准确核算的，税务机关应责令企业在规定的期限内进行改正。逾期仍未改正的，税务机关可对企业发生的职工福利费进行合理的核定。

(5)扣除项目5：职工教育经费。

职工教育经费按照工资的8%=100×8%=8(万元)

需要纳税调增的职工教育经费=账载金额-税收金额=12.5-8=4.5(万元)

政策分析：

职工培训费不一定是职工教育经费。

除国务院财政、税务主管部门另有规定外，企业发生的职工教育经费支出，不超过工资薪金总额8%的部分，准予扣除；超过部分，准予在以后纳税年度结转扣除。

(6)扣除项目6：法定社会保险费用。

需要纳税调增法定社会保险费用=账载金额-税收金额=37.5-37.5=0(万元)

政策分析：

1)《企业所得税法实施条例》第三十五条第一款规定，企业依照国务院有关主管部门或者省级人民政府规定的范围和标准为职工缴纳的基本养老保险费、基本医疗保险费、失业保险费、工伤保险费、生育保险费等基本社会保险费和住房公积金，准予扣除。

2)财税[2009]27号文件规定，自2008年1月1日起，企业根据国家有关政策规定，为在本企业任职或者受雇的全体员工支付的补充养老保险费、补充医疗保险费，分别在不超过职工工资总额5%标准内的部分，在计算应纳税所得额时准予扣除；超过的部分，不予扣除。

(7)扣除项目7：商业保险。

需要纳税调增的商业保险费用=账载金额-税收金额=2-0=2(万元)

支付的商业性保险的会计分录如下。

借：应付职工薪酬——商业保险　　　　　　　　　　　　　20000
　　贷：银行存款　　　　　　　　　　　　　　　　　　　　20000

月底结转保险费用

借：管理费用——商业保险　　　　　　　　　　　　　　　20000
　　贷：应付职工薪酬——商业保险　　　　　　　　　　　　20000

商业险不得抵扣增值税、也不得在企业所得税税前扣除。

政策分析：

商业险不得抵扣增值税，也不得在企业所得税税前扣除。

1)根据《企业所得税实施条例》第三十六条，除企业依照国家有关规定为特殊工种职工支付的人身安全保险费和国务院财政、税务主管部门规定可以扣除的其他商业保险费外，企业为投资者或者职工支付的商业保险费，不得扣除。

2)根据《国家税务总局关于企业所得税有关问题的公告》(国家税务总局公告2016年第80号)企业职工因公出差乘坐交通工具发生的人身意外保险费支出，准予企业在计算应纳税所得额时扣除。

国家有关特殊工种的保险规定：

根据《中华人民共和国保安服务管理条例》第二十条保安从业单位应当根据保安服务岗位的风险程度为保安员投保意外伤害保险。

根据《中华人民共和国建筑法》第四十八条建筑施工企业必须为从事危险作业的职工办理意外伤害保险，支付保险费。

根据《中华人民共和国煤炭法》第四十四条规定，煤矿企业应当依法为职工参加工伤保险缴纳工伤保险费。鼓励企业为井下作业职工办理意外伤害保险，支付保险费。

根据《高危行业企业安全生产费用财务管理暂行办法》第十八条规定企业应当为从事高空、高压、易燃、易爆、剧毒、放射性、高速运输、野外、矿井等高危作业的人员办理团体人身意外伤害保险或个人意外伤害保险。

综合所述符合国家规定，特定行业所必须支付的商业保险可以在企业所得税前扣除。

(8) 扣除项目8：党组织工作经费。

党组织工作经费按照工资的1% = 100×1% = 1(万元)

需要纳税调增的党组织工作经费 = 账载金额 - 税收金额 = 2-1 = 1(万)

政策分析：

《中共中央组织部、财政部、国家税务总局关于非公有制企业党组织工作经费问题的通知》（组通字〔2014〕42号）第二条规定，根据《中华人民共和国公司法》"公司应当为党组织的活动提供必要条件"规定和《中共中央办公厅关于加强和改进非公有制企业党的建设工作的意见（试行）》"建立并落实税前列支制度"等要求，非公有制企业党组织工作经费纳入企业管理费列支，不超过职工年度工资薪金总额1%的部分，可以据实在企业所得税前扣除。

(9) 扣除项目9：白条费用。

需要纳税调增的白条费用 = 账载金额 - 税收金额 = 2-0 = 2(万元)

政策分析：

用白条代替发票入账，违反了会计法和税法的相关规定。

《中华人民共和国发票管理办法》第二十条、第二十一条规定，所有单位和从事生产、经营活动的个人在购买商品、接受服务以及从事其他经营活动支付款项时，应当向收款方取得发票。不符合规定的发票，不得作为财务报销凭证，任何单位和个人有权拒收。另外，《会计法》也规定，企业必须按照国家统一的会计制度的规定对原始凭证进行审核，对不真实、不合法的原始凭证不予接受，并向单位负责人报告。

(10) 扣除项目10：利息费用。

需要纳税调增的利息费用 = 账载金额 - 税收金额 = 10-5 = 5(万元)

政策分析：

企业向内部职工或其他人员借款的利息支出，其借款情况同时符合以下条件的，其利息支出在不超过按照金融企业同期同类贷款利率计算的数额的部分，根据《企业所得税法》第八条及其实施条例第二十七条规定准予扣除。

1）企业与个人之间的借贷是真实、合法、有效的，并且不具有非法集资目的或其他违反法律、法规的行为；

2）企业与个人之间签订了借款合同。

综上，公司向职工借款并对职工支付利息，该笔利息支出符合上述规定的可以在企业所得税税前扣除。

(11) 扣除项目11：罚款违约金滞纳金。

需要纳税调增的违约金费用＝账载金额－税收金额＝6－6＝0（万元）

需要纳税调增的税收滞纳金＝账载金额－税收金额＝2－0＝2（万元）

政策分析：

经营性罚款违约金可以税前扣除，但是行政性违约金罚款不得税前扣除。

根据《企业所得税法》第八条规定，企业实际发生的与取得收入有关的、合理支出，包括成本、费用、税金、损失和其他支出，准予在计算应纳税所得额时扣除。另《企业所得税法》第十条第四款规定，"罚金、罚款和被没收财物的损失"属于行政处罚范畴，不得在税前扣除。

(12) 扣除项目12：公益性捐赠。

公益性捐赠按照利润的12%＝90×12%＝10.8（万元）

需要纳税调增的公益性捐赠费用＝账载金额－税收金额＝42－10.8＝31.2（万元）

政策分析：

1）《企业所得税法实施条例》第五十三条规定，企业发生的公益性捐赠支出，不超过年度利润总额12%的部分，准予扣除。

2）非公益性捐赠不得扣除，应作纳税调增。

以上纳税调增金额合计：96.2万元。

3. 免税、减计收入及加计扣除

取得的国债利息收入20万元免征企业所得税。

政策分析：

根据《国家税务总局关于企业国债投资业务企业所得税处理问题的公告》（国家税务总局公告2011年第36号）第一条第（三）项规定，国债利息收入免税问题根据《企业所得税法》第二十六条的规定，企业取得的国债利息收入，免征企业所得税。具体按以下规定执行。

(1) 企业从发行者直接投资购买的国债持有至到期，其从发行者取得的国债利息收入，全额免征企业所得税。

(2) 企业到期前转让国债，或者从非发行者投资购买的国债，其按本公告第一条第（二）项计算的国债利息收入，免征企业所得税。

国债利息收入20万元填入《免税、减计收入及加计扣除优惠明细表》(A107010)第二行。

4. 本年度应纳税所得额

应纳税所得额=利润总额+纳税调整增加额−纳税调整减少额−免税、减计收入及加计扣除=90+96.2−0−20=166.2(万元)

5. 本年度应纳所得税额

应纳所得税额=应纳税所得额×适用税率=166.2×25%=41.55(万元)

6. 应补缴(或退)的企业所得税

应补缴(或退)的企业所得税=本年度应纳所得税额−前四个季度预缴的所得税=41.55−5=36.55(万元)

本章小结

本章主要围绕企业所得税的计算展开，依次讲解了所得税收入项目的确认、扣除项目的规定、税前扣除的合法凭证、应纳税额的计算。同时，通过拓展阅读和经典案例等方式，让大家掌握企业所得税相关最新政策。

通过本章学习，要熟悉应纳所得税额的基本政策，要准确理解税前扣除的合法凭据的相关规定，加强日常所得税核算的基础工作。

第三章 资产的税务处理

税法规定，纳入税务处理范围的资产形式主要有固定资产、生物资产、无形资产、长期待摊费用、投资资产、存货等，均以历史成本为计税基础。一般资产，不允许一次性作税前扣除，只能采取分期计提折旧或分次摊销的方式予以扣除。

企业持有各项资产期间资产增值或者减值，除国务院财政、税务主管部门规定可以确认损益外，不得调整该资产的计税基础。

在计算所得税时，资产的处理，税法和会计不一致时，要按税法规定进行涉税处理。

第一节 资产的税务处理概述

一、资产的基本概念

《企业会计准则——基本准则》第二十条规定,资产是指企业过去的交易或者事项形成的、由企业拥有或者控制的、预期会给企业带来经济利益的资源。

企业过去的交易或者事项包括购买、生产、建造行为或其他交易或者事项。预期在未来发生的交易或者事项不形成资产。

由企业拥有或者控制,是指企业享有某项资源的所有权,或者虽然不享有某项资源的所有权,但该资源能被企业所控制。

预期会给企业带来经济利益,是指直接或者间接导致现金和现金等价物流入企业的潜力。

《企业所得税法实施条例》第五十六条明确,企业的各项资产,包括固定资产、生物资产、无形资产、长期待摊费用、投资资产、存货等,均以历史成本为计税基础。

历史成本又称实际成本,指企业取得该项资产时实际发生的支出。

税法规定,企业持有各项资产期间产生资产增值或者减值,除国务院财政、税务主管部门规定可以确认损益外,不得调整该资产的计税基础。

对于资产的计税基础,企业所得税没有对其进行定义性的解释。

《国家税务总局关于印发〈新企业所得税法精神宣传提纲〉的通知》(国税函[2008]159号)的"十八、资产税务处理的原则"规定,考虑到过去在资产取得、持有、使用、处置等税务处理上税法与财务会计制度存在一定的差异,并且主要是时间性差异,纳税调整繁琐,税务机关税收执行成本和纳税人遵从成本都较高,实施条例在资产税务处理的规定上,对资产分类、取得计税成本等问题,尽量与财务会计制度保持一致,比如固定资产取得计税成本与会计账面价值基本保持一致、残值处理一致,只是在折旧年限上有所差异,这样可以降低纳税人纳税调整的负担。

《企业会计准则第18号——所得税》第五条规定,资产的计税基础,是指企业收回资产账面价值过程中,计算应纳税所得额时按照税法规定可以自应税经济利益中抵扣的金额。即该项资产在未来使用或最终处置时,允许作为成本或费用于税前列支的金额。

二、资产的确认条件

符合资产定义的资源，在同时满足以下条件时，确认为资产。
(1) 与该资源有关的经济利益很可能流入企业。
(2) 该资源的成本或者价值能够可靠地计量。

注意，符合资产定义和资产确认条件的项目，应当列入资产负债表；符合资产定义但不符合资产确认条件的项目，不应当列入资产负债表。

三、资产的分类

资产的分类方式很多，但是，税法在规范资产税务处理时，采用了按资产的流动性来划分资产类别。按资产的流动性划分，资产主要包括流动性资产和非流动性资产。

流动资产是指企业可以在一年或者超过一年的一个营业周期内变现或者运用的资产。会计上，将流动资产分为货币资金、应收票据及应收账款、交易性金融资产、存货等。

非流动资产是指流动资产以外的资产。会计上，将非流动资产分为持有至到期投资、长期应收款、长期股权投资、投资性房地产、固定资产、在建工程、无形资产、长期待摊费用、生产性生物资产、可供出售金融资产等。

拓展阅读　投资性房地产及会计上的计量模式

投资性房地产，是指为赚取租金或资本增值，或两者兼有而持有的房地产。投资性房地产应当能够单独计量和出售。投资性房地产主要包括：已出租的土地使用权、持有并准备增值后转让的土地使用权和已出租的建筑物。

下列各项不属于投资性房地产。
(1) 自用房地产，即为生产商品、提供劳务或者经营管理而持有的房地产。
(2) 作为存货的房地产。

投资性房地产属于正常经营性活动，形成的租金收入或转让增值收益确认为企业的主营业务收入，但对于大部分企业而言，是与经营性活动相关的其他经营活动。

会计上对投资性房地产计量模式区分两种情况，采用成本模式计量的投资性房地产和采用公允价值模式计量的投资性房地产。企业对投资性房地产的计量模式一经确定，不得随意变更。已采用公允价值模式计量的投资性房地产，不得从公允价值模式转为成本模式。

经典案例

企业转让资产，该项资产净值是指有关资产的（　　）减除已按规定扣除的折旧、折耗、摊销、准备金等后的余额。

A. 交易价格　　　　　　　　B. 计税基础
C. 历史成本　　　　　　　　D. 入账价值

【参考解答】B

《企业所得税法》第十六条规定，企业转让资产，该项资产的净值，准予在计算应纳税所得额时扣除。《企业所得税法实施条例》第七十四条规定，企业所得税法第十六条所称资产的净值和第十九条所称财产净值，是指有关资产、财产的计税基础减除已经按照规定扣除的折旧、折耗、摊销、准备金等后的余额。

第二节　固定资产的税务处理

《企业所得税法实施条例》第五十七条规定，固定资产是指企业为生产产品、提供劳务、出租或者经营管理而持有的、使用时间超过 12 个月的非货币性资产，包括房屋、建筑物、机器、机械、运输工具以及其他与生产经营活动有关的设备、器具、工具等。

一、固定资产计税基础

外购的固定资产，以购买价款和支付的相关税费以及直接归属于使该资产达到预定用途发生的其他支出为计税基础。

自行建造的固定资产，以竣工结算前发生的支出为计税基础。

融资租入的固定资产，以租赁合同约定的付款总额和承租人在签订租赁合同过程中发生的相关费用为计税基础，租赁合同未约定付款总额的，以该资产的公允价值和承租人在签订租赁合同过程中发生的相关费用为计税基础。

盘盈的固定资产，以同类固定资产的重置完全价值为计税基础。

通过捐赠、投资、非货币性资产交换、债务重组等方式取得的固定资产，以该资产的公允价值和支付的相关税费为计税基础。

改建的固定资产，除已足额提取折旧的固定资产和租入的固定资产以外的其他固定资产，以改建过程中发生的改建支出增加计税基础。

二、固定资产折旧的范围

在计算应纳税所得额时，企业按照规定计算的固定资产折旧，准予扣除。下列固定资产不得计算折旧扣除。
（1）房屋、建筑物以外未投入使用的固定资产。
（2）以经营租赁方式租入的固定资产。
（3）以融资租赁方式租出的固定资产。
（4）已足额提取折旧仍继续使用的固定资产。
（5）与经营活动无关的固定资产。
（6）单独估价作为固定资产入账的土地。
（7）其他不得计算折旧扣除的固定资产。

三、固定资产折旧的计提方法

企业应当自固定资产投入使用月份的次月起计算折旧；停止使用的固定资产，应当自停止使用月份的次月起停止计算折旧。

企业应当根据固定资产的性质和使用情况，合理确定固定资产的预计净残值。固定资产的预计净残值一经确定，不得变更。

固定资产按照直线法计算的折旧，准予扣除。

> **拓展阅读** **固定资产加速折旧的有关优惠规定**
>
> 《企业所得税法》第三十二条明确，企业的固定资产由于技术进步等原因，确需加速折旧的，可以缩短折旧年限或者采取加速折旧的方法。国家税务总局也分别出台了《财政部 国家税务总局关于完善固定资产加速折旧企业所得税政策的通知》（财税〔2014〕75号）、《财政部 国家税务总局关于进一步完善固定资产加速折旧企业所得税政策的通知》（财税〔2015〕106号）、《财政部 税务总局关于设备器具扣除有关企业所得税政策的通知》（财税〔2018〕54号）等文件，给予企业税收优惠政策。

四、固定资产折旧的计提年限

除国务院财政、税务主管部门另有规定外，固定资产计算折旧的最低年限如下。
（1）房屋、建筑物，为20年。

(2)飞机、火车、轮船、机器、机械和其他生产设备，为10年。

(3)与生产经营活动有关的器具、工具、家具等，为5年。

(4)飞机、火车、轮船以外的运输工具，为4年。

(5)电子设备，为3年。

从事开采石油、天然气等矿产资源的企业，在开始商业性生产前发生的费用和有关固定资产的折耗、折旧方法，由国务院财政、税务主管部门另行规定。

拓展阅读 固定资产的折旧年限

《企业会计准则第4号——固定资产(2006)》(财会〔2006〕3号)第十五条规定，企业应当根据固定资产的性质和使用情况，合理确定固定资产的使用寿命和预计净残值。从上述规定看，国家对折旧年限只有指导性意见，是由企业在原则性指导下根据实际合理确定，国家不做统一硬性规定。企业在确定固定资产的预计使用寿命时，应考虑以下因素。

(1)该固定资产的预计生产能力或实物产量。

(2)该固定资产的有形损耗，如因设备使用中发生磨损，房屋建筑物受到自然侵蚀等。

(3)该固定资产的无形损耗，如因新技术的进步而使现有的资产技术水平相对陈旧、市场需求变化使产品过时等。

(4)有关固定资产使用的法律或者类似的限制。

经典案例

根据企业所得税相关规定，下列固定资产不得计提折旧在税前扣除的有(　　)。

A. 未投入使用的机器设备

B. 以经营租赁方式租入的生产线

C. 以融资租赁方式租入的机床

D. 与经营活动无关的小汽车

E. 已足额提取折旧但仍在使用的旧设备

【参考解答】ABDE

第三节　无形资产的税务处理

一、无形资产的定义

《企业所得税法实施条例》第六十五条规定，无形资产，是指企业为生产产品、提供劳务、出租或者经营管理而持有的、没有实物形态的非货币性长期资产，包括专利权、商标权、著作权、土地使用权、非专利技术、商誉等。

专利权，是指国家专利主管机关依法授予发明创造专利申请人对其发明创造在法定期限内所享有的专有权利，包括发明专利权、实用新型专利权和外观设计专利权。

商标权，是指专门在某类指定的商品或产品上使用特定的名称或图案的权利。

著作权，是指制作者对其创作的文学、科学和艺术作品依法享有的某些特殊权利。

土地使用权，是指国家准许某企业在一定期间内对国有土地享有开发、利用、经营的权利。

非专利技术，也称专有技术，是指不为外界所知、在生产经营活动中应采用的、不享有法律保护的、可以带来经济效益的各种技术和诀窍。

特许权，又称经营特许权、专营权，是指企业在某一地区经营或销售某种特定商品的权利，或是一家企业接受另一家企业使用其商标、商号、技术秘密等的权利。特许权使用费是指为取得上述权利所支付的款项。

商誉，是指能在未来期间为企业经营带来超额利润的潜在经济价值，或一家企业预期的获利能力超过可辨认资产正常获利能力（如社会平均投资回报率）的资本化价值。商誉是企业整体价值的组成部分。在企业合并时，它是购买企业投资成本超过被合并企业净资产公允价值的差额。

拓展阅读　　　　　　**会计准则中商誉的确认**

根据《企业会计准则第6号——无形资产》的规定：无形资产是指企业拥有或者控制的没有实物形态的可辨认非货币性资产。由此可见，由于商誉是一种不可确指的无形项目，它不具可辨认性，故不属于无形资产。但是，商誉仍然满足资产确认条件，应当确认为企业一项资产，并在资产负债表中单独列示。

特别规定：

（1）土地使用权纳税人为取得土地使用权支付给国家或其他纳税人的土地出让价款应作为无形资产管理，并在不短于合同规定的使用期间内平均摊销。

（2）单独计价的软件纳税人购买计算机硬件所附带的软件，未单独计价的，应并入计算机硬件作为固定资产管理；单独计价的软件，应作为无形资产管理。

二、无形资产的计价及摊销

（一）无形资产的计税基础

无形资产遵循历史成本原则，按取得时的实际成本计价，应视具体情况区别确定。无形资产按照以下方法确定计税基础。

（1）外购的无形资产，以购买价款和支付的相关税费以及直接归属于使该资产达到预定用途发生的其他支出为计税基础。

（2）自行开发的无形资产，以开发过程中该资产符合资本化条件后至达到预定用途前发生的支出为计税基础。

（3）通过捐赠、投资、非货币性资产交换、债务重组等方式取得的无形资产，以该资产的公允价值和支付的相关税费为计税基础。

（二）摊销方法

无形资产按照直线法计算的摊销费用，准予扣除。

（1）企业摊销无形资产，应当自无形资产可供使用时起，至不再作为无形资产确认时止。

（2）一般情况下，无形资产的残值应为零。

（三）摊销年限

在计算应纳税所得额时，企业按照规定计算的无形资产摊销费用，准予扣除。

（1）无形资产的摊销年限不得低于10年。

（2）作为投资或者受让的无形资产，有关法律规定或者合同约定了使用年限的，可以按照规定或者约定的使用年限分期摊销。

（3）外购商誉的支出，在企业整体转让或者清算时，准予扣除。

（4）企业外购的软件，凡符合固定资产或无形资产确认条件的，可以按照固定资产或无形资产进行核算，其折旧或摊销年限可以适当缩短，最短可为2年(含)。

（四）摊销范围

下列无形资产不得计算摊销费用扣除。

（1）自行开发的支出已在计算应纳税所得额时扣除的无形资产。

（2）自创商誉。

（3）与经营活动无关的无形资产。

(4)其他不得计算摊销费用扣除的无形资产。

经典案例

根据企业所得税相关规定，下列无形资产不得计算摊销费用税前扣除的有( )。
A. 自行开发的支出已在计算应纳税所得额时扣除的无形资产
B. 自创商誉
C. 与经营活动无关的软件
D. 外购的专利
【参考解答】ABC

第四节　存货和其他资产的税务处理

一、存货的税务处理

(一)存货的定义和范围

存货，是指企业持有以备出售的产品或者商品、处在生产过程中的在产品、在生产或者提供劳务过程中耗用的材料和物料等。包括商品、产成品、在产品、半成品、原材料、辅助材料、物料、外购零配件、包装物等。

企业存货的认定，应以所有权归属为原则。凡是所有权属于企业所有的货物，不论其存放在何处，均属企业的存货。

企业的存货包括：在库的存货，即库存的商品、原材料、产成品、包装物等；在途的存货，即企业从外单位购入，已取得所有权，但货物尚在运输途中，尚未验收入库的货物；加工中的存货，包括委托外单位和企业内部正在加工中的材料、在产品、半成品等；委托代销的存货，即委托其他单位代销，货已发交代销单位，尚未售出，产权仍属企业的商品、产品等。

(二)存货的计税基础

《企业所得税法实施条例》规定，存货按照以下方法确定成本。

(1)通过支付现金方式取得的存货，以购买价款和支付的相关税费为成本。

购进存货的成本，一般包括买价加运输、装卸、包装费、仓储费；运输途中的合理损耗；入库前的挑选整理费以及所缴纳的税金(如进口货物的关税和消费税)等。

自制、自产或者自行开采的存货成本价，包括制造、生产或者开采过程中的各项实际支出，如所耗用的原材料、工资和有关费用。

委托外单位加工完成的存货成本价，包括实际耗用的原材料或者半成品的实际成本、加工费用和往返运输费等。

商业企业和服务企业委托外单位加工商品的存货成本价，包括加工前商品的原价加上加工费用和往返运输费等。

（2）通过支付现金以外的方式取得的存货，以该存货的公允价值和支付的相关税费为成本。

（3）生产性生物资产收获的农产品，以产出或者采收过程中发生的材料费、人工费和分摊的间接费用等必要支出为成本。

（三）存货的计价方法

企业使用或者销售的存货的成本计算方法，可以在先进先出法、加权平均法、个别计价法中选用一种。计价方法一经选用，不得随意变更。

企业转让以上资产，在计算企业应纳税所得额时，资产的净值允许扣除。其中，资产的净值是指有关资产、财产的计税基础减除已经按照规定扣除的折旧、折耗、摊销、准备金等后的余额。

除国务院财政、税务主管部门另有规定外，企业在重组过程中，应当在交易发生时确认有关资产的转让所得或者损失，相关资产应当按照交易价格重新确定计税基础。

二、生物资产的税务处理

生物资产，是指有生命的动物和植物。生物资产分为消耗性生物资产、生产性生物资产和公益性生物资产。消耗性生物资产，是指为出售而持有的，或在将来收获为农产品的生物资产，包括生长中的农田作物、蔬菜、用材林以及存栏待售的牲畜等。生产性生物资产，是指为产出农产品、提供劳务或出租等目的而持有的生物资产，包括经济林、薪炭林、产畜和役畜等。公益性生物资产，是指以防护、环境保护为主要目的的生物资产，包括防风固沙林、水土保持林和水源涵养林等。

（一）生物资产的计税基础

生产性生物资产按照以下方法确定计税基础：

(1) 外购的生产性生物资产，以购买价款和支付的相关税费为计税基础。

(2) 通过捐赠、投资、非货币性资产交换、债务重组等方式取得的生产性生物资产，以该资产的公允价值和支付的相关税费为计税基础。

（二）生物资产的折旧方法和折旧年限

生产性生物资产按照直线法计算的折旧，准予扣除。企业应当自生产性生物资产投入使用月份的次月起计算折旧；停止使用的生产性生物资产，应当自停止使用月份的次月起停止计算折旧。

企业应当根据生产性生物资产的性质和使用情况，合理确定生产性生物资产的预计净残值。生产性生物资产的预计净残值一经确定，不得变更。

生产性生物资产计算折旧的最低年限如下。

(1) 林木类生产性生物资产，为 10 年。

(2) 畜类生产性生物资产，为 3 年。

三、长期待摊费用的税务处理

(一) 长期待摊费用的定义和范围

长期待摊费用，是指企业发生的应在 1 个年度以上或几个年度进行摊销的费用。

在计算应纳税所得额时，企业发生的下列支出作为长期待摊费用，按照规定摊销的，准予扣除。

(1) 已足额提取折旧的固定资产的改建支出。

(2) 租入固定资产的改建支出。

(3) 固定资产的大修理支出。

(4) 其他应当作为长期待摊费用的支出。

(二) 长期待摊费用的税务处理

企业的固定资产修理支出可在发生当期直接扣除。企业的固定资产改良支出，如果有关固定资产尚未提足折旧，可增加固定资产价值；如有关固定资产已提足折旧，可作为长期待摊费用，在规定的期间内平均摊销。

固定资产的改建支出，是指改变房屋或者建筑物结构、延长使用年限等发生的支出。已足额提取折旧的固定资产的改建支出，按照固定资产预计尚可使用年限分期摊销；租入固定资产的改建支出，按照合同约定的剩余租赁期限分期摊销；改建的固定资产延长使用年限的，除已足额提取折旧的固定资产、租入固定资产的改建支出外，其他的固定资产发生改建支出，应当适当延长折旧年限。

大修理支出，按照固定资产尚可使用年限分期摊销。企业所得税法所指固定资产的大修理支出，是指同时符合下列条件的支出。

(1) 修理支出达到取得固定资产时的计税基础 50% 以上。

(2) 修理后固定资产的使用年限延长 2 年以上。

其他应当作为长期待摊费用的支出，自支出发生月份的次月起，分期摊销，摊销年限不得低于 3 年。

四、投资资产的税务处理

投资资产，是指企业对外进行权益性投资和债权性投资而形成的资产。

(一)投资资产的成本

投资资产按以下方法确定投资成本。

(1)通过支付现金方式取得的投资资产,以购买价款为成本。

(2)通过支付现金以外的方式取得的投资资产,以该资产的公允价值和支付的相关税费为成本。

(二)投资资产成本的扣除方法

企业对外投资期间,投资资产的成本在计算应纳税所得额时不得扣除,企业在转让或者处置投资资产时,投资资产的成本准予扣除。

经典案例

1. 按照企业所得税法和实施条例规定,企业使用或者销售的存货的成本计算方法,不可以选用的是( )。

A. 先进先出法　　　　　　　B. 加权平均法
C. 后进先出法　　　　　　　D. 个别计价法

【参考解答】C

2. 企业所得税法所称固定资产的大修理支出,是指同时符合下列( )条件的支出。

A. 修理支出达到取得固定资产时的计税基础30%以上
B. 修理支出达到取得固定资产时的计税基础50%以上
C. 修理后固定资产的使用年限延长2年以上
D. 被修理的固定资产必须属于房屋、建筑物

【参考解答】BC

本章小结

本章主要介绍资产的税务处理,从计税基础、折旧(摊销)的扣除等知识点出发,重点介绍了固定资产、无形资产、存货和其他资产的税务处理,为后续的税会差异比较分析提供基础。资产的税务处理规定是企业所得税会计核算的重要基础,只有熟悉资产税务处理的基本规定,会计上才能准确确定递延所得税资产和负债的核算,从而确定当期所得税费用的金额。

第四章 资产损失的税前扣除

2018年4月，国家税务总局发布《关于企业所得税资产损失资料留存备查有关事项的公告》（总局公告2018年第15号），规定从2017年度起，企业向税务机关申报扣除资产损失，仅需填报企业所得税年度纳税申报表《资产损失税前扣除及纳税调整明细表》（A105090），不再报送资产损失相关资料，相关资料由企业留存备查。然而这种"以表代报"的方式虽然减轻了企业办税负担，但并没有改变《企业资产损失税前扣除管理办法》（总局公告2011年第25号）对资产损失税前扣除的确认要求和"清单申报"与"专项申报"相结合的申报管理制度。企业对其申报扣除的各项资产损失，仍应当按照清单申报和专项申报类别，分类归集相关证据，并完整保存资产损失相关资料，确保资料的真实性、合法性，有效防范税收风险，以备税务机关检查。

第一节 资产损失的税前扣除政策

一、资产损失的概念和范围

所谓资产损失，即企业在生产经营活动中实际发生的、与取得应税收入有关的资产损失。

资产是指企业拥有或者控制的、用于经营管理活动相关的资产，包括现金、银行存款、应收及预付款项（包括应收票据、各类垫款、企业之间往来款项）等货币性资产，存货、固定资产、无形资产、在建工程、生产性生物资产等非货币性资产，以及债权性投资和股权（权益）性投资。

损失，在企业所得税法和实施条例中明确规定：

《中华人民共和国企业所得税法》第八条规定，企业实际发生的与取得收入有关的、合理的支出，包括成本、费用、税金、损失和其他支出，准予在计算应纳税所得额时扣除。

《中华人民共和国企业所得税法实施条例》第三十二条规定，企业所得税法第八条所称损失，是指企业在生产经营活动中发生的固定资产和存货的盘亏、毁损、报废损失，转让财产损失，呆账损失，坏账损失，自然灾害等不可抗力因素造成的损失以及其他损失。

二、资产损失扣除政策

依据财税〔2009〕57号文规定，企业资产损失税前扣除政策如下。

（1）企业清查出的现金短缺减除责任人赔偿后的余额，作为现金损失在计算应纳税所得额时扣除。

（2）企业将货币性资金存入法定具有吸收存款职能的机构，因该机构依法破产、清算，或者政府责令停业、关闭等原因，确实不能收回的部分，作为存款损失在计算应纳税所得额时扣除。

（3）企业除贷款类债权外的应收、预付账款符合下列条件之一的，减除可收回金额后确认的无法收回的应收、预付款项，可以作为坏账损失在计算应纳税所得额时扣除。

1）债务人依法宣告破产、关闭、解散、被撤销，或者被依法注销、吊销营业执照，其清算财产不足清偿的。

2）债务人死亡，或者依法被宣告失踪、死亡，其财产或者遗产不足清偿的。

3)债务人逾期3年以上未清偿,且有确凿证据证明已无力清偿债务的。

4)与债务人达成债务重组协议或法院批准破产重整计划后,无法追偿的。

5)因自然灾害、战争等不可抗力导致无法收回的。

6)国务院财政、税务主管部门规定的其他条件。

(4)企业经采取所有可能的措施和实施必要的程序之后,符合下列条件之一的贷款类债权,可以作为贷款损失在计算应纳税所得额时扣除。

1)借款人和担保人依法宣告破产、关闭、解散、被撤销,并终止法人资格,或者已完全停止经营活动,被依法注销、吊销营业执照,对借款人和担保人进行追偿后,未能收回的债权。

2)借款人死亡,或者依法被宣告失踪、死亡,依法对其财产或者遗产进行清偿,并对担保人进行追偿后,未能收回的债权。

3)借款人遭受重大自然灾害或者意外事故,损失巨大且不能获得保险补偿,或者以保险赔偿后,确实无力偿还部分或者全部债务,对借款人财产进行清偿和对担保人进行追偿后,未能收回的债权。

4)借款人触犯刑律,依法受到制裁,其财产不足归还所借债务,又无其他债务承担者,经追偿后确实无法收回的债权。

5)由于借款人和担保人不能偿还到期债务,企业诉诸法律,经法院对借款人和担保人强制执行,借款人和担保人均无财产可执行,法院裁定执行程序终结或终止(中止)后,仍无法收回的债权。

6)由于借款人和担保人不能偿还到期债务,企业诉诸法律后,经法院调解或经债权人会议通过,与借款人和担保人达成和解协议或重整协议,在借款人和担保人履行完还款义务后,无法追偿的剩余债权。

7)由于上述1)至6)项原因借款人不能偿还到期债务,企业依法取得抵债资产,抵债金额小于贷款本息的差额,经追偿后仍无法收回的债权。

8)开立信用证、办理承兑汇票、开具保函等发生垫款时,凡开证申请人和保证人由于上述1)至7)项原因,无法偿还垫款,金融企业经追偿后仍无法收回的垫款。

9)银行卡持卡人和担保人由于上述1)至7)项原因,未能还清透支款项,金融企业经追偿后仍无法收回的透支款项。

10)助学贷款逾期后,在金融企业确定的有效追索期限内,依法处置助学贷款抵押物(质押物),并向担保人追索连带责任后,仍无法收回的贷款。

11)经国务院专案批准核销的贷款类债权。

12)国务院财政、税务主管部门规定的其他条件。

(5)企业的股权投资符合下列条件之一的,减除可收回金额后确认的无法收回的股权投资,可以作为股权投资损失在计算应纳税所得额时扣除。

1)被投资方依法宣告破产、关闭、解散、被撤销,或者被依法注销、吊销营业执照的。

2）被投资方财务状况严重恶化，累计发生巨额亏损，已连续停止经营3年以上，且无重新恢复经营改组计划的。

3）对被投资方不具有控制权，投资期限届满或者投资期限已超过10年，且被投资单位因连续3年经营亏损导致资不抵债的。

4）被投资方财务状况严重恶化，累计发生巨额亏损，已完成清算或清算期超过3年以上的。

5）国务院财政、税务主管部门规定的其他条件。

拓展阅读　企业股权投资损失的扣除

国家税务总局公告2010年第6号《关于企业股权投资损失所得税处理问题的公告》如下：

一、企业对外进行权益性(以下简称股权)投资所发生的损失，在经确认的损失发生年度，作为企业损失在计算企业应纳税所得额时一次性扣除。

二、本规定自2010年1月1日起执行。本规定发布以前，企业发生的尚未处理的股权投资损失，按照本规定，准予在2010年度一次性扣除。

（6）对企业盘亏的固定资产或存货，以该固定资产的账面净值或存货的成本减除责任人赔偿后的余额，作为固定资产或存货盘亏损失在计算应纳税所得额时扣除。

（7）对企业毁损、报废的固定资产或存货，以该固定资产的账面净值或存货的成本减除残值、保险赔款和责任人赔偿后的余额，作为固定资产或存货毁损、报废损失在计算应纳税所得额时扣除。

（8）对企业被盗的固定资产或存货，以该固定资产的账面净值或存货的成本减除保险赔款和责任人赔偿后的余额，作为固定资产或存货被盗损失在计算应纳税所得额时扣除。

（9）企业因存货盘亏、毁损、报废、被盗等原因不得从增值税销项税额中抵扣的进项税额，可以与存货损失一起在计算应纳税所得额时扣除。

（10）企业在计算应纳税所得额时已经扣除的资产损失，在以后纳税年度全部或者部分收回时，其收回部分应当作为收入计入收回当期的应纳税所得额。

（11）企业境内、境外营业机构发生的资产损失应分开核算，对境外营业机构由于发生资产损失而产生的亏损，不得在计算境内应纳税所得额时扣除。

（12）企业对其扣除的各项资产损失，应当提供能够证明资产损失确属已实际发生的合法证据，包括具有法律效力的外部证据、具有法定资质的中介机构的经济鉴证证明、具有法定资质的专业机构的技术鉴定证明等。

经典案例

依据企业所得税相关规定，发生下列情形，导致应收账款无法收回的部分，可以作为坏账损失在所得税前扣除的是（　　）。

A. 债务人死亡，遗产继承人拒绝偿还的
B. 债务人解散，清算程序拖延达3年的
C. 与债务人达成债务重组协议，无法追偿的
D. 债务人4年未清偿，追偿成本超过应收账款的

【参考解答】C

第二节　资产损失税前扣除管理

一、资产损失扣除管理概述

依据国家税务总局公告〔2011〕第25号《企业资产损失所得税税前扣除管理办法》第三条，准予在企业所得税税前扣除的资产损失，是指企业在实际处置、转让资产过程中发生的合理损失（以下简称实际资产损失），以及企业虽未实际处置、转让资产，但符合《财政部　国家税务总局关于企业资产损失税前扣除政策的通知》（财税〔2009〕57号）和本办法规定条件计算确认的损失（以下简称法定资产损失）。

上述所称资产是指企业拥有或者控制的、用于经营管理活动相关的资产，包括现金、银行存款、应收及预付款项（包括应收票据、各类垫款、企业之间往来款项）等货币性资产，存货、固定资产、无形资产、在建工程、生产性生物资产等非货币性资产，以及债权性投资和股权（权益）性投资。

为了进一步深化税务系统"放管服"改革，简化企业纳税申报资料报送，减轻企业办税负担，国家税务总局于2018年4月，发布《关于企业所得税资产损失资料留存备查有关事项的公告》（总局公告2018年第15号），明确企业向税务机关申报扣除资产损失，仅需填报企业所得税年度纳税申报表《资产损失税前扣除及纳税调整明细表》（A105090），不再报送资产损失相关资料。相关资料由企业留存备查。

二、资产损失税前扣除年度和方式

（一）扣除年度

企业实际资产损失，应当在其实际发生且会计上已作损失处理的年度申报扣除；

法定资产损失，应在申报且会计上已作损失处理的年度申报扣除。

企业以前年度发生的资产损失未能在当年税前扣除的，可以按照《企业资产损失所得税税前扣除管理办法》的规定，向税务机关说明并进行专项申报扣除。其中，属于实际资产损失，准予追补至该项损失发生年度扣除，其追补确认期限一般不得超过五年，但因计划经济体制转轨过程中遗留的资产损失、企业重组上市过程中因权属不清出现争议而未能及时扣除的资产损失、因承担国家政策性任务而形成的资产损失以及政策定性不明确而形成资产损失等特殊原因形成的资产损失，其追补确认期限经国家税务总局批准后可适当延长。属于法定资产损失，应在申报年度扣除。

企业因以前年度实际资产损失未在税前扣除而多缴的企业所得税税款，可在追补确认年度企业所得税应纳税款中予以抵扣，不足抵扣的，向以后年度递延抵扣。

企业实际资产损失发生年度扣除追补确认的损失后出现亏损的，应先调整资产损失发生年度的亏损额，再按弥补亏损的原则计算以后年度多缴的企业所得税税款，并按前款办法进行税务处理。

(二) 扣除方式

企业发生的资产损失，应按规定的程序和要求向主管税务机关申报后方能在税前扣除。未经申报的损失，不得在税前扣除。

三、资产损失扣除的申报管理

(一) 申报方式

企业在进行企业所得税年度汇算清缴申报时，按其申报内容和要求的不同，分为清单申报和专项申报两种申报形式。

其中，属于清单申报的资产损失，企业可按会计核算科目进行归类、汇总，然后再将有关会计核算资料和纳税资料留存备查；属于专项申报的资产损失，企业应逐项(或逐笔)填写申报表，并将会计核算资料及其他相关的纳税资料留存备查。

下列资产损失，应以清单申报的方式向税务机关申报扣除。

(1) 企业在正常经营管理活动中，按照公允价格销售、转让、变卖非货币资产的损失。

(2) 企业各项存货发生的正常损耗。

(3) 企业固定资产达到或超过使用年限而正常报废清理的损失。

(4) 企业生产性生物资产达到或超过使用年限而正常死亡发生的资产损失。

(5) 企业按照市场公平交易原则，通过各种交易场所、市场等买卖债券、股票、期货、基金以及金融衍生产品等发生的损失。

上述条款以外的资产损失，应以专项申报的方式向税务机关申报扣除。企业无法准确判别是否属于清单申报扣除的资产损失，可以采取专项申报的形式申报扣除。

《国家税务总局关于企业所得税资产损失资料留存备查有关事项的公告》(国家税务总局公告 2018 年第 15 号)规定,企业向税务机关申报扣除资产损失,仅需填报企业所得税年度纳税申报表《资产损失税前扣除及纳税调整明细表》,不再报送资产损失相关资料。相关资料由企业留存备查。企业应当完整保存资产损失相关资料,保证资料的真实性、合法性。

拓展阅读 **资产损失留存资料的保管期限**

根据征管法实施细则规定,有关涉税资料保管期为 10 年。

(二)申报管理的具体规定

(1)在中国境内跨地区经营的汇总纳税企业发生的资产损失,应按以下规定申报扣除。

1)总机构及其分支机构发生的资产损失,除应按专项申报和清单申报的有关规定,各自向当地主管税务机关申报外,各分支机构同时还应上报总机构。

2)总机构对各分支机构上报的资产损失,除税务机关另有规定外,应以清单申报的形式向当地主管税务机关进行申报。

3)总机构将跨地区分支机构所属资产捆绑打包转让所发生的资产损失,由总机构向当地主管税务机关进行专项申报。

(2)企业应当建立健全资产损失内部核销管理制度,及时收集、整理、编制、审核、申报、保存资产损失税前扣除证据材料,方便税务机关检查。

(3)税务机关应按分项建档、分级管理的原则,建立企业资产损失税前扣除管理台账和纳税档案,及时进行评估。对资产损失金额较大或经评估后发现不符合资产损失税前扣除规定,或存有疑点、异常情况的资产损失,应及时进行核查。对有证据证明申报扣除的资产损失不真实、不合法的,应依法做出税收处理。

四、资产损失确认证据

(1)企业资产损失相关的证据包括具有法律效力的外部证据和特定事项的企业内部证据。

(2)具有法律效力的外部证据,是指司法机关、行政机关、专业技术鉴定部门等依法出具的与本企业资产损失相关的具有法律效力的书面文件,主要包括:

1)司法机关的判决或者裁定。

2)公安机关的立案结案证明、回复。

3)工商部门出具的注销、吊销及停业证明。

4)企业的破产清算公告或清偿文件。

5）行政机关的公文。

6）专业技术部门的鉴定报告。

7）具有法定资质的中介机构的经济鉴定证明。

8）仲裁机构的仲裁文书。

9）保险公司对投保资产出具的出险调查单、理赔计算单等保险单据。

10）符合法律规定的其他证据。

（3）特定事项的企业内部证据，是指会计核算制度健全、内部控制制度完善的企业，对各项资产发生毁损、报废、盘亏、死亡、变质等内部证明或承担责任的声明，主要包括：

1）有关会计核算资料和原始凭证。

2）资产盘点表。

3）相关经济行为的业务合同。

4）企业内部技术鉴定部门的鉴定文件或资料。

5）企业内部核批文件及有关情况说明。

6）对责任人由于经营管理责任造成损失的责任认定及赔偿情况说明。

7）法定代表人、企业负责人和企业财务负责人对特定事项真实性承担法律责任的声明。

五、货币资产损失的确认

（1）企业货币资产损失包括现金损失、银行存款损失和应收及预付款项损失等。

（2）现金损失应依据以下证据材料确认。

1）现金保管人确认的现金盘点表（包括倒推至基准日的记录）。

2）现金保管人对于短缺的说明及相关核准文件。

3）对责任人由于管理责任造成损失的责任认定及赔偿情况的说明。

4）涉及刑事犯罪的，应有司法机关出具的相关材料。

5）金融机构出具的假币收缴证明。

（3）企业因金融机构清算而发生的存款类资产损失应依据以下证据材料确认。

1）企业存款类资产的原始凭据。

2）金融机构破产、清算的法律文件。

3）金融机构清算后剩余资产分配情况资料。

金融机构应清算而未清算超过 3 年的，企业可将该款项确认为资产损失，但应有法院或破产清算管理人出具的未完成清算证明。

（4）企业应收及预付款项坏账损失应依据以下相关证据材料确认。

1）相关事项合同、协议或说明。

2）属于债务人破产清算的，应有人民法院的破产、清算公告。

3)属于诉讼案件的,应出具人民法院的判决书或裁决书或仲裁机构的仲裁书,或者被法院裁定终(中)止执行的法律文书。

4)属于债务人停止营业的,应有工商部门注销、吊销营业执照证明。

5)属于债务人死亡、失踪的,应有公安机关等有关部门对债务人个人的死亡、失踪证明。

6)属于债务重组的,应有债务重组协议及其债务人重组收益纳税情况说明。

7)属于自然灾害、战争等不可抗力而无法收回的,应有债务人受灾情况说明以及放弃债权申明。

(5)企业逾期3年以上的应收款项在会计上已作为损失处理的,可以作为坏账损失,但应说明情况,并出具专项报告。

(6)企业逾期1年以上,单笔数额不超过5万或者不超过企业年度收入总额万分之一的应收款项,会计上已经作为损失处理的,可以作为坏账损失,但应说明情况,并出具专项报告。

六、非货币资产损失的确认

(1)企业非货币资产损失包括存货损失、固定资产损失、无形资产损失、在建工程损失、生产性生物资产损失等。

(2)存货盘亏损失,为其盘亏金额扣除责任人赔偿后的余额,应依据以下证据材料确认。

1)存货计税成本确定依据。

2)企业内部有关责任认定、责任人赔偿说明和内部核批文件。

3)存货盘点表。

4)存货保管人对于盘亏的情况说明。

(3)存货报废、毁损或变质损失,为其计税成本扣除残值及责任人赔偿后的余额,应依据以下证据材料确认。

1)存货计税成本的确定依据。

2)企业内部关于存货报废、毁损、变质、残值情况说明及核销资料。

3)涉及责任人赔偿的,应当有赔偿情况说明。

4)该项损失数额较大的(指占企业该类资产计税成本10%以上,或减少当年应纳税所得、增加亏损10%以上,下同),应有专业技术鉴定意见或法定资质中介机构出具的专项报告等。

(4)存货被盗损失,为其计税成本扣除保险理赔以及责任人赔偿后的余额,应依据以下证据材料确认。

1)存货计税成本的确定依据。

2）向公安机关的报案记录。

3）涉及责任人和保险公司赔偿的，应有赔偿情况说明等。

（5）固定资产盘亏、丢失损失，为其账面净值扣除责任人赔偿后的余额，应依据以下证据材料确认。

1）企业内部有关责任认定和核销资料。

2）固定资产盘点表。

3）固定资产的计税基础相关资料。

4）固定资产盘亏、丢失情况说明。

5）损失金额较大的，应有专业技术鉴定报告或法定资质中介机构出具的专项报告等。

（6）固定资产报废、毁损损失，为其账面净值扣除残值和责任人赔偿后的余额，应依据以下证据材料确认。

1）固定资产的计税基础相关资料。

2）企业内部有关责任认定和核销资料。

3）企业内部有关部门出具的鉴定材料。

4）涉及责任赔偿的，应当有赔偿情况的说明。

5）损失金额较大的或自然灾害等不可抗力原因造成固定资产毁损、报废的，应有专业技术鉴定意见或法定资质中介机构出具的专项报告等。

（7）固定资产被盗损失，为其账面净值扣除责任人赔偿后的余额，应依据以下证据材料确认。

1）固定资产计税基础相关资料。

2）公安机关的报案记录，公安机关立案、破案和结案的证明材料。

3）涉及责任赔偿的，应有赔偿责任的认定及赔偿情况的说明等。

（8）在建工程停建、报废损失，为其工程项目投资账面价值扣除残值后的余额，应依据以下证据材料确认。

1）工程项目投资账面价值确定依据。

2）工程项目停建原因说明及相关材料。

3）因质量原因停建、报废的工程项目和因自然灾害和意外事故停建、报废的工程项目，应出具专业技术鉴定意见和责任认定、赔偿情况的说明等。

（9）工程物资发生损失，可比照前述存货损失的规定确认。

（10）生产性生物资产盘亏损失，为其账面净值扣除责任人赔偿后的余额，应依据以下证据材料确认。

1）生产性生物资产盘点表。

2）生产性生物资产盘亏情况说明。

3）生产性生物资产损失金额较大的，企业应有专业技术鉴定意见和责任认定、赔偿情况的说明等。

（11）因森林病虫害、疫情、死亡而产生的生产性生物资产损失，为其账面净值扣除残值、保险赔偿和责任人赔偿后的余额，应依据以下证据材料确认。

1）损失情况说明。

2）责任认定及其赔偿情况的说明。

3）损失金额较大的，应有专业技术鉴定意见。

（12）对被盗伐、被盗、丢失而产生的生产性生物资产损失，为其账面净值扣除保险赔偿以及责任人赔偿后的余额，应依据以下证据材料确认。

1）生产性生物资产被盗后，向公安机关的报案记录或公安机关立案、破案和结案的证明材料。

2）责任认定及其赔偿情况的说明。

（13）企业由于未能按期赎回抵押资产，使抵押资产被拍卖或变卖，其账面净值大于变卖价值的差额，可认定为资产损失，按以下证据材料确认。

1）抵押合同或协议书。

2）拍卖或变卖证明、清单。

3）会计核算资料等其他相关证据材料。

（14）被其他新技术所代替或已经超过法律保护期限，已经丧失使用价值和转让价值，尚未摊销的无形资产损失，应提交以下证据备案。

1）会计核算资料。

2）企业内部核批文件及有关情况说明。

3）技术鉴定意见和企业法定代表人、主要负责人和财务负责人签章证实无形资产已无使用价值或转让价值的书面申明。

4）无形资产的法律保护期限文件。

七、投资损失的确认

（1）企业投资损失包括债权性投资损失和股权(权益)性投资损失。

（2）企业债权投资损失应依据投资的原始凭证、合同或协议、会计核算资料等相关证据材料确认。下列情况债权投资损失的，还应出具相关证据材料：

1）债务人或担保人依法被宣告破产、关闭、被解散或撤销、被吊销营业执照、失踪或者死亡等，应出具资产清偿证明或者遗产清偿证明。无法出具资产清偿证明或者遗产清偿证明，且上述事项超过 3 年以上的，或债权投资(包括信用卡透支和助学贷款)余额在 300 万元以下的，应出具对应的债务人和担保人破产、关闭、解散证明、撤销文件、工商行政管理部门注销证明或查询证明以及追索记录等(包括司法追索、电话追索、信件追索和上门追索等原始记录)。

2）债务人遭受重大自然灾害或意外事故，企业对其资产进行清偿和对担保人进行追偿后，未能收回的债权，应出具债务人遭受重大自然灾害或意外事故证明、保险赔偿证明、资产清偿证明等。

3）债务人因承担法律责任，其资产不足归还所借债务，又无其他债务承担者的，应出具法院裁定证明和资产清偿证明。

4）债务人和担保人不能偿还到期债务，企业提出诉讼或仲裁的，经人民法院对债务人和担保人强制执行，债务人和担保人均无资产可执行，人民法院裁定终结或终止（中止）执行的，应出具人民法院裁定文书。

5）债务人和担保人不能偿还到期债务，企业提出诉讼后被驳回起诉的、人民法院不予受理或不予支持的，或经仲裁机构裁决免除（或部分免除）债务人责任，经追偿后无法收回的债权，应提交法院驳回起诉的证明，或法院不予受理或不予支持证明，或仲裁机构裁决免除债务人责任的文书。

6）经国务院专案批准核销的债权，应提供国务院批准文件或经国务院同意后由国务院有关部门批准的文件。

拓展阅读 债权超过诉讼期的所得税处理

A公司要求B公司还款并发出催款通知，B公司接到催款通知后拒绝还款，而A公司得知B公司拒绝还款后一直没有采取其他措施（再发催款通知或诉讼等），事情拖到了3年后，已经超过了诉讼时效，A公司这个债权损失该如何税前扣除呢？

按照最新的《民法总则》第一百八十八条的规定：向人民法院请求保护民事权利的诉讼时效期间为3年。法律另有规定的除外。《民法通则》第一百三十七条规定：诉讼时效期从知道或者应当知道权利被侵害时起计算。但是，从权利被侵害之日起超过20年的，人民法院不予保护。有特殊情况的，人民法院可以延长诉讼时效期。

也就是说，从债权人知道或者应当知道权利被侵害时，3年内如果不起诉，则法律不再保护，再起诉法院将不予受理或驳回起诉。

依据《企业资产损失所得税税前扣除管理办法》（国家税务总局公告2011年第25号）第四十条的规定：企业债权投资损失应依据投资的原始凭证、合同或协议、会计核算资料等相关证据材料确认。债务人和担保人不能偿还到期债务，企业提出诉讼后被驳回起诉的、人民法院不予受理或不予支持的，或经仲裁机构裁决免除（或部分免除）债务人责任，经追偿后无法收回的债权，应提交法院驳回起诉的证明，或法院不予受理或不予支持证明，或仲裁机构裁决免除债务人责任的文书。

那么，超过诉讼时效的债权，即便明知诉讼到法院也会不受理或驳回，也要进行诉讼，取得不予受理或驳回起诉的法院文书，才能税前扣除。

同时，按照《国家税务总局关于企业所得税资产损失资料留存备查有关事项的公告》(国家税务总局公告2018年第15号)规定,上述资料企业只需要留存备查,不需要专门报送税务机关,即可在申报企业所得税时扣除。

(3)企业股权投资损失应依据以下相关证据材料确认。
1)股权投资计税基础证明材料。
2)被投资企业破产公告、破产清偿文件。
3)工商行政管理部门注销、吊销被投资单位营业执照文件。
4)政府有关部门对被投资单位的行政处理决定文件。
5)被投资企业终止经营、停止交易的法律或其他证明文件。
6)被投资企业资产处置方案、成交及入账材料。
7)企业法定代表人、主要负责人和财务负责人签章证实有关投资(权益)性损失的书面申明。
8)会计核算资料等其他相关证据材料。

(4)被投资企业依法宣告破产、关闭、解散或撤销、吊销营业执照、停止生产经营活动、失踪等,应出具资产清偿证明或者遗产清偿证明。上述事项超过3年以上且未能完成清算的,应出具被投资企业破产、关闭、解散或撤销、吊销等的证明以及不能清算的原因说明。

(5)企业委托金融机构向其他单位贷款,或委托其他经营机构进行理财,到期不能收回贷款或理财款项,按照国家税务总局公告2011年第25号的有关规定进行处理。

(6)企业对外提供与本企业生产经营活动有关的担保,因被担保人不能按期偿还债务而承担连带责任,经追索,被担保人无偿还能力,对无法追回的金额,比照国家税务总局公告2011年第25号的规定的应收款项损失进行处理。与本企业生产经营活动有关的担保是指企业对外提供的与本企业应税收入、投资、融资、材料采购、产品销售等生产经营活动相关的担保。

(7)企业按独立交易原则向关联企业转让资产而发生的损失,或向关联企业提供借款、担保而形成的债权损失,准予扣除,但企业应做专项说明,同时出具中介机构出具的专项报告及其相关的证明材料。

(8)下列股权和债权不得作为损失在税前扣除。
1)债务人或者担保人有经济偿还能力,未按期偿还的企业债权。
2)违反法律、法规的规定,以各种形式、借口逃废或悬空的企业债权。
3)行政干预逃废或悬空的企业债权。
4)企业未向债务人和担保人追偿的债权。
5)企业发生非经营活动的债权。
6)其他不应当核销的企业债权和股权。

八、其他资产损失的确认

企业将不同类别的资产捆绑（打包），以拍卖、询价、竞争性谈判、招标等市场方式出售，其出售价格低于计税成本的差额，可以作为资产损失并准予在税前申报扣除，但应出具资产处置方案、各类资产作价依据、出售过程的情况说明、出售合同或协议、成交及入账证明、资产计税基础等确定依据。

企业正常经营业务因内部控制制度不健全而出现操作不当、不规范或因业务创新但政策不明确、不配套等原因形成的资产损失，应由企业承担的金额，可以作为资产损失并准予在税前申报扣除，但应出具损失原因证明材料或业务监管部门定性证明、损失专项说明。

企业因刑事案件原因形成的损失，应由企业承担的金额，或经公安机关立案侦查两年以上仍未追回的金额，可以作为资产损失并准予在税前申报扣除，但应出具公安机关、人民检察院的立案侦查情况或人民法院的判决书等损失原因证明材料。

拓展阅读

担保损失的所得税处理

根据《国家税务总局关于发布〈企业资产损失所得税税前扣除管理办法〉的公告》（国家税务总局公告2011年第25号）规定，企业对外提供与本企业生产经营活动有关的担保，因被担保人不能按期偿还债务而承担连带责任，经追索，被担保人无偿还能力，对无法追回的金额，比照本办法规定的应收款项损失进行处理。与本企业生产经营活动有关的担保是指企业对外提供的与本企业应税收入、投资、融资、材料采购、产品销售等生产经营活动相关的担保。因此，为其他企业提供的担保除与本企业生产经营活动有关的以外，产生的相关损失一律不得在企业所得税税前扣除。

九、其他损失的确认

《企业资产损失所得税税前扣除管理办法》没有涉及的资产损失事项，只要符合企业所得税法及其实施条例等法律、法规规定的，也可以向税务机关申报扣除。

经典案例

A公司2017年度企业所得税汇算清缴中，发现该企业2015年发生的实际资产损失50万元，未在当年税前扣除。该公司于2017年按规定向税务机关做出说明后，对2015年未扣除的实际资产损失进行专项申报扣除。已知该企业2015年全年亏损40万元，

2016 年全年亏损 30 万元，2017 年应纳税所得额为 160 万元。假设除此以外不考虑其他纳税调整事项，如何进行税务处理？

【参考解答】根据《企业资产损失所得税税前扣除管理办法》的规定，企业以前年度发生的资产损失未能在当年税前扣除的，可以按照本办法的规定，向税务机关说明并进行专项申报扣除。其中，属于实际资产损失，准予追补至该项损失发生年度扣除，其追补确认期限一般不得超过五年，但因计划经济体制转轨过程中遗留的资产损失、企业重组上市过程中因权属不清出现争议而未能及时扣除的资产损失、因承担国家政策性任务而形成的资产损失以及政策定性不明确而形成资产损失等特殊原因形成的资产损失，其追补确认期限经国家税务总局批准后可适当延长。属于法定资产损失，应在申报年度扣除。

企业实际资产损失发生年度扣除追补确认的损失后出现亏损的，应先调整资产损失发生年度的亏损额，再按弥补亏损的原则计算以后年度多缴的企业所得税税款，并按前款办法进行税务处理。

亏损企业追补确认以前年度未在企业所得税前扣除的支出，或盈利企业经过追补确认后出现亏损的，应首先调整该项支出所属年度的亏损额，然后按照弥补亏损的原则计算以后年度多缴的企业所得税税款，并按前款规定处理。本文就该项规定在企业所得税实际汇算清缴中如何运用进行例解。

根据上述规定：A 公司 2017 年度在汇算清缴时，实际应缴纳的企业所得税应这样计算：A 公司 2015 年发生的未扣除实际资产损失 50 万元，应追补至 2015 年扣除。那么，该公司 2015 年全年亏损额为 90 万元(40+50)，2016 年全年亏损 30 万元，按税法规定，A 公司纳税年度发生的亏损，准予向以后年度结转，用以后年度的所得弥补，但结转年限最长不得超过 5 年。

因此，A 公司 2015 年全年亏损 90 万元，可以用 2017 年度盈利来弥补；2016 年全年亏损 30 万元，可以用 2017 年度弥补完 2015 年度剩余的盈利来弥补。2017 年度盈利弥补完 2015 年、2016 年全年亏损后剩余的 40 万元所得，应缴纳企业所得税 10 万元。

本章小结

资产损失的税前扣除由备案改备查并没有减轻企业的法律责任，相反，在减轻办税负担的同时，反而加大了企业后续扣除的风险。本章对《企业资产损失所得税税前扣除管理办法》中规定的资产损失扣除管理，资产损失确认条件等进行了详细的介绍，以便让大家更好地掌握资产损失扣除政策，在以后工作中收集、整理、编制、审核、申报、保存资产损失税前扣除证据材料，规避纳税风险。

第五章　企业所得税法与会计准则的重要差异分析

　　税法和会计是经济领域中两个不同的分支，虽然存在密切联系，但由于各自的目标、服务对象不同，二者之间必然会存在一定的差异。

　　纳税人既要按照会计准则的要求进行会计核算，又要严格按照税法的要求计算纳税，要做到这一点，就必须掌握会计与税法的差异，在会计核算的基础上按照税法的规定进行纳税调整，正确核算应纳税所得额，依法申报纳税。

　　因此，我们有必要对企业会计准则与涉税法规的差异进行分析和探讨。

第一节 收入的税会差异分析

一、税会差异的成因

税法和会计是经济领域中两个不同的分支，分别遵循不同的规则，规范不同的对象。会计准则规范的是企业的会计核算，要求会计能够提供真实、完整、可靠的信息，满足各方面了解企业的经营成果、财务状况和现金流量的需要。税法规定了国家征税机关和纳税人的征税行为，体现的是财富在国家和纳税人之间的分配，具有强制性和无偿性。这两者之间存在差异的原因主要表现在以下几个方面。

1. 目标不同

税法和会计准则都是由国家机关制定的，但两者的出发点和目标不同。

税法是为了保证国家强制、无偿、固定地取得财政收入，依据公平税负、方便征管的要求，对会计准则的规定有所约束和控制。而会计准则是为了反映企业的财务状况、经营成果和现金流量，以满足会计信息使用者的需要。

2. 规范的内容不同

税法与会计准则分别遵循不同的规则，规范着不同的对象。税法规范了国家税务机关征税行为和纳税人的纳税行为，解决的是社会财富如何在国家与纳税人之间进行分配，具有强制性和无偿性。而会计准则的目的在于规范企业的会计核算，真实、完整地提供会计信息，以满足有关各方面了解企业财务状况和经营成果的需要。

3. 发展速度不同

因为资本市场的快速发展，会计准则的建设进展迅速，新准则更是加快了与国际会计准则的接轨，具有了"国际化"。而税法的制定更多是从国家宏观经济发展的需要出发，在保证国家经济发展目标实现的前提下进行的，相对会计准则而言，更具有中国特色。

二、收入的概念及确认范围的税会差异

（1）《企业会计准则第14号——收入（2006）》（财会〔2006〕3号）第二条规定，收入是指企业在日常活动中形成的、会导致所有者权益增加的、与所有者投入资本无关的经济利益的总流入。具体包括销售商品收入、提供劳务收入和让渡资产使用权收入。企业代第三方收取的款项，应当作为负债处理，不应当确认为收入。

1）会计准则确认的收入通常通过"主营业务收入"和"其他业务收入"这两个账户来进行核算。

2）企业发生的不属于经常性活动、由非日常活动所形成的经济利益的流入，虽然也会导致所有者权益的增加，但与所有者投入无关，在会计上不属于收入，而是一种利得。利得在《新会计准则》中由三个账户核算，即"营业外收入""资本公积——其他资本公积"和"其他综合收益"。利得最终会影响所有者权益增加，因此通过计入"营业外收入"账户来影响利润表，从而间接影响企业所有者权益。还有，通过"资本公积——其他资本公积"账户和"其他综合收益"账户直接影响所有者权益。

（2）从税法的角度看，并没有对收入有一个严格的定义。《企业所得税法》第六条规定，企业以货币形式和非货币形式从各种来源取得的收入，为收入总额。包括：销售货物收入、提供劳务收入、转让财产收入、股息红利等权益性投资收益、利息收入、租金收入、特许权使用费收入、接受捐赠收入、其他收入。

企业所得税法上所指的收入，不仅包括了《企业会计准则》上所规范的收入，还包括了会计上所不能确认为收入的偶然事项，如股权转让收入、股息红利等权益性投资收益、利息收入、接受捐赠收入、视同销售收入等。也就是说，收入这一概念实际上在税法上是包含着会计上的收入以及利得这两个方面的。

拓展阅读　新收入准则修订的主要内容及实施时间

2017年7月5日，财政部修订发布了《企业会计准则第14号——收入》（以下简称新收入准则），这是我国企业会计准则体系修订完善、保持与国际财务报告准则持续全面趋同的重要成果。

一、新收入准则修订的主要内容

（一）将现行收入和建造合同两项准则纳入统一的收入确认模型

现行收入准则和建造合同准则在某些情形下边界不够清晰，可能导致类似的交易采用不同的收入确认方法，从而对企业财务状况和经营成果产生重大影响。新收入准则要求采用统一的收入确认模型来规范所有与客户之间的合同产生的收入，并且就"在某一时段内"还是"在某一时点"确认收入提供具体指引，有助于更好地解决目前收入确认时点的问题，提高会计信息可比性。

（二）以控制权转移替代风险报酬转移作为收入确认时点的判断标准

现行收入准则要求区分销售商品收入和提供劳务收入，并且强调在将商品所有权上的主要风险和报酬转移给购买方时确认销售商品收入，实务中有时难以判断。新收入准则打破商品和劳务的界限，要求企业在履行合同中的履约义务，即客户取得相关商品（或服务）控制权时确认收入，从而能够更加科学合理地反映企业的收入确认过程。

(三) 对于包含多重交易安排的合同的会计处理提供更明确的指引

现行收入准则对于包含多重交易安排的合同仅提供了非常有限的指引，具体体现在收入准则第十五条以及企业会计准则讲解中有关奖励积分的会计处理规定。这些规定远远不能满足当前实务需要。新收入准则对包含多重交易安排的合同的会计处理提供了更明确的指引，要求企业在合同开始日对合同进行评估，识别合同所包含的各单项履约义务，按照各单项履约义务所承诺商品(或服务)的单独售价的相对比例将交易价格分摊至各单项履约义务，进而在履行各单项履约义务时确认相应的收入，有助于解决此类合同的收入确认问题。

(四) 对于某些特定交易(或事项)的收入确认和计量给出了明确规定。

新收入准则对于某些特定交易(或事项)的收入确认和计量给出了明确规定。例如，区分总额和净额确认收入、附有质量保证条款的销售、附有客户额外购买选择权的销售、向客户授予知识产权许可、售后回购、无须退还的初始费等，这些规定将有助于更好的指导实务操作，从而提高会计信息的可比性。

二、新收入准则的实施时间

国际财务报告准则第 15 号将于 2018 年 1 月 1 日开始施行，并允许主体提前采用。因此，所有在香港上市或在采用国际财务报告准则的境外市场发行权益证券或债券的境内公司，都须自 2018 年 1 月 1 日起执行该准则。考虑到我国 A 股上市公司、非上市公司等的情况和要求有所不同，在兼顾我国的市场环境和企业的实际情况，并与国际趋同的基础上，采取了分步实施的策略，具体如下。

一是，对于在境内外同时上市的企业以及在境外上市并采用国际财务报告准则或企业会计准则编制财务报告的企业，自 2018 年 1 月 1 日起执行新收入准则，这一要求与国际财务报告准则第 15 号的生效日期保持一致，以避免该类上市公司境内外报表出现差异。

二是，对于其他在境内上市的企业，要求自 2020 年 1 月 1 日起执行新收入准则，为这些企业预留两年的准备时间，以总结借鉴境外上市公司执行新收入准则的经验，确保所有上市公司高质量地执行新准则。

三是，对于执行企业会计准则的非上市企业，要求自 2021 年 1 月 1 日起执行新收入准则，为这些企业预留近 3 年的准备时间，以确保准则在该类企业得到平稳有效实施。

四是，对于条件具备、有意愿和有能力提前执行新收入准则的企业，允许其提前执行本准则。

三、收入确认条件及时间的税会差异

(一) 销售商品收入

(1)《企业会计准则第 14 号——收入(2006)》(财会[2006]3 号)第四条规定，销售商品收入同时满足下列条件的，才能予以确认。

1）企业已将商品所有权上的主要风险和报酬转移给购货方。

2）企业既没有保留通常与所有权相联系的继续管理权，也没有对已售出的商品实施有效控制。

3）收入的金额能够可靠地计量。

4）相关的经济利益很可能流入企业。

5）相关的已发生或将发生的成本能够可靠地计量。

（2）《国家税务总局关于确认企业所得税收入若干问题的通知》（国税函〔2008〕875号）规定：

1）除企业所得税法及实施条例另有规定外，企业销售收入的确认，必须遵循权责发生制原则和实质重于形式原则。企业销售商品同时满足下列条件的，应确认收入的实现。

①商品销售合同已经签订，企业已将商品所有权相关的主要风险和报酬转移给购货方。

②企业对已售出的商品既没有保留通常与所有权相联系的继续管理权，也没有实施有效控制。

③收入的金额能够可靠地计量。

④已发生或将发生的销售方的成本能够可靠地核算。

2）符合上款收入确认条件，采取下列商品销售方式的，应按以下规定确认收入实现时间。

①销售商品采用托收承付方式的，在办妥托收手续时确认收入。

②销售商品采取预收款方式的，在发出商品时确认收入。

③销售商品需要安装和检验的，在购买方接受商品以及安装和检验完毕时确认收入。如果安装程序比较简单，可在发出商品时确认收入。

④销售商品采用支付手续费方式委托代销的，在收到代销清单时确认收入。

会计上确认收入时要考虑"经济利益很可能流入企业"这个条件，而在税法上无此条件。这是因为税法不考虑企业的经营风险，具有强制性。企业发出库存商品后，在会计上认为"经济利益不是很可能流入企业"时不确认收入，而按税法规定应确认为当期收入，在企业所得税纳税申报时对收入及成本做调整处理，以后会计上对该收入进行确认时再作相反的调整处理。

（二）提供劳务收入

（1）企业会计准则和企业所得税法规定对于交易结果能够可靠估计劳务收入的确定基本一致，即对企业在资产负债表日或纳税期末提供劳务交易的结果能够可靠估计的，应当采用完工百分比法确认提供劳务收入。完工百分比法，是指按照提供劳务交易的完工进度确认收入与费用的方法。

提供劳务交易的结果能够可靠估计，是指同时满足下列条件。

1）收入的金额能够可靠地计量。
2）相关的经济利益很可能流入企业。
3）交易的完工进度能够可靠地确定。
4）交易中已发生和将发生的成本能够可靠地计量。
企业确定提供劳务交易的完工进度，可以选用下列方法。
1）已完工作的测量。
2）已经提供的劳务占应提供劳务总量的比例。
3）已经发生的成本占估计总成本的比例。
（2）对于交易结果不能可靠估计劳务业务，会计准则适用成本收回法，企业所得税法没有做出相应规定，即税法不直接承担企业间的坏账风险。

拓展阅读 新收入准则下收入确认时点的税会差异

[选自《北京注册会计师协会专家委员会专家提示》（〔2017〕第9号）]

2017年7月，财政部修订发布了《企业会计准则第14号——收入》（以下简称新收入准则），这是我国自2006年2月发布第14号收入准则以来的一次重大修订。修订后的新收入准则，不仅改变了一般销售模式收入确认的核心原则，同时对于区分总额和净额确认收入、附有质量保证条款的销售、向客户授予知识产权许可等特定交易（或事项）的收入确认和计量也做出了明确规定。这些规定在提高会计信息可比性的同时，也带来了收入确认时点、收入金额计量两方面的税法与会计间差异（以下简称税会差异）。

一、新收入准则对收入确认时点的规定

新旧收入准则关于收入确认时点的最大区别，是以"控制权转移"替代"风险报酬转移"作为收入确认时点的判断标准（具体规定详见新收入准则第四条、十三条、三十二条）。新收入准则将"控制权转移"的判断分为五个步骤：一是识别客户合同，二是识别履约义务，三是确定交易价格，四是分摊交易价格，五是确认收入。

企业在确认收入时，需先判断该履约义务是某一时段内的履约义务还是某一时点的履约义务。如果是某一时段内的履约义务，其收入确认时点的会计规定与旧准则中的建造合同类似，其税会差异也与旧收入准则下的税会差异变化不大。如果是某一时点内的履约义务，则新旧收入准则对收入确认时点存在较大差异，并将带来新的税会差异。因此，要重点分析某一时点的履约义务下，其会计收入确认时点与税法纳税义务发生时点的差异，进行纳税调整。

二、新收入准则下收入确认时点的税会差异

《国家税务总局关于确认企业所得税收入若干问题的通知》（国税函〔2008〕875号）规定的企业所得税收入确认条件，与原收入准则差异不大。新收入准则的改变，必将带来新的税会差异。针对不同的销售方式，具体分析其税会差异如表5-1所示。

表 5-1　新收入准则下收入确认时点的税会差异

销售方式	会计收入确认时间	企业所得税收入确认时间	税会差异分析
托收承付方式	企业应当在客户取得相关商品控制权时点确认收入。在判断客户是否已取得商品控制权时，企业应当考虑下列迹象。 (1) 企业就该商品享有现时收款权利，即客户就该商品负有现时付款义务。 (2) 企业已将该商品的法定所有权转移给客户，即客户已拥有该商品的法定所有权。 (3) 企业已将该商品实物转移给客户，即客户已实物占有该商品。 (4) 企业已将该商品所有权上的主要风险和报酬转移给客户，即客户已取得该商品所有权上的主要风险和报酬。 (5) 客户已接受该商品。 (6) 其他表明客户已取得商品控制权的迹象	在办妥托收手续时确认收入	企业在办妥托收手续的当天，假如客户未接收到该商品（商品在途），则会计上不确认为收入，但企业所得税应确认收入
预收款方式		在发出商品时确认收入	预收货款后，在商品发出当天，如客户尚未收到货物，会计上不确认收入，但企业所得税应确认收入
需要安装和检验		在购买方接受商品以及安装和检验完毕时确认收入。如果安装程序比较简单，可在发出商品时确认收入	对于安装程序比较简单的，在发出商品当天，如果客户尚未收到该商品，则会计上不确认收入，但企业所得税可确认收入
采用支付手续费方式委托代销的		在收到代销清单时确认收入	基本无差异

注：新收入准则的执行时间：在境内外同时上市的企业以及在境外上市并采用国际财务报告准则或企业会计准则编制财务报表的企业，自 2018 年 1 月 1 日起施行；其他境内上市企业，自 2020 年 1 月 1 日起施行；执行企业会计准则的非上市企业，自 2021 年 1 月 1 日起施行。

经典案例

A 公司于 2018 年 12 月 1 日向 B 公司发出商品一批，已向 B 公司开具增值税专用发票，价款 100 万元，增值税 16 万元，商品成本 80 万元。A 公司于 12 月 10 日办妥托收手续。12 月 31 日得知 B 公司由于法律诉讼问题，银行账户已被法院冻结，企业无法收到该项货款。简述企业的处理。

【参考解答】

(1) 2018 年 A 公司因无法收到货款，不确认收入。

借：发出商品　　　　　　　　　　　　　　　　　　　　　　　　800000
　　　贷：库存商品　　　　　　　　　　　　　　　　　　　　　　800000
借：应收账款　　　　　　　　　　　　　　　　　　　　　　　　160000
　　　贷：应交税费——应交增值税（销项税额）　　　　　　　　160000

(2) 2018 年进行企业所得税处理。

会计上未确认收入，但按税法规定应确认收入 100 万元，同时确认成本 80 万元，故应调增 2018 年应纳税所得额 20 万元。

（3）递延所得税处理。

借：递延所得税资产　　　　　　　　　　　50000（200000×25%）
　　贷：应交税费——应交所得税　　　　　50000（200000×25%）

需要注意的是，对此笔收入在2018年调整时不能作视同销售处理。这是因为以后年度作收入处理，企业所得税上要进行调减，但在附表《A101010 一般企业收入明细表》和附表《A102010 一般企业成本支出明细表》中无法减除。

（4）以后收到钱时的处理：

借记"银行存款"，贷记"主营业务收入""应收账款"，同时借记"主营业务成本"，贷记"发出商品"。会计上正常作销售处理，企业所得税上直接调减就可以。

当然，对执行《企业会计准则》的企业来说，就要作递延所得税处理。如果最后收不到钱，可作为坏账损失处理，属于时间性差异。

第二节　有关资产的税会差异

一、存货处理的税会差异

（一）存货跌价准备处理的税会差异

《企业会计准则第1号——存货（2006）》（财会〔2006〕3号）第十五条规定，资产负债表日，存货应当按照成本与可变现净值孰低计量。存货成本高于其可变现净值的，应当计提存货跌价准备，计入当期损益。

税法上规定，企业除坏账准备以外的其他任何形式的准备金，在计算应纳税所得额时不得扣除。

假如企业计提减值准备，则形成税会差异，应该依法作纳税调整增加。

（二）存货发出计价的税会差异分析

企业会计制度中列举了存货发出计价的多种计算方法，如个别计价法、先进先出法、加权平均法、移动平均法等，企业应当根据各类存货的实际情况，确定发出存货的实际计价方法。

税法同样赋予了企业自行选择存货发出计价的计算方法，《企业所得税法实施条例》第七十三条规定：企业使用或者销售的存货的成本计算方法，可以在先进先出法、加权平均法、个别计价法中选用一种。计价方法一经选用，不得随意变更。税法的这些规定主要是为了防止企业通过改变存货发出的计价方法来调节不同年度的利润。

二、固定资产处理的差异

（一）固定资产确认与税法差异

《企业会计准则第4号——固定资产（2006）》（财会〔2006〕3号）规定，固定资产是为生产商品、提供劳务、对外出租或经营管理而持有的，使用寿命超过一个会计年度的有形资产。

税法规定，企业为生产产品、提供劳务、出租或者经营管理而持有的、使用时间超过12个月的非货币性资产。

会计准则将投资性房地产从固定资产和无形资产准则中分离出来，而税法仍将其作为固定资产或无形资产处理，并且税法强调与生产经营有关，否则计税基础等于零。相比较而言，税法解释得更加具体，但两者没有实质的区别。

（二）固定资产初始计量的差异

（1）《企业会计准则第4号——固定资产（2006）》（财会〔2006〕3号）规定，购买固定资产的价款超过正常信用条件延期支付，实质上具有融资性质的，固定资产的成本以购买价款的现值为基础确定。实际支付的价款与购买价款的现值之间的差额，除按照《企业会计准则第17号——借款费用》应予资本化的以外，应当在信用期间内计入当期损益。

会计处理如下。

借：固定资产——融资租入固定资产
　　未确认融资费用
　　　贷：长期应付款——应付融资租赁款

税法规定，融资租入的固定资产，以租赁合同约定的付款总额和承租人在签订租赁合同过程中发生的相关费用为计税基础；租赁合同未约定付款总额的，以该资产的公允价值和承租人在签订租赁合同过程中发生的相关费用为计税基础。

从上述会计和税法规定比较看，税法上固定资产的计价应该包括初始计入未确认融资费用科目的金额，这个未确认融资费用就是税法和会计在计税基础上的差异，直接影响当年税前扣除的折旧金额。

（2）《企业会计准则第7号——非货币性资产交换（2006）》（财会〔2006〕3号）对换入资产价值规定如下。

第三条规定，非货币性资产交换同时满足下列条件的，应当以公允价值和应支付的相关税费作为换入资产的成本，公允价值与换出资产账面价值的差额计入当期损益。

1）该项交换具有商业实质。

2）换入资产或换出资产的公允价值能够可靠地计量。

换入资产和换出资产公允价值均能够可靠计量的，应当以换出资产的公允价值作为确定换入资产成本的基础，但有确凿证据表明换入资产的公允价值更加可靠的除外。

第四条规定，满足下列条件之一的非货币性资产交换具有商业实质。

1）换入资产的未来现金流量在风险、时间和金额方面与换出资产显著不同。

2）换入资产与换出资产的预计未来现金流量现值不同，且其差额与换入资产和换出资产的公允价值相比是重大的。

第五条规定，在确定非货币性资产交换是否具有商业实质时，企业应当关注交易各方之间是否存在关联方关系。关联方关系的存在可能导致发生的非货币性资产交换不具有商业实质。

第六条规定，未同时满足本准则第三条规定条件的非货币性资产交换，应当以换出资产的账面价值和应支付的相关税费作为换入资产的成本，不确认损益。

从上述规定看，会计上对换入资产采用两种计量方式，即具有商业实质时，按公允价入账，否则，按账面成本价格入账。

而税法规定，通过捐赠、投资、非货币交换、债务重组等方式取得的固定资产，以该资产公允价值和支付的相关税费为基础。即税法不考虑商业实质的问题，一律按公允价值计算。

这样，当会计上不具有商业实质，按账面成本记账时，就和税法上的以公允价值入账形成了税会差异，从而影响当期折旧的金额。

(3)《企业会计准则第4号——固定资产(2006)》(财会〔2006〕3号)第二十条规定，固定资产的减值，应当按照《企业会计准则第8号——资产减值》处理。

而税法规定，企业除坏账准备以外的其他任何形式的准备金，在计算应纳税所得额时不得扣除。也即税法上不允许固定资产减值准备调整账面价值。

(三)固定资产折旧的差异

1. 折旧计提范围的差异

《企业会计准则第4号——固定资产(2006)》(财会〔2006〕3号)规定，除以下情况外，企业应对所有固定资产计提折旧。

(1)已提足折旧继续使用的固定资产。

(2)按规定单独估价作为固定资产入账的土地。

会计实务中，处于更新改造中的固定资产不需计提折旧，处于不符合资本化的大修理中的固定资产需计提折旧。

从上述规定看，只要是企业购进的仍在企业"固定资产"科目下核算的固定资产，会计核算均需要计提折旧，假如更新改造或需要资本化的大修理活动，此时，固定资产转入"在建工程"，不在固定资产科目下反映了，自然不计提折旧了。

而税法规定，下列固定资产不得计算折旧扣除。

(1)房屋、建筑物以外未投入使用的固定资产。

(2)以经营租赁方式租入的固定资产。

(3)以融资租赁方式租出的固定资产。

(4)已足额提取折旧仍继续使用的固定资产。

(5)与经营活动无关的固定资产。

(6)单独估价作为固定资产入账的土地。

(7)其他不得计算折旧扣除的固定资产。

从上述各自规定看,税法规定的折旧范围较会计小,税法上强调是合理需要且在使用、属于自己的固定资产,假如自有的固定资产和经营无关不需要、或未使用,税法上都将其排除在当期计提折旧范围之外。而会计上,只要是企业的固定资产(不得计提折旧的2类资产除外),都应该按规定计提折旧,停用的固定资产不计提折旧,但是对于自有的作为固定资产管理的房地产来说,停用仍要计提折旧。

所以,在计提折旧范围上,税法和会计存在一定的差异,在年度汇算清缴时需要认真核实,发现差异,应该按规定作纳税调整。

2. 折旧年限的差异

《企业会计准则第4号——固定资产(2006)》(财会〔2006〕3号)第十五条规定,企业应当根据固定资产的性质和使用情况,合理确定固定资产的使用寿命和预计净残值。固定资产的使用寿命、预计净残值一经确定,不得随意变更。但是,符合本准则第十九条规定的除外。

第十六条规定,企业确定固定资产使用寿命,应当考虑下列因素。

(1)预计生产能力或实物产量。

(2)预计有形损耗和无形损耗。

(3)法律或者类似规定对资产使用的限制。

从上述规定看,会计准则不明确固定资产的最低折旧年限和预计净残值率,而是由企业根据准则自行合理确定。

而税法对固定资产折旧的年限有明确的规定。

《企业所得税法实施条例》规定,固定资产计提折旧的最低年限如下。

(1)房屋、建筑物,为20年。

(2)飞机、火车、轮船、机器、机械和其他生产设备,为10年。

(3)与生产经营活动有关的器具、工具、家具等,为5年。

(4)飞机、火车、轮船以外的运输工具,为4年。

(5)电子设备,为3年。

由于税法在固定资产最低折旧年限与企业按会计准则规定自主确定的折旧年限规定的差异,从而引起的固定资产折旧金额上存在差异的可能性。就是说,当企业自主确定固定资产折旧年限时,假如某些固定资产的使用年限低于税法规定的年限,则必然导致会计上计提的折旧和税法允许扣除的折旧存在差异。

3. 折旧方法的差异

(1)《企业会计准则第4号——固定资产(2006)》(财会〔2006〕3号)第十七条规定,企业应当根据与固定资产有关的经济利益的预期实现方式，合理选择固定资产折旧方法。

可选用的折旧方法包括年限平均法、工作量法、双倍余额递减法和年数总和法等。

固定资产的折旧方法一经确定，不得随意变更。但是，符合本准则第十九条规定的除外。

从上述规定看，会计准则在折旧方法上，给企业一定的选择权，固定资产折旧方法可以采用年限平均法、工作量法、年数总和法、双倍余额递减法等。

（2）《中华人民共和国企业所得税法实施条例》第五十九条明确，固定资产按照直线法计算的折旧，准予扣除。

在该条例的第九十八条规定，由于技术进步，产品更新换代较快的固定资产、常年处于强震动、高腐蚀状态的固定资产，可以采用加速折旧方法（双倍余额递减法或者年数总和法）或者采取缩短折旧年限方法。对于缩短折旧年限方法，规定最低折旧年限不得低于本条例第六十条规定折旧年限的60%。

为进一步支持科技创新，促进企业提质增效，根据国务院决定，财政部、税务总局先后于2014年、2015年两次下发文件，出台了固定资产加速折旧政策，主要包括：一是六大行业和四个领域重点行业企业新购进的固定资产允许加速折旧。二是上述行业小型微利企业新购进的研发和生产经营共用的仪器、设备，单位价值不超过100万元的，可一次性税前扣除；三是所有行业企业新购进的专门用于研发的仪器、设备，单位价值不超过100万元的，可一次性税前扣除，超过100万元，允许加速折旧；四是所有行业企业持有的单位价值不超过5000元的固定资产，可一次性税前扣除。

为进一步扩大优惠范围，引导企业加大设备、器具投资力度，提高企业创业创新积极性，财政部和税务总局根据国务院决定，联合下发了《财政部 税务总局关于设备器具扣除有关企业所得税政策的通知》（财税〔2018〕54号，以下简称《通知》），明确了设备、器具一次性税前扣除政策。企业在2018年1月1日至2020年12月31日期间新购进的设备、器具，单位价值不超过500万元的，允许一次性计入当期成本费用在计算应纳税所得额时扣除，不再分年度计算折旧；单位价值超过500万元的，仍按相关规定执行。

会计处理需要按照固定资产折旧方法计提折旧，企业所得税处理"一次性计入当期成本费用"，从而产生税会差异。

三、生物资产处理的差异

（一）生物资产确认的差异

《企业会计准则第5号——生物资产（2006）》（财会〔2006〕3号）第二十二条规定，有确凿证据表明生物资产的公允价值能够持续可靠取得的，应当对生物资产采用公允价值计量。采用公允价值计量的，应当同时满足下列条件。

(1) 生物资产有活跃的交易市场。

(2) 能够从交易市场上取得同类或类似生物资产的市场价格及其他相关信息，从而对生物资产的公允价值做出合理估计。

从上述规定看，会计准则允许企业在符合条件时采用公允价值计量模式计量，而税法上一般对资产采用历史成本模式计量，这样，在计量模式上产生差异。

(二) 折旧方法和年限的差异

上述第5号准则规定，企业对达到预定生产经营目的的生产性生物资产，应当按期计提折旧，并根据用途分别计入相关资产的成本或当期损益。企业应当根据生产性生物资产的性质、使用情况和有关经济利益的预期实现方式，合理确定其使用寿命、预计净残值和折旧方法。可选用的折旧方法包括年限平均法、工作量法、产量法等。

而税法明确规定，生产性生物资产按照直线法计算的折旧，准予扣除。

会计允许纳税人自行选择，而税法不允许纳税人自行选择，这样，两者间在计提折旧上形成差异。

四、无形资产处理的差异

(一) 无形资产确认的差异

《企业会计准则第6号——无形资产(2006)》(财会〔2006〕3号) 规定，企业自创商誉以及内部产生的品牌、报刊名等，不应确认为无形资产。

税法规定，无形资产是指纳税人长期使用但是没有实物形态的资产，包括专利权、商标权、著作权、土地使用权、非专利技术、商誉等。虽然税法中无形资产包括商誉，但是税法对于企业的商誉摊销不允许税前扣除，基于这点考虑，税法与新准则在涵盖范围方面基本一致。

(二) 无形资产初始计量差异

《企业会计准则第6号——无形资产(2006)》(财会〔2006〕3号) 规定，购买无形资产的价款超过正常信用条件延期支付，实质上具有融资性质的，无形资产的成本以购买价款的现值为基础确定。实际支付的价款与购买价款的现值之间的差额，除按照《企业会计准则第17号——借款费用》应予资本化的以外，应当在信用期间内计入当期损益。

税法规定，外购无形资产，以购买价款和支付相关税费以及直接归属于使该资产达到预定用途发生的其他支出为计税基础。

从税法规定看，目前，对无形资产的来源归为三类，一类是购进，一类是自行开发，另外就是捐赠、投资、非货币性交易、债务重组等方式取得无形资产。具有融资性的购买，从实质上看，和购买无差别，所以，税法上应该适用外购的计税基础。

通过比较，会计准则与税法在外购无形资产的成本确认方面主要存在的差异为：对于超过正常信用条件延期支付的无形资产增加，税法规定的无形资产原值包含应付无形资产购入款金额,不需要对未来应付款进行折现。无形资产的计税基础不按现值计价,会导致账面价值小于计税基础。对于会计确认为当期损益的部分应调增应纳税所得额,然后在摊销或者处置无形资产时,相应调减应纳税所得额。

(三)无形资产摊销的差异

1. 摊销范围的差异

税法规定,下列无形资产不得计算摊销费用扣除。

(1)自行开发的支出已在计算应纳税所得额时扣除的无形资产。

(2)自创商誉。

(3)与经营活动无关的无形资产。

(4)其他不得计算摊销费用扣除的无形资产。

而会计上,《企业会计准则第6号——无形资产(2006)》(财会〔2006〕3号)第十七条明确,使用寿命有限的无形资产,其应摊销金额应当在使用寿命内系统合理摊销;第十九条规定,使用寿命不确定的无形资产不应摊销。即:会计上是否摊销,以寿命为准,寿命明确的,可以摊销;寿命不确定或无法判断的,不摊销。

从上述规定看,由于各自划分摊销的标准不同,因而,在摊销范围上的差异是存在的,税法上允许摊销的某些无形资产,可能会计上不符合摊销标准;而会计上允许摊销的无形资产,税法可能会认为和企业经营不相关,而不允许扣除。

2. 无形资产摊销原值的调整

《企业会计准则第6号——无形资产(2006)》(财会〔2006〕3号)第二十条规定,无形资产的减值,应当按照《企业会计准则第8号——资产减值》处理。即无形资产摊销的原值应减除无形资产计提的减值准备。

而税法上对资产一般不考虑减值准备。

从上述规定看,会计上按减值准备调整后的余额摊销和税法不考虑减值准备的摊销,二者必定存在差异。

3. 摊销年限的差异

《企业会计准则第6号——无形资产(2006)》(财会〔2006〕3号)第十六条规定,企业应当于取得无形资产时分析判断其使用寿命。无形资产的使用寿命为有限的,应当估计该使用寿命的年限或者构成使用寿命的产量等类似计量单位数量;无法预见无形资产为企业带来经济利益期限的,应当视为使用寿命不确定的无形资产。

从上述规定看,会计准则未明确规定无形资产的最低摊销年限。

而税法规定,无形资产的摊销年限不得低于10年。假如会计上对无形资产的使用年限估计低于10年的,则会产生税会摊销的差异。

4. 摊销方法的差异

会计准则规定,企业选择的无形资产摊销方法,应当反映于该项无形资产有关的经济利益的预期实现方式,无法可靠确定预期实现方式的,应当采用直线法摊销。使用寿命不确定的无形资产不应进行摊销,而应通过提取减值准备的方法确定其账面价值,从税法的角度讲,虽然这种方式同样可以减少无形资产的账面余额,但是其减少的金额税法不予确认。而税法规定,纳税人必须在税法规定的年限范围内按直接法摊销。

经典案例

某一般纳税人2018年6月20日购进专门用于研发的某设备,含税价464万元,取得增值税专用发票,该设备可以按规定抵扣进项税额。该研发设备预计可使用年限为10年,预计净残值为0,会计上按直线法计提折旧,税法上按照上述优惠政策计提折旧。企业所得税率为25%。简述不同阶段税会差异的处理。

【参考解答】

(1) 2018年购进设备时。

借:固定资产——某设备　　　　　　　　　　　　　　　　　　400
　　应交税费——应交增值税(进项税额)　　　　64(增值税税率16%)
　　贷:银行存款　　　　　　　　　　　　　　　　　　　　　464

(2) 计提折旧。

每年计提折旧=400÷10=40万元,2018年计提6个月(注:投入使用月份的次月起计算折旧)为20万元。

借:研发支出——费用化支出　　　　　　　　　　　　　　　　20
　　贷:累计折旧　　　　　　　　　　　　　　　　　　　　　　20

期末将"研发支出——费用化支出"转入"管理费用"科目。

借:管理费用　　　　　　　　　　　　　　　　　　　　　　　20
　　贷:研发支出——费用化支出　　　　　　　　　　　　　　　20

(3) 纳税调整。

1) 税务上2018年按优惠政策计提折旧400万元,折旧产生的财税差异应调减应纳税所得额=400-20=380万元。

2) 研发费用可以享受75%加计扣除的税收优惠,应调减应纳税所得额=400×75%=300万元。

3) 按照《企业会计准则第18号——所得税》规定,所得税应采用资产负债表债务法进行核算,计算暂时性差异,据以确认递延所得税负债。

2018年A设备期末账面价值=400-20=380万元,计税基础=400-400=0万元,前者大于后者380万元,属于应纳税暂时性差异,应确认递延所得税负债=380×25%=95万元。

借:所得税费用　　　　　　　　　　　　　　　　　　　　　　95
　　贷:递延所得税负债　　　　　　　　　　　　　　　　　　　95

2019~2027年账务处理如下。

借：递延所得税负债　　　　　　　　　　　　　　　　　　　10(40×25%)
　　　贷：所得税费用　　　　　　　　　　　　　　　　　　　　　　10
2028年账务处理如下。
借：递延所得税负债　　　　　　　　　　　　　　　　　　　　5(20×25%)
　　　贷：所得税费用　　　　　　　　　　　　　　　　　　　　　　 5
(4)后期调整(表5-2)。

表5-2　不同年度下税会差异的处理

单位：万元

年度	会计折旧	企业所得税	
		纳税调减	纳税调增(年)
2018年	20	380	
		300	
2019~2027年	40		40
2028年	20		20

第三节　有关成本费用的税会差异

一、职工薪酬会计与税法差异

(一)职工薪酬范围

(1)会计准则所称职工是指与企业订立劳动合同的所有人员，含全职、兼职和临时职工，也包括虽未与企业订立劳动合同但由企业正式任命的人员。

企业所得税法规定工资薪金支出的对象是在本单位任职或受雇的员工，税法强调存在"任职或雇佣关系"。

会计准则所称的"职工"比较宽泛，与税法中"任职或受雇的员工"相比，既有重合，又有拓展。

(2)会计准则所指的职工薪酬是指凡是企业为获得职工提供的服务所给予或付出的所有代价。

税法的工资薪金是指企业每一纳税年度支付给在本企业任职或者受雇的员工的所有现金形式或者非现金形式的劳动报酬，此外，股份支付也应属于税法规定的工资薪金范畴。

税法把会计上的职工薪酬进行了分解，不能简单地把职工薪酬作为工资薪金支出在税前扣除，应把会计上的职工薪酬分解为税法对应的费用支出，根据税法规定确定能否在税前扣除。

(二)工资、职工福利费、工会经费、职工教育经费会计处理与税法差异

1. 工资薪金

会计准则规定，企业应当在职工为其提供服务的会计期间，将应付的职工薪酬确认为负债，应当根据职工提供服务的受益对象分别计入成本费用(辞退福利除外)。

税法规定企业实际发生的合理的工资薪金支出，准予扣除。

由此可见，税法更强调实际发生和合理性，其中合理性可按以下原则掌握。

(1)企业制订了较为规范的员工工资薪金制度。

(2)企业所制订的工资薪金制度符合行业及地区水平。

(3)企业在一定时期所发放的工资薪金是相对固定的，工资薪金的调整是有序进行的。

(4)企业对实际发放的工资薪金，已依法履行了代扣代缴个人所得税义务。

(5)有关工资薪金的安排，不以减少或逃避税款为目的。

2. 职工福利费

按会计准则规定，企业发生的职工福利费，应当在实际发生时根据实际发生额计入当期损益或相关资产成本。职工福利费为非货币性福利的，应当按照公允价值计量。

税法规定，企业发生的职工福利费支出，不超过工资薪金总额14%的部分，准予扣除。

企业实际发生的职工福利费支出，如果超过工资薪金总额的14%，那么将形成永久性差异，超过部分应当调增应纳税所得额。

3. 工会经费、职工教育经费

会计准则规定，企业按规定提取的工会经费和职工教育经费，应当在职工为其提供服务的会计期间，根据规定的计提基础和计提比例计算确定相应的职工薪酬金额，并确认相应负债，计入当期损益或相关资产成本。

税法规定，企业拨缴的工会经费，不超过工资薪金总额2%的部分，准予扣除。"拨缴的工会经费"不是发生的工会经费支出，要凭工会组织开具的《工会经费拨缴款专用收据》才能在税前扣除；除另有规定外，企业发生的职工教育经费支出，从2018年起不超过工资薪金总额8%的部分，准予扣除；超过部分，准予在以后纳税年度结转扣除。

职工工会经费会计与税法的差异，与职工福利费相类似。职工教育经费会计与税法的差异与它们不同，企业发生的职工教育经费超过工资薪金总额8%的部分，准予在以后纳税年度结转扣除。超支部分结转扣除从资产负债表的角度来看，属于暂时性差异。

二、费用处理的差异

(一)销售费用的差异

按财政部《企业会计准则应用指南——会计科目和账务处理》规定，企业在销售商品

过程中发生的包装费、保险费、展览费和广告费、运输费、装卸费、支付给中介机构的手续费和佣金等费用、为销售本企业商品而专设的销售机构的职工薪酬、业务费等经营费用，计入"销售费用"科目。期末，应将"销售费用"科目余额转入"本年利润"科目，结转后本科目应无余额。从上述规定看，会计上将销售费用在期末直接计入当期损益。

销售的各个项目，税法上要求按一定比例和标准在企业所得税前扣除。会计与税法的差异主要表现为广告费列支的差异、业务宣传费列支的差异、佣金和手续费支出列支的差异。

1. 广告费列支的差异

按《会计科目和账务处理》的规定，企业支付的广告费用，可以据实计入期间费用。而税法规定了具体的税前扣除标准。

税法规定，纳税人每一纳税年度发生的符合规定的广告费和业务宣传费支出，除国务院财政、税务主管部门另有规定外，不超过当年销售（营业）收入15%的，可据实扣除；超过部分可向以后纳税年度结转扣除。

会计上计入当年销售费用中的广告费和业务宣传费总额，与税法上按收入的15%计算的部分产生的差异，就是所得额需要调整增加的差异数。

由于税法允许对超过比例标准的部分，在以后年度有剩余指标时允许扣除，所以，可能会在以后年度产生所得额需要调整减少的差异数。

2. 佣金支出及手续费支出的差异

税法规定，企业发生与生产经营有关的手续费及佣金支出，不超过以下规定计算限额以内的部分，准予扣除；超过部分，不得扣除。

（1）保险企业：财产保险企业按当年全部保费收入扣除退保金等后余额的15%（含本数，下同）计算限额；人身保险企业按当年全部保费收入扣除退保金等后余额的10%计算限额。

（2）其他企业：按与具有合法经营资格中介服务机构或个人（不含交易双方及其雇员、代理人和代表人等）所签订服务协议或合同确认的收入金额的5%计算限额。这里的税会差异的确认，和前述的广告宣传费在计算确认上是一致的。不同的是，符合规定的广告宣传费超过规定标准，当年不允许扣除，但是允许以后年度扣除，而佣金支出及手续费支出超标准的，当期和以后均不允许扣除。

（二）管理费用的差异

按财政部《企业会计准则应用指南——会计科目和主要账务处理》的规定，管理费用科目核算企业为组织和管理企业生产经营所发生的管理费用，包括企业在筹建期间内发生的开办费、董事会和行政管理部门在企业的经营管理中发生的或者应由企业统一负担的公司经费、工会经费、董事会费（包括董事会成员津贴、会议费和差旅费等）、聘请中介机构费、咨询费（含顾问费）、诉讼费、业务招待费、房产税、车船税、土地使用税、印花税、技术转让费、矿产资源补偿费、研究费用、排污费等，期末，应将管理费用科目的余额转入"本年利润"科目，结转后本科目应无余额。

就是说，会计上要求将管理费用归集的当期实际发生的费用合计，期末转入当期损益，与税法的差异主要表现为技术开发费用的差异、业务招待费列支的差异。

1. 技术开发费用的差异

技术开发费是指纳税人在一个纳税年度生产经营中发生的用于研究开发新产品、新技术、新工艺的各项费用。

研究开发费是指企业为开发新技术、新产品、新工艺发生的研究开发费用，未形成无形资产计入当期损益的，在按照规定据实扣除的基础上，2018年按照研究开发费用的75%加计扣除；形成无形资产的，按照无形资产成本的175%摊销。

这里，会计上据实计入损益，税法上允许另外加计75%扣除，这样，加计的75%就是税会差异数据，这个差异就是年度所得额调减的部分，填列在企业所得税年度纳税申报表A100000第17行："减：免税、减计收入及加计扣除"栏目。

2. 业务招待费的差异

每一纳税年度发生的与其生产经营业务直接相关的业务招待费支出，按照发生额的60%扣除，但最高不得超过当年销售(营业)收入的0.5%。

经典案例

1. 甲公司2018年度产品销售收入500万元，其他业务收入100万元，营业外收入60万元。该年度支付广告费100万元。请分析确定该公司准予在税前扣除的广告宣传费用。

【参考解答】确认实际发生数=100(万元)，发生时会计处理如下。

借：销售费用   1000000
　　贷：银行存款   1000000

计算广告宣传费限额=(500+100)×15%=90(万元)，

营业外收入60万元不包括在收入基数之内。

确认准予税前扣除数=90万元，实际发生额100万元，超过广告宣传费准予扣除限额90万元，可扣除90万元；超标准的10万元广告宣传费，可以在以后年度按照规定进行扣除。本年度纳税调整增加应纳税所得额10万元。

税会差异10万元填写在企业所得税年度纳税申报表A100000第15行："加：纳税调整增加额"。

2. 接上题，次年公司产品销售收入1500万元，其他业务收入300万元。该年度按合同支付广告费180万元。请分析确定该公司准予在税前扣除的广告宣传费用。

【参考解答】确认实际发生数=180(万元)，发生时会计处理如下。

借：销售费用   1800000
　　贷：银行存款   1800000

计算广告宣传费限额=(1500+300)×15%=270(万元)

本年确认准予税前扣除数为270万元，实际发生额180万元，未超过广告宣传费准予扣除限额270万元，当年发生额180万元全部允许扣除；按规定，上年没有扣除的超标准10万元，可以按规定在本年税前扣除，所以，本年度纳税调整减少应纳税所得额10万元。

税会差异10万元填写在企业所得税年度纳税申报表A100000第16行："减：纳税调整减少额"。

本章小结

本章从税会差异产生的根源说起，针对收入、费用、固定资产、无形资产、生物资产、存货等重要项目一一进行税会差异规定的比较分析。作为纳税人，既要熟悉会计准则的规定，又要熟悉税法的相关规定，只有这样，才能在汇算清缴中，准确把握税法和会计的差异，做好汇算清缴的纳税调整工作。

第六章　税收优惠

税收优惠是指国家运用税收政策在税收法律、行政法规中规定对某一部分特定企业或课税对象给予减轻或免除税收负担的一种措施。

为贯彻落实税务系统"放管服"改革，优化税收环境，有效落实企业所得税各项优惠政策，国家税务总局于2018年4月25日发布了《国家税务总局关于发布修订后的〈企业所得税优惠政策事项办理办法〉的公告》（国家税务总局公告2018年第23号），规定企业享受免税收入、减计收入、加计扣除、加速折旧、所得减免、抵扣应纳税所得额、降低税率、税额抵免等税收优惠的，采取"自行判别、申报享受、相关资料留存备查"的办理方式。企业应当根据经营情况以及相关税收规定自行判断是否符合优惠事项规定的条件，符合条件的可以按照《企业所得税优惠事项管理目录（2017年版）》列示的时间自行计算减免税额，并通过填报企业所得税纳税申报表享受税收优惠。企业应当在完成年度汇算清缴后，将留存备查资料归集齐全并整理完成，以备税务机关核查。企业对优惠事项留存备查资料的真实性、合法性承担法律责任。

第一节 税收优惠政策

按照国家税务总局公告 2018 年第 23 号规定，企业所得税税收优惠的方式和特点，分为税基式优惠、税率式优惠和税额式优惠。具体包括免税、减税、加计扣除、加速折旧、减计收入、税额抵免等多种方式。

一、免税、减计收入及加计扣除

(一)免税收入

1. 国债利息

根据《中华人民共和国企业所得税法》及其实施条例的规定，持有国务院财政部门发行的国债取得的利息收入免征企业所得税。

根据企业所得税法第二十六条的规定，企业取得的国债利息收入，免征企业所得税。具体按以下规定执行。

(1)企业从发行者直接投资购买的国债持有至到期，其从发行者取得的国债利息收入，全额免征企业所得税。

(2)企业到期前转让国债或者从非发行者投资购买的国债，其按《国家税务总局关于企业国债投资业务企业所得税处理问题的公告》(国家税务总局公告 2011 年第 36 号)第一条第二款计算的国债利息收入，免征企业所得税。

企业到期前转让国债或者从非发行者投资购买的国债，其持有期间尚未兑付的国债利息收入，按以下公式计算确定：

国债利息收入＝国债金额×(适用年利率÷365)×持有天数

2. 符合条件的居民企业之间的股息、红利等权益性投资收益等

根据《中华人民共和国企业所得税法》《财政部 国家税务总局关于企业清算业务企业所得税处理若干问题的通知》(财税〔2009〕60 号)、《财政部 国家税务总局关于执行企业所得税优惠政策若干问题的通知》(财税〔2009〕69 号)、《国家税务总局关于贯彻落实企业所得税法若干税收问题的通知》(国税函〔2010〕79 号)、《国家税务总局关于企业所得税若干问题的公告》(国家税务总局公告 2011 年第 34 号)等相关税收政策规定，本年发生的符合条件的居民企业之间的股息、红利(包括 H 股)等权益性投资收益优惠情况，不包括连续持有居民企业公开发行并上市流通的股票不足 12 个月取得的投资收益。

其中：(1)内地居民企业通过沪港通投资且连续持有 H 股满 12 个月取得的股息红利所得免征企业所得税；(2)内地居民企业通过深港通投资且连续持有 H 股满 12 个月

取得的股息红利所得免征企业所得税。

相关链接

1.《财政部 国家税务总局证监会关于沪港股票市场交易互联互通机制试点有关税收政策的通知》(财税〔2014〕81号)

2.《财政部 国家税务总局证监会关于深港股票市场交易互联互通机制试点有关税收政策的通知》(财税〔2016〕127号)

拓展阅读 企业通过间接投资分红可否作为免税收入

A公司将款借给B公司，由B公司投资于C公司，最后，C公司税后利润分红给B公司，再由B公司划给A公司。A公司取得的分红可否作为免税收入？

根据《企业所得税法》第二十六条规定，企业的下列收入为免税收入。

（一）国债利息收入。

（二）符合条件的居民企业之间的股息、红利等权益性投资收益。

（三）在中国境内设立机构、场所的非居民企业从居民企业取得与该机构、场所有实际联系的股息、红利等权益性投资收益。

（四）符合条件的非营利组织的收入。

《企业所得税法实施条例》第八十三条规定，企业所得税法第二十六条第（二）项所称符合条件的居民企业之间的股息、红利等权益性投资收益，是指居民企业直接投资于其他居民企业取得的投资收益。企业所得税法第二十六条第（二）项和第（三）项所称股息、红利等权益性投资收益，不包括连续持有居民企业公开发行并上市流通的股票不足12个月取得的投资收益。

根据上述规定，企业通过第三方转持的股份，其分红不能作为免税收入。

3. 符合条件的非营利组织的收入免征企业所得税

纳税人根据《财政部 国家税务总局关于非营利组织企业所得税免税收入问题的通知》(财税〔2009〕122号)、《财政部 国家税务总局关于非营利组织免税资格认定管理有关问题的通知》(财税〔2014〕13号)等相关税收政策规定，同时符合条件并依法履行登记手续的非营利组织，取得的捐赠收入等免税收入，不包括从事营利性活动所取得的收入。

（1）符合条件的非营利组织（科技企业孵化器）的收入免征企业所得税。

（2）符合条件的非营利组织（国家大学科技园）的收入免征企业所得税。

相关链接

1.《财政部 国家税务总局关于科技企业孵化器税收政策的通知》(财税〔2016〕89号)规定,符合非营利组织条件的科技企业孵化器的收入免征企业所得税

2.《财政部 国家税务总局关于国家大学科技园税收政策的通知》(财税〔2016〕98号)规定,符合非营利组织条件的科技园的收入免征企业所得税

4. 其他专项优惠

(1)中国清洁发展机制基金取得的收入免征企业所得税。

纳税人根据《财政部 国家税务总局关于中国清洁发展机制基金及清洁发展机制项目实施企业有关企业所得税政策问题的通知》(财税〔2009〕30号)等相关税收政策规定,中国清洁发展机制基金取得的CDM项目温室气体减排量转让收入上缴国家的部分,国际金融组织赠款收入,基金资金的存款利息收入、购买国债的利息收入,国内外机构、组织和个人的捐赠收入免征企业所得税。

(2)投资者从证券投资基金分配中取得的收入免征企业所得税。

纳税人根据《财政部 国家税务总局关于企业所得税若干优惠政策的通知》(财税〔2008〕1号)第二条第(二)项等相关税收政策规定,投资者从证券投资基金分配中取得的收入暂不征收企业所得税。

经典案例

B公司购买了货币性基金,得到分红。分红收入是否属于不征税收入?

【参考解答】《财政部 国家税务总局关于企业所得税若干优惠政策的通知》(财税〔2008〕1号)第一条规定,对投资者从证券投资基金分配中取得的收入,暂不征收企业所得税。《公开募集证券投资基金运作管理办法》第十三条规定,货币市场基金属于公开募集证券投资基金,投资者从证券投资基金分配中取得的收入,属于暂不征收企业所得税的收入。

(3)取得的地方政府债券利息收入免征企业所得税。

纳税人根据《财政部 国家税务总局关于地方政府债券利息所得免征所得税问题的通知》(财税〔2011〕76号)、《财政部 国家税务总局关于地方政府债券利息免征所得税问题的通知》(财税〔2013〕5号)等相关税收政策规定,取得的2009年、2010年和2011年发行的地方政府债券利息所得,2012年及以后年度发行的地方政府债券利息收入免征企业所得税。

(4)中国保险保障基金有限责任公司取得的保险保障基金等收入免征企业所得税。

根据《财政部 国家税务总局关于保险保障基金有关税收政策问题的通知》(财税

〔2016〕10号），《财政部 税务总局关于保险保障基金有关税收政策问题的通知》（财税〔2018〕41号）等相关税收政策规定，自2018年1月1日起至2020年12月31日，对中国保险保障基金有限责任公司（以下简称保险保障基金公司）根据《保险保障基金管理办法》取得的下列收入，免征企业所得税。

取得的境内保险公司依法缴纳的保险保障基金；依法从撤销或破产保险公司清算财产中获得的受偿收入和向有关责任方追偿所得，以及依法从保险公司风险处置中获得的财产转让所得；捐赠所得；银行存款利息收入；购买政府债券、中央银行、中央企业和中央级金融机构发行债券的利息收入；国务院批准的其他资金运用取得的收入。

(5)中央电视台的广告费和有线电视费收入免征企业所得税。

按照《财政部 国家税务总局关于中央电视台广告费和有线电视费收入企业所得税政策问题的通知》（财税〔2016〕80号）等相关税收政策规定的，中央电视台的广告费和有线电视费收入免征企业所得税。

(6)中国奥委会、中国残奥委会取得北京冬奥组委支付的收入免征企业所得税。

按照《财政部 税务总局海关总署关于北京2022年冬奥会和冬残奥会税收政策的通知》（财税〔2017〕60号）等相关税收政策规定，对按中国奥委会、主办城市签订的《联合市场开发计划协议》和中国奥委会、主办城市、国际奥委会签订的《主办城市合同》规定，中国奥委会取得的由北京冬奥组委分期支付的收入、按比例支付的盈余分成收入免征企业所得税。

(二)减计收入

1.综合利用资源生产产品取得的收入在计算应纳税所得额时减按90%计入收入总额

企业以《资源综合利用企业所得税优惠目录》规定的资源作为主要原材料，生产国家非限制和非禁止并符合国家及行业相关标准的产品取得的收入，减按90%计入企业当年收入总额。

相关链接

(1)《中华人民共和国企业所得税法》第三十三条规定。

企业综合利用资源，生产符合国家产业政策规定的产品所取得的收入，可以在计算应纳税所得额时减计收入。

(2)《中华人民共和国企业所得税法实施条例》第九十九条规定。

企业所得税法第三十三条所称减计收入，是指企业以《资源综合利用企业所得税优惠目录》规定的资源作为主要原材料，生产国家非限制和禁止并符合国家和行业相关标准的产品取得的收入，减按90%计入收入总额。

(3)《财政部 国家税务总局关于执行资源综合利用企业所得税优惠目录有关问题的

通知》(财税〔2008〕47号)。

(4)《财政部 国家税务总局 国家发展改革委关于公布资源综合利用企业所得税优惠目录(2008年版)的通知》(财税〔2008〕117号)。

2. 金融机构取得的涉农贷款利息收入在计算应纳税所得额时减计收入

自2017年1月1日至2019年12月31日,对金融机构农户小额贷款的利息收入,在计算应纳税所得额时,按90%计入收入总额。

相 关 链 接

《财政部 税务总局关于延续支持农村金融发展有关税收政策的通知》(财税〔2017〕44号)第二条规定

3. 保险机构取得的涉农保费收入在计算应纳税所得额时减计收入

自2017年1月1日至2019年12月31日,对保险公司为种植业、养殖业提供保险业务取得的保费收入,在计算应纳税所得额时,按90%计入收入总额。

相 关 链 接

《财政部 税务总局关于延续支持农村金融发展有关税收政策的通知》(财税〔2017〕44号)第三条规定

4. 小额贷款公司取得的农户小额贷款利息收入在计算应纳税所得额时减计收入

自2017年1月1日至2019年12月31日,对经省级金融管理部门(金融办、局等)批准成立的小额贷款公司取得的农户小额贷款利息收入,在计算应纳税所得额时,按90%计入收入总额。

相 关 链 接

《财政部 税务总局关于小额贷款公司有关税收政策的通知》(财税〔2017〕48号)第二条规定

5. 取得铁路债券利息收入减半征收企业所得税

对企业投资者持有2011~2013年发行、2014年和2015年发行、2016~2018年发行的铁路债券取得的利息收入,减半征收企业所得税。

铁路债券是指以中国铁路总公司为发行和偿还主体的债券,包括中国铁路建设债券、中期票据、短期融资券等债务融资工具。

相关链接

1.《财政部 国家税务总局关于铁路建设债券利息收入企业所得税政策的通知》(财税〔2011〕99号)第一条规定

2.《财政部 国家税务总局关于2014 2015年铁路建设债券利息收入企业所得税政策的通知》(财税〔2014〕2号)第一条规定

3.《财政部 国家税务总局关于铁路债券利息收入所得税政策问题的通知》(财税〔2016〕30号)第一条规定

(三)加计扣除

1. 研发费用加计扣除

(1)研发费用加计扣除主体。

会计核算健全、实行查账征收并能够准确归集研发费用的居民企业。开发新技术、新产品、新工艺发生的研究开发费用,可以在计算应纳税所得额时加计扣除。

拓展阅读 研发费用不得加计扣除的事项和行业

财税〔2015〕119号《财政部 国家税务总局科学技术部完善研究开发费用税前加计扣除政策》规定如下。

1. 不能加计扣除的事项

不适用税前加计扣除政策的活动包括:(1)企业产品(服务)的常规性升级;(2)对某项科研成果的直接应用,如直接采用公开的新工艺、材料、装置、产品、服务或知识等;(3)企业在商品化后为顾客提供的技术支持活动;(4)对现存产品、服务、技术、材料或工艺流程进行的重复或简单改变;(5)市场调查研究、效率调查或管理研究;(6)作为工业(服务)流程环节或常规的质量控制测试分析、维修维护;(7)社会科学艺术或人文学方面的研究。

2. 不适用加计扣除政策的行业

不适用加计扣除政策的行业包括烟草制造业、住宿和餐饮业、批发和零售业、房地产业、租赁和商务服务业、娱乐业、财政部和国家税务总局规定的其他行业等。

(2)研发费用加计扣除比例。

1)根据《财政部 国家税务总局 科学技术部关于完善研究开发费用税前加计扣除政

策的通知》(财税〔2015〕119号)规定,企业开展研发活动中实际发生的研发费用,未形成无形资产计入当期损益的,在按规定据实扣除的基础上,按照本年度实际发生额的50%,从本年度应纳税所得额中扣除;形成无形资产的,按照无形资产成本的150%在税前摊销。

2)根据《财政部 国家税务总局 科技部关于提高科技型中小企业研究开发费用税前加计扣除比例的通知》(财税〔2017〕34号)以下简称《通知》规定,科技型中小企业开展研发活动中实际发生的研发费用,未形成无形资产计入当期损益的,在按规定据实扣除的基础上,在2017年1月1日至2019年12月31日期间,再按照实际发生额的75%在税前加计扣除;形成无形资产的,在上述期间按照无形资产成本的175%在税前摊销。

相关链接

1.《财政部 税务总局 科技部关于提高科技型中小企业研究开发费用税前加计扣除比例的通知》(财税〔2017〕34号,以下简称《通知》)

2.《科技部 财政部 国家税务总局关于印发〈科技型中小企业评价办法〉的通知》(国科发政〔2017〕115号,以下简称《评价办法》)

3.《国家税务总局公告2017年第18号国家税务总局关于提高科技型中小企业研究开发费用税前加计扣除比例有关问题的公告》

(1)科技型中小企业开展研发活动实际发生的研发费用,在2019年12月31日以前形成的无形资产,在2017年1月1日至2019年12月31日期间发生的摊销费用,可适用《通知》规定的优惠政策。

(2)企业在汇算清缴期内按照《评价办法》第十条、第十一条、第十二条规定取得科技型中小企业登记编号的,其汇算清缴年度可享受《通知》规定的优惠政策。企业按《评价办法》第十二条规定更新信息后不再符合条件的,其汇算清缴年度不得享受《通知》规定的优惠政策。

(3)科技型中小企业办理税收优惠备案时,应将按照《评价办法》取得的相应年度登记编号填入《企业所得税优惠事项备案表》"具有相关资格的批准文件(证书)及文号(编号)"栏次。

(4)因不符合科技型中小企业条件而被科技部门撤销登记编号的企业,相应年度不得享受《通知》规定的优惠政策,已享受的应补缴相应年度的税款。

3)为进一步激励企业加大研发投入,支持科技创新,财政部、税务总局、科技部《关于提高研究开发费用税前加计扣除比例的通知》(财税〔2018〕99号)文件,就提高企业研究开发费用(以下简称研发费用)税前加计扣除比例下达了规定,将原来仅适用于

科技型中小企业的研发费加计扣除比例适用于除负面清单行业企业以外的全部企业，具体规定为：企业开展研发活动中实际发生的研发费用，未形成无形资产计入当期损益的，在按规定据实扣除的基础上，在2018年1月1日至2020年12月31日期间，再按照实际发生额的75%在税前加计扣除；形成无形资产的，在上述期间按照无形资产成本的175%在税前摊销。

拓展阅读 研发费用加计扣除比例提高的背景及影响

1. 将企业研发费用税前加计扣除比例统一提高到75%的背景

为激励中小企业加大研发投入，支持科技创新，2017年4月19日国务院常务会议决定，自2017年1月1日至2019年12月31日，将科技型中小企业研发费用税前加计扣除比例由50%提高至75%。为进一步激励企业加大研发投入，支持科技创新，2018年7月23日国务院常务会议决定，将企业研发费用加计扣除比例提高到75%的政策由科技型中小企业扩大至所有企业，财政部、税务总局据此制定发布了财税〔2018〕99号文件，明确了相关政策口径，即：企业开展研发活动中实际发生的研发费用，未形成无形资产计入当期损益的，在按规定据实扣除的基础上，在2018年1月1日至2020年12月31日期间，再按照实际发生额的75%在税前加计扣除；形成无形资产的，在上述期间按照无形资产成本的175%在税前摊销。

2. 提高研发费用税前加计扣除比例后，在享受优惠的研发费用口径和管理要求方面的规定

财税〔2018〕99号文件主要是提高了研发费用的加计扣除比例，关于享受优惠的研发费用口径和管理要求，仍按照财税〔2015〕119号、财税〔2018〕64号和《国家税务总局关于企业研究开发费用税前加计扣除政策有关问题的公告》（国家税务总局公告2015年第97号）等文件规定执行。

举例：某大型装备制造业企业，2018年度研发费费用化金额4000万元。

财税〔2018〕99号文件出台之前，由于该企业不属于财税〔2017〕34号文件规定的特定行业，无法享受75%的加计扣除，只能加计扣除50%，即4000×50%＝2000（万元），少缴企业所得税2000×25%＝500（万元）。

财税〔2018〕99号文件出台之后，该企业可以加计扣除75%，即4000×75%＝3000（万元），少缴企业所得税3000×25%＝750（万元）。也就是说，该企业可以比之前少缴纳250万元企业所得税。

拓展阅读

研发费加计扣除的税务处理注意事项

对于纳税人而言，要享受财税〔2018〕99号文件带来的税收利好，需据实扣除、做好辅助账，并且做好研发加计扣除的资料保管，便于主管税务机关检查。

实务中，有些企业认为研发支出费用化可以提前享受研发费用加计扣除的减税效果，或担心研发费用加计扣除比例未来会下降，若资本化，以后均匀加计扣除时将吃亏。但注意企业不应人为调节研发费用的核算方法。

一方面，费用化虽可提前享受研发费加计扣除效果，但以前年度已经费用化的只享受50%的加计扣除，现在加计75%的减税红利无法享受，弄巧成拙。另一方面，从前述研发费用加计扣除政策的发展可以看出，国家支持创新的力度是持续的，未来优惠政策的延续是大概率事件，甚至可能进一步提高加计扣除比例。因此，企业应按照会计准则和税法的规定，据实核算、归集研发费用，合理合规选择研发费用资本化时点，据实享受研发费用加计扣除政策。

实际操作过程中，企业应根据研发项目的形式，在研发立项后按照项目分别设置辅助账。从凭证级别记录各个项目的研发支出，并将每笔研发支出按照《财政部 国家税务总局 科学技术部关于完善研究开发费用税前加计扣除政策的通知》（财税〔2015〕119号，以下简称119号文件）列明的可加计扣除的六大类研发费用类别进行归类。

同时，在年度终了之后，企业应根据所有项目辅助账贷方发生余额汇总填制《研发支出辅助账汇总表》，并作为年度财务报告附注，随年度财务报告一并报送主管税务机关。

根据119号文件规定，税务部门会定期开展核查。特别提醒，企业需做好以下资料的留存备查：(1)自主、委托、合作研究开发项目计划书和企业有关部门关于自主、委托、合作研究开发项目立项的决议文件；(2)自主、委托、合作研究开发专门机构或项目组的编制情况和研发人员名单；(3)经国家有关部门登记的委托、合作研究开发项目的合同；(4)从事研发活动的人员和用于研发活动的仪器、设备、无形资产的费用分配说明；(5)《集中开发项目研发费决算表》《集中研发项目费用分摊明细情况表》和实际分享比例等资料；(6)研发项目辅助明细账和研发项目汇总表。

(3)研发费用的归集范围。

依据《国家税务总局关于研发费用税前加计扣除归集范围有关问题的公告》（国家税务总局公告2017年第40号）规定。

1)人员人工费用指直接从事研发活动人员的工资薪金、基本养老保险费、基本医疗保险费、失业保险费、工伤保险费、生育保险费和住房公积金，以及外聘研发人员的劳务费用。

①直接从事研发活动人员包括研究人员、技术人员、辅助人员。

研究人员是指主要从事研究开发项目的专业人员。

技术人员是指具有工程技术、自然科学和生命科学中一个或一个以上领域的技术知识和经验,在研究人员指导下参与研发工作的人员。

辅助人员是指参与研究开发活动的技工。

外聘研发人员是指与本企业或劳务派遣企业签订劳务用工协议(合同)和临时聘用的研究人员、技术人员、辅助人员。

接受劳务派遣的企业按照协议(合同)约定支付给劳务派遣企业,且由劳务派遣企业实际支付给外聘研发人员的工资薪金等费用,属于外聘研发人员的劳务费用。

②工资薪金包括按规定可以在税前扣除的对研发人员股权激励的支出。

③直接从事研发活动的人员、外聘研发人员同时从事非研发活动的,企业应对其人员活动情况做必要记录,并将其实际发生的相关费用按实际工时占比等合理方法在研发费用和生产经营费用间分配,未分配的不得加计扣除。

拓展阅读 国家税务总局公告2017年第40号关于人员人工费用的细化

保留国家税务总局公告2015年第97号有关直接从事研发活动人员范围的界定和从事多种活动的人员人工费用准确进行归集要求,增加了劳务派遣和股权激励相关内容。

1. 适当拓宽外聘研发人员范围

《国家税务总局关于企业工资薪金和职工福利费等支出税前扣除问题的公告》(国家税务总局公告2015年第34号)将劳务派遣分为两种形式,并分别适用不同的税前扣除规定:一种是按照协议(合同)约定直接支付给劳务派遣公司的费用作为劳务费支出在税前扣除,另一种是直接支付给员工个人的费用作为工资薪金和职工福利费支出在税前扣除。在97号公告规定的框架下,直接支付给员工个人的工资薪金属于人员人工费用范围,可以加计扣除。而直接支付给劳务派遣公司的费用,各地理解和执行不一。考虑到直接支付给员工个人和支付给劳务派遣公司,仅是支付方式不同,并未改变企业劳务派遣用工的实质,为体现税收公平,公告明确外聘研发人员包括与劳务派遣公司签订劳务用工协议(合同)的形式,将按照协议(合同)约定直接支付给劳务派遣公司,且由劳务派遣公司实际支付给研发人员的工资薪金等,纳入加计扣除范围。

2. 明确对研发人员的股权激励支出可以加计扣除

由于股权激励支付方式的特殊性,对其能否作为加计扣除的基数有不同理解。鉴于《国家税务总局关于我国居民企业实行股权激励计划有关企业所得税处理问题的公告》(国家税务总局公告2012年第18号)已明确符合条件的股权激励支出可以作为工资薪金在税前扣除,为调动和激发研发人员的积极性,公告明确工资薪金包括按规定可以在税前扣除的对研发人员股权激励的支出,即符合条件的对研发人员股权激励支出属于可加计扣除范围。需要强调的是，享受加计扣除的股权激励支出需要符合国家税务总局公告2012年第18号规定的条件。

2）直接投入费用指研发活动直接消耗的材料、燃料和动力费用；用于中间试验和产品试制的模具、工艺装备开发及制造费，不构成固定资产的样品、样机及一般测试手段购置费，试制产品的检验费；用于研发活动的仪器、设备的运行维护、调整、检验、维修等费用，以及通过经营租赁方式租入的用于研发活动的仪器、设备租赁费。

①以经营租赁方式租入的用于研发活动的仪器、设备，同时用于非研发活动的，企业应对其仪器设备使用情况做必要记录，并将其实际发生的租赁费按实际工时占比等合理方法在研发费用和生产经营费用间进行分配，未分配的不得加计扣除。

②企业研发活动直接形成产品或作为组成部分形成的产品对外销售的，研发费用中对应的材料费用不得加计扣除。

产品销售与对应的材料费用发生在不同纳税年度且材料费用已计入研发费用的，可在销售当年以对应的材料费用发生额直接冲减当年的研发费用，不足冲减的，结转以后年度继续冲减。

拓展阅读　国家税务总局公告2017年第40号关于直接投入费用的细化

保留97号公告有关直接投入费用口径和多用途的仪器、设备租赁费的归集要求，细化研发费用中对应的材料费用不得加计扣除的管理规定，进一步明确材料费用跨年度事项的处理方法。

97号公告规定企业研发活动直接形成产品或作为组成部分形成的产品对外销售的，研发费用中对应的材料费用不得加计扣除。但实际执行中，材料费用实际发生和产品对外销售往往不在同一个年度，如追溯到材料费用实际发生年度，需要修改以前年度纳税申报。为方便纳税人操作，公告明确产品销售与对应的材料费用发生在不同纳税年度且材料费用已计入研发费用的，应在销售当年以对应的材料费用发生额直接冲减当年的研发费用，不足冲减的，结转以后年度继续冲减。

3）折旧费用指用于研发活动的仪器、设备的折旧费。

①用于研发活动的仪器、设备，同时用于非研发活动的，企业应对其仪器设备使用情况做必要记录，并将其实际发生的折旧费按实际工时占比等合理方法在研发费用和生产经营费用间进行分配，未分配的不得加计扣除。

②企业用于研发活动的仪器、设备，符合税法规定且选择加速折旧优惠政策的，在享受研发费用税前加计扣除政策时，就税前扣除的折旧部分计算加计扣除。

> **拓展阅读** 国家税务总局公告 2017 年第 40 号，关于折旧费用的细化
>
> 保留 97 号公告有关仪器、设备的折旧费口径和多用途仪器、设备折旧费用归集要求，进一步调整加速折旧费用的归集方法。
>
> 97 号公告明确加速折旧费用享受加计扣除政策的原则为会计、税收折旧孰小。该计算方法较为复杂，不易准确掌握。为提高政策的可操作性，公告将加速折旧费用的归集方法调整为就税前扣除的折旧部分计算加计扣除。
>
> 97 号公告解读中曾举例说明计算方法：甲汽车制造企业 2015 年 12 月购入并投入使用一专门用于研发活动的设备，单位价值 1200 万元，会计处理按 8 年折旧，税法上规定的最低折旧年限为 10 年，不考虑残值。甲企业对该项设备选择缩短折旧年限的加速折旧方式，折旧年限缩短为 6 年（10×60%=6）。2016 年企业会计处理计提折旧额 150 万元（1200/8=150），税收上因享受加速折旧优惠可以扣除的折旧额是 200 万元（1200/6=200），申报研发费用加计扣除时，就其会计处理的"仪器、设备的折旧费"150 万元可以进行加计扣除 75 万元（150×50%=75）。若该设备 8 年内用途未发生变化，每年均符合加计扣除政策规定，则企业 8 年内每年均可对其会计处理的"仪器、设备的折旧费"150 万元进行加计扣除 75 万元。如企业会计处理按 4 年进行折旧，其他情形不变，则 2016 年企业会计处理计提折旧额 300 万元（1200/4=300），税收上因享受加速折旧优惠可以扣除的折旧额是 200 万元（1200/6=200），申报享受研发费用加计扣除时，对其在实际会计处理上已确认的"仪器、设备的折旧费"，但未超过税法规定的税前扣除金额 200 万元可以进行加计扣除 100 万元（200×50%=100）。若该设备 6 年内用途未发生变化，每年均符合加计扣除政策规定，则企业 6 年内每年均可对其会计处理的"仪器、设备的折旧费"200 万元进行加计扣除 100 万元。
>
> 结合上述例子，按 40 号公告口径申报研发费用加计扣除时，若该设备 6 年内用途未发生变化，每年均符合加计扣除政策规定，则企业在 6 年内每年直接就其税前扣除"仪器、设备折旧费"200 万元进行加计扣除 100 万元（200×50%=100），不需比较会计、税收折旧孰小，也不需要根据会计折旧年限的变化而调整享受加计扣除的金额，计算方法大为简化。

4）无形资产摊销费用指用于研发活动的软件、专利权、非专利技术（包括许可证、专有技术、设计和计算方法等）的摊销费用。

①用于研发活动的无形资产，同时用于非研发活动的，企业应对其无形资产使用情况做必要记录，并将其实际发生的摊销费用按实际工时占比等合理方法在研发费用和生产经营费用间进行分配，未分配的不得加计扣除。

②用于研发活动的无形资产，符合税法规定且选择缩短摊销年限的，在享受研发

费用税前加计扣除政策时，就税前扣除的摊销部分计算加计扣除。

拓展阅读　国家税务总局公告 2017 年第 40 号，关于无形资产摊销的细化

保留 97 号公告有关无形资产摊销费用口径和多用途摊销费用的归集要求，进一步调整摊销费用的归集方法。

明确加速摊销的归集方法。《财政部　国家税务总局关于进一步鼓励软件产业和集成电路产业发展企业所得税政策的通知》（财税〔2012〕27 号）明确企业外购的软件作为无形资产管理的可以适当缩短摊销年限。为提高政策的确定性，40 号公告明确了无形资产缩短摊销年限的折旧归集方法，与固定资产加速折旧的归集方法保持一致，就税前扣除的摊销部分计算加计扣除。

5）新产品设计费、新工艺规程制定费、新药研制的临床试验费、勘探开发技术的现场试验费。指企业在新产品设计、新工艺规程制定、新药研制的临床试验、勘探开发技术的现场试验过程中发生的与开展该项活动有关的各类费用。

6）其他相关费用。指与研发活动直接相关的其他费用，如技术图书资料费、资料翻译费、专家咨询费、高新科技研发保险费，研发成果的检索、分析、评议、论证、鉴定、评审、评估、验收费用，知识产权的申请费、注册费、代理费，差旅费、会议费、职工福利费、补充养老保险费、补充医疗保险费。

此类费用总额不得超过可加计扣除研发费用总额的 10%。

拓展阅读　国家税务总局公告 2017 年第 40 号关于其他相关费用的细化

保留 97 号公告有关其他相关费用口径等内容，适度拓展其他相关费用范围。

明确其他相关费用的范围。除财税〔2015〕119 号文件列举的其他相关费用类型外，其他类型的费用能否作为其他相关费用，计算扣除限额后加计扣除，政策一直未明确，各地也执行不一。为提高政策的确定性，同时考虑到人才是创新驱动战略关键因素，公告在财税〔2015〕119 号文件列举的费用基础上，明确其他相关费用还包括职工福利费、补充养老保险费、补充医疗保险费，以进一步激发研发人员的积极性，推动开展研发活动。

7）其他事项。

①企业取得的政府补助，会计处理时采用直接冲减研发费用方法且税务处理时未将其确认为应税收入的，应按冲减后的余额计算加计扣除金额。

> **拓展阅读** 国家税务总局公告 2017 年第 40 号，关于取得的政府补助后计算加计扣除金额的口径
>
> 近期，财政部修订了《企业会计准则第 16 号政府补助》。与原准则相比，修订后的准则在总额法的基础上，新增了净额法，将政府补助作为相关成本费用扣减。按照企业所得税法的规定，企业取得的政府补助应确认为收入，计入收入总额。净额法产生了税会差异。企业在税收上将政府补助确认为应税收入，同时增加研发费用，加计扣除应以税前扣除的研发费用为基数。但企业未进行相应调整的，税前扣除的研发费用与会计的扣除金额相同，应以会计上冲减后的余额计算加计扣除金额。比如，某企业当年发生研发支出 200 万元，取得政府补助 50 万元，2018 年会计上的研发费用为 150 万元，未进行相应的纳税调整，则税前加计扣除金额为 150×25% = 112.5（万元）。

②企业取得研发过程中形成的下脚料、残次品、中间试制品等特殊收入，在计算确认收入当年的加计扣除研发费用时，应从已归集研发费用中扣减该特殊收入，不足扣减的，加计扣除研发费用按零计算。

> **拓展阅读** 国家税务总局公告 2017 年第 40 号，明确下脚料、残次品、中间试制品等特殊收入冲减研发费用的时点
>
> 97 号公告明确了特殊收入冲减的条款，但未明确在确认特殊收入与研发费用发生可能不在同一年度的处理问题。本着简便、易操作的原则，公告明确在确认收入当年冲减，便于纳税人准确执行政策。

③企业开展研发活动中实际发生的研发费用形成无形资产的，其资本化的时点与会计处理保持一致。

④失败的研发活动所发生的研发费用可享受税前加计扣除政策。

> **拓展阅读** 国家税务总局公告 2017 年第 40 号，关于失败的研发活动所发生的研发费用可享受加计扣除政策的原因
>
> 出于以下两点考虑，公告明确失败的研发活动所发生的研发费用可享受加计扣除政策。
>
> 一是企业的研发活动具有一定的风险和不可预测性，既可能成功也可能失败，政策是对研发活动予以鼓励，并非单纯强调结果。
>
> 二是失败的研发活动也并不是毫无价值的，在一般情况下的"失败"是指没有取得

预期的结果，但可以积累经验，取得其他有价值的成果。

⑤国家税务总局公告 2015 年第 97 号第三条所称"研发活动发生费用"是指委托方实际支付给受托方的费用。无论委托方是否享受研发费用税前加计扣除政策，受托方均不得加计扣除。

委托方委托关联方开展研发活动的，受托方需向委托方提供研发过程中实际发生的研发项目费用支出明细情况。

拓展阅读 国家税务总局公告 2017 年第 40 号关于委托研发加计扣除的规定

一是明确加计扣除的金额。

财税〔2015〕119 号文件要求委托方与受托方存在关联关系的，受托方应向委托方提供研发项目费用支出明细情况。实际执行中往往将提供研发费用支出明细情况理解为委托关联方研发的需执行不同的加计扣除政策，导致各地理解和执行不一。依据政策本意，提供研发支出明细情况的目的是为了判断关联方交易是否符合独立交易原则。因此委托关联方和委托非关联方开展研发活动，其加计扣除的口径是一致的。为避免歧义，公告在保证委托研发加计扣除的口径不变的前提下，对 97 号公告的表述进行了解释：97 号公告第三条所称"研发活动发生费用"是指委托方实际支付给受托方的费用。

二是明确委托方享受加计扣除优惠的权益不得转移给受托方。

财税〔2015〕119 号文件已明确了委托研发发生的费用由委托方加计扣除，受托方不得加计扣除。此为委托研发加计扣除的原则，不管委托方是否享受优惠，受托方均不得享受优惠。公告对此口径进行了明确。

三是明确研发费用支出明细情况涵盖的费用范围。

由于人员对政策口径的理解不一致，导致对研发费用支出明细涵盖的费用范围的理解也不一致，诸如受托方实际发生的费用、受托方发生的属于可加计扣除范围的费用等口径。在充分考虑研发费用支出明细情况的目的和受托方的执行成本等因素后，公告将研发费用支出明细情况明确为受托方实际发生的费用情况。

比如，A 企业 2018 年委托其 B 关联企业研发产品，假设该研发活动符合研发费用加计扣除的相关条件。A 企业支付给 B 企业 100 万元。B 企业实际发生费用 90 万元（其中按可加计扣除口径归集的费用为 85 万元），利润 10 万元。2018 年，A 企业可加计扣除的金额为 100×80%×75%＝60 万元，B 企业应向 A 企业提供实际发生费用 90 万元的明细情况。

(4)特别事项处理。

1)企业委托外部机构或个人进行研发活动所发生的费用,按照费用实际发生额的80%计入委托方研发费用并计算加计扣除,受托方不得再进行加计扣除。委托外部研究开发费用实际发生额应按照独立交易原则确定。

根据《财政部 国家税务总局 科技部关于企业委托境外研究开发费用税前加计扣除有关政策问题的通知》(财税〔2018〕64号)规定,自2018年1月1日起,委托境外进行研发活动所发生的费用,按照费用实际发生额的80%计入委托方的委托境外研发费用。委托境外研发费用不超过境内符合条件的研发费用三分之二的部分,可以按规定在企业所得税前加计扣除。

财税〔2015〕119号文件第二条中"企业委托境外机构或个人进行研发活动所发生的费用,不得加计扣除"的规定同时废止。

拓展阅读 关于企业委托境外研发费用加计扣除的规定

1. 取消企业委托境外研发费用不得加计扣除限制的主要考虑

现行企业所得税法规定,企业开发新技术、新产品、新工艺发生的研发费用,可以在计算应纳税所得额时加计扣除。2015年,财政部、税务总局、科技部联合制定发布《关于完善研究开发费用税前加计扣除政策的通知》(财税〔2015〕119号),对研发费用加计扣除政策进行了完善,扩大了适用税前加计扣除的研发费用和研发活动范围,简化了审核管理;同时,政策规定企业委托境外机构或个人研发的费用,不得税前加计扣除。

随着我国经济的持续快速发展,一些企业生产布局和销售市场逐步走向全球,其研发活动也随之遍布全球,委托境外机构进行研发创新活动也成为企业研发创新的重要形式,不少企业要求将委托境外研发费用纳入加计扣除范围。为了进一步加大对企业研发活动的支持,2018年4月25日国务院常务会议决定,取消企业委托境外研发费用不得加计扣除的限制,允许符合条件的委托境外研发费用加计扣除,财政部、税务总局、科技部据此制发了财税〔2018〕64号文件,明确了相关政策口径。

2. 企业委托境外研发费用加计扣除金额的计算

财税〔2018〕64号文件明确,企业委托境外进行研发活动所发生的费用,按照费用实际发生额的80%计入委托方的委托境外研发费用。委托境外研发费用不超过境内符合条件的研发费用三分之二的部分,可以按规定在企业所得税前加计扣除。上述费用实际发生额应按照独立交易原则确定。委托方与受托方存在关联关系的,受托方应向委托方提供研发项目费用支出明细情况。

3. 委托境外研发费用按照费用实际发生额的80%计入,以及设置不超过境内符合条件的研发费用三分之二的限制的考虑财税〔2018〕64号文件明确，委托境外进行研发活动所发生的费用，按照费用实际发生额的80%计入委托方的委托境外研发费用。这一规定与委托境内研发费用加计扣除的规定是一致的，并非委托境外研发费用加计扣除政策的特殊规定。

研发费用加计扣除政策的目的是引导和激励企业开展研发活动，提高创新能力，推动我国经济走上创新驱动发展的道路。对企业可以享受加计扣除的委托境外研发费用进行适当的比例限制，体现了鼓励境内研发为主、委托境外研发为辅的政策导向。

2）企业共同合作开发的项目，由合作各方就自身实际承担的研发费用分别计算加计扣除。

3）企业集团根据生产经营和科技开发的实际情况，对技术要求高、投资数额大，需要集中研发的项目，其实际发生的研发费用，可以按照权利和义务相一致、费用支出和收益分享相配比的原则，合理确定研发费用的分摊方法，在受益成员企业间进行分摊，由相关成员企业分别计算加计扣除。

企业集团应将集中研发项目的协议或合同、集中研发项目研发费用决算表，集中研发项目费用分摊明细情况表和实际分享收益比例等资料提供给相关成员企业。协议或合同应明确参与各方在该研发项目中的权利和义务、费用分摊方法等内容。

根据《国家税务总局关于完善关联申报和同期资料管理有关事项的公告》（国家税务总局公告2016年第42号）的规定，企业集团开发、应用无形资产及确定无形资产所有权归属的整体战略，包括主要研发机构所在地和研发管理活动发生地及其主要功能、风险、资产和人员情况等应在主体文档中披露。

2. 企业为获得创新性、创意性、突破性的产品进行创意设计活动而发生的相关费用的加计扣除

创意设计活动是指多媒体软件、动漫游戏软件开发，数字动漫、游戏设计制作；房屋建筑工程设计（绿色建筑评价标准为三星）、风景园林工程专项设计；工业设计、多媒体设计、动漫及衍生产品设计、模型设计等。

企业为获得创新性、创意性、突破性的产品进行创意设计活动而发生的相关费用，可按照《财政部 国家税务总局 科技部关于完善研究开发费用税前加计扣除政策的通知》（财税〔2015〕119号）第二条第四项规定进行税前加计扣除。

值得一提的是，财税〔2015〕119号文件虽将"创意设计活动"纳入到了享受加计扣除优惠政策的范畴，但并不意味着此类"创意设计活动"就是研发活动。

3. 安置残疾人员所支付的工资加计扣除

依据《财政部 国家税务总局关于安置残疾人员就业有关企业所得税优惠政策问题的通知》（财税〔2009〕70号）等相关税收政策规定，安置残疾人员的，在支付给残疾职工工资据实扣除的基础上，按照支付给残疾职工工资的100%加计扣除。残疾人员的范围适用《中华人民共和国残疾人保障法》的有关规定。

拓展阅读 企业个别月份未按时缴纳基本养老保险，
但过后又进行补缴的加计扣除问题

某公司从事生物制药，2018年因资金周转困难，个别月份未按时缴纳基本养老保险，但后来又进行补缴，请问残疾人的工资能否加计扣除？

财税[2009]70号《财政部 国家税务总局关于安置残疾人员就业有关企业所得税优惠政策问题的通知》第二条规定，企业安置残疾人员的，在按照支付给残疾职工工资据实扣除的基础上，可以在计算应纳税所得额时按照支付给残疾职工工资的100%加计扣除。

第三条规定，企业享受安置残疾职工工资100%加计扣除应同时具备如下条件。

(1)依法与安置的每位残疾人签订了1年以上(含1年)的劳动合同或服务协议，并且安置的每位残疾人在企业实际上岗工作。

(2)为安置的每位残疾人按月足额缴纳了企业所在区县人民政府根据国家政策规定的基本养老保险、基本医疗保险、失业保险和工伤保险等社会保险。

(3)定期通过银行等金融机构向安置的每位残疾人实际支付了不低于企业所在区县适用的经省级人民政府批准的最低工资标准的工资。

(4)具备安置残疾人上岗工作的基本设施。

根据上述规定，该公司因资金周转困难，个别月份未按时缴纳基本养老保险，但过后又进行补缴，其残疾人的工资能加计扣除。

二、所得减免

对从事农、林、牧、渔项目的所得，从事国家重点扶持的公共基础设施项目投资经营的所得，从事国家重点扶持的公共基础设施项目所得，从事符合条件的环境保护、节能节水项目的所得，符合条件的技术转让所得等，减免或定期减免企业所得税。

(一)农、林、牧、渔业项目

《企业所得税法》第二十七条第(一)项规定的企业从事农、林、牧、渔业项目的所得，可以免征、减征企业所得税。

1. 企业从事下列项目的所得，免征企业所得税

(1)蔬菜、谷物、薯类、油料、豆类、棉花、麻类、糖料、水果、坚果的种植。

(2)农作物新品种的选育。

(3)中药材的种植。

(4)林木的培育和种植。

(5)牲畜、家禽的饲养。

(6)林产品的采集。

(7)灌溉、农产品初加工、兽医、农技推广、农机作业和维修等农、林、牧、渔服务业项目。

(8)远洋捕捞。

2. 企业从事下列项目的所得，减半征收企业所得税

(1)花卉、茶以及其他饮料作物和香料作物的种植。

(2)海水养殖、内陆养殖。

相关链接

1.《财政部 国家税务总局关于发布享受企业所得税优惠政策的农产品初加工范围(试行)的通知》(财税〔2008〕149号)

2.《国家税务总局关于黑龙江垦区国有农场土地承包费缴纳企业所得税问题的批复》(国税函〔2009〕779号)

3.《国家税务总局关于"公司+农户"经营模式企业所得税优惠问题的公告》(国家税务总局公告2010年第2号)

4.《财政部 国家税务总局关于享受企业所得税优惠的农产品初加工有关范围的补充通知》(财税〔2011〕26号)

5.《国家税务总局关于实施农林牧渔业项目企业所得税优惠问题的公告》(国家税务总局公告2011年第48号)

拓展阅读 纳税人从农业生产者手中收购初级农产品，进行初级加工能否享受所得税优惠政策

纳税人从农业生产者手中收购初级农产品，经过简单的挑选(人工去毛须根和杂质)、整理(分大小等级)、磨粉和包装(统装)，然后再按初级农副产品出售，能否视同纳税人从事农产品初加工项目的所得，免征企业所得税？

《国家税务总局关于实施农林牧渔业项目企业所得税优惠问题的公告》(国家税务总局公告2011年第48号)规定，企业根据委托合同，受托对符合《财政部 国家税务总局关于发布享受企业所得税优惠政策的农产品初加工范围(试行)的通知》(财税〔2008〕149号)和《财政部 国家税务总局关于享受企业所得税优惠的农产品初加工有关范围的补充通知》(财税〔2011〕26号)规定的农产品进行初加工服务，其所收取的加工费，可以按照农产品初加工的免税项目处理。

企业委托其他企业或个人从事实施条例第八十六条规定的"农、林、牧、渔业项目"取得的所得，可享受相应的税收优惠政策。企业受托从事实施条例第八十六条规定的"农、林、牧、渔业项目"取得的收入，比照委托方享受相应的税收优惠政策。

根据上述规定，纳税人从农业生产者手中收购初级农产品，经过简单的挑选（人工去毛须根和杂质）、整理（分大小等级）、磨粉和包装（统装），然后再按初级农副产品出售，比照农产品初加工处理，可以享受免征企业所得税政策。

（二）国家重点扶持的公共基础设施项目

《企业所得税法》第二十七条第二项所称国家重点扶持的公共基础设施项目，是指《公共基础设施项目企业所得税优惠目录》规定的港口码头、机场、铁路、公路、城市公共交通、电力、水利等项目。

企业从事前款规定的国家重点扶持的公共基础设施项目的投资经营的所得，自项目取得第一笔生产经营收入所属纳税年度起，第一年至第三年免征企业所得税，第四年至第六年减半征收企业所得税。

不包括企业承包经营、承包建设和内部自建自用该项目的所得。

相关链接

1．《财政部 国家税务总局关于执行公共基础设施项目企业所得税优惠目录有关问题的通知》（财税〔2008〕46号）

2．《财政部 国家税务总局 国家发展改革委关于公布公共基础设施项目企业所得税优惠目录（2008年版）的通知》（财税〔2008〕116号）

3．《国家税务总局关于实施国家重点扶持的公共基础设施项目企业所得税优惠问题的通知》（国税发〔2009〕80号）

4．《财政部 国家税务总局关于公共基础设施项目和环境保护节能节水项目企业所得税优惠政策问题的通知》（财税〔2012〕10号）

5．《财政部 国家税务总局关于支持农村饮水安全工程建设运营税收政策的通知》（财税〔2012〕30号）第五条

6．《国家税务总局关于电网企业电网新建项目享受所得税优惠政策问题的公告》（国家税务总局公告2013年第26号）

7．《财政部 国家税务总局关于公共基础设施项目享受企业所得税优惠政策问题的补充通知》（财税〔2014〕55号）

拓展阅读：公共基础设施分批次建设如何享受企业所得税优惠政策

某企业从事城市公共交通项目，因其项目需要分三期进行建设，请问能否享受企业所得三免三减半优惠？

《财政部 国家税务总局关于公共基础设施项目享受企业所得税优惠政策问题的补充通知》(财税〔2014〕55号)规定,企业投资经营符合《公共基础设施项目企业所得税优惠目录》规定条件和标准的公共基础设施项目,采用一次核准、分批次(如码头、泊位、航站楼、跑道、路段、发电机组等)建设的,凡同时符合以下条件的,可按每一批次为单位计算所得,并享受企业所得税"三免三减半"优惠。

(1)不同批次在空间上相互独立。

(2)每一批次自身具备取得收入的功能。

(3)以每一批次为单位进行会计核算,单独计算所得,并合理分摊期间费用。

据上述规定,该企业从事城市公共交通项目建设且符合上述条件,可以享受企业所得税"三免三减半"税收优惠。

(三)符合条件的环境保护、节能节水项目

《企业所得税法》第二十七条第三项所称符合条件的环境保护、节能节水项目,包括公共污水处理、公共垃圾处理、沼气综合开发利用、节能减排技术改造、海水淡化等。项目的具体条件和范围由国务院财政、税务主管部门商国务院有关部门制订,报国务院批准后公布施行。

从事符合条件的公共污水处理、公共垃圾处理、沼气综合开发利用、节能减排技术改造、海水淡化等环境保护、节能节水项目的所得,自项目取得第一笔生产经营收入所属纳税年度起,第一年至第三年免征企业所得税,第四年至第六年减半征收企业所得税。

相关链接

1.《财政部 国家税务总局 国家发展改革委关于公布环境保护节能节水项目企业所得税优惠目录(试行)的通知》(财税〔2009〕166号)

2.《财政部 国家税务总局关于公共基础设施项目和环境保护节能节水项目企业所得税优惠政策问题的通知》(财税〔2012〕10号)

拓展阅读 从事污水处理的小微企业能否叠加享受低税率税收政策

A企业从事污水处理,享受三免三减半税收优惠政策;该企业同时又满足小微企业税收优惠条件,请问A企业能否同时叠加享受税收优惠政策?

《国家税务总局关于进一步明确企业所得税过渡期优惠政策执行口径问题的通知》(国税函〔2010〕157号)规定,居民企业取得《中华人民共和国企业所得税法实施条例》

第八十六条、第八十七条、第八十八条和第九十条规定可减半征收企业所得税的所得，是指居民企业应就该部分所得单独核算并依照25%的法定税率减半缴纳企业所得税。

《企业所得税年度纳税申报表(A类，2017年版)》A107040《减免所得税优惠明细表》填报说明明确，第28行"二十八、减：项目所得额按法定税率减半征收企业所得税叠加享受减免税优惠"：纳税人同时享受优惠税率和所得项目减半情形下，在填报本表低税率优惠时，所得项目按照优惠税率减半计算多享受优惠的部分。

企业从事农林牧渔业项目、国家重点扶持的公共基础设施项目、符合条件的环境保护、节能节水项目、符合条件的技术转让、其他专项优惠等所得额应按法定税率25%减半征收，同时享受小型微利企业、高新技术企业、技术先进型服务企业、集成电路线宽小于0.25微米或投资额超过80亿元人民币集成电路生产企业、国家规划布局内重点软件企业和集成电路设计企业等优惠税率政策，由于申报表填报顺序，按优惠税率减半叠加享受减免税优惠部分，应在本行对该部分金额进行调整。本行应大于等于0且小于等于第1+2+…+20+22+…+27行的值。

计算公式：本行=减半项目所得额×50%×(25%-优惠税率)。

根据上述规定，A企业从事污水处理，享受三免三减半税收优惠政策，该企业同时又满足小微企业税收优惠，不能同时叠加享受税收优惠政策。

(四)符合条件的技术转让项目

《企业所得税法》第二十七条第四项所称符合条件的技术转让所得免征、减征企业所得税，是指一个纳税年度内，居民企业技术转让所得不超过500万元的部分，免征企业所得税；超过500万元的部分，减半征收企业所得税。

一个纳税年度内，居民企业将其拥有的专利技术、计算机软件著作权、集成电路布图设计权、植物新品种、生物医药新品种，以及财政部和国家税务总局确定的其他技术的所有权或5年以上(含5年)全球独占许可使用权、5年以上(含5年)非独占许可使用权转让取得的所得，不超过500万元的部分，免征企业所得税；超过500万元的部分，减半征收企业所得税。

居民企业从直接或间接持有股权之和达到100%的关联方取得的技术转让所得，不享受技术转让减免企业所得税优惠政策。

相关链接

1.《国家税务总局关于技术转让所得减免企业所得税有关问题的通知》(国税函〔2009〕212号)

2.《财政部 国家税务总局关于居民企业技术转让有关企业所得税政策问题的通知》(财税〔2010〕111号)

3.《国家税务总局关于技术转让所得减免企业所得税有关问题的公告》(国家税务总局公告2013年第62号)

4.《国家税务总局关于许可使用权技术转让所得企业所得税有关问题的公告》(国家税务总局公告2015年第82号)

(五)其他专项优惠项目

1. 实施清洁机制发展项目

《财政部 国家税务总局关于中国清洁发展机制基金及清洁发展机制项目实施企业有关企业所得税政策问题的通知》(财税〔2009〕30号)等政策规定,对企业实施的将温室气体减排量转让收入的65%上缴给国家的HFC和PFC类CDM项目,以及将温室气体减排量转让收入的30%上缴给国家的N2O类CDM项目,其实施该类CDM项目的所得,自项目取得第一笔减排量转让收入所属纳税年度起,第一年至第三年免征企业所得税,第四年至第六年减半征收企业所得税。

2. 符合条件的节能服务公司实施合同能源管理项目

《财政部 国家税务总局关于促进节能服务产业发展增值税营业税和企业所得税政策问题的通知》(财税〔2010〕110号)、《国家税务总局 国家发展改革委关于落实节能服务企业合同能源管理项目企业所得税优惠政策有关征收管理问题的公告》(国家税务总局国家发展改革委公告2013年第77号)等相关税收政策规定,对符合条件的节能服务公司实施合同能源管理项目,符合企业所得税法有关规定的,自项目取得第一笔生产经营收入所属纳税年度起,第一年至第三年免征企业所得税,第四年至第六年按照25%的法定税率减半征收企业所得税。

三、抵扣应纳税所得额

(一)创业投资企业优惠

《企业所得税法》第三十一条及实施条例第九十七条规定。

创业投资企业从事国家需要重点扶持和鼓励的创业投资,可以按投资额的一定比例抵扣应纳税所得额。

创业投资企业采取股权投资方式投资于未上市的中小高新技术企业2年以上的,可以按照其投资额的70%在股权持有满2年的当年抵扣该创业投资企业的应纳税所得额;当年不足抵扣的,可以在以后纳税年度结转抵扣。

公司制创业投资企业采取股权投资方式直接投资于种子期、初创期科技型企业(以下简称初创科技型企业)满2年(24个月)的,可以按照投资额的70%在股权持有满2年的当年抵扣该公司制创业投资企业的应纳税所得额;当年不足抵扣的,可以在以后纳税年度结转抵扣。

(二)有限合伙制创业投资企业

合伙企业以每一个合伙人为纳税义务人。合伙人是法人和其他组织的,缴纳企业所得税。

(1)有限合伙制创业投资企业采取股权投资方式投资于未上市的中小高新技术企业满2年的,其法人合伙人可按照对未上市中小高新技术企业投资额的70%抵扣该法人合伙人从该有限合伙制创业投资企业分得的应纳税所得额,当年不足抵扣的,可以在以后纳税年度结转抵扣。

(2)有限合伙制创业投资企业(以下简称合伙创投企业)采取股权投资方式直接投资于初创科技型企业满2年的,该合伙创投企业的合伙人分别按以下方式处理。

1)法人合伙人可以按照对初创科技型企业投资额的70%抵扣法人合伙人从合伙创投企业分得的所得;当年不足抵扣的,可以在以后纳税年度结转抵扣。

2)个人合伙人可以按照对初创科技型企业投资额的70%抵扣个人合伙人从合伙创投企业分得的经营所得;当年不足抵扣的,可以在以后纳税年度结转抵扣。

有限合伙制创业投资企业的法人合伙人对未上市中小高新技术企业和种子期、初创期科技型企业的投资额,按照有限合伙制创业投资企业的投资额和合伙协议约定的法人合伙人占有限合伙制创业投资企业的出资比例计算确定。其中,有限合伙制创业投资企业的投资额按实缴投资额计算;法人合伙人占有限合伙制创业投资企业的出资比例按法人合伙人对有限合伙制创业投资企业的实缴出资额占该有限合伙制创业投资企业的全部实缴出资额的比例计算。

相关链接

1.《国家税务总局关于实施创业投资企业所得税优惠问题的通知》(国税发〔2009〕87号)

2.《财政部 国家税务总局关于执行企业所得税优惠政策若干问题的通知》(财税〔2009〕69号)

3.《财政部 国家税务总局关于将国家自主创新示范区有关税收试点政策推广到全国范围实施的通知》(财税〔2015〕116号)

4.《国家税务总局关于有限合伙制创业投资企业法人合伙人企业所得税有关问题的公告》(国家税务总局公告2015年第81号)

5.《财政部 税务总局关于创业投资企业和天使投资个人有关税收试点政策的通知》(财税〔2017〕38号)

6.《国家税务总局关于创业投资企业和天使投资个人税收试点政策有关问题的公告》(国家税务总局公告2017年第20号)

四、减免所得税

(一)小型微利企业

根据《财政部 税务总局关于进一步扩大小型微利企业所得税优惠政策范围的通知》(财税〔2018〕77号)规定,自2018年1月1日~2020年12月31日,对年应纳税所得额低于100万元(含100万元)的小型微利企业,其所得减按50%计入应纳税所得额,按20%的税率缴纳企业所得税。

前款所称小型微利企业,是指从事国家非限制和禁止行业,并符合下列条件的企业。

(1)工业企业,年度应纳税所得额不超过100万元,从业人数不超过100人,资产总额不超过3000万元。

(2)其他企业,年度应纳税所得额不超过100万元,从业人数不超过80人,资产总额不超过1000万元。

注:《财政部 税务总局关于扩大小型微利企业所得税优惠政策范围的通知》(财税〔2017〕43号)自2018年1月1日起废止。

拓展阅读：高新技术企业能否享受"小微"优惠

某高新技术企业,资产总额为600万元,从业人数为50人,2018年的应纳税所得额为25万元。该企业2016年被有关部门认定为高新技术企业,请问该公司能否同时享受高新技术企业15%和小微企业减半征收税收优惠政策,即应纳税所得额减半的15%所得税优惠政策?

《企业所得税法》第二十八条规定,符合条件的小型微利企业,减按20%的税率征收企业所得税。

根据《财政部 税务总局关于进一步扩大小型微利企业所得税优惠政策范围的通知》(财税〔2018〕77号)规定,自2018年1月1日~2020年12月31日,对年应纳税所得额低于100万元(含100万元)的小型微利企业,其所得减按50%计入应纳税所得额,按20%的税率缴纳企业所得税。

《国家税务总局关于进一步明确企业所得税过渡期优惠政策执行口径问题的通知》(国税函〔2010〕157号)第一条规定关于居民企业选择适用税率及减半征税的具体界定问题。

(1)居民企业被认定为高新技术企业,同时又处于《国务院关于实施企业所得税过渡优惠政策的通知》(国发〔2007〕39号)第一条第三款规定享受企业所得税"两免三减半""五免五减半"等定期减免税优惠过渡期的,该居民企业的所得税适用税率可以选择依照过渡期适用税率并适用减半征税至期满,或者选择适用高新技术企业的15%税率,但不能享受15%税率的减半征税。

(2)居民企业被认定为高新技术企业,同时又符合软件生产企业和集成电路生产企业定期减半征收企业所得税优惠条件的,该居民企业的所得税适用税率可以选择适用高新技术企业的15%税率,也可以选择依照25%的法定税率减半征税,但不能享受15%税率的减半征税。

(3)居民企业取得《中华人民共和国企业所得税法实施条例》第八十六条、第八十七、第八十八条和第九十条规定可减半征收企业所得税的所得,是指居民企业应就该部分所得单独核算并依照25%的法定税率减半缴纳企业所得税。

根据上述规定,该企业是高新技术企业又是小微企业,只能选择25%税率减半,不能按15%税率减半缴纳企业所得税,即高新技术企业低税率与小型微利企业减半征收的"减半"不能叠加享受。

(二)国家需要重点扶持的高新技术企业

1.《企业所得税法》规定

根据《企业所得税法》第二十八条第二款及实施条例第九十三条规定,国家需要重点扶持的高新技术企业,减按15%的税率征收企业所得税。

国家需要重点扶持的高新技术企业,是指拥有核心自主知识产权,并同时符合下列条件的企业。

(1)产品(服务)属于《国家重点支持的高新技术领域》规定的范围。

(2)研究开发费用占销售收入的比例不低于规定比例。

(3)高新技术产品(服务)收入占企业总收入的比例不低于规定比例。

(4)科技人员占企业职工总数的比例不低于规定比例。

(5)高新技术企业认定管理办法规定的其他条件。

《国家重点支持的高新技术领域》和高新技术企业认定管理办法由国务院科技、财政、税务主管部门商国务院有关部门制订,报国务院批准后公布施行。

相关链接

1.《科技部 财政部 国家税务总局关于修订印发〈高新技术企业认定管理办法〉的通知》(国科发火〔2016〕32号)

2.《科学技术部 财政部 国家税务总局关于修订印发〈高新技术企业认定管理工作指引〉的通知》(国科发火〔2016〕195号)

3.《国家税务总局关于实施高新技术企业所得税优惠政策有关问题的公告》(国家税务总局公告2017年第24号)等相关税收政策规定

注：《科学技术部 财政部 国家税务总局关于修订印发〈高新技术企业认定管理工作指引〉的通知》(国科发火〔2016〕195号)，自2016年1月1日起，原《高新技术企业认定管理工作指引》(国科发火〔2008〕362号)、《关于高新技术企业更名和复审等有关事项的通知》(国科火字〔2011〕123号)同时废止

2. 高新技术企业认定的条件

《科技部 财政部 国家税务总局关于修订印发〈高新技术企业认定管理办法〉的通知》(国科发火〔2016〕32号)第十一条规定。

认定为高新技术企业须同时满足以下条件。

(1)企业申请认定时须注册成立一年以上。

(2)企业通过自主研发、受让、受赠、并购等方式，获得对其主要产品(服务)在技术上发挥核心支持作用的知识产权的所有权。

(3)对企业主要产品(服务)发挥核心支持作用的技术属于《国家重点支持的高新技术领域》规定的范围。

(4)企业从事研发和相关技术创新活动的科技人员占企业当年职工总数的比例不低于10%。(注意：文件中取消了大学专科学历的限制，对于研发人员没有学历的具体要求)

(5)企业近三个会计年度(实际经营期不满3年的按实际经营时间计算，下同)的研究开发费用总额占同期销售收入总额的比例符合如下要求。

1)最近一年销售收入小于5000万元(含)的企业，比例不低于5%。

2)最近一年销售收入在5000万元至2亿元(含)的企业，比例不低于4%。

3)最近一年销售收入在2亿元以上的企业，比例不低于3%。

其中，企业在中国境内发生的研究开发费用总额占全部研究开发费用总额的比例不低于60%。

(6)近一年高新技术产品(服务)收入占企业同期总收入的比例不低于60%。

《科技部 财政部 国家税务总局关于修订印发〈高新技术企业认定管理工作指引〉的通知》(国科发火〔2016〕195号)附件《高新技术企业认定管理工作指引》规定。

高新技术产品(服务)收入占比：是指高新技术产品(服务)收入与同期总收入的比值。

1)高新技术产品(服务)收入。高新技术产品(服务)收入是指企业通过研发和相关技术创新活动，取得的产品(服务)收入与技术性收入的总和。对企业取得上述收入发挥核心支持作用的技术应属于《技术领域》规定的范围。其中，技术性收入包括以下几种。

①技术转让收入：企业技术创新成果通过技术贸易、技术转让所获得的收入。

②技术服务收入：企业利用自己的人力、物力和数据系统等为社会和本企业外的用户提供技术资料、技术咨询与市场评估、工程技术项目设计、数据处理、测试分析及其他类型的服务所获得的收入。

③接受委托研究开发收入：指企业承担社会各方面委托研究开发、中间试验及新产品开发所获得的收入。

企业应正确计算高新技术产品(服务)收入，由具有资质并符合本《工作指引》相关条件的中介机构进行专项审计或鉴证。

2)总收入。总收入是指收入总额减去不征税收入。

收入总额与不征税收入按照《中华人民共和国企业所得税法》(以下称《企业所得税法》)及《中华人民共和国企业所得税法实施条例》(以下称《实施条例》)的规定计算。

(7)企业创新能力评价应达到相应要求。

(8)企业申请认定前一年内未发生重大安全、重大质量事故或严重环境违法行为。

3. 高新技术企业申请资料

企业对照《高新技术企业认定管理办法》进行自我评价。认为符合认定条件的在"高新技术企业认定管理工作网"注册登记，向认定机构提出认定申请。申请时提交下列材料。

(1)高新技术企业认定申请书。

(2)证明企业依法成立的相关注册登记证件。

(3)知识产权相关材料、科研项目立项证明、科技成果转化、研究开发的组织管理等相关材料。

(4)企业高新技术产品(服务)的关键技术和技术指标、生产批文、认证认可和相关资质证书、产品质量检验报告等相关材料。

(5)企业职工和科技人员情况说明材料。

(6)经具有资质的中介机构出具的企业近三个会计年度研究开发费用和近一个会计年度高新技术产品(服务)收入专项审计或鉴证报告，并附研究开发活动说明材料。

(7)经具有资质的中介机构鉴证的企业近三个会计年度的财务会计报告(包括会计报表、会计报表附注和财务情况说明书)。

(8)近三个会计年度企业所得税年度纳税申报表。

拓展阅读　高新技术企业的名称变更的影响

根据国科发火〔2016〕32号"科技部 财政部 国家税务总局关于修订印发《高新技术企业认定管理办法》的通知"规定，高新技术企业发生更名或与认定条件有关的重大变化(如分立、合并、重组以及经营业务发生变化等)应在3个月内向认定机构报告。经认定机构审核符合认定条件的，其高新技术企业资格不变，对于企业更名的，重新核发认定证书，编号与有效期不变；不符合认定条件的，自更名或条件变化年度起取消其高新技术企业资格。

(三)集成电路企业

根据《财政部 税务总局 国家发展改革委 工业和信息化部关于集成电路生产企业有关企业所得税政策问题的通知》(财税〔2018〕27号)规定,2018年1月1日起,给予符合条件的集成电路企业或项目定期免征和减半征企业所得税的优惠。

相关链接

《财政部 税务总局 国家发展改革委 工业和信息化部关于集成电路生产企业有关企业所得税政策问题的通知》(财税〔2018〕27号)

一、2018年1月1日后投资新设的集成电路线宽小于130纳米,且经营期在10年以上的集成电路生产企业或项目,第一年至第二年免征企业所得税,第三年至第五年按照25%的法定税率减半征收企业所得税,并享受至期满为止。

二、2018年1月1日后投资新设的集成电路线宽小于65纳米或投资额超过150亿元,且经营期在15年以上的集成电路生产企业或项目,第一年至第五年免征企业所得税,第六年至第十年按照25%的法定税率减半征收企业所得税,并享受至期满为止。

三、对于按照集成电路生产企业享受本通知第一条、第二条税收优惠政策的,优惠期自企业获利年度起计算;对于按照集成电路生产项目享受上述优惠的,优惠期自项目取得第一笔生产经营收入所属纳税年度起计算。

四、享受本通知第一条、第二条税收优惠政策的集成电路生产项目,其主体企业应符合集成电路生产企业条件,且能够对该项目单独进行会计核算、计算所得,并合理分摊期间费用。

五、2017年12月31日前设立但未获利的集成电路线宽小于0.25微米或投资额超过80亿元,且经营期在15年以上的集成电路生产企业,自获利年度起第一年至第五年免征企业所得税,第六年至第十年按照25%的法定税率减半征收企业所得税,并享受至期满为止。

六、2017年12月31日前设立但未获利的集成电路线宽小于0.8微米(含)的集成电路生产企业,自获利年度起第一年至第二年免征企业所得税,第三年至第五年按照25%的法定税率减半征收企业所得税,并享受至期满为止。

七、享受本通知规定税收优惠政策的集成电路生产企业的范围和条件,按照《财政部 国家税务总局 发展改革委 工业和信息化部关于软件和集成电路产业企业所得税优惠政策有关问题的通知》(财税〔2016〕49号)第二条执行;财税〔2016〕49号文件第二条第(二)项中"具有劳动合同关系"调整为"具有劳动合同关系或劳务派遣、聘用关系",第(三)项中汇算清缴年度研究开发费用总额占企业销售(营业)收入总额(主营业务收入与其他业务收入之和)的比例由"不低于5%"调整为"不低于2%",同时企业应持续加强研发活动,不断提高研发能力。

八、集成电路生产企业或项目享受上述企业所得税优惠的有关管理问题，按照财税〔2016〕49号文件和税务总局关于办理企业所得税优惠政策事项的相关规定执行。

拓展阅读　行政处罚对适用所得税优惠政策的影响

A公司是集成电路生产企业，年初根据规定可以享受集成电路企业所得税优惠政策并在3月份办理了备案手续。6月被环保部门以存在重大环境违法行为为由进行了处罚，请问是否影响所得税优惠政策的享受？

《财政部 国家税务总局发展改革委工业和信息化部关于软件和集成电路产业企业所得税优惠政策有关问题的通知》（财税〔2016〕49号）第二条规定，财税〔2012〕27号文件所称集成电路生产企业，是指以单片集成电路、多芯片集成电路、混合集成电路制造为主营业务并同时符合六个条件的企业，其中第六个条件为"汇算清缴年度未发生重大安全、重大质量事故或严重环境违法行为"。

根据上述规定，A公司因严重环境违法被处罚已不符合可享受优惠政策的企业条件，不能继续享受集成电路生产企业所得税优惠政策。

（四）软件企业

根据《财政部 国家税务总局关于进一步鼓励软件产业和集成电路产业发展企业所得税政策的通知》（财税〔2012〕27号）规定，我国境内新办的集成电路设计企业和符合条件的软件企业，经认定后，在2017年12月31日前自获利年度起计算优惠期，第一年至第二年免征企业所得税，第三年至第五年按照25%的法定税率减半征收企业所得税，并享受至期满为止。

相关链接

1.《财政部 国家税务总局 发展改革委 工业和信息化部关于软件和集成电路产业企业所得税优惠政策有关问题的通知》（财税〔2016〕49号）

2.《国家发展和改革委员会 工业和信息化部 财政部 国家税务总局关于印发国家规划布局内重点软件和集成电路设计领域的通知》（发改高技〔2016〕1056号）

3.《财政部 国家税务总局 发展改革委 工业和信息化部关于进一步鼓励集成电路产业发展企业所得税政策的通知》（财税〔2015〕6号）等相关规定

（五）动漫企业自主开发、生产动漫产品定期减免企业所得税

根据《财政部 国家税务总局 关于扶持动漫产业发展有关税收政策问题的通知》（财税〔2009〕65号）、《文化部财政部 国家税务总局关于印发〈动漫企业认定管理办法（试

行)〉的通知》(文市发〔2008〕51号)、《文化部 财政部 国家税务总局关于实施〈动漫企业认定管理办法(试行)〉有关问题的通知》(文产发〔2009〕18号)等规定,经认定的动漫企业自主开发、生产动漫产品,享受软件企业所得税优惠政策。即在2017年12月31日前自获利年度起,第一年至第二年免征所得税,第三年至第五年按照25%的法定税率减半征收所得税,并享受至期满为止。

(六)其他有关行业和地区的优惠

1. 经营性文化事业单位转制为企业的免征企业所得税

根据《财政部 国家税务总局 中宣部关于继续实施文化体制改革中经营性文化事业单位转制为企业若干税收政策的通知》(财税〔2014〕84号)等规定,从事新闻出版、广播影视和文化艺术的经营性文化事业单位转制为企业的,自转制注册之日起免征企业所得税。

2. 符合条件的生产和装配伤残人员专门用品企业免征企业所得税

根据《财政部 国家税务总局 民政部关于生产和装配伤残人员专门用品企业免征企业所得税的通知》(财税〔2016〕111号)等规定,符合条件的生产和装配伤残人员专门用品的企业免征企业所得税。

3. 技术先进型服务企业减按15%的税率征收企业所得税

对经认定的技术先进型服务企业,减按15%的税率征收企业所得税。

相关链接

1.《财政部 国家税务总局 商务部 科技部 国家发展改革委关于完善技术先进型服务企业有关企业所得税政策问题的通知》(财税〔2014〕59号)

2.《财政部 国家税务总局 商务部 科学技术部 国家发展和改革委员会关于新增中国服务外包示范城市适用技术先进型服务企业所得税政策的通知》(财税〔2016〕108号)

3.《财政部 税务总局 商务部 科技部 国家发展改革委关于将技术先进型服务企业所得税政策推广至全国实施的通知》(财税〔2017〕79号)等规定

4. 服务贸易创新发展试点地区符合条件的技术先进型服务企业减按15%的税率征收企业所得税

根据《财政部 国家税务总局 商务部 科技部 国家发展改革委关于在服务贸易创新发展试点地区推广技术先进型服务企业所得税优惠政策的通知》(财税〔2016〕122号)等规定,在服务贸易创新发展试点地区,符合条件的技术先进型服务企业减按15%的税率征收企业所得税。

5. 设在西部地区的鼓励类产业企业减按15%的税率征收企业所得税

对设在西部地区的鼓励类产业企业减按15%的税率征收企业所得税;对设在赣州市的鼓励类产业的内资和外商投资企业减按15%税率征收企业所得税。

相 关 链 接

1.《财政部 海关总署 国家税务总局关于深入实施西部大开发战略有关税收政策问题的通知》(财税〔2011〕58号)
2.《国家税务总局关于深入实施西部大开发战略有关企业所得税问题的公告》(国家税务总局公告2012年第12号)
3.《财政部 海关总署 国家税务总局关于赣州市执行西部大开发税收政策问题的通知》(财税〔2013〕4号)
4.《西部地区鼓励类产业目录》(中华人民共和国国家发展和改革委员会令第15号)
5.《国家税务总局关于执行〈西部地区鼓励类产业目录〉有关企业所得税问题的公告》(国家税务总局公告2015年第14号)等规定

6. 新疆所得税优惠

（1）新疆困难地区新办企业定期减免企业所得税。

根据《财政部 国家税务总局关于新疆困难地区新办企业所得税优惠政策的通知》(财税〔2011〕53号)、《财政部 国家税务总局 国家发展改革委 工业和信息化部关于完善新疆困难地区重点鼓励发展产业企业所得税优惠目录的通知》(财税〔2016〕85号)等规定，对在新疆困难地区新办的属于《新疆困难地区重点鼓励发展产业企业所得税优惠目录》范围内的企业，自取得第一笔生产经营收入所属纳税年度起，第一年至第二年免征企业所得税，第三年至第五年减半征收企业所得税。

（2）新疆喀什、霍尔果斯特殊经济开发区新办企业定期免征企业所得税。

根据《财政部 国家税务总局关于新疆喀什霍尔果斯两个特殊经济开发区企业所得税优惠政策的通知》(财税〔2011〕112号)、《财政部 国家税务总局 国家发展改革委 工业和信息化部关于完善新疆困难地区重点鼓励发展产业企业所得税优惠目录的通知》(财税〔2016〕85号)等规定，对在新疆喀什、霍尔果斯两个特殊经济开发区内新办的属于《新疆困难地区重点鼓励发展产业企业所得税优惠目录》范围内的企业，自取得第一笔生产经营收入所属纳税年度起，五年内免征企业所得税。

7. 广东横琴、福建平潭、深圳前海等地区的鼓励类产业企业减按15%税率征收企业所得税。

根据《财政部 国家税务总局关于广东横琴新区、福建平潭综合实验区、深圳前海深港现代化服务业合作区企业所得税优惠政策及优惠目录的通知》(财税〔2014〕26号)等规定，对设在广东横琴新区、福建平潭综合实验区和深圳前海深港现代服务业合作区的鼓励类产业企业减按15%的税率征收企业所得税。

8. 北京冬奥组委、北京冬奥会测试赛赛事组委会免征企业所得税

根据《财政部 税务总局海关总署关于北京2022年冬奥会和冬残奥会税收政策的通

知》(财税〔2017〕60号)等规定,为支持发展奥林匹克运动,确保北京2022年冬奥会和冬残奥会顺利举办,对北京冬奥组委免征应缴纳的企业所得税,北京冬奥会测试赛赛事组委会取得的收入及发生的涉税支出比照执行北京冬奥组委的税收政策。

9. 支持和促进重点群体创业就业企业限额减征企业所得税

根据《财政部 税务总局 人力资源社会保障部关于继续实施支持和促进重点群体创业就业有关税收政策的通知》(财税〔2017〕49号)等规定,商贸企业、服务型企业、劳动就业服务企业中的加工型企业和街道社区具有加工性质的小型企业实体,在新增加的岗位中,当年新招用在人力资源社会保障部门公共就业服务机构登记失业半年以上且持《就业创业证》或《就业失业登记证》(注明"企业吸纳税收政策")人员,与其签订1年以上期限劳动合同并依法缴纳社会保险费的,在3年内按实际招用人数予以定额依次扣减增值税、城市维护建设税、教育费附加、地方教育附加和企业所得税优惠。定额标准为每人每年4000元,最高可上浮30%。企业纳税年度终了时实际减免的增值税、城市维护建设税、教育费附加和地方教育附加小于核定的减免税总额,在企业所得税汇算清缴时扣减的企业所得税,当年扣减不完的,不再结转以后年度扣减。

10. 扶持自主就业退役士兵创业就业企业限额减征企业所得税

根据《财政部 税务总局 民政部关于继续实施扶持自主就业退役士兵创业就业有关税收政策的通知》(财税〔2017〕46号)等规定,对商贸企业、服务型企业、劳动就业服务企业中的加工型企业和街道社区具有加工性质的小型企业实体,在新增加的岗位中,当年新招用自主就业退役士兵,与其签订1年以上期限劳动合同并依法缴纳社会保险费的,在3年内按实际招用人数予以定额依次扣减增值税、城市维护建设税、教育费附加、地方教育附加和企业所得税优惠。定额标准为每人每年4000元,最高可上浮50%。企业纳税年度终了时实际减免的增值税、城市维护建设税、教育费附加和地方教育附加小于核定的减免税总额,在企业所得税汇算清缴时扣减的企业所得税,当年扣减不完的,不再结转以后年度扣减。

11. 民族自治地方的自治机关对本民族自治地方的企业应缴纳的企业所得税中属于地方分享的部分减征或免征

根据《中华人民共和国企业所得税法》《财政部 国家税务总局关于贯彻落实国务院关于实施企业所得税过渡优惠政策有关问题的通知》(财税〔2008〕21号)、《中华人民共和国民族区域自治法》的规定,实行民族区域自治的自治区、自治州、自治县的自治机关对本民族自治地方的企业应缴纳的企业所得税中属于地方分享的部分,可以决定减征或者免征,自治州、自治县决定减征或者免征的,须报省、自治区、直辖市人民政府批准。

12. 享受过渡期税收优惠定期减免企业所得税

根据《国务院关于实施企业所得税过渡优惠政策的通知》(国发〔2007〕39号)等规定,自2008年1月1日起,原享受企业所得税"五免五减半"等定期减免税优惠的企业，新税法施行后继续按原税收法律、行政法规及相关文件规定的优惠办法及年限享受至期满为止，但因未获利而尚未享受税收优惠的，其优惠期限从2008年度起计算。

五、税额抵免

（一）税额抵免

《企业所得税法》第三十四条及实施条例第一百条规定，税额抵免是指企业购置并实际使用《环境保护专用设备企业所得税优惠目录》《节能节水专用设备企业所得税优惠目录》和《安全生产专用设备企业所得税优惠目录》规定的环境保护、节能节水、安全生产等专用设备的，该专用设备的投资额的10%可以从企业当年的应纳税额中抵免；当年不足抵免的，可以在以后5个纳税年度结转抵免。

（二）专用设备投资额抵免税额

本年允许抵免的专用设备投资额是指纳税人本年购置并实际使用《环境保护专用设备企业所得税优惠目录》《节能节水专用设备企业所得税优惠目录》和《安全生产专用设备企业所得税优惠目录》规定的环境保护、节能节水、安全生产等专用设备的发票价税合计金额，但不包括允许抵扣的增值税进项税额、按有关规定退还的增值税税款以及设备运输、安装和调试等费用。

享受前款规定的企业所得税优惠的企业，应当实际购置并自身实际投入使用前款规定的专用设备；企业购置上述专用设备在5年内转让、出租的，应当停止享受企业所得税优惠，并补缴已经抵免的企业所得税税款。

相 关 链 接

1.《财政部 国家税务总局关于执行环境保护专用设备企业所得税优惠目录、节能节水专用设备企业所得税优惠目录和安全生产专用设备企业所得税优惠目录有关问题的通知》（财税〔2008〕48号）

2.《财政部 国家税务总局 国家发展改革委关于公布节能节水专用设备企业所得税优惠目录（2008年版）和环境保护专用设备企业所得税优惠目录（2008年版）的通知》（财税〔2008〕115号）

3.《财政部 国家税务总局 安全监管总局关于公布〈安全生产专用设备企业所得税优惠目录（2008年版）〉的通知》（财税〔2008〕118号）

4.《财政部 国家税务总局关于执行企业所得税优惠政策若干问题的通知》（财税〔2009〕69号）

5.《国家税务总局关于环境保护、节能节水、安全生产等专用设备投资抵免企业所得税有关问题的通知》（国税函〔2010〕256号）

6.《财政部 税务总局 国家发展改革委工业和信息化部环境保护部关于印发节能节水和环境保护专用设备企业所得税优惠目录(2017年版)的通知》(财税〔2017〕71号)等相关税收政策规定

拓展阅读　享受环保设备抵免税额所得税优惠，能否同时叠加享受公共基础设施三免三减半的优惠政策

A公司2015年成立，从事公共基础设施建设，符合享受"三免三减半"企业所得税优惠政策，2017年购入环境保护设备，请问A公司能否同时享受"三免三减半"所得税优惠政策和购入环保设备抵免税额所得税优惠政策？

根据财税〔2009〕69号《财政部 国家税务总局关于执行企业所得税优惠政策若干问题的通知》规定，《国务院关于实施企业所得税过渡优惠政策的通知》(国发〔2007〕39号)第三条所称不得叠加享受，且一经选择，不得改变的税收优惠情形，限于企业所得税过渡优惠政策与《企业所得税法及其实施条例》中规定的定期减免税和减低税率类的税收优惠。《企业所得税法及其实施条例》中规定的各项税收优惠，凡企业符合规定条件的，可以同时享受。

《企业所得税法实施条例》第八十七条规定，企业所得税法第二十七条第(二)项所称国家重点扶持的公共基础设施项目，是指《公共基础设施项目企业所得税优惠目录》规定的港口码头、机场、铁路、公路、城市公共交通、电力、水利等项目企业从事前款规定的国家重点扶持的公共基础设施项目的投资经营的所得，自项目取得第一笔生产经营收入所属纳税年度起，第一年至第三年免征企业所得税，第四年至第六年减半征收企业所得税。

企业承包经营、承包建设和内部自建自用本条规定的项目，不得享受本条规定的企业所得税优惠。

第八十八条规定，《企业所得税法》第二十七条第(三)项所称符合条件的环境保护、节能节水项目，包括公共污水处理、公共垃圾处理、沼气综合开发利用、节能减排技术改造、海水淡化等。项目的具体条件和范围由国务院财政、税务主管部门商国务院有关部门制订，报国务院批准后公布施行。企业从事前款规定的符合条件的环境保护、节能节水项目的所得，自项目取得第一笔生产经营收入所属纳税年度起，第一年至第三年免征企业所得税，第四年至第六年减半征收企业所得税。

第一百条规定，《企业所得税法》第三十四条所称税额抵免，是指企业购置并实际使用《环境保护专用设备企业所得税优惠目录》《节能节水专用设备企业所得税优惠目录》和《安全生产专用设备企业所得税优惠目录》规定的环境保护、节能节水、安全生产等专用设备的，该专用设备的投资额的10%可以从企业当年的应纳税额中抵免；当年不足抵免的，可以在以后5个纳税年度结转抵免。享受前款规定的企业所得税优惠的企业，应当实际购置并自身实际投入使用前款规定的专用设备；企业购置上述专用设备在5年内转让、出租的，应当停止享受企业所得税优惠，并补缴已经抵免的企业所得税税款。

根据上述规定，A公司从事公共基础设施建设，符合享受"三免三减半"企业所得税优惠政策，可以享受"三免三减半"企业所得税优惠政策。2017年购入环境保护设备，可以享受购入环保设备抵免税额所得税优惠政策，即两者可以叠加享受。

经典案例

1. 会计核算、高新技术企业认定和加计扣除研发费用归集的差异？

【参考解答】 目前研发费用归集有三个口径。

一是会计核算口径，由《财政部关于企业加强研发费用财务管理的若干意见》（财企〔2007〕194号）规范。

二是高新技术企业认定口径，由《科技部 财政部 国家税务总局关于修订印发<高新技术企业认定管理工作指引>的通知》（国科发火〔2016〕195号）规范。

三是加计扣除税收规定，由财税〔2015〕119号文件和97号公告、40号公告规范。

三个研发费用归集口径相比较，存在一定差异（见表6-1），形成差异的主要原因如下。

（1）会计口径的研发费用，其主要目的是为了准确核算研发活动支出，而企业研发活动是企业根据自身生产经营情况自行判断的，除该项活动应属于研发活动外，并无过多限制条件。

（2）高新技术企业认定口径的研发费用，其主要目的是为了判断企业研发投入强度、科技实力是否达到高新技术企业标准，因此对人员费用、其他费用等方面有一定的限制。

（3）研发费用加计扣除政策口径的研发费用，其主要目的是为了细化哪些研发费用可以享受加计扣除政策，引导企业加大核心研发投入，因此政策口径最小。可加计范围针对企业核心研发投入，主要包括研发直接投入和相关性较高的费用，对其他费用有一定的比例限制。应关注的是，允许扣除的研发费用范围采取的是正列举方式，即政策规定中没有列举的加计扣除项目，不可以享受加计扣除优惠。

表6-1 研发费用归集口径比较

费用项目	研发费用加计扣除	高新技术企业认定	会计规定	备注
人员人工费用	直接从事研发活动人员的工资薪金、基本养老保险费、基本医疗保险费、失业保险费、工伤保险费、生育保险费和住房公积金，以及外聘研发人员的劳务费用	企业科技人员的工资薪金、基本养老保险费、基本医疗保险费、失业保险费、工伤保险费、生育保险费和住房公积金，以及外聘科技人员的劳务费用	企业在职研发人员的工资、奖金、津贴、补贴、社会保险费、住房公积金等人工费用以及外聘研发人员的劳务费用	会计核算范围大于税收范围。高新技术企业人员人工费用归集对象是科技人员

续表

费用项目	研发费用加计扣除	高新技术企业认定	会计规定	备注
直接投入费用	研发活动直接消耗的材料、燃料和动力费用	直接消耗的材料、燃料和动力费用	研发活动直接消耗的材料、燃料和动力费用	
	用于中间试验和产品试制的模具、工艺装备开发及制造费，不构成固定资产的样品、样机及一般测试手段购置费，试制产品的检验费	用于中间试验和产品试制的模具、工艺装备开发及制造费，不构成固定资产的样品、样机及一般测试手段购置费，试制产品的检验费	用于中间试验和产品试制的模具、工艺装备开发及制造费，样品、样机及一般测试手段购置费，试制产品的检验费等	
	用于研发活动的仪器、设备的运行维护、调整、检验、维修等费用，以及通过经营租赁方式租入的用于研发活动的仪器、设备租赁费	用于研究开发活动的仪器、设备的运行维护、调整、检验、检测、维修等费用，以及通过经营租赁方式租入的用于研发活动的固定资产租赁费	用于研发活动的仪器、设备、房屋等固定资产的租赁费，设备调整及检验费，以及相关固定资产的运行维护、维修等费用	房屋租赁费不计入加计扣除范围
折旧费用与长期待摊费用	用于研发活动的仪器、设备的折旧费	用于研究开发活动的仪器、设备和在用建筑物的折旧费。研发设施的改建、改装、装修和修理过程中发生的长期待摊费用	用于研发活动的仪器、设备、房屋等固定资产的折旧费	房屋折旧费不计入加计扣除范围
无形资产摊销	用于研发活动的软件、专利权、非专利技术（包括许可证、专有技术、设计和计算方法等）的摊销费用	用于研究开发活动的软件、知识产权、非专利技术（专有技术、许可证、设计和计算方法等）的摊销费用	用于研发活动的软件、专利权、非专利技术等无形资产的摊销费用	
设计试验等费用	新产品设计费、新工艺规程制定费、新药研制的临床试验费、勘探开发技术的现场试验费	符合条件的设计费用、装备调试费用、试验费用（包括新药研制的临床试验费、勘探开发技术的现场试验费、田间试验费等）		

续表

费用项目	研发费用加计扣除	高新技术企业认定	会计规定	备注
其他相关费用	与研发活动直接相关的其他费用，如技术图书资料费、资料翻译费、专家咨询费、高新科技研发保险费、研发成果的检索、分析、评议、论证、鉴定、评审、评估、验收费用，知识产权的申请费、注册费、代理费、差旅费、会议费，职工福利费、补充养老保险费、补充医疗保险费。此项费用总额不得超过可加计扣除研发费用总额的10%	与研究开发活动直接相关的其他费用，包括技术图书资料费、资料翻译费、专家咨询费、高新科技研发保险费，研发成果的检索、论证、评审、鉴定、验收费用，知识产权的申请费、注册费、代理费，会议费、差旅费、通讯费等。此项费用一般不得超过研究开发总费用的20%，另有规定的除外	与研发活动直接相关的其他费用，包括技术图书资料费、资料翻译费、会议费、差旅费、办公费、外事费、研发人员培训费、培养费、专家咨询费、高新科技研发保险费用等。研发成果的论证、评审、验收、评估以及知识产权的申请费、注册费、代理费等费用	加计扣除政策及高新研发费用范围中对其他相关费用总额有比例限制

2. 某企业从事于林木的种植与培育，2015年取得财政拨款1200万元，请问该企业取得财政补贴是否应缴纳企业所得税？

【参考解答】《企业所得税法实施条例》第八十六条规定，纳税人从事农、林、牧、渔业项目的所得，可以免征、减征企业所得税。

《财政部 国家税务总局关于财政性资金行政事业性收费政府性基金有关企业所得税政策问题的通知》(财税〔2008〕151号)规定，企业取得的各类财政性资金，除属于国家投资和资金使用后要求归还本金的以外，均应计入企业当年收入总额。

《财政部 国家税务总局关于专项用途财政性资金企业所得税处理问题的通知》(财税〔2011〕70号)规定，企业从县级以上各级人民政府财政部门及其他部门取得的应计入收入总额的财政性资金，凡同时符合以下条件的，可以作为不征税收入，在计算应纳税所得额时从收入总额中减除。

(1) 企业能够提供规定资金专项用途的资金拨付文件。

(2) 财政部门或其他拨付资金的政府部门对该资金有专门的资金管理办法或具体管理要求。

(3) 企业对该资金以及以该资金发生的支出单独进行核算。

根据上述规定，企业取得的财政性资金如果符合财税〔2011〕70号规定，可以作为不征税收入进行处理；若不符合不征税收入规定，应计入收入总额按农、林、牧、渔企业适用政策缴纳企业所得税。

3. A公司系一般纳税人，从事白糖生产，生产分为淡季、旺季，2018年月职工人数如表6-2。

表 6-2　A 公司 2018 年职工人数表　　　　　　　　　　　　单位：人

日期	2018年每月职工人数	季平均值	全年季度平均值	月平均值
1	95			
2	69	111		
3	127			
4	237			
5	113	181.5		
6	126		111.13	94.67
7	80			
8	18	77		
9	74			
10	59			
11	47	75		
12	91			
合计	1136	444.5		

2018年度全年平均值如按季平均值算人数正好超100人，为111人，如按月平均值计算人数则为95人，请问能否享受小微企业税收优惠政策？

【参考解答】 根据《财政部、税务总局关于进一步扩大小型微利企业所得税优惠政策范围的通知》(财税〔2018〕77号)规定，所称从业人数，包括与企业建立劳动关系的职工人数和企业接受的劳务派遣用工人数。

从业人数和资产总额指标，应按企业全年的季度平均值确定：

季度平均值=(季初值+季末值)/2

全年季度平均值=全年各季度平均值之和/4

根据上述规定，该企业职工人数不符合财税〔2018〕77号规定，不得享受小型微利企业税收优惠政策。

4. 根据《企业所得税法》第二十七第一款的规定，从事农、林、牧、渔业项目所得可享受税收优惠。现在合作社的主要形式是每个社员独立从事农业生产，生产的农业产品主要是通过合作社的平台对外销售，合作社与社员之间存在代购代销关系，账务处理上主要是根据农民专业合作社财务会计制度(试行)规定，通过"成员往来"进行结算，其所得是否视同从事农业项目所得享受税收优惠政策？

【参考解答】《企业所得税法实施条例》第八十六条规定，企业所得税法第二十七条第(一)项规定的企业从事农、林、牧、渔业项目的所得，可以免征、减征企业所得税。

(1)企业从事下列项目的所得，免征企业所得税。

1)蔬菜、谷物、薯类、油料、豆类、棉花、麻类、糖料、水果、坚果的种植。

2)农作物新品种的选育。

3)中药材的种植。

4）林木的培育和种植。

5）牲畜、家禽的饲养。

6）林产品的采集。

7）灌溉、农产品初加工、兽医、农技推广、农机作业和维修等农、林、牧、渔服务业项目。

8）远洋捕捞。

（2）企业从事下列项目的所得，减半征收企业所得税。

1）花卉、茶以及其他饮料作物和香料作物的种植。

2）海水养殖、内陆养殖。

企业从事国家限制和禁止发展的项目，不得享受本条规定的企业所得税优惠。

根据上述规定，企业从事农、林、牧、渔业项目的所得，可以免征、减征企业所得税，但农村合作社作为一个为农民服务的平台，主要从事是商品的销售，不得享受企业所得税优惠政策。

5. A公司于2017年8月利用自有资金3000万元在二级市场购入M基金，2017年10月将该基金出售获利2000万元，计入投资收益。A公司于2017年11月购入K基金6000万元，2017年12月将该基金出售损失8000万元。该公司在2017年企业所得税汇算清缴填报《免税、减计收入及加计扣除优惠明细表》（A107010）、《资产损失税前扣除及纳税调整明细表》（A105090）向税务机关备案免税2000万元，同时进行资产损失清单申报扣除，请问该公司上述两项所得税处理是否正确？

【参考解答】《企业所得税法》第二十六条规定，企业的下列收入为免税收入……（二）符合条件的居民企业之间的股息、红利等权益性投资收益。

《企业所得税实施条例》第八十三条规定，企业所得税法第二十六条第（二）项所称符合条件的居民企业之间的股息、红利等权益性投资收益，是指居民企业直接投资于其他居民企业取得的投资收益。企业所得税法第二十六条第（二）项和第（三）项所称股息、红利等权益性投资收益，不包括连续持有居民企业公开发行并上市流通的股票不足12个月取得的投资收益。

《财政部 国家税务总局关于企业所得税若干优惠政策的通知》（财税〔2008〕1号）第二条规定：

（一）对证券投资基金从证券市场中取得的收入，包括买卖股票、债券的差价收入，股权的股息、红利收入，债券的利息收入及其他收入，暂不征收企业所得税。

（二）对投资者从证券投资基金分配中取得的收入，暂不征收企业所得税。

（三）对证券投资基金管理人运用基金买卖股票、债券的差价收入，暂不征收企业所得税。

根据上述规定，A公司2017年汇算清缴填报《免税、减计收入及加计扣除优惠明细表》（A107010）存在错误，A公司从二级市场购入的基金不属于财税〔2008〕1号文件规定"对投资者从证券投资基金分配中取得的收入，暂不征收企业所得税"的事项，不得享受企业所得税优惠政策。

《国家税务总局关于发布〈企业资产损失所得税税前扣除管理办法〉的公告》（国家税务总局公告2011年第25号），以及国家税务总局公告2018年第15号《国家税务总局关于企业所得税资产损失资料留存备查有关事项的公告》向税务机关申报扣除，相关资料由企业留存备查。

第二节　企业所得税优惠的后续管理

为贯彻落实税务系统"放管服"改革政策，优化税收环境，有效落实企业所得税各项优惠政策，税务总局修订并重新发布了《企业所得税优惠政策事项办理办法》（国家税务总局公告2018年第23号，以下简称《办法》），《办法》适用于2017年度企业所得税汇算清缴及以后年度企业所得税优惠事项办理工作。今后企业享受优惠事项采取"自行判别、申报享受、相关资料留存备查"的办理方式。企业应当根据经营情况以及相关税收规定自行判断是否符合优惠事项规定的条件，符合条件的可以按照《目录》列示的时间自行计算减免税额，并通过填报企业所得税纳税申报表享受税收优惠。同时，按照本办法的规定，归集和留存相关资料备查。

一、优惠事项后续管理业务概述

为加强管理，《办法》规定税务机关将对企业享受优惠事项开展后续管理，企业应当予以配合并按照税务机关规定的期限和方式提供留存备查资料。

（1）留存备查资料。

是指与企业享受优惠事项有关的合同、协议、凭证、证书、文件、账册、说明等资料。留存备查资料分为主要留存备查资料和其他留存备查资料两类。主要留存备查资料由企业按照《企业所得税优惠事项管理目录（2017年版）》（以下简称《目录》）列示的资料清单准备，其他留存备查资料由企业根据享受优惠事项情况自行补充准备。

（2）《目录》中优惠事项共69项，其中预缴享受57项，汇缴享受11项，另外1项若税会处理一致的，则预缴享受，若税会处理不一致的，则汇缴享受。

《目录》中后续管理要求由省税务机关（含计划单列市税务机关）规定的有45项、由省税务机关规定的有11项、在汇算清缴期结束前向税务机关提交资料的有13项。

（3）应当在汇算清缴后向税务部门提交资料的优惠事项。

享受《目录》第30至31项、第45至53项、第56至57项软件和集成电路产业优惠事项的，企业应当在汇算清缴后按照《目录》"后续管理要求"项目中列示的资料清单向税务部门提交资料，提交资料时间不得超过本年度汇算清缴期。如：企业享受《目录》第45项优惠事项，在2018年4月30日完成2017年度企业所得税纳税申报并缴纳税款，其应在4月30日同步将留存备查资料归集和整理完毕，并在2018年5月31日前按照第45项优惠事项"后续管理要求"项目中列示的资料清单向税务机关提交相关资料。

二、主要所得优惠后续管理

（一）农、林、牧、渔业项目
1. 业务内容（如表6-3所示）

表6-3　从事农、林、牧、渔业项目的所得优惠后续管理业务内容

优惠事项名称	政策概述	主要政策依据	主要留存备查资料	享受优惠时间	后续管理要求
从事农、林、牧、渔业项目的所得减免征收企业所得税	企业从事蔬菜、谷物、薯类、油料、豆类、棉花、麻类、糖料、水果、坚果的种植，农作物新品种选育，中药材种植，林木培育和种植，牲畜、家禽饲养，林产品采集，灌溉、农产品初加工、兽医、农技推广、农机作业和维修等农、林、牧、渔服务业项目，远洋捕捞项目所得免征企业所得税。企业从事花卉、茶以及其他饮料作物和香料作物种植，海水养殖、内陆养殖项目所得减半征收企业所得税。"公司+农户"经营模式从事农、林、牧、渔业项目生产企业，可以按照《中华人民共和国企业所得税法实施条例》第八十六条的有关规定，享受减免企业所得税优惠政策	（1）《中华人民共和国企业所得税法》第二十七条第一项。（2）《中华人民共和国企业所得税法实施条例》第八十六条。（3）《财政部 国家税务总局关于发布享受企业所得税优惠政策的农产品初加工范围（试行）的通知》（财税〔2008〕149号）。（4）《财政部 国家税务总局关于享受企业所得税优惠的农产品初加工有关范围的补充通知》（财税〔2011〕26号）。（5）《国家税务总局关于黑龙江垦区国有农场土地承包费缴纳企业所得税问题的批复》（国税函〔2009〕779号）。（6）《国家税务总局关于"公司+农户"经营模式企业所得税优惠问题的公告》（国家税务总局公告2010年第2号）。（7）《国家税务总局关于实施农林牧渔业项目企业所得税优惠问题的公告》（国家税务总局公告2011年第48号）	（1）企业从事相关业务取得的资格证书或证明资料，包括有效期内的远洋渔业企业资格证书、从事农作物新品种选育的认定证书、动物防疫条件合格证、林木种子生产经营许可证、兽医的资格证明等。（2）与农户签订的委托养殖合同（"公司+农户"经营模式的企业）。（3）与家庭承包户签订的内部承包合同（国有农场实行内部家庭承包经营）。（4）农产品初加工项目及工艺流程说明（两个或两个以上的分项目说明）。（5）同时从事适用不同企业所得税待遇项目的，每年度单独计算减免项目所得的计算过程及其相关账册，期间费用合理分摊的依据和标准。（6）生产场地证明资料，包括土地使用权证、租用合同等。（7）企业委托或受托其他企业或个人从事符合规定的农林牧渔业项目的委托合同、受托合同、支出明细等证明材料	预缴享受	由省税务机关（含计划单列市税务机关）规定

2. 后续管理风险点提示

(1)税务登记类风险的风险点如下。

1)农、林、牧、渔纳税人(尤其是农民专业合作社)税务登记时是否将营业执照注册类型为有限责任公司(自然人独资)、私营独资企业的纳税人,税务登记错误登记为个人独资企业而未核定企业所得税税种。

2)纳税人不设置账簿或虽设置账簿,但账目混乱或者成本资料、收入凭证、费用凭证残缺不全,难以查账的,是否按照规定鉴定为核定征收,应核定征收企业是否违规享受所得减免优惠。

3)核定征收企业账务健全后是否及时将征收方式调整为查账征收,企业是否实际享受到所得减免优惠。

拓展阅读　　税务登记类风险的审核要点

(1)审核纳税人营业执照上注明的注册类型,严格按照《公司法》《个人独资企业法》的相关规定,准确判定是属于有限责任公司还是个人独资企业,不属于个人独资企业、合伙企业的,及时督促企业到办税服务厅核定企业所得税税种。

(2)查看企业账簿设置情况,核实是否准确鉴定企业所得税征收方式,不能单独核算的,是否享受税收优惠。

(3)核定征收企业所得税的纳税人积极建账建制,改善经营管理,符合查账征收条件后,是否及时调整征收方式,确保符合条件的纳税人都能应享尽享税收优惠。

(2)账务核算类风险的风险点如下。

1)企业农、林、牧、渔项目是否单独核算,没有单独核算享受税收优惠的是否按规定进行了纳税调整。

2)企业是否将营业外收入等非减免所得项目并入农、林、牧、渔项目所得,进行减免申报,少缴了税款。

3)企业享受不同减免幅度的优惠项目,例如减半征收的花卉等项目所得,是否按规定分开核算,各自单独计算优惠金额。

4)农产品初加工企业是否将购买农产品后直接进行销售产生的所得,列入农、林、牧、渔业项目享受减免优惠。

拓展阅读　　账务核算类风险的审核要点

(1)实地查看企业账簿设置情况,核实企业农、林、牧、渔项目是否单独核算,未单独核算的，查看企业年度纳税申报表《所得减免优惠明细表》（A107020）第 1～22 行对应栏次是否有数字，有数字的，及时督促企业进行更正申报，补缴税款。

（2）审核企业会计账簿"主营业务收入""其他业务收入""应交税费——应交增值税（销项税额）"等科目，查看相关的记账凭证，核实销售发票开具的商品名称，是否与实际经营相符，是否属于所得减免范围，是否将财政补贴收入入账并按规定计算征收企业所得税，是否将应记入"营业外收入"科目的所得误并入农、林、牧、渔项目进行所得减免申报。

（3）审核商品销售凭证和纳税申报表，核实是否未将花卉等减半优惠项目分开核算，而是并入全免项目申报纳税。

（4）查看农产品初加工企业购销合同及相关资料，查找企业是否有购买农产品后直接进行销售产生的所得，若有，是否误将该项所得列入农、林、牧、渔业项目享受减免优惠。

（3）发票开具类风险的风险点如下。

1）开具有抵扣功能发票的农林牧渔企业发票开具风险，发票开具金额与实际养殖、种植规模不符的风险，甚至虚开发票风险，重点是农民专业合作社、养殖业、种植业类企业。

2）农、林、牧、渔企业免税企业为其他单位代开、虚开发票，致使其他企业虚列收入的风险。

拓展阅读　发票开具类风险的审核要点

（1）产权情况。纳税人种植、养殖的场地，是自有还是租赁；应提供自有还是租赁的合法性证明。

（2）规模情况。纳税人经营场地规模的具体数量（多少亩地）；养殖设备数量类型及数量；养殖的品种、数量、单价；主管税务机关巡查巡管时采集纳税人种植的面积、品种、单价等情况。

（3）财务核算情况。财务核算是否规范，是否有专门的财务核算部门，是否有专职会计人员。

（4）资金收付是否通过银行结算。农民专业合作社、养殖业、种植业与生产经营有关的资金收入、支出，除了个别小额零售外必须通过银行基本账户核算，按时取得并保管银行对账单。

（5）要有专门的存货收发记录。确保真实、完整，做到账实相符，即仓库保管账与实物相符。

（6）产能匹配情况。企业开具的发票金额与企业养殖、种植的产能是否匹配。

（7）根据本级及上级风险分析，开展或配合涉及本单位的发票开具异常纳税人相关事宜调查核实。

拓展阅读 企业对外购茶叶进行筛选、分装、包装后进行销售的所得能否享受所得税优惠政策

《国家税务总局关于实施农林牧渔业项目企业所得税优惠问题的公告》(国家税务总局公告 2011 年第 48 号)规定,企业对外购茶叶进行筛选、分装、包装后进行销售的所得,不享受农产品初加工的优惠政策。

根据上述规定,企业对外购茶叶进行筛选、分装、包装后进行销售的所得不能享受所得税优惠政策。

(二)小型微利企业

1. 业务内容(如表 6-4 所示)

表 6-4　小型微利企业税收优惠后续管理业务内容

优惠事项名称	政策概述	主要政策依据	主要留存备查资料	享受优惠时间	后续管理要求
符合条件的小型微利企业减免企业所得税	从事国家非限制和禁止行业的企业,减按 20% 的税率征收企业所得税。对年应纳税所得额低于 100 万元(含 100 万元)的小型微利企业,其所得减按 50% 计入应纳税所得额,按 20% 的税率缴纳企业所得税	(1)《中华人民共和国企业所得税法》第二十八条。(2)《中华人民共和国企业所得税法实施条例》第九十二条。(3)《财政部 税务总局关于扩大小型微利企业所得税优惠政策范围的通知》(财税〔2017〕43 号)。(4)《国家税务总局关于贯彻落实扩大小型微利企业所得税优惠政策范围有关征管问题的公告》(国家税务总局公告 2017 年第 23 号)。(5)《财政部 税务总局关于进一步扩大小型微利企业所得税优惠政策范围的通知》(财税〔2018〕77 号)	(1)所从事行业不属于限制和禁止行业的说明。(2)从业人数的计算过程。(3)资产总额的计算过程	预缴享受	由省税务机关(含计划单列市税务机关)规定

相关链接

根据《财政部 税务总局关于进一步扩大小型微利企业所得税优惠政策范围的通知》(财税〔2018〕77 号),自 2018 年 1 月 1 日至 2020 年 12 月 31 日,将小型微利企业的年应纳税所得额上限由 50 万提高至 100 万元,同时,财税〔2017〕43 号文件自 2018 年 1 月 1 日起废止。

2. 后续管理风险点提示

(1)严格控制小型微利企业的认定标准。

企业的从业人数、资产总额、应纳税所得额三项同时符合条件时,方可享受小型微利企业优惠政策。防止企业为满足条件弄虚作假,故意压低应纳税所得额,虚报职工人数等。

（2）企业实际经营情况发生变化，不再符合相关认定标准，已享受的减免税额应及时补缴。

（3）上一纳税年度符合小型微利企业条件，按照实际利润预缴企业所得税的，重点审核预缴时的累计实际利润，2018年度中间累计实际利润超过100万元的，应及时停止享受减半征税政策，并按照规定补缴税款。按照上一纳税年度应纳税所得额平均额预缴企业所得税的，预缴时可以享受减半征税政策，重点审核汇算清缴时企业应纳税所得额，如超过100万元（2018年），应按照规定补缴税款。

（4）小型微利企业在预缴和汇算清缴时通过填写企业所得税纳税申报表"从业人数、资产总额"等栏次履行备案手续，不再另行专门备案。应重点审核年度申报表中《企业基础信息表》（A00000）填写的从业人数、资产总额指标，具体计算公式如下：

季度平均值=（季初值+季末值）÷2；全年季度平均值=全年各季度平均值之和÷4。

年度中间开业或者终止经营活动的，以其实际经营期作为一个纳税年度确定上述相关指标。

拓展阅读　经税务机关查补税额能否享受小微企业优惠政策

某企业从事国家非限制和禁止行业，自行申报2018年度企业所得税时，应纳税所得额为-1000元。经稽查查补2018年度企业所得税，调增应纳税所得额为30000元，资产额和从业人数未超过小型微利企业标准，是否可以享受小型微利企业所得税税收优惠？

《企业所得税法实施条例》第九十二条规定，企业所得税法第二十八条第一款以及《财政部 税务总局关于进一步扩大小型微利企业所得税优惠政策范围的通知》（财税〔2018〕77号），所称小型微利企业，是指从事国家非限制和禁止行业，并符合下列条件的企业。

（1）工业企业，年度应纳税所得额不超过100万元，从业人数不超过100人，资产总额不超过3000万元。

（2）其他企业，年度应纳税所得额不超过100万元，从业人数不超过80人，资产总额不超过1000万元。

根据上述规定，某企业从事国家非限制和禁止行业，自行申报2018年度企业所得税时应纳税所得额为-1000元。经稽查查补2018年度企业所得税，调增应纳税所得额为3000万元资产总额和从业人数未超过小型微利企业标准，可以享受小型微利企业所得税税收优惠，但税务机关可依《中华人民共和国税收征管法》有关规定进行处罚。

拓展阅读　非居民企业是否可以享受小型微利企业所得税优惠

A分公司系非居民企业，2018年应纳税所得额为25万元，从业人员为25人，资产总额为 500 万元，请问该非居民企业能否享受小微企业所得税优惠政策？

《国家税务总局关于非居民企业不享受小型微利企业所得税优惠政策问题的通知》(国税函〔2008〕650 号)规定，企业所得税法第二十八条规定的小型微利企业是指企业的全部生产经营活动产生的所得均负有我国企业所得税纳税义务的企业。因此，仅就来源于我国所得负有我国纳税义务的非居民企业，不适用该条规定的对符合条件的小型微利企业减按 20%税率征收企业所得税的政策。

根据上述规定，仅就来源于我国所得负有我国纳税义务的非居民企业，不得享受小型微利企业所得税优惠政策。

(三)高新技术企业

1. 业务内容(如表 6-5 所示)

表 6-5　高新技术企业所得税后续管理业务内容

优惠事项名称	政策概述	主要政策依据	主要留存备查资料	享受优惠时间	后续管理要求
国家需要重点扶持的高新技术企业减按 15%的税率征收企业所得税	国家需要重点扶持的高新技术企业，减按 15%的税率征收企业所得税。国家需要重点扶持的高新技术企业，是指拥有核心自主知识产权，产品(服务)属于国家重点支持的高新技术领域规定的范围、研究开发费用占销售收入的比例不低于规定比例、高新技术产品(服务)收入占企业总收入的比例不低于规定比例、科技人员占企业职工总数的比例不低于规定比例，以及高新技术企业认定管理办法规定的其他条件的企业。对从事文化产业支撑技术等领域的文化企业，按规定认定为高新技术企业的，减按 15%的税率征收企业所得税	(1)《中华人民共和国企业所得税法》第二十八条。(2)《中华人民共和国企业所得税法实施条例》第九十三条。(3)《关于高新技术企业境外所得适用税率及税收抵免问题的通知》(财税〔2011〕47 号)。(4)《财政部 海关总署 国家税务总局关于继续实施支持文化企业发展若干税收政策的通知》(财税〔2014〕85 号)。(5)《科技部 财政部 国家税务总局关于修订印发〈高新技术企业认定管理办法〉的通知》(国科发火〔2016〕32 号)。(6)《科技部 财政部 国家税务总局关于修订〈高新技术企业认定管理工作指引〉的通知》(国科发火〔2016〕195 号)。(7)《国家税务总局关于实施高新技术企业所得税优惠有关问题的通知》(国税函〔2009〕203 号)。(8)《国家税务总局关于实施高新技术企业所得税优惠政策有关问题的公告》(国家税务总局公告 2017 年第 24 号)	(1)高新技术企业资格证书。(2)高新技术企业认定资料。(3)知识产权相关材料。(4)年度主要产品(服务)发挥核心支持作用的技术属于《国家重点支持的高新技术领域》规定范围的说明，高新技术产品(服务)及对应收入资料。(5)年度职工和科技人员情况证明材料。(6)当年和前两个会计年度研发费用总额及占同期销售收入比例、研发费用管理资料以及研发费用辅助账，研发费用结构明细表	预缴享受	由省税务机关(含计划单列市税务机关)规定

2. 高新技术企业后续管理的风险点

(1) 留存备查资料与实际情况不相符。

(2) 企业发生重大安全、质量事故。

(3) 有环境等违法、违规行为，受到有关部门处罚的。

(4) 发生偷骗税行为。

(5) 享受优惠的条件发生变化，不再符合高新技术企业优惠条件。

(6) 产品结构发生重大变化，高新技术产品或服务占收入总额的比例达不到60%。

(7) 企业人员结构发生重大变化，本年具有大学专科以上学历人数，达不到职工总数的30%；研发人员人数达不到10%。

(8) 研究开发费用比例达不到规定比例；其他费用超过10%。

(9) 研究开发费用归集核算不规范，不能真实、准确核算发生的研究开发费用，具体表现：未单独核算或建立研发费用核算辅导账册，未按规定分项目、分类别核算研究开发活动支出、生产经营费用，共用的折旧、人工、材料等未按合理方法准确划分。

(10) 研究开发费用发生无真实合法凭据。

(11) 企业申报高新技术企业资格时，提供的申报资料与企业真实情况不符，有弄虚作假现象。

(12) 企业发生重大重组、并购、改变经营方式等行为，不再符合高新技术企业条件。

(13) 企业高新技术企业资格到期，未申请复审仍享受优惠。

(14) 研究开发项目重复，对以前年度已研究成功，商业化批量生产的技术，以其他名义重新研发，多列研发费用。

(15) 其他非研发岗位人员的支出，计入研发人员。

(16) 研发项目不真实，没有研究开发活动真实发生的相关证据或证明，虚构研发活动；账载研究开发费用发生额与企业实际研发机构、研发场所、研发能力明显不符。

(17) 关联方之间发生业务，通过人为抬高或降低销售价格转移利润，达到少缴税款目的。

拓展阅读：企业所得税汇算清缴税收政策风险提示服务

高新技术企业后续管理的审核要点如下。

(1) 根据建立的高新技术企业台账，查看高新技术企业年度申报表附表《高新技术企业优惠情况及明细表》(A107041)是否享受优惠，如有，查看主要留存备查资料是否齐全、完整、合规。

（2）根据风险管理应对要求，对享受优惠的高新技术企业申报情况与实际情况进行实地核查，发现高新技术企业优惠不符合条件的，及时追缴税款，涉及资格的，及时提请取消其资格。

（3）查看企业高新技术企业研发费用发生额与企业研发费用加计扣除优惠中研发费用发生额是否相差较大，是否属于政策范围内的合理差异；高新技术企业优惠核查，应与研究开发费用加计扣除的核查相结合，共同进行风险应对。

（4）查看企业研究开发费用年度发生额，是否与企业留存备查资料一致；计算企业研究开发费占当年销售收入的比例是否达到规定比例；其中，其他费用比例是否超过10%。

（5）查看企业账簿，是否准确区分研发费用和生产经营费用，特别是未设立专门的研发机构或企业研发机构同时承担生产经营任务的企业，是否对研发费用和生产经营费用分开进行核算，准确、合理地计算各项研究开发费用支出。

（6）查看企业账簿"营业外支出"科目，看其是否列支因环境等违法、违规行为，受到有关部门处罚的罚款支出；同时，根据税收分析监控系统及稽查案源情况，查看该企业是否有稽查记录，且被定性为偷骗税行为，若存在，及时提请取消其高新技术企业资格。

（7）通过外部门信息交换、及时收集企业是否发生重大安全、质量、环境事故，如有，应及时提请取消高新技术企业资格。

（8）通过实地核查及询问，看其是否发生重大重组、并购、改变经营方式等，若存在，应及时对其是否符合高新技术企业资格进行初步判断，可提请高新技术企业认定领导机构对其资格进行审查，不再符合高新技术企业条件的，及时停止优惠，追缴税款。

（9）实地查看企业职工总人数，可通过查看其工资表人数，抽查其考勤表，对科技人员人数、研发人员人数进行抽查，看其人数比例是否发生变化，是否达到规定比例。

（10）重点查看研发人员人数是否真实，通过研发人员岗位设置、考勤表等查看是否存在其他岗位人员混为研发人员、任意扩大研发人员范围的情况。

（11）查看高新产品或服务的收入，是否在主营业务收入明细账中，设置高新技术产品或服务二级明细账，高新技术产品或服务收入与其他收入是否混淆不清；高新技术产品或服务收入是否达不到规定比例。

（12）对照研发费用明细表，抽查具体的研发项目，是否存在以前年度已经列支，已成熟研究项目，以其他项目名义重复研发，重复列支研究开发费用。

（13）查看研究开发项目是否有相应的立项报告、预算、会议记录、研究开发项目计划进度、取得的科技成果及相应的研究开发记录档案等证据材料，是否存在虚构研发项目虚列研发费用的情况。

（14）实地查看研发机构、研发设备、研发场所、了解企业研发活动流程、研发产品去向，研发部门人员规模，对照企业发生的研究开发费用，看其研发能力、研发投入与其账载是否存在较大的差异，是否存在账载研发费用发生额与实际研发能力相差较大、明显不符的情况。

（15）实地查看研发生产线、研发机构的水、电、气等燃料动力来源，是否有独立的水表、电表等，是否与生产混用，若混用，划分是否合理、固定。

（16）了解企业是否存在母子公司、关联公司之间有业务往来，因为对方公司适用税率不同，而存在向高新技术企业转移利润少缴税款的情况。

拓展阅读 发现企业不符合高新技术企业条件，税务部门如何进行处理

A公司依据2015年至2017年的财务指标认定为高新技术企业，而2018年享受优惠政策时，税务部门发现其研发费用等多项指标不符合税法规定的高新技术企业的标准，请问税务部门如何进行处理？

《科技部 财政部 国家税务总局关于修订印发高新技术企业认定管理办法的通知》（国科发火〔2016〕32号）规定，对已认定的高新技术企业，有关部门在日常管理过程中发现其不符合认定条件的，应提请认定机构复核。复核后确认不符合认定条件的，由认定机构取消其高新技术企业资格，并通知税务机关追缴其不符合认定条件年度起已享受的税收优惠。

《科技部 财政部 国家税务总局关于修订印发〈高新技术企业认定管理工作指引〉的通知》（国科发火〔2016〕195号）规定，未取得高新技术企业资格或不符合《企业所得税法》及其《实施条例》《税收征管法》及其《实施细则》，以及《认定办法》等有关规定条件的企业，不得享受高新技术企业税收优惠。

对已认定的高新技术企业，有关部门在日常管理过程中发现其不符合认定条件的，应以书面形式提请认定机构复核。复核后确认不符合认定条件的，由认定机构取消其高新技术企业资格，并通知税务机关追缴其不符合认定条件年度起已享受的税收优惠。

根据上述规定，税务部门发现其研发费用等多项指标不符合税法规定的高新技术企业的标准，应以书面形式提请认定机构复核。复核后确认不符合认定条件的，由认定机构取消其高新技术企业资格，并通知税务机关追缴其不符合认定条件年度起已享受的税收优惠。

(四)研究开发费用加计扣除

1. 业务内容(如表6-6所示)

表6-6 研究开发费用加计扣除后续管理业务内容

优惠事项名称	政策概述	主要政策依据	主要留存资料	享受优惠时间	后续管理要求
开发新技术、新产品、新工艺发生的研究开发费用加计扣除	企业为开发新技术、新产品、新工艺发生的研究开发费用,未形成无形资产计入当期损益的,在按照规定据实扣除的基础上,按照研究开发费用的75%加计扣除;形成无形资产的,按照无形资产成本175%摊销。对从事文化产业支撑技术等领域的文化企业,开发新技术、新产品、新工艺发生的研究开发费用,允许按照税收法律法规的规定,在计算应纳税所得额时加计扣除	(1)《中华人民共和国企业所得税法》第三十条。(2)《中华人民共和国企业所得税法实施条例》第九十五条。(3)《财政部 海关总署 国家税务总局关于继续实施支持文化企业发展若干税收政策的通知》(财税〔2014〕85号)。(4)《财政部 国家税务总局 科技部关于完善研究开发费用税前加计扣除政策的通知》(财税〔2015〕119号)。(5)《科技部 财政部 国家税务总局关于进一步做好企业研发费用加计扣除政策落实工作的通知》(国科发政〔2017〕211号)。(6)《国家税务总局关于企业研发费用税前加计扣除政策有关问题的公告》(国家税务总局公告2015年第97号)。(7)《国家税务总局关于研发费用税前加计扣除政策有关问题的公告》(国家税务总局公告2017年第40号)。(8)财政部 税务总局 科技部《关于提高研究开发费用税前加计扣除比例的通知》(财税〔2018〕99号)	(1)自主、委托、合作研究开发项目计划书和企业有权部门关于自主、委托、合作研究开发项目立项的决议文件。(2)自主、委托、合作研究开发专门机构或项目组的编制情况和研发人员名单。(3)经科技行政主管部门登记的委托、合作研究开发项目的合同。(4)从事研发活动的人员(包括外聘人员)和用于研发活动的仪器、设备、无形资产的费用分配说明(包括工作使用情况记录及费用分配计算证据材料)。(5)集中研发项目研发费决算表、集中研发项目费用分摊明细情况表和实际分享收益比例等资料。(6)"研发支出"辅助账及汇总表。(7)企业如果已取得地市级(含)以上科技行政主管部门出具的鉴定意见,应作为资料留存备查	汇缴享受	由省税务机关(含计划单列市税务机关)规定

相关链接

根据财政部、税务总局、科技部《关于提高研究开发费用税前加计扣除比例的通知》(财税〔2018〕99号)的规定：企业开展研发活动中实际发生的研发费用，未形成无形资产计入当期损益的，在按规定据实扣除的基础上，在2018年1月1日至2020年12月31日期间，再按照实际发生额的75%在税前加计扣除；形成无形资产的，在上述期间按照无形资产成本的175%在税前摊销。

2. 研究开发费用加计扣除后续管理的风险点

（1）企业加计扣除的研发费用是否进行申报，留存备查资料与实际情况是否相符。

（2）企业研发费用的账务处理是否规范，是否设置辅助账，是否准确归集当年度可加计扣除的各项研究开发费用实际发生金额，相关凭证和辅助账是否一致。

（3）外聘研发人员的劳务费用是否真实合理。

（4）生产经营费用和研发费用是否准确区分。

（5）企业同时用于生产经营和研发活动的仪器设备、无形资产等，是否对发生的折旧摊销费用进行准确分摊。

（6）企业发生的研发费用中是否仅有人员费用而其他投入很少。

（7）企业加计扣除的研发费用的计算是否符合税法规定，范围是否准确。

（8）委托外部研发费用的税前加计扣除金额是否正确。

（9）集团研发费用是否按照权利和义务相一致、费用支出和收益分享相配比的原则进行分摊。

（10）企业加计扣除的研发费用是否准确进行资本化和费用化区分。

（11）企业用不征税收入形成的研发支出是否计入了研发费用。

（12）高新技术企业是否存在长期未发生研发费用的现象。

（13）是否存在企业研发费用突然增多等异常现象。

拓展阅读 研究开发费用加计扣除的审核要点

（1）查看年度申报表附表《研发费用加计扣除优惠明细表》(A107012)中研发费用加计扣除是否有数字，如有，查看主要留存备查资料是否齐全。

（2）查看企业是否建立专门记录研究开发费用的账簿，审核"研发支出""管理费用——研究开发费用"等账户，查看企业是否按研发项目和费用种类设置明细；研发费用是否分项目和费用种类分别核算；查看账簿记录和相关凭证内容是否一致。

（3）查看企业是否与外聘研发人员签有合同或协议，支付劳务费用时是否有相应的付款凭证、发票等。

(4)查看企业账簿,是否准确区分研发费用和生产经营费用,特别是未设立专门的研发机构或企业研发机构同时承担生产经营任务的企业,是否对研发费用和生产经营费用分开进行核算,准确、合理地计算各项研究开发费用支出。

(5)了解企业机器设备、无形资产等实际使用情况,结合企业会计账簿中计入"制造费用""管理费用""研发费用"等科目的折旧摊销费用,是否按照一定的标准进行分摊,所选用标准是否合理。

(6)查看企业研发费用的构成情况,如果仅有人员费用,有可能不符合研发活动的范围,需了解企业开展研发活动的实际情况;特别是关注大量差旅费、会议费计入研发费用的情况,查看原始凭证、会议记录等,是否为研发领域发生,金额是否正确。

(7)查看企业《研发项目可加计扣除研究开发费用情况归集表》中的费用,和账簿明细"研发费用"科目进行对照,是否属于规定的加计扣除范围,是否有自行扩大加计扣除范围的情况。

(8)查看企业研发合同、协议,企业在研发过程中,是否需要借助外单位的研发力量。如果存在,是否按照费用实际发生额的80%计入委托方研发费用并计算加计扣除,扣除比例和金额是否正确。

(9)了解企业和受托方之间的关系,是否与受托方存在关联关系,如果存在,是否提供研发项目费用支出明细情况。

(10)查看企业研发合同、协议,是否有企业集团分摊研发费用的情况;对分摊研发费用的,了解企业确定的分摊方法,是否符合权利和义务相一致、费用支出和收益分享相配比的原则,计算金额是否正确。

(11)查看企业账簿明细"研发费用""无形资产"科目,是否形成科研成果的转化,是否将应归属于无形资产的支出计入"管理费用",而未计入无形资产的成本,分期进行摊销。

(12)查看企业账簿"营业外收入"科目,企业是否取得政府补助等财政性资金收入,是否符合不征税收入条件;如果将其作为不征税收入使用,其形成的研发费用不可加计扣除。

(13)查看企业《研发费用加计扣除优惠明细表》(A107012),关注高新技术企业是否享受了研发费用加计扣除政策,如果没有,可能存在不符合高新技术企业管理条件的情况,需进一步核查其高新技术企业资格。

(14)查看企业研究开发项目计划书、立项的决议文件、研究开发费预算、研究开发专门机构或项目组的编制情况和专业人员名单、研究开发项目效用情况说明、研究成果报告等资料,企业是否进行了研发活动,是否发生了研发费用。

拓展阅读 企业进行研发但未能准确核算研发费用，其研发费用能否加计扣除

A公司系一般纳税人，从事新药的研发，2018年向税务机关备案研发费用加计扣除金额为2731万元，税务机关核实发现其账面管理费用科目研发费用只有167万元，该公司解释为其管理费用上级有考核，其转入生产成本还可能存在少扣除，且该公司还提供了研发费用加计扣除鉴证报告。请问其应加计扣除额应为167万元还是2731万元？

根据财税〔2018〕99号文规定，企业开展研发活动中实际发生的研发费用，未形成无形资产计入当期损益的，在按规定据实扣除的基础上，在2018年1月1日至2020年12月31日期间，再按照实际发生额的75%在税前加计扣除；形成无形资产的，在上述期间按照无形资产成本的175%在税前摊销。

企业应按照国家财务会计制度要求，对研发支出进行会计处理；同时，对享受加计扣除的研发费用按研发项目设置辅助账，准确归集核算当年可加计扣除的各项研发费用实际发生额。企业在一个纳税年度内进行多项研发活动的，应按照不同研发项目分别归集可加计扣除的研发费用。

企业应对研发费用和生产经营费用分别核算，准确、合理归集各项费用支出，对划分不清的，不得实行加计扣除。

根据上述规定，A公司能正确核算研发费用金额为167万元，只有该金额可以加计扣除。

（五）安置残疾人员所支付的工资加计扣除

1. 业务内容（如表6-7所示）

表6-7 安置残疾人员所支付的工资加计扣除后续管理业务内容

优惠事项名称	政策概述	主要政策依据	主要留存备查资料	享受优惠时间	后续管理要求
安置残疾人员所支付的工资加计扣除	企业安置残疾人员的，在按照支付给残疾职工工资据实扣除的基础上，按照支付给残疾职工工资的100%加计扣除。残疾人员的范围适用《中华人民共和国残疾人保障法》的有关规定	（1）《中华人民共和国企业所得税法》第三十条。（2）《中华人民共和国企业所得税法实施条例》第九十六条。（3）《财政部 国家税务总局关于安置残疾人员就业有关企业所得税优惠政策问题的通知》（财税〔2009〕70号）	（1）为安置的每位残疾人按月足额缴纳了企业所在区县人民政府根据国家政策规定的基本养老保险、基本医疗保险、失业保险和工伤保险等社会保险证明资料。（2）通过非现金方式支付工资薪酬的证明。（3）安置残疾职工名单及其《残疾人证》或《残疾军人证》。（4）与残疾人员签订的劳动合同或服务协议	汇缴享受	由省税务机关（含计划单列市税务机关）规定

2. 安置残疾人员工资加计扣除后续管理的风险点

(1)残疾人员是否符合《中华人民共和国残疾人保障法》规定范围。

(2)是否依法与安置的每位残疾人签订了1年以上(含1年)的劳动合同或服务协议,并且安置的每位残疾人实际上岗工作。

(3)是否为安置的每位残疾人按月足额缴纳了企业所在区县人民政府根据国家政策规定的基本养老、基本医疗保险、失业保险和工伤保险等社会保险。

(4)是否定期通过银行等金融机构向安置的每位残疾人实际支付了不低于企业所在区县适用的经省级人民政府批准的最低工资标准的工资。

(5)加计扣除工资的范围是否符合税法的相关规定。

(6)申报的工资加计扣除基数是否计算正确。

拓展阅读 安置残疾人员工资加计扣除后续管理的审核要点

(1)查看企业残疾职工提供的《中华人民共和国残疾人证》或《中华人民共和国残疾军人证(1-8)级》是否真实,是否符合《中华人民共和国残疾人保障法》规定范围。

残疾人是指在心理、生理、人体结构上,某种组织、功能丧失或者不正常,全部或者部分丧失以正常方式从事某种活动能力的人,包括视力残疾、听力残疾、言语残疾、肢体残疾、智力残疾、精神残疾、多重残疾和其他残疾的人。

(2)查看企业与所安置残疾人职工所签订的劳动合同或服务协议的原件,期限是否为1年或1年以上,同时要实地察看所安置残疾人职工的工作场所,核查企业是否具备安置残疾职工上岗工作的基本设施、残疾人职工是否实际在岗工作。

(3)通过查阅"应付职工薪酬"科目对应的货币资金科目以及原始凭证,核实企业是否为安置的每位残疾人按月足额缴纳了企业所在区县人民政府根据国家政策规定的基本养老、基本医疗保险、失业保险和工伤保险等社会保险,如有疑点可通过医保、民政、劳动等部门进一步落实。

(4)通过查阅企业账簿"应付职工薪酬"对应的货币资金科目,核实向安置的每位残疾人实际支付的工资情况。重点核实是否不低于企业所在区县适用的经省级人民政府批准的最低工资标准,同时还应询问残疾职工,确认工资实际发放,必要时可通过银行等金融机构核实。

(5)通过"应付职工薪酬"科目的二级明细科目,核实是否将职工福利费、职工教育经费、工会经费以及养老保险费、医疗保险费、失业保险费、工伤保险费、生育保险费等社会保险费和住房公积金等费用计入工资总额进行税前加计扣除;国有性质的企业,其工资薪金是否超过政府有关部门给予的限定数额,以及其他超范围扣除事项。

(6)通过核实年度申报表《免税、减计收入及加计扣除优惠明细表》(A107010)第29

行填报的数据，审核加计扣除基数是否计算正确，不符合税法上"合理的工资薪金"的部分不得进行加计扣除。

(六)农户小额贷款利息收入、种植业(养殖业)、保费收入

1. 业务内容(如表6-8所示)

表6-8　农户小额贷款的利息收入、种植业(养殖业)保费收入企业所得税优惠后续管理业务内容

序号	优惠事项名称	政策概述	主要政策依据	主要留存备查资料	享受优惠时间	后续管理要求
1	金融机构取得的涉农贷款利息收入在计算应纳税所得额时减计收入	对金融机构农户小额贷款的利息收入在计算应纳税所得额时，按90%计入收入总额	《财政部 税务总局关于延续支持农村金融发展有关税收政策的通知》(财税〔2017〕44号)	(1)相关利息收入的核算情况说明。(2)相关贷款合同	预缴享受	由省税务机关(含计划单列市税务机关)规定
2	保险机构取得的涉农保费收入在计算应纳税所得额时减计收入	对保险公司为种植业、养殖业提供保险业务的保费收入，在计算应纳税所得额时，按90%计入收入总额	《财政部 税务总局关于延续支持农村金融发展有关税收政策的通知》(财税〔2017〕44号)	(1)相关保费收入的核算情况说明。(2)相关保险合同	预缴享受	由省税务机关(含计划单列市税务机关)规定
3	小额贷款公司取得的农户小额贷款利息收入在计算应纳税所得额时减计收入	对经省级金融管理部门(金融办、局等)批准成立的小额贷款公司取得的农户小额贷款利息收入，在计算应纳税所得额时，按90%计入收入总额	《财政部 税务总局关于小额贷款公司有关税收政策的通知》(财税〔2017〕48号)	(1)相关利息收入的核算情况说明。(2)相关贷款合同。(3)省级金融管理部门(金融办、局等)出具的小额贷款公司准入资格文件	预缴享受	由省税务机关(含计划单列市税务机关)规定

2. 后续管理风险点提示

(1)登记环节风险。

1)应享未享农户小额贷款利息收入、种植业(养殖业)保费收入税收优惠的风险。

2)不应享而享农户小额贷款利息收入、种植业(养殖业)保费收入税收优惠的风险。

拓展阅读 　　农户小额贷款利息收入、种植业（养殖业）
　　　　　　保费收入税收优惠登记环节风险审核要点

（1）根据税务登记证上登记的企业经营范围，对属于《国民经济行业分类》上的"金融业""保险业"的，检查企业是否具备开展金融保险业务的资质，应提醒企业如果符合农户小额贷款利息收入或种植业（养殖业）保费收入优惠条件，及时享受税收优惠政策。

（2）根据登记的企业经营范围，对不属于《国民经济行业分类》上的"金融业""保险业"的企业，发现享受农户小额贷款利息收入或种植业（养殖业）保费收入税收优惠的，应及时取消优惠，少缴税款应及时补缴。

(2) 申报环节风险。
1) 应享未享农户小额贷款利息收入、种植业（养殖业）保费收入税收优惠的风险。
2) 申报表填写逻辑关系填写错误风险。
3) 当年农户小额贷款利息收入笔数较多、金额较大的风险。

拓展阅读 　　农户小额贷款利息收入、种植业（养殖业）保费收入
　　　　　　税收优惠申报环节风险审核要点

（1）对属于《国民经济行业分类》上的"金融业""保险业"行业的企业，在申报时未享受减计收入优惠，应及时提醒企业查看是否符合条件而未及时享受税收优惠。

（2）审查企业的《中华人民共和国企业所得税年度纳税申报表（A类）2017年版》《免税、减计收入及加计扣除优惠明细表》(A107010)等申报资料，查看报表逻辑关系是否正确，是否存在逻辑不通强行通过申报的情况。

（3）申报时发现当年农户小额贷款利息收入笔数较多、金额较大的企业，主管税务机关可根据实际情况确定一定的比例随机抽查，逐户核查贷款是否属于虚假农户小额贷款。通过抽查发现虚假农户小额贷款比例占被抽查对象50%以上的，可进行全面审核。

(3) 管理环节风险。
1) 享受税收优惠主要留存备查资料不完整风险。
2) 未按税法规定确认利息收入和保费收入。
3) 农户小额贷款利息收入没有单独核算风险。
4) 贷款发放时的承贷主体不属于农户而作为农户小额贷款风险。
5) 保费收入不属于种植业、养殖业保险业务收入而享受优惠的风险。
6) 单笔且该户贷款余额总额在10万元以上的贷款作为农户小额贷款享受优惠的风险。

7）原保险保费收入未加上分保费收入减去分出保费后确认为保费收入的风险。

8）保费计算方法不合规的风险。

拓展阅读　农户小额贷款利息收入、种植业（养殖业）保费收入税收优惠管理环节风险审核要点

（1）对享受农户小额贷款利息收入、种植业（养殖业）保费收入税收优惠的企业应当按照税务机关要求提供留存备查资料，以证明其符合税收优惠政策条件。企业不能提供留存备查资料，或者留存备查资料与实际生产经营情况、财务核算、资格证书等不符，不能证明企业符合税收优惠政策条件的，税务机关追缴其已享受的减免税，并按照《税收征管法》规定处理。

（2）关于确认利息收入和保费收入问题。

一是审核企业有无及时确认利息或保费收入。金融企业贷款取得的利息收入应设置"利息收入"科目核算，金融企业按规定发放的贷款，属于未逾期贷款（含展期，下同），应根据先收利息后收本金的原则，按贷款合同确认的利率和结算利息的期限计算利息，并于债务人应付利息的日期确认收入的实现；属于逾期贷款，其逾期后发生的应收利息，应于实际收到的日期，或者虽未实际收到但会计上确认为利息收入的日期，确认收入的实现。应结合"应收利息"科目，审查企业是否按照合同约定付息日期及时确认利息收入，特别是发债方未在约定付息日期付息的，企业有无及时确认收入实现，审核企业有无将收到的利息挂在"应付账款"等科目而长期挂账的情况。

二是核查企业财务报表等相关资料，核实是否将规定期限以内的利息收入转作表外核算。根据中长期贷款、逾期贷款发生额，核对表外应收未收利息贷方发生额，核实收回逾期贷款的利息是否并入收入计税。

（3）审阅农户小额贷款利息收入核算明细账或按月汇总表，确认从事农户小额贷款利息收入是否真正做到单独核算，没有单独核算的，不得享受企业所得税减计收入优惠。

（4）对照农户的定义，判断是否符合农户标准。

农户，是指长期（一年以上）居住在乡镇（不包括城关镇）行政管理区域内的住户，还包括长期居住在城关镇所辖行政村范围内的住户和户口不在本地而在本地居住一年以上的住户，国有农场的职工和农村个体工商户。

位于乡镇（不包括城关镇）行政管理区域内和在城关镇所辖行政村范围内的国有经济的机关、团体、学校、企事业单位的集体户；有本地户口，但举家外出谋生一年以上的住户，无论是否保留承包耕地均不属于农户。

农户以户为统计单位，既可以从事农业生产经营，也可以从事非农业生产经营。农户贷款的判定应以贷款发放时的承贷主体是否属于农户为准。

审核要点：审查被保险人从事的行业是否属于种植业、养殖业；被保险项目是否属于种植业、养殖业。

(5)抽查贷款资料确定贷款业务是否属于小额贷款。即单笔贷款金额是否在 10 万元(含)以下,且以户为统计单位的贷款余额总额在 10 万元(含)以下。

(6)结合保险资料可实地抽查保费收入是否为原保险保费收入加上分保费收入减去分出保费后的余额。

(7)审查保费收入是否按以下方法确认。

一是如果最终保费能够合理估计,应按估计保费总额确定,如果估计金额发生变化,应当及时调整。

二是如果不能合理估计最终保费,应按照已发生的赔付成本(包括未决赔款准备金)总额确定,直到可以合理估计最终保费。

(七)环境保护、节能节水项目

1. 业务内容(如表 6-9 所示)

表 6-9 环境保护、节能节水项目的所得定期减免征收企业所得税后续管理业务内容

优惠事项名称	政策概述	主要政策依据	主要留存备查资料	享受优惠时间	后续管理要求
从事符合条件的环境保护、节能节水项目的所得定期减免企业所得税	企业从事《环境保护、节能节水项目企业所得税优惠目录》所列项目的所得,自项目取得第一笔生产经营收入所属纳税年度起,第一年至第三年免征企业所得税,第四年至第六年减半征收企业所得税	(1)《中华人民共和国企业所得税法》第二十七条第三项。(2)《中华人民共和国企业所得税法实施条例》第八十八条、第八十九条。(3)《财政部 国家税务总局 国家发展改革委关于公布环境保护节能节水项目企业所得税优惠目录(试行)的通知》(财税〔2009〕166 号)。(4)《财政部 国家税务总局关于公共基础设施项目和环境保护节能节水项目企业所得税优惠政策问题的通知》(财税〔2012〕10 号)。(5)《财政部 国家税务总局 国家发展改革委关于垃圾填埋沼气发电列入〈环境保护、节能节水项目企业所得税优惠目录(试行)〉的通知》(财税〔2016〕131 号)	(1)符合《环境保护、节能节水项目企业所得税优惠目录》规定范围、条件和标准的情况说明及证据资料。(2)环境保护、节能节水项目取得的第一笔生产经营收入凭证(原始凭证及账务处理凭证)。(3)环境保护、节能节水项目所得分项目核算资料,以及合理分摊期间共同费用的核算资料。(4)项目权属变动情况及转让方已享受优惠情况的说明及证明资料(优惠期间项目权属发生变动的)	预缴享受	由省税务机关(含计划单列市税务机关)规定

2. 环境保护、节能节水项目所得税优惠后续管理的风险点

（1）登记环节的风险。

1）应享未享环境保护、节能节水项目所得优惠政策的风险。

2）不应享受而享受环境保护、节能节水项目所得优惠政策的风险。

拓展阅读　　环境保护、节能节水项目所得税优惠后续管理登记环节的审核要点

（1）根据税务登记证上登记的企业经营范围，对属于《国民经济行业分类》上的"生态保护和环境治理业""公共设施管理业"的，应提醒企业如果符合环境保护、节能节水项目所得优惠政策条件，应及时享受税收优惠政策。

（2）根据税务登记证上登记的企业经营范围，对不属于《国民经济行业分类》上的"生态保护和环境治理业""公共设施管理业"的企业，如果享受环境保护、节能节水项目所得优惠，应重点进行审查是否符合优惠条件，如果不符合应及时取消优惠，少缴税款的及时追缴。

（2）申报环节的风险。

1）应享未享环境保护、节能节水项目所得优惠政策风险。

2）申报表填写逻辑关系填写错误风险。

3）减免税期限届满后项目转让继续享受优惠的风险。

4）不符合规定标准的节能减排技术改造项目的公司享受优惠的风险。

拓展阅读　　环境保护、节能节水项目所得税优惠后续管理申报环节的审核要点

（1）对属于《国民经济行业分类》上的"生态保护和环境治理业""公共设施管理业"行业的企业，在申报时未填写"减、免税项目所得"的，应及时提醒企业查看是否符合条件而未及时享受税收优惠。

（2）审查企业的《中华人民共和国企业所得税年度纳税申报表（A类）2017年版》《纳税调整项目明细表》（A105000）、《所得减免优惠明细表》（A107020）等申报资料，查看报表逻辑关系是否正确，是否存在逻辑不通强行通过申报的情况。

（3）企业享受环境保护、节能节水减免税优惠的项目，在减免税期限内转让的，受让方自受让之日起，可以在剩余期限内享受规定的减免税优惠；减免税期限届满后转让的，受让方不得就该项目重复享受减免税优惠。综合查看转让方企业纳税申报情况、受让方企业纳税申报情况、转让协议文件、企业"固定资产"账目等资料，判断转让项目已享受税收优惠的期间，确认受让方企业是否违规享受税收优惠。

(4)对在纳税申报时申报享受优惠的从事节能减排技术改造项目的公司,查看税务登记信息等资料,核实企业是否具有独立法人资质,且注册资金是否不低于100万元。如果不具有独立法人资质或注册资金低于100万元的,应及时取消优惠,少缴税款的应及时追缴。

(3)管理环节的风险。
1)享受税收优惠主要留存备查资料不完整风险。
2)违规延期享受税收优惠的风险。
3)自用项目违规享受优惠的风险。
4)项目没有取得相关资质条件或相关人员没有取得职业资格而享受优惠的风险。
5)项目不符合规划或通过国家验收而享受优惠的风险。
6)污染物排放标准不符合规定标准享受优惠的风险。
7)项目的设施、工艺和技术标准不符合标准而享受优惠的风险。
8)不符合独立交易原则的节能减排技术改造项目享受优惠的风险。

拓展阅读 **环境保护、节能节水项目所得税优惠后续管理管理环节的审核要点**

(1)对享受环境保护、节能节水项目所得优惠政策的企业,应当按照税务机关要求提供留存备查资料,以证明其符合税收优惠政策条件。企业不能提供留存备查资料,或者留存备查资料与实际生产经营情况、财务核算、相关技术领域、产业、目录、资格证书等不符,不能证明企业符合税收优惠政策条件的,税务机关追缴其已享受的减免税,并按照《税收征管法》规定处理。

(2)对环境保护、节能节水项目所得"三免三减半"优惠政策计算的起始时间不是自项目取得第一笔生产经营收入所属纳税年度起,从而导致变相延长享受优惠的期间。主要查看企业会计资料中的收入类科目、资金往来科目、成本结转科目,并对照企业的合同、发票等原始凭证和其他涉税信息,认定企业项目取得第一笔生产经营收入所属纳税年度。

(3)作为企业必备配套设施的自用的工业废水污水处理项目和作为企业必备配套设施的自用的工业固体废弃物处理项目,取得收入不得享受"三免三减半"的优惠事项。应结合项目建设的有关资料,重点审查污水和废弃物处理项目是否属于企业自用的设施。

(4)关于企业取得相关资质条件或相关人员取得职业资格问题。
1)审查企业是否取得污水、垃圾处理等相关特许经营权和运营资质条件,其中:
①城镇污水处理项目应获得国家规定的污水处理特许经营权,或符合环境保护行

政主管部门规定的生活污水类污染治理设施运营资质条件。

②工业废水处理项目应获得符合环境保护行政主管部门规定的工业废水类污染治理设施运营资质条件。

③工业固体废物处理项目应获得符合环境保护行政主管部门规定的工业固体废物类污染治理设施运营资质条件。

④危险废物处理项目应获得县级以上人民政府环境保护行政主管部门颁发的危险废物经营许可证。

2)审查公共污水处理、公共垃圾处理、沼气综合开发项目设计、施工和运行管理人员是否具备国家相应职业资格。

(5)关于项目符合规划或通过国家验收问题。

1)审查公共污水和公共垃圾处理项目是否符合全国城镇污水处理设施建设规划、全国城镇垃圾处理设施建设规划等全国性规划。

2)要求企业提供项目竣工验收报告,审查公共污水处理、公共垃圾处理、沼气综合开发项目是否按照国家法律法规要求通过相关验收。

(6)关于污染物排放标准问题。

1)审查公共污水处理项目排放水是否符合国家及地方水污染物排放标准和重点水污染物排放总量控制指标,沼气综合开发利用项目废水排放、废渣处理、沼气利用是否符合国家和地方有关标准,产生二次污染。

2)审核企业排放水是否符合国家及地方水污染物排放标准和重点水污染物排放总量控制指标。废水排放、废渣处理、沼气利用是否符合国家和地方有关标准。

3)审查公共污水、公共垃圾处理项目是否经设区的市或者市级以上环境保护行政主管部门总量核查。

(7)关于项目的设施、工艺和技术标准问题。

1)审查沼气综合开发利用项目设施是否符合规定的标准。

2)查看环境保护、节能节水项目的有关工艺流程和技术参数是否符合国家标准。其中:经省级节能节水主管部门验收,工业锅炉、工业窑炉技术改造和电机系统节能、能量系统优化技术改造项目年节能量折算后不小于1000吨标准煤,煤炭工业复合式干法选煤技术改造、钢铁行业干式除尘技术改造和有色金属行业干式除尘净化技术改造项目年节水量不小于200万立方米。

(8)审查节能减排技术改造项目应纳税所得额的计算方式,查看节能减排技术改造项目的有关成本费用、收入账目,测算是否符合独立交易。

(八)综合利用资源生产产品

1. 业务内容(如表 6-10 所示)

表 6-10 综合利用资源生产产品取得的收入在计算应纳税所得额时
减计收入后续管理业务内容

优惠事项名称	政策概述	主要政策依据	主要留存备查资料	享受优惠时间	后续管理要求
综合利用资源生产产品取得的收入在计算应纳税所得额时减计收入	企业以《资源综合利用企业所得税优惠目录》规定的资源作为主要原材料,生产国家非限制和非禁止并符合国家及行业相关标准的产品取得的收入,减按90%计入企业当年收入总额	(1)《中华人民共和国企业所得税法》第三十三条。(2)《中华人民共和国企业所得税法实施条例》第九十九条。(3)《财政部 国家税务总局关于执行资源综合利用企业所得税优惠目录有关问题的通知》(财税〔2008〕47号)。(4)《财政部 国家税务总局 国家发展改革委关于公布资源综合利用企业所得税优惠目录(2008年版)的通知》(财税〔2008〕117号)	(1)企业实际资源综合利用情况(包括综合利用的资源、技术标准、产品名称等)的说明。(2)综合利用资源生产产品取得的收入核算情况说明	预缴享受	由省税务机关(含计划单列市税务机关)规定

2. 综合利用资源生产产品收入所得税优惠后续管理风险点

(1)未单独核算导致不能享受优惠的风险。

(2)《企业基础信息表》(A000000)信息填报错误导致不能享受税收优惠的风险。

(3)主要留存备查资料不齐全导致的不能享受减计收入税收优惠的风险。

(4)留存备查资料与《目录》列示优惠事项不符导致追缴优惠税款的风险。

(5)已签订销售合同或协议,会计上未作收入处理导致少计收入的风险点。

(6)产品等指标不符合《目录》规定导致多记资源减计收入的风险。

(7)是否存在非货币性资产交换导致少记资源减计收入的风险。

拓展阅读 综合利用资源生产产品收入所得税优惠后续管理审核要点

(1)综合利用资源收入未单独设置账册进行准确核算,不能享受综合利用资源生产产品取得收入的减计收入税收优惠。

企业同时从事其他项目而取得的非资源综合利用收入,应与资源综合利用收入分开核算,没有分开核算的,不得享受优惠政策。

重点核查是否设置"主营业务收入""主营业务成本""库存商品""产成品""原材

料"等科目明细账；抽取原始凭证、记账凭证与明细账核对，查看购入材料中发票开具的货物名称是否与《资源综合利用企业所得税优惠目录》(以下简称《目录》)中完全一致等。

(2)重点核查《企业基础信息表》(A00000)中105栏是否选择正确。

《企业所得税法实施条例》第99条规定，企业以《目录》规定的资源作为主要原材料，生产国家非限制和非禁止并符合国家及行业相关标准的产品取得的收入，才能享受资源综合利用减计收入所得税优惠，因此企业只有将105栏"国家限制或禁止行业"选择为"否"，才能享受税收优惠。如果企业105栏选择为"是"，则不能享受该项优惠。

(3)凡是《企业基础信息表》(A100000)第17行、《免税、减计收入及加计扣除明细表》(A107010)第18行有数据的，重点核查主要留存备查资料，若主要留存备在资料不齐全则追缴其已享受的优惠税额，并按征管法规定处理。

(4)重点审核企业与享受综合利用资源生产产品取得的收入有关的合同(协议)、证书、文件、会计账册等留存备查资料；综合利用的资源、生产的产品和技术标准是否与符合《目录》规定范围、条件和技术标准一致。对于不能提供留存备查资料，或留存备查资料与实际生产经营情况、财务核算、相关技术标准、目录外类别、资格证书等不符，不能证明企业符合税收优惠政策条件的，税务机关追缴其已申报享受的税收优惠额，并按征管法规定处理。

(5)采用倒查法，从《免税、减计收入及加计扣除明细表》(A107010)的第18行入手，与企业销售合同比对，是否存在有销售合同协议但未作收入的情况。重点核查企业"主营业务收入"科目，与享受综合利用资源生产产品取得的收入有关的合同(协议)、证书、文件、会计账册等留存备查资料。

(6)从《免税、减计收入及加计扣除明细表》(A107010)的第18行入手，与企业账册数据是否一致，重点查看企业"生产成本""库存商品""原材料"等科目，核对原始凭证等产品名称与《目录》是否一致，是否存在不符合《目录》范围的非资源综合利用收入享受了税收优惠。

(7)重点查看企业"库存商品""发出商品"等科目，核对其原始凭证，看符合《目录》的综合利用资源产品是否存在非货币性资产交换不计收入的情况。

(九)技术转让所得

1. 业务内容(如6-11所示)

表6-11 技术转让所得免征、减征企业所得税后续管理业务内容

优惠事项名称	政策概述	主要政策依据	主要留存备查资料	享受优惠时间	后续管理要求
符合条件的技术转让所得减免征收企业所得税	一个纳税年度内,居民企业技术转让所得不超过500万元的部分,免征企业所得税;超过500万元的部分,减半征收企业所得税	(1)《中华人民共和国企业所得税法》第二十七条第四项。(2)《中华人民共和国企业所得税法实施条例》第九十条。(3)《财政部 国家税务总局关于居民企业技术转让有关企业所得税政策问题的通知》(财税〔2010〕111号)。(4)《财政部 国家税务总局关于将国家自主创新示范区有关税收试点政策推广到全国范围实施的通知》(财税〔2015〕116号)。(5)《国家税务总局关于技术转让所得减免企业所得税有关问题的通知》(国税函〔2009〕212号)。(6)《国家税务总局关于技术转让所得减免企业所得税有关问题的公告》(国家税务总局公告2013年第62号)。(7)《国家税务总局关于许可使用权技术转让所得企业所得税有关问题的公告》(国家税务总局公告2015年第82号)	(1)所转让的技术产权证明。(2)企业发生境内技术转让:1)技术转让合同(副本);2)技术合同登记证明;3)技术转让所得归集、分摊、计算的相关资料;4)实际缴纳相关税费的证明资料。(3)企业向境外转让技术:1)技术出口合同(副本);2)技术出口合同登记证书或技术出口许可证;3)技术出口合同数据表;4)技术转让所得归集、分摊、计算的相关资料;5)实际缴纳相关税费的证明资料;6)有关部门按照商务部、科技部发布的《中国禁止出口限制出口技术目录》出具的审查意见。(4)转让技术所有权的,其成本费用情况;转让使用权的,其无形资产费用摊销情况。(5)技术转让年度,转让双方股权关联情况	预缴享受	由省税务机关(含计划单列市税务机关)规定

2. 技术转让所得后续管理风险点

(1)企业技术转让所得是否进行申报,留存备查资料是否齐全。
(2)企业技术转让所得是否属于财政部、国家税务总局规定的范围。

(3) 企业是否为居民企业。

(4) 企业境内技术转让是否经省级以上科技部门认定。

(5) 企业境外技术转让是否经省级以上商务部门认定。

(6) 技术转让所得同时享受减半征收企业所得税优惠和高新技术企业低税率。

(7) 企业技术转让是否按照税法口径核算相关的收入、成本、费用，并经纳税调整后计算技术转让所得。

(8) 企业是否存在居民企业从直接或间接持有股权之和达到100%的关联方取得的技术转让所得情况。

拓展阅读 技术转让所得后续管理审核要点

(1) 查看年度申报表附表《所得减免优惠明细表》(A107020) 中第12行符合条件的技术转让项目是否有数字，第10、11行是否符合相应逻辑关系，如有数字进一步查看是否有技术转让所得减免税留存备查资料，对照相关规定看资料是否齐全。

(2) 查看企业与受让方签订的合同、协议等，核实企业技术转让所得是否属于专利（含国防专利）、计算机软件著作权、集成电路布图设计专有权、植物新品种权、生物医药新品种，以及财政部和国家税务总局确定的其他技术；是否属于居民企业转让5年以上非独占许可使用权。

(3) 查看企业是否为依法在中国境内成立，或者依照外国（地区）法律成立但实际管理机构在中国境内的企业。

(4) 查看企业境内技术转让省级以上科技部门认定证明资料。

(5) 查看企业境外技术转让经省级以上商务部门认定证明资料。

(6) 查看企业是否属于高新技术企业，如属于高新技术企业进一步查看，技术转让所得是否同时享受技术转让所得减半征收企业所得税优惠和高新技术企业执行低税率。

(7) 对照备案事项查看企业账簿"其他业务收入""其他业务支出""营业外收入"等科目，查看是否有销售或转让设备、仪器、零部件、原材料等非技术性收入计入了技术转让收入；技术咨询、技术服务、技术培训等收入是否与技术转让项目密不可分；技术转让收入是否单独核算；是否按照税收口径核算技术转让所得；与技术转让相关的成本费用是否单独核算，期间费用是否进行合理分摊。

(8) 查看转让方与受让方是否为直接或间接持有股权之和达到100%的关联方。

经典案例

1. 实务中加计扣除常见的易错点有哪些？

【参考解答】国家税务总局发布的《研发费用加计扣除政策执行指引(1.0版)》，对研发费用加计扣除政策的主要内容、核算要求等作了归集、整理。然而，纳税人在实际税务处理过程中，对加计扣除有些常见性但却很容易被忽视的事项，往往是一知半解，不能尽享税收优惠。下面三项为常见易错点，特别提醒纳税人注意。

(1) 研发过程中取得的特殊收入在计算确认收入当年的加计扣除研发费用时，未作相应扣减。

在研发过程中，不可避免会产生一些下脚料、残次品、中间试制品等，有些企业在取得这些特殊收入后，将其作为营业收入进行汇算清缴，在计算当年的加计扣除研发费用时却未作相应的扣减，仍以原来的研发费用基数进行扣除。

根据《国家税务总局关于研发费用税前加计扣除归集范围有关问题的公告》（国家税务总局公告2017年第40号）第七条第（二）款规定，企业取得研发过程中形成的下脚料、残次品、中间试制品特殊收入，在计算确认收入当年的加计扣除研发费用时，应从已归集研发费用中扣减该特殊收入，不足扣减的，加计扣除研发费用按零计算。

例：A公司于2018年3月开展一项研发活动，11月停止研发并宣布研发失败。研发期间共发生费用1964036.73元，产生下脚料钢材87吨，未达研发目标标准的残次品器械6台，处置后取得收入共计2017080.36元。则2018年当年确认可加计扣除的研发费用为-53043.63元（1964036.73-20170803.36），为负数不足扣减。因此，此项研发活动当年可享受加计扣除的金额为零。

(2) 同时兼顾研发与日常生产的人员、器械、设备产生的费用，未按工时占比分配计算。

部分企业在计算研发费用加计扣除时，未按照研发工时进行分配，而是将人员、器械、设备产生的费用全部归集到研发费用加计扣除类别中，这是不规范的。由于上述3项内容适用规定相似，现以人员工时分配计算研发费用加计扣除作详细说明。

根据国家税务总局公告2017年第40号文件第一条第（三）款规定，直接从事研发活动的人员、外聘研发人员同时从事非研发活动的，企业应对其人员活动情况做必要记录，并将其实际发生的相关费用按实际工时占比等合理方法，在研发费用和生产经营费用间分配，未分配的不得加计扣除。

例：B公司开展一项研发活动，2018年7月，甲入职参与研发同时兼日常生产管理，假设本月甲参与研发活动工时为42小时，参与日常生产126小时，工资每月16000元。则B公司在8月统计研发费用时，应按甲的研发工时计算，即工时占比为25%［42÷(126+42)］。可以归集到研发费用中进行加计扣除的工资为3000元（16000×25%×75%）。

(3) 多项研发活动其他费用加计扣除限额未按项目分别计算。

部分企业会存在同时开展多项研发活动的情况，在实际操作中计算其他相关费用扣除限额时，会将所有项目研发费用合计金额的10%作为可扣除其他费用的限额。

《国家税务总局关于企业研究开发费用税前加计扣除政策有关问题的公告》（国家税务总局公告2015年第97号）第二条第（三）款规定，企业在一个纳税年度内进行多项研发活动的，应按照不同研发项目分别归集可加计扣除的研发费用。在计算每个项目其他相关费用的限额时应当按照以下公式计算：其他相关费用限额=财税〔2015〕119号文件第一条第一项允许加计扣除的研发费用中的第1项至第5项的费用之和×10%÷(1-10%)。当其他相关费用实际发生数小于限额时，按实际发生数计算税前加计扣除数额；当其他相关费用实际发生数大于限额时，按限额计算税前加计扣除数额。

例：C公司2018年开展了2项研发活动乙和丙，乙项目共发生研发费用100万元，其中与研发活动直接相关的其他费用12万元；丙项目共发生研发费用120万元，其中与研发活动直接相关的其他费用9万元。假设研发活动均符合加计扣除相关规定，则分项计算方式如下。

1) 项目乙：

扣除限额=(100-12)×10%÷(1-10%)=9.78(万元)，小于实际发生数12万元；则项目乙允许加计扣除的研发费用=100-12+9.78=97.78(万元)。

2) 项目丙：

扣除限额=(120-9)×10%÷(1-10%)=12.33(万元)，大于实际发生数9万元；则项目丙允许加计扣除的研发费用为120(万元)。

因此，C公司2018年可以享受的研发费用加计扣除额=(97.78+120)×75%=163.34(万元)。

2. 委托境外进行研发活动由委托方到科技部门进行登记，而委托境内研发是要求受托方登记，为什么两者不保持统一呢？

【参考解答】由于受托方一般是享受增值税等其他税种税收优惠政策的主体，科技部门为便于管理、统计，避免双重登记，因此明确发生委托境内研发活动的，由受托方到科技部门进行登记。

而委托境外进行研发活动的受托方在国外，不受我国相关法律管辖，要求受托方登记不具有操作性，因此财税〔2018〕64号文件对此进行了调整，将登记方由受托方调整至委托方，以保证委托方能顺利享受政策。

3. 享受研发费用加计扣除政策是否需要到税务机关备案？

【参考解答】按照国务院"放管服"政策的要求，国家税务总局公告2018年第23号发布了修订后的《企业所得税优惠政策事项办理办法》，明确企业享受税收优惠时，采取"自行判别、申报享受、相关资料留存备查"的办理方式，在年度纳税申报及享受优惠事项前无须再履行备案手续，也无须再报送备案资料，原备案资料全部作为留存备查资料保留在企业。财税〔2018〕64号文件明确委托境外研发费用适用加计扣除政策的，按照国家税务总局公告2018年第23号规定办理即可，但同时考虑到委托境外研发活动的特殊性，在该公告规定基础上，增加了委托境外研发的银行支付凭证和受托方开具的收款凭据、当年委托研发项目的进展情况两项留存备查资料。

4. 企业在研发期间销售试制产品收入冲减研发费用，导致高新技术企业要求研发费用比例达不到要求的如何处理？

A 企业 2017 年被认定为高新技术企业，2018 年对某一项目进行研究，发生研发费用为 50 万元，在研发过程中该企业将中试产品对外销售取得销售收入为 30 万元，A 企业 2018 年全年销售收入总额为 100 万元，请问 A 企业高新技术企业认定研发费用是 50 万元还是 20 万元？

【参考解答】 国科发火〔2016〕32 号《关于修订印发〈高新技术企业认定管理办法〉的通知》规定，认定为高新技术企业须同时满足以下条件。

企业近三个会计年度（实际经营期不满 3 年的按实际经营时间计算）的研究开发费用总额占同期销售收入总额的比例符合如下要求。

(1) 最近一年销售收入小于 5000 万元（含）的企业，比例不低于 5%。

(2) 最近一年销售收入在 5000 万元至 2 亿元（含）的企业，比例不低于 4%。

(3) 最近一年销售收入在 2 亿元以上的企业，比例不低于 3%。

其中，企业在中国境内发生的研究开发费用总额占全部研究开发费用总额的比例不低于 60%。

《国家税务总局关于企业研究开发费用税前加计扣除政策有关问题的公告》(国家税务总局公告 2015 年第 97 号)规定，企业在计算加计扣除的研发费用时，应扣减已按《通知》规定归集计入研发费用，但在当期取得的研发过程中形成的下脚料、残次品、中间试制品等特殊收入；不足扣减的，允许加计扣除的研发费用按零计算。

企业研发活动直接形成产品或作为组成部分形成的产品对外销售的，研发费用中对应的材料费用不得加计扣除。

根据上述规定，企业研发费用在认定高新技术仍以在研发中实际发生的金额作为归集对象，在计算研发费用加计扣除时取得中试销售收入应冲减研发费用，其余额方可作为加计扣除的金额。本例中，A 公司作为高新技术企业研发费用归集金额为 50 万元，作为可加计扣除金额为 20 万元。

5. 如何理解支付给残疾职工工资据实扣除的基础上，可以在计算应纳税所得额时按照支付给残疾职工工资的 100% 加计扣除？

A 公司 2018 年 1～12 月应发残疾职工工资为 17737.58 元，扣除保险和公积金后，实发为 16580.18 元，该公司实际加计扣除是 17737.58 元还是 16580.18 元？

【参考解答】 《财政部 国家税务总局关于安置残疾人员就业有关企业所得税优惠政策问题的通知》（财税〔2009〕70 号）第二条规定，企业安置残疾人员的，在按照支付给残疾职工工资据实扣除的基础上，可以在计算应纳税所得额时按照支付给残疾职工工资的 100% 加计扣除。

根据上述规定，财税〔2009〕70 号规定可加计扣除工资是按劳动法规定应支付给残疾职工工资，A 公司 2018 年 1～12 月可加计扣除工资应是 17737.58 元。

但需要注意的是，按"五险一金"规定配套由员工承担的部分企业代扣代缴的由公司负担管理费用的"五险一金"部分不得加计扣除。

6. B 企业高新技术企业证书有效期为 2016 年 11 月 25 日至 2019 年 11 月 24 日，高新税收优惠年度如何确定？

【参考解答】根据企业所得税法的规定，企业所得税按纳税年度计算，因此高新技术企业也是按年享受税收优惠。而高新技术企业证书上注明的发证时间是具体日期，不一定是一个完整纳税年度，且有效期为 3 年。这就导致了企业享受优惠期间和高新技术企业认定证书的有效期不完全一致。为此，国家税务总局公告 2017 年第 24 号《国家税务总局关于实施高新技术企业所得税优惠政策有关问题的公告》明确，企业获得高新技术企业资格后，自其高新技术企业证书注明的发证时间所在年度起申报享受税收优惠，并按规定向主管税务机关办理备案手续。

例如，B 企业取得的高新技术企业证书上注明的发证时间为 2016 年 11 月 25 日，B 企业可自 2016 年度 1 月 1 日起连续 3 年享受高新技术企业税收优惠政策，即，享受高新技术企业税收优惠政策的年度为 2016、2017 和 2018 年。

按照上述原则，高新技术企业认定证书发放当年已开始享受税收优惠，则在期满当年应停止享受税收优惠。但鉴于其高新技术企业证书仍有可能处于有效期内，且继续取得高新技术企业资格的可能性非常大，为保障高新技术企业的利益，实现优惠政策的无缝衔接，《公告》明确高新技术企业资格期满当年内，在通过重新认定前，其企业所得税可暂按 15% 的税率预缴，在年底前仍未取得高新技术企业资格的，则应按规定补缴税款。

如，B 企业的高新技术企业证书在 2019 年 11 月 24 日到期，在 2019 年季度预缴时企业仍可按高新技术企业 15% 税率预缴。如果 B 企业在 2019 年年底前重新获得高新技术企业证书，其 2019 年度可继续享受税收优惠。如未重新获得高新技术企业证书，则应按 25% 的税率补缴少缴的税款。

本章小结

本章首先系统、全面地介绍了目前我国企业所得税方面的减免优惠政策，接着介绍了税务机关对税收优惠减免的后续管理，帮助纳税人在掌握优惠政策的同时，熟悉如何运用这些政策。

作为财务人员，熟悉税收优惠政策仅仅是开始，关键是结合企业的实际，依法按税收减免规定，积极主动地和税务机关沟通，准确把握执行税收优惠政策的税务风险点和审核要点，正确履行"自行判别、申报享受、相关资料留存备查"的职责，防范风险、规避风险，争取将企业所得税的优惠政策落到实处。

第七章　特殊业务的所得税处理

房地产企业开发经营业务的特殊在于法律允许其预售房屋,但是预售房屋计税成本由于房屋未完工而导致无法确认,使得房地产企业的所得税计算非常棘手,因此,国家税务总局针对房地产企业专门发布了国税发〔2009〕31号《房地产开发经营业务企业所得税处理办法》文件,系统规范了房地产开发业务特殊的计税方法。

为了鼓励企业做大做强,进一步支持企业兼并重组,优化企业发展环境,支持国家"大众创业、万众创新"战略的实施,促进我国经济结构转型升级,自2008年实施《企业所得税法》以来,我国初步建立了一套企业重组的所得税政策体系和管理制度。财政部和国家税务总局陆续发布了财税〔2009〕59号《关于企业重组业务企业所得税处理若干问题的通知》、财税〔2014〕109号《关于促进企业重组有关企业所得税处理问题的通知》、财税〔2014〕116号《关于非货币性资产投资企业所得税政策问题的通知》、财税〔2016〕101号《关于完善股权激励和技术入股有关所得税政策的通知》等文件,对企业重组业务进行了规范,扩大了重组特殊性税务处理适用范围,明确了股权或资产划转的有关税收政策,对非货币性资产投资给予了递延纳税,完善了股权激励和技术入股的有关所得税政策,在税收上不断扶持企业发展。

《企业政策性搬迁所得税管理办法》(国家税务总局公告2012年第40号),废止了国家税务总局2009年3月发布的《关于企业政策性搬迁或处置收入有关企业所得税处理问题的通知》(国税函〔2009〕118号),重新确立了政策性搬迁的所得税管理办法。从搬迁收入的确定、搬迁支出的范围、搬迁资产的税务处理、搬迁所得额的确认与处理以及征收管理要求等几个部分明确规定,使企业政策性搬迁所得税的税务处理得到完善。

第一节　房地产开发经营业务所得税处理

一、房地产开发经营业务的定义

依据国税发〔2009〕31号《房地产开发经营业务企业所得税处理办法》文件规定，企业房地产开发经营业务是指包括土地的开发，建造、销售住宅、商业用房以及其他建筑物、附着物、配套设施等开发产品的一系列经营活动。

二、房地产开发企业所得税的计算方法及所得税处理

房地产企业具有投资规模大、项目周期长的特点，房地产项目在完工前达到预售条件时就会预收房款，但相当部分工程款项在项目实现销售后才结算、支付，房地产从产品开发到实现销售一般都超过一个所得税汇算清缴年度。因此房地产开发企业的所得税处理与一般企业相比，有着特殊的处理方式，在企业所得税季度、年度申报时，也将其归类为房地产开发企业"特定业务应纳税所得额的计算"。

依据国税发〔2009〕31号第九条规定，企业销售未完工开发产品取得的收入，应先按预计计税毛利率分季（或月）计算出预计毛利额，计入当期应纳税所得额。开发产品完工后，企业应及时结算其计税成本并计算此前销售收入的实际毛利额，同时将其实际毛利额与其对应的预计毛利额之间的差额，计入当年度企业本项目与其他项目合并计算的应纳税所得额。

从上述文件可以看出，房地产开发企业所得税处理以开发产品完工时点为分水岭，完工前后企业所得税处理方法完全不同。

（一）完工年度的确定

1. 开发产品完工条件

国税发〔2009〕31号规定，除土地开发之外，其他开发产品符合下列条件之一的，应视为已经完工。

（1）开发产品竣工证明材料已报房地产管理部门备案。

（2）开发产品已开始投入使用。

（3）开发产品已取得了初始产权证明。

根据上述规定，完工年度的确认是采用竣工、使用、产权孰早的原则，开发产品只要符合上述条件之一的，房地产开发企业应按规定及时结算开发产品计税成本并计

算此前以预售方式销售开发产品所取得收入的实际毛利额,同时将开发产品实际毛利额与其对应的预计毛利额之间的差额,计入当年(完工年度)应纳税所得额。

拓展阅读 　　　　　　　　**完工条件的具体证明材料**

(1)开发产品竣工证明材料已报房地产管理部门备案。

工程质量预验收:

1)施工单位提交《工程竣工报告》。

2)监理单位提交《工程质量评估报告》。

3)勘察、设计单位提交《工程检查报告》。

4)施工单位签署《工程质量保修书》。

5)工程质量监督站出具《工程质量监督报告》。

6)开发商形成《工程竣工验收报告》。

工程质量经规划、消防、环保等部门综合验收后办理建设工程竣工验收备案。

(2)开发产品已开始投入使用。

按照实质重于形式原则处理,一般情况开发商应当在当地媒体发布入户公告,开发商向业主出具《住宅使用说明书》和《住宅质量保证书》,结算面积误差,物业公司同业主签署《前期物业管理服务协议》,代收各种款项。

(3)开发产品已取得了初始产权证明。

初始产权证明是指房屋他项权利权证(俗称大证)。

2. 开发产品完工条件的税务确认要求

实务中一些开发企业已经达到"开发产品已开始投入使用"条件,但仍采用种种手段,延迟结转收入,例如虽为业主办理了交房手续,但以办理竣工决算为收入结转的时点,通过延迟办理竣工决算拖延收入结转的时间;以款项收齐开具正式发票为结转收入的时点,收入确认由企业人为控制,推迟收入确认时间;等等。为了遏制企业故意延迟结转收入的现象,关于开发产品完工条件的税务确认问题,国家税务总局依据国税发〔2009〕31号文件精神,连续发布了国税函〔2009〕342号、国税函〔2010〕201号两个文件,对开发产品完工标准和完工条件进一步明确。

(1)国家税务总局《关于房地产企业开发产品完工标准税务确认条件的批复》(国税函〔2009〕342号),房地产开发企业建造、开发的开发产品,无论工程质量是否通过验收合格,或是否办理完工(竣工)备案手续以及会计决算手续,当其开发产品开始投入使用时均应视为已经完工。

"开发产品开始投入使用"是指房地产开发企业开始办理开发产品交付手续(包括入

住手续)或已开始实际投入使用。

(2)《关于房地产开发企业开发产品完工条件确认问题的通知》(国税函〔2010〕201号),再次重申了这一问题:房地产开发企业建造、开发的开发产品,无论工程质量是否通过验收合格,或是否办理完工(竣工)备案手续以及会计决算手续,当其开发产品开始投入使用时均应视为已经完工。房地产开发企业应按规定及时结算开发产品计税成本,并计算此前以预售方式销售开发产品所取得收入的实际毛利额,同时将开发产品实际毛利额与其对应的预计毛利额之间的差额,计入当年(完工年度)应纳税所得额。

国家税务总局对同一问题,三令五申,以此可以看出税务机关对房地产企业所得税管理的重视,纳税人应该提高警惕。企业应加强税务风险管理,关注开发产品的完工条件,尤其是开发产品已开始投入使用这一条件,及时做出相应正确税务处理。

3. 计税成本核算时点的确认

开发产品完工以后,企业可在完工年度企业所得税汇算清缴前选择确定计税成本核算的终止日,不得滞后。凡已完工开发产品在完工年度未按规定结算计税成本,主管税务机关有权确定或核定其计税成本,据此进行纳税调整,并按《中华人民共和国税收征收管理法》的有关规定对其进行处理。

拓展阅读　如何理解房地产开发企业开发产品的完工时间的规定?

房地产开发项目的特点是投资规模大、建设周期长、资金占用密集。《中华人民共和国城市房地产管理法》第四十五条明确了商品房预售制度。

第四十五条商品房预售,应当符合下列条件。

(1)已交付全部土地使用权出让金,取得土地使用权证书。

(2)持有建设工程规划许可证。

(3)按提供预售的商品房计算,投入开发建设的资金达到工程建设总投资的25%以上,并已经确定施工进度和竣工交付日期。

(4)向县级以上人民政府房产管理部门办理预售登记,取得商品房预售许可证明。

商品房预售人应当按照国家有关规定将预售合同报县级以上人民政府房产管理部门和土地管理部门登记备案。

商品房预售所得款项,必须用于有关的工程建设。

商品房预售制度的建立,允许开发商在房屋未建设完工之前就进行销售,这样就产生了"期房"销售。由于房地产项目还没有完工,期房的成本是无法确定的,只有房地产项目真正完工,企业的计税成本才能最终确定,企业所得税才能得以准确核算。

由于房地产企业销售工作在开发产品完工前就已经开始,而且完工后还会继续进行,直到全部开发产品售出。因此针对开发产品完工前后销售行为的不同内涵,国税发〔2009〕31号对完工前后房地产开发项目的企业所得税采取了不同的处理方式，即：企业销售未完工开发产品取得的收入，应先按预计计税毛利率分季（或月）计算出预计毛利额，计入当期应纳税所得额。开发产品完工后，企业应及时结算其计税成本并计算此前销售收入的实际毛利额，同时将其实际毛利额与其对应的预计毛利额之间的差额，计入当年度企业本项目与其他项目合并计算的应纳税所得额。

那么以什么时间来判定开发产品已经完工呢？

国税发〔2009〕31号给出了开发产品完工的三条规定，只要符合条件之一的，就应当视同符合完工条件：(1)开发产品竣工证明材料已报房地产管理部门备案。(2)开发产品已开始投入使用。(3)开发产品已取得了初始产权证明。

确定了完工的时点，完工产品的计税成本核算以及房地产企业完工项目企业所得税的项目结算也就简单了。

只有当我国取消房地产预售制度时，这个完工产品的时点就不像现在这样意义重大了。届时，"房地产"这个特殊的商品和其他产品的核算就相同了。

(二)房地产开发产品完工前后企业所得税处理方法不同

1. 完工年度之前

企业销售未完工开发产品取得的收入，应先按预计计税毛利率分季（或月）计算出预计毛利额，计入当期应纳税所得额，并填入企业所得税纳税申报表中。

也就是说，房地产开发经营业务，企业销售未完工开发产品取得的收入，在企业所得税上已经视同应税收入了，应当依法缴纳企业所得税，这一点同会计处理不确认收入是不一致的，出现了"税会"差异。

(1)预计毛利额的计算。

预计毛利额＝销售未完工产品的收入×当地税务机关规定的计税毛利率

(2)预计计税毛利率的确定。

根据国税发〔2009〕31号文件第八条规定：企业销售未完工开发产品的计税毛利率由各省、自治、直辖市税务局按下列规定进行确定。

1)开发项目位于省、自治区、直辖市和计划单列市人民政府所在地城市城区和郊区的，不得低于15%。

2)开发项目位于地及地级市城区及郊区的，不得低于10%。

3)开发项目位于其他地区的，不得低于5%。

4)属于经济适用房、限价房和危改房的，不得低于3%。

(3)企业销售未完工开发产品取得的收入、计算出预计毛利额，填入《中华人民共和国企业所得税年度纳税申报表(A类，2017年版)》中的A105010《视同销售和房地产开发企业特定业务纳税调整明细表》(表7-1)第22行～25行"房地产企业销售未完工开发产品特定业务计算的纳税调整额"中。

A105010　表7-1　视同销售和房地产开发企业特定业务纳税调整明细表（部分）

行次	项目	税收金额 1	纳税调整金额 2
21	三、房地产开发企业特定业务计算的纳税调整额（22-26）		
22	（一）房地产企业销售未完工开发产品特定业务计算的纳税调整额（24-25）		
23	1.销售未完工产品的收入		*
24	2.销售未完工产品预计毛利额		
25	3.实际发生的税金及附加、土地增值税		

2. 在完工年度

在完工年度，企业应及时结算其计税成本并计算此前销售收入的实际毛利额，同时将其实际毛利额与其对应的预计毛利额之间的差额，计入当年度企业本项目与其他项目合并计算的应纳税所得额。

（1）实际毛利额的计算。

实际毛利额=开发产品的销售收入-已售产品的计税成本

（2）已售产品的计税成本的计算。

完工年度，企业根据完工开发产品的单位计税成本，计算出已售产品的计税成本。

已售产品的计税成本=已售面积×可售面积单位工程成本

可售面积单位工程成本=成本对象总成本÷成本对象总可售面积

（3）企业按照销售完工产品取得的收入和计税成本计算出实际毛利额，填入《中华人民共和国企业所得税年度纳税申报表（A类，2017年版）》中的A105010《视同销售和房地产开发企业特定业务纳税调整明细表》（表7-2）第26行~29行"房地产企业销售的未完工产品转完工产品特定业务计算的纳税调整额"中。

A105010　表7-2　视同销售和房地产开发企业特定业务纳税调整明细表（部分）

行次	项目	税收金额 1	纳税调整金额 2
21	三、房地产开发企业特定业务计算的纳税调整额（22-26）		
22	（一）房地产企业销售未完工开发产品特定业务计算的纳税调整额（24-25）		
26	（二）房地产企业销售的未完工产品转完工产品特定业务计算的纳税调整额（28-29）		
27	1.销售未完工产品转完工产品确认的销售收入		*
28	2.转回的销售未完工产品预计毛利额		
29	3.转回实际发生的税金及附加、土地增值税		

相关链接

房地产企业所得税政策(部分)见表7-3。

表7-3 房地产企业所得税政策(部分)

序号	文号	文件名	主要内容
1	国税发〔2009〕31号	《房地产开发经营业务企业所得税处理办法》	房地产企业所得税处理的具体规定
2	国税函〔2009〕342号	《关于房地产企业开发产品完工标准税务确认条件的批复》	开发产品完工标准的确认
3	国税函〔2010〕201号	《关于房地产开发企业开发产品完工条件确认问题的通知》	开发产品完工条件的确认

三、房地产企业完工开发产品企业所得税项目结算的税务处理

国税发〔2009〕31号第九条规定,"开发产品完工后,企业应及时结算其计税成本并计算此前销售收入的实际毛利额,同时将其实际毛利额与其对应的预计毛利额之间的差额,计入当年度企业本项目与其他项目合并计算的应纳税所得额。在年度纳税申报时,企业须出具对该项开发产品实际毛利额与预计毛利额之间差异调整情况的报告以及税务机关需要的其他相关资料"。这条规定实际上就是税务机关对房地产开发企业的完工项目提出的企业所得税"项目结算"的要求。

实务中一些房地产企业存在对完工项目企业所得税进行"项目结算"的要求不了解或执行不到位的困惑问题,下面我们对此进行分析,帮助企业及时计算完成完工项目企业所得税"项目结算"工作,防范税收风险。

(一)收入的税务处理

1. 开发产品销售收入的范围

开发产品销售收入,为销售开发产品过程中取得的全部价款,包括现金、现金等价物及其他经济利益。企业代有关部门、单位和企业收取的各种基金、费用和附加等,凡纳入开发产品价内或由企业开具发票的,应按规定全部确认为销售收入;未纳入开发产品价内并由企业之外的其他收取部门、单位开具发票的,可作为代收代缴款项进行管理。

2. 销售收入实现的确认

企业通过正式签订《房地产销售合同》或《房地产预售合同》所取得的收入,应确认为销售收入的实现,具体按以下规定确认。

(1)采取一次性全额收款方式销售开发产品的,应于实际收讫价款或取得索取价款

凭据(权利)之日，确认收入的实现。

(2)采取分期收款方式销售开发产品的，应按销售合同或协议约定的价款和付款日确认收入的实现。付款方提前付款的，在实际付款日确认收入的实现。

(3)采取银行按揭方式销售开发产品的，应按销售合同或协议约定的价款确定收入额，其首付款应于实际收到日确认收入的实现，余款在银行按揭贷款办理转账之日确认收入的实现。

(4)采取委托方式销售开发产品的，应按以下原则确认收入的实现。

1)采取支付手续费方式委托销售开发产品的，应按销售合同或协议中约定的价款于收到受托方已销开发产品清单之日确认收入的实现。

2)采取视同买断方式委托销售开发产品的，属于企业与购买方签订销售合同或协议，或企业、受托方、购买方三方共同签订销售合同或协议的，如果销售合同或协议中约定的价格高于买断价格，则应按销售合同或协议中约定的价格计算的价款于收到受托方已销开发产品清单之日确认收入的实现；如果属于前两种情况中销售合同或协议中约定的价格低于买断价格，以及属于受托方与购买方签订销售合同或协议的，则应按买断价格计算的价款于收到受托方已销开发产品清单之日确认收入的实现。

3)采取基价(保底价)并实行超基价双方分成方式委托销售开发产品的，属于由企业与购买方签订销售合同或协议，或企业、受托方、购买方三方共同签订销售合同或协议的，如果销售合同或协议中约定的价格高于基价，则应按销售合同或协议中约定的价格计算的价款于收到受托方已销开发产品清单之日确认收入的实现，企业按规定支付受托方的分成额，不得直接从销售收入中减除；如果销售合同或协议约定的价格低于基价的，则应按基价计算的价款于收到受托方已销开发产品清单之日确认收入的实现。属于由受托方与购买方直接签订销售合同的，则应按基价加上按规定取得的分成额于收到受托方已销开发产品清单之日确认收入的实现。

4)采取包销方式委托销售开发产品的，包销期内可根据包销合同的有关约定，参照上述1)至3)项规定确认收入的实现；包销期满后尚未出售的开发产品，企业应根据包销合同或协议约定的价款和付款方式确认收入的实现。

3. 视同销售的确认

企业将开发产品用于捐赠、赞助、职工福利、奖励、对外投资、分配给股东或投资人、抵偿债务、换取其他企事业单位和个人的非货币性资产等行为，应视同销售，于开发产品所有权或使用权转移，或于实际取得利益权利时确认收入(或利润)的实现。确认收入(或利润)的方法和顺序如下。

(1)按本企业近期或本年度最近月份同类开发产品市场销售价格确定。

(2)由主管税务机关参照当地同类开发产品市场公允价值确定。

(3)按开发产品的成本利润率确定。开发产品的成本利润率不得低于15%，具体比例由主管税务机关确定。

4. 租金收入的确认

企业新建的开发产品在尚未完工或办理房地产初始登记、取得产权证前，与承租人签订租赁预约协议的，自开发产品交付承租人使用之日起，出租方取得的预租价款按租金确认收入的实现。

拓展阅读 **房地产企业销售商品房价格明显偏低是否进行纳税调整？**

房地产企业将其开发商品房以较低价格销售给利害关系人，如一些政府人员、业务单位人员、亲戚朋友，是否可按同期同类价格调整其销售收入？

税务机关可以对其收入进行纳税调整。其依据是基于对这种行为属于纳税人申报的计税依据明显偏低，又无正当理由的判定。具体处理依据如下。

（1）《中华人民共和国税收征收管理法》第三十五条规定，纳税人有下列情形之一的，税务机关有权核定其应纳税额。

1) 依照法律、行政法规的规定可以不设置账簿的。

2) 依照法律、行政法规的规定应当设置但未设置账簿的。

3) 擅自销毁账簿或者拒不提供纳税资料的。

4) 虽设置账簿，但账目混乱或者成本资料、收入凭证、费用凭证残缺不全，难以查账的。

5) 发生纳税义务，未按照规定的期限办理纳税申报，经税务机关责令限期申报，逾期仍不申报的。

6) 纳税人申报的计税依据明显偏低，又无正当理由的。

税务机关核定应纳税额的具体程序和方法由国务院税务主管部门规定。

（2）《中华人民共和国税收征收管理法实施细则》第四十七条规定，纳税人有税收征管法第三十五条或者第三十七条所列情形之一的，税务机关有权采用下列任何一种方法核定其应纳税额。

1) 参照当地同类行业或者类似行业中经营规模和收入水平相近的纳税人的税负水平核定。

2) 按照营业收入或者成本加合理的费用和利润的方法核定。

3) 按照耗用的原材料、燃料、动力等推算或者测算核定。

4) 按照其他合理方法核定。

采用前款所列一种方法不足以正确核定应纳税额时，可以同时采用两种以上的方法核定。

纳税人对税务机关采取本条规定的方法核定的应纳税额有异议的，应当提供相关证据，经税务机关认定后，调整应纳税额。

（二）成本、费用扣除的税务处理

1. 正确区分成本、费用

企业在进行成本、费用的核算与扣除时，必须按规定区分以下成本、费用。

（1）期间费用和开发产品计税成本。

（2）已销开发产品计税成本与未销开发产品计税成本。

2. 准予当期按规定扣除的成本、费用范围

（1）企业发生的期间费用。

（2）已销开发产品计税成本。

（3）税金及附加。

（4）土地增值税。

拓展阅读 房地产开发企业取得预售收入预缴企业所得税时，预缴的土地增值税，当期发生的期间费用是否可以在发生当期税前扣除？

国税发〔2009〕31号文第十二条明确，企业发生的期间费用、已销开发产品计税成本、税金及附加、土地增值税准予当期按规定扣除。

由于房地产未完工先预售，为了保证税款及时足额入库，对企业取得预售收入，按规定要预缴企业所得税和土地增值税，但预缴的企业所得税和土地增值税，并不是与交付房地产结转销售收入和成本、费用相匹配计算出来的相关税金。实务中经常有一些财务人员和税务人员在房地产企业预缴企业所得税时，直接按"预售收入×计税毛利率×25%"计算预缴，未扣除当期发生的期间费用和预缴的土地增值税。那么预售期间预缴企业所得税时已预缴的土地增值税和期间费用能否扣除呢？

1. 房地产企业企业所得税的计算思路

从企业所得税年报和季度报表的设计思路来看，是以企业会计利润为基础，通过调整税收与会计核算之间的差异，来计算企业所得税应纳税所得额，从而计算缴纳企业所得税的。

假定不考虑其他调整因素。

依据A100000《中华人民共和国企业所得税年度纳税申报表（A类，2017年版）》和A105010《视同销售和房地产开发企业特定业务纳税调整明细表》计算逻辑和填表说明：

房地产企业预售期间预缴企业所得税的计税依据＝当期利润＋销售未完工开发产品特定业务计算的纳税调整额－销售的未完工产品转完工产品特定业务计算的纳税调整额

＝当期利润＋（销售未完工产品的收入×预计计税毛利率－实际发生的税金及附加、土地增值税）－（销售未完工产品转完工产品确认的销售收入×预计计税毛利率－转回实际发生的税金及附加、土地增值税）

2. 企业在预售时发生的期间费用可以扣除

房地产企业在预售时发生的期间费用，已在发生当月作为利润的扣减项反映在当期损益了，因此预售期间预缴企业所得税时可以税前扣除期间费用。

3. 预售时预缴土地增值税未计入当期损益的，也可以扣除

(1) 会计和税收对土地增值税缴纳的有关规定。

根据《企业会计准则第14号——收入》规定，房地产开发企业取得预售款时，会计上尚不符合收入确认的条件。房地产企业预售业务的会计处理为：当企业收到预售款项时，由于不符合收入的确认原则，所以不确认收入，而是作为负债计入预收账款，待房屋交付给购买方时，符合收入确认条件，再确认销售收入。即：收到预售款项时，借记"银行存款"，贷记"预收账款"；房屋交付给购买方时，借记"预收账款"，贷记"主营业务收入"，同时结转成本，借记"主营业务成本"，贷记"开发产品"。

而依据《土地增值税暂行条例实施细则》第十六条明确，纳税人在项目全部竣工结算前转让房地产取得的收入，由于涉及成本确定或其他原因，而无法据以计算土地增值税的，可以预征土地增值税，待该项目全部竣工、办理结算后再进行清算，多退少补。具体办法由各省、自治区、直辖市税务局根据当地情况制定。各个地方均制定了预征土地增值税的政策，企业根据上述规定，预先缴纳了土地增值税。

财政部《关于印发企业缴纳土地增值税会计处理规定的通知》(财会字〔1995〕第015号)第四条规定，企业在项目全部竣工结算前转让房地产取得的收入，按税法规定预交的土地增值税，借记"应交税费——应交土地增值税"科目，贷记"银行存款"等科目。待该房地产营业收入实现时，再按规定转入"营业税金及附加"科目(注：财会字〔2016〕第22号已改为"税金及附加"科目)进行会计处理。

从上述规定可以看出，会计准则和土地增值税规定是一致的，没有税会差异。

(2) 房地产开发经营业务企业所得税的计算要求。

《房地产开发经营业务企业所得税处理办法》(国税发〔2009〕31号)第九条明确：

1) 企业销售未完工开发产品取得的收入，应先按预计计税毛利率分季(或月)计算出预计毛利额，计入当期应纳税所得额。

《中华人民共和国企业所得税年度纳税申报表(A类，2017年版)》填报说明：

"A105010视同销售和房地产开发企业特定业务纳税调整明细表"第25行"3. 实际发生的税金及附加、土地增值税"：第1列"税收金额"填报房地产企业销售未完工产品实际发生的税金及附加、土地增值税，且在会计核算中未计入当期损益的金额。

2) 开发产品完工后，企业应及时结算其计税成本并计算此前销售收入的实际毛利额，同时将其实际毛利额与其对应的预计毛利额之间的差额，计入当年度企业本项目与其他项目合并计算的应纳税所得额。

《中华人民共和国企业所得税年度纳税申报表(A类，2017年版)》填报说明：

"A105010视同销售和房地产开发企业特定业务纳税调整明细表"第29行"3. 转回

实际发生的税金及附加、土地增值税"：填报房地产企业销售的未完工产品结转完工产品后，会计核算确认为销售收入，同时将对应实际发生的税金及附加、土地增值税转入当期损益的金额。

从上述规定可以看出，预售期间预缴企业所得税时是可以税前扣除预缴的土地增值税的，而且是当期扣除，不是完工后才允许扣除。

综上，房地产开发企业在取得预售收入的时候，缴纳的土地增值税、当期发生的期间费用均是在发生当期税前扣除的。

3. 配套设施的税务处理

（1）企业在开发区内建造的会所、物业管理场所、电站、热力站、水厂、文体场馆、幼儿园等配套设施，按以下规定进行处理。

1）属于非营利性且产权属于全体业主的，或无偿赠与地方政府、公用事业单位的，可将其视为公共配套设施，其建造费用按公共配套设施费的有关规定进行处理。

2）属于营利性的，或产权归企业所有的，或未明确产权归属的，或无偿赠与地方政府、公用事业单位以外其他单位的，应当单独核算其成本。除企业自用应按建造固定资产进行处理外，其他一律按建造开发产品进行处理。

（2）企业在开发区内建造的邮电通讯、学校、医疗设施应单独核算成本，其中，由企业与国家有关业务管理部门、单位合资建设，完工后有偿移交的，国家有关业务管理部门、单位给予的经济补偿可直接抵扣该项目的建造成本，抵扣后的差额应调整当期应纳税所得额。

4. 销售费用的扣除比例

企业委托境外机构销售开发产品的，其支付境外机构的销售费用（含佣金或手续费）不超过委托销售收入10%的部分，准予据实扣除。

5. 利息支出的税务处理

企业的利息支出按以下规定进行处理。

（1）企业为建造开发产品借入资金而发生的符合税收规定的借款费用，可按企业会计准则的规定进行归集和分配，其中属于财务费用性质的借款费用，可直接在税前扣除。

（2）企业集团或其成员企业统一向金融机构借款分摊集团内部其他成员企业使用的，借入方凡能出具从金融机构取得借款的证明文件，可以在使用借款的企业间合理的分摊利息费用，使用借款的企业分摊的合理利息准予在税前扣除。

6. 可以扣除的费用、损失

（1）企业对尚未出售的已完工开发产品和按照有关法律、法规或合同规定对已售开发产品（包括共用部位、共用设施设备）进行日常维护、保养、修理等实际发生的维修费用，准予在当期据实扣除。

（2）企业将已计入销售收入的共用部位、共用设施设备维修基金按规定移交给有关部门、单位的,应于移交时扣除。

(3)企业因国家无偿收回土地使用权而形成的损失,可作为财产损失按有关规定在税前扣除。

(4)企业开发产品(以成本对象为计量单位)整体报废或毁损,其净损失按有关规定审核确认后准予在税前扣除。

7. 不能扣除的费用

(1)开发产品的折旧费用。

企业开发产品转为自用的,其实际使用时间累计未超过 12 个月又销售的,不得在税前扣除折旧费用。

(2)按揭贷款提供担保的保证金。

企业采取银行按揭方式销售开发产品的,凡约定企业为购买方的按揭贷款提供担保的,其销售开发产品时向银行提供的保证金(担保金)不得从销售收入中减除,也不得作为费用在当期税前扣除,但实际发生损失时可据实扣除。

(三)计税成本的核算方法

1. 计税成本对象的税务处理

(1)计税成本对象的确定原则。

计税成本是指企业在开发、建造开发产品(包括固定资产)过程中所发生的按照税收规定进行核算与计量的应归入某项成本对象的各项费用。

成本对象是指为归集和分配开发产品开发、建造过程中的各项耗费而确定的费用承担项目。

计税成本对象的确定原则如下。

1)可否销售原则。开发产品能够对外经营销售的,应作为独立的计税成本对象进行成本核算;不能对外经营销售的,可先作为过渡性成本对象进行归集,然后再将其相关成本摊入能够对外经营销售的成本对象。

2)分类归集原则。对同一开发地点、竣工时间相近、产品结构类型没有明显差异的群体开发的项目,可作为一个成本对象进行核算。

3)功能区分原则。开发项目某组成部分相对独立,且具有不同使用功能时,可以作为独立的成本对象进行核算。

4)定价差异原则。开发产品因其产品类型或功能不同等而导致其预期售价存在较大差异的,应分别作为成本对象进行核算。

5)成本差异原则。开发产品因建筑上存在明显差异可能导致其建造成本出现较大差异的,要分别作为成本对象进行核算。

6)权益区分原则。开发项目属于受托代建的或多方合作开发的,应结合上述原则分别划分成本对象进行核算。

(2)取消开发产品计税成本对象事先备案制度,在开发产品完工当年出具专项报告，随同《企业所得税年度纳税申报表》一并申报。

依据国家税务总局公告 2014 年第 35 号《关于房地产开发企业成本对象管理问题的公告》，房地产开发企业应依据计税成本对象确定原则确定已完工开发产品的成本对象，并就确定原则、依据，共同成本分配原则、方法，以及开发项目基本情况、开发计划等出具专项报告，在开发产品完工当年企业所得税年度纳税申报时，随同《企业所得税年度纳税申报表》一并报送主管税务机关。

房地产开发企业将已确定的成本对象报送主管税务机关后，不得随意调整或相互混淆。如确需调整成本对象的，应就调整的原因、依据和调整前后成本变化情况等出具专项报告，在调整当年企业所得税年度纳税申报时报送主管税务机关。

相关链接

上文提到的房地产企业所得税政策如表 7-4 所示。

表 7-4 房地产企业所得税政策（国家税务总局公告 2014 年第 35 号）

序号	文号	文件名	主要内容
4	国家税务总局公告 2014 年第 35 号	《国家税务总局关于房地产开发企业成本对象管理问题的公告》	对开发成本对象管理的规定

2. 开发产品计税成本支出的内容

（1）土地征用费及拆迁补偿费。

土地征用费及拆迁补偿费指为取得土地开发使用权（或开发权）而发生的各项费用，主要包括土地买价或出让金、大市政配套费、契税、耕地占用税、土地使用费、土地闲置费、土地变更用途和超面积补交的地价及相关税费、拆迁补偿支出、安置及动迁支出、回迁房建造支出、农作物补偿费、危房补偿费等。

拓展阅读 **以非货币性交易取得土地使用权的计税成本问题**

国税发〔2009〕31 号规定，企业以非货币交易方式取得土地使用权的，应按下列规定确定其成本。

（1）企业、单位以换取开发产品为目的，将土地使用权投资企业的，按下列规定进行处理。

1）换取的开发产品如为该项土地开发、建造的，接受投资的企业在接受土地使用权时暂不确认其成本，待首次分出开发产品时，再按应分出开发产品（包括首次分出的和以后应分出的）的市场公允价值和土地使用权转移过程中应支付的相关税费计算确认该项土地使用权的成本。如涉及补价，土地使用权的取得成本还应加上应支付的补价款或减除应收到的补价款。

2）换取的开发产品如为其他土地开发、建造的，接受投资的企业在投资交易发生时，按应付出开发产品市场公允价值和土地使用权转移过程中应支付的相关税费计算确认该项土地使用权的成本。如涉及补价，土地使用权的取得成本还应加上应支付的补价款或减除应收到的补价款。

（2）企业、单位以股权的形式，将土地使用权投资企业的，接受投资的企业应在投资交易发生时，按该项土地使用权的市场公允价值和土地使用权转移过程中应支付的相关税费计算确认该项土地使用权的取得成本。如涉及补价，土地使用权的取得成本还应加上应支付的补价款或减除应收到的补价款。

（2）前期工程费。

前期工程费指项目开发前期发生的水文地质勘察、测绘、规划、设计、可行性研究、筹建、场地通平等前期费用。

（3）建筑安装工程费。

建筑安装工程费指开发项目开发过程中发生的各项建筑安装费用，主要包括开发项目建筑工程费和开发项目安装工程费等。

（4）基础设施建设费。

基础设施建设费指开发项目在开发过程中所发生的各项基础设施支出，主要包括开发项目内道路、供水、供电、供气、排污、排洪、通讯、照明等社区管网工程费和环境卫生、园林绿化等园林环境工程费。

（5）公共配套设施费。

公共配套设施费指开发项目内发生的、独立的、非营利性的，且产权属于全体业主的，或无偿赠与地方政府、政府公用事业单位的公共配套设施支出。

（6）开发间接费。

开发间接费指企业为直接组织和管理开发项目所发生的，且不能将其归属于特定成本对象的成本费用性支出。其主要包括管理人员工资、职工福利费、折旧费、修理费、办公费、水电费、劳动保护费、工程管理费、周转房摊销以及项目营销设施建造费等。

3. 可以预提的成本费用

按规定，除以下几项预提（应付）费用外，开发产品计税成本均为实际发生的成本。

企业在结算计税成本时其实际发生的支出应当取得但未取得合法凭据的，不得计入计税成本，待实际取得合法凭据时，再按规定计入计税成本。

以下几项费用可以预提。

（1）出包工程未最终办理结算而未取得全额发票的，在证明资料充分的前提下，其发票不足金额可以预提，但最高不得超过合同总金额的10%。

（2）公共配套设施尚未建造或尚未完工的，可按预算造价合理预提建造费用。此类公共配套设施必须符合已在售房合同、协议或广告、模型中明确承诺建造且不可撤销，或按照法律法规规定必须配套建造的条件。

（3）应向政府上交但尚未上交的报批报建费用、物业完善费用可以按规定预提。物业完善费用是指按规定应由企业承担的物业管理基金、公建维修基金或其他专项基金。

4. 开发产品的成本核算和分配方法

企业开发、建造的开发产品应按制造成本法进行计量与核算。其中，应计入开发产品成本中的费用属于直接成本和能够分清成本对象的间接成本，直接计入成本对象，共同成本和不能分清负担对象的间接成本，应按受益的原则和配比的原则分配至各成本对象，具体分配方法可按以下规定选择其一。

（1）占地面积法。

占地面积法指按已动工开发成本对象占地面积占开发用地总面积的比例进行分配。

1）一次性开发的，按某一成本对象占地面积占全部成本对象占地总面积的比例进行分配。

2）分期开发的，首先按本期全部成本对象占地面积占开发用地总面积的比例进行分配，然后再按某一成本对象占地面积占期内全部成本对象占地总面积的比例进行分配。

期内全部成本对象应负担的占地面积为期内开发用地占地面积减除应由各期成本对象共同负担的占地面积。

土地成本，一般按占地面积法进行分配。如果确需结合其他方法进行分配的，应经税务机关同意。

土地开发同时连结房地产开发的，属于一次性取得土地分期开发房地产的情况，其土地开发成本经税务机关同意后可先按土地整体预算成本进行分配，待土地整体开发完毕再行调整。

（2）建筑面积法。

建筑面积法指按已动工开发成本对象建筑面积占开发用地总建筑面积的比例进行分配。

1）一次性开发的，按某一成本对象建筑面积占全部成本对象建筑面积的比例进行分配。

2）分期开发的，首先按期内成本对象建筑面积占开发用地计划建筑面积的比例进行分配，然后再按某一成本对象建筑面积占期内成本对象总建筑面积的比例进行分配。

单独作为过渡性成本对象核算的公共配套设施开发成本，应按建筑面积法进行分配。

（3）直接成本法。

直接成本法指按期内某一成本对象的直接开发成本占期内全部成本对象直接开发

成本的比例进行分配。

（4）预算造价法。

预算造价法指按期内某一成本对象预算造价占期内全部成本对象预算造价的比例进行分配。

借款费用属于不同成本对象共同负担的，按直接成本法或按预算造价法进行分配。

其他成本项目的分配法由企业自行确定。

5. 房地产企业计税成本核算的程序

首先，对当期实际发生的各项支出，按其性质、经济用途及发生的地点、时间区进行整理、归类，并将其区分为应计入成本对象的成本和应在当期税前扣除的期间费用。同时还应按规定对相关的预提费用和待摊费用进行计量与确认。

其次，将应计入成本对象中的各项实际支出、预提费用、待摊费用等合理地划分为直接成本、间接成本和共同成本，并按规定将其合理地归集、分配至已完工成本对象、在建成本对象和未建成本对象。

第三，对期前已完工成本对象应负担的成本费用按已销开发产品、未销开发产品和固定资产进行分配，其中应由已销开发产品负担的部分，在当期纳税申报时进行扣除，未销开发产品应负担的成本费用待其实际销售时再予扣除。

第四，对本期已完工成本对象分类为开发产品和固定资产并对其计税成本进行结算。其中属于开发产品的，应按可售面积计算其单位工程成本，据此再计算已销开发产品计税成本和未销开发产品计税成本。对本期已销开发产品的计税成本，准予在当期扣除，未销开发产品计税成本待其实际销售时再予扣除。

第五，对本期未完工和尚未建造的成本对象应当负担的成本费用，应分别建立明细台账，待开发产品完工后再予结算。

（四）特定事项的税务处理

1. 联合开发的税务处理

企业以本企业为主体联合其他企业、单位、个人合作或合资开发房地产项目，且该项目未成立独立法人公司的，按下列规定进行处理。

（1）凡开发合同或协议中约定向投资各方（即合作、合资方）分配开发产品的，企业在首次分配开发产品时，如该项目已经结算计税成本，其应分配给投资方开发产品的计税成本与其投资额之间的差额计入当期应纳税所得额；如未结算计税成本，则将投资方的投资额视同销售收入进行相关的税务处理。

（2）凡开发合同或协议中约定分配项目利润的，应按以下规定进行处理。

1）企业应将该项目形成的营业利润额并入当期应纳税所得额统一申报缴纳企业所得税，不得在税前分配该项目的利润。同时不能因接受投资方投资额而在成本中摊销或在税前扣除相关的利息支出。

2）投资方取得该项目的营业利润应视同股息、红利进行相关的税务处理。

拓展阅读 国税发〔2009〕31号的"约定分配"项目利润是否仅指按比例分成，如果是固定金额的分红是否适用？

《国家税务总局关于印发〈房地产开发经营业务企业所得税处理办法〉的通知》（国税发〔2009〕31号）第三十六条规定，企业以本企业为主体联合其他企业、单位、个人合作或合资开发房地产项目，且该项目未成立独立法人公司的，按下列规定进行处理。

凡开发合同或协议中约定分配项目利润的，应按以下规定进行处理。

（1）企业应将该项目形成的营业利润额并入当期应纳税所得额统一申报缴纳企业所得税，不得在税前分配该项目的利润。同时不能因接受投资方投资额而在成本中摊销或在税前扣除相关的利息支出。

（2）投资方取得该项目的营业利润应视同股息、红利进行相关的税务处理。

根据上述规定，条款中如何分配项目利润没有规定必须按出资比例分配。因此约定一方按固定金额取得项目利润，也是不违背国税发〔2009〕31号第三十六条规定的。

2. 土地使用权投资的税务处理

企业以换取开发产品为目的，将土地使用权投资其他企业房地产开发项目的，按以下规定进行处理：企业应在首次取得开发产品时，将其分解为转让土地使用权和购入开发产品两项经济业务进行所得税处理，并按应从该项目取得的开发产品（包括首次取得的和以后应取得的）的市场公允价值计算确认土地使用权转让所得或损失。

四、土地增值税清算涉及企业所得税退税的税务处理

原国家税务总局公告2010年第29号《关于房地产开发企业注销前有关企业所得税处理问题的公告》（以下简称29号公告）规定，房地产开发企业由于土地增值税清算造成的亏损，在企业注销税务登记时还没有弥补的，企业可在注销前提出申请，税务机关将多缴的企业所得税予以退税。但是，由于多种原因，房地产开发企业在开发产品销售完成后，短期内无法注销，导致多缴的企业所得税无法申请退税。结合房地产开发企业和开发项目的特点，国家税务总局发布了2016年第81号《关于房地产开发企业土地增值税清算涉及企业所得税退税有关问题的公告》（以下简称《公告》），对房地产开发企业由于土地增值税清算原因导致多缴企业所得税的退税处理政策进行了完善。

（一）房地产开发企业申请退税时间

《公告》将房地产开发企业可以申请退税的时间规定为所有开发项目清算后，即房地产开发企业按规定对开发项目进行土地增值税清算后，如果土地增值税清算当年汇算清缴出现亏损，且没有后续开发项目的，可申请退税。其中后续开发项目，包括正在开发以及中标的项目。

(二)多缴企业所得税款计算方法

《公告》延续了 29 号公告的做法,房地产开发企业开发项目缴纳的土地增值税总额,应按照该项目开发各年度实现的项目销售收入占整个项目销售收入总额的比例,在项目开发各年度进行分摊,并计算各年度及累计应退的税款。举例说明如下。

金鳞房地产开发企业 2016 年 2 月开始开发某房地产项目,2018 年 10 月项目全部竣工并销售完毕,12 月进行土地增值税清算,整个项目共缴纳土地增值税 2200 万元,其中 2016~2018 年预缴土地增值税分别为 480 万元、600 万元、120 万元;2018 年清算后补缴土地增值税 1000 万元。2016~2018 年实现的项目销售收入分别为 24000 万元、30000 万元、6000 万元,缴纳的企业所得税分别为 90 万元、620 万元、10 万元。假定该企业 2018 年度汇算清缴出现亏损,应纳税所得额为-800 万元。企业没有后续开发项目,拟申请退税,具体计算分析如下。

(1) 2016~2018 年共缴土地增值税 = 480+600+120+1000 = 2200(万元)
(2) 2016~2018 年实现收入总额 = 24000+30000+6000 = 60000(万元)
(3) 分摊土地增值税:
2016 年 = 2200×24000÷60000 = 880(万元)
2017 年 = 2200×30000÷60000 = 1100(万元)
2018 年 = 2200×6000÷60000 = 220(万元)
(4) 具体退税计算如表 7-5 所示。

表 7-5 具体退税计算表

项目	行次	勾稽关系	2016 年	2017 年	2018 年
预缴土地增值税	1		480	600	120
补缴土地增值税	2		—	—	1000
分摊土地增值税	3		880	1100	220
土增调减应纳税所得额	4	4=3-1-2-10	400	540	-900
应纳税所得额	5				-800
调整后应纳税所得额	6	6=5-4	—	—	100
土增应退企业所得税	7	7=4×25%	100	135	—
已缴纳企业所得税	8		90	620	10
实应退企业所得税	9	9=7 或 8 孰小	90	135	—
亏损结转(调整后)	10	10=(8-7)÷25%	-40	—	—
应补企业所得税	11	11=6×25%-8	—	—	15
累计退税额	12	12=2016 年 9 行+ 2017 年 9 行-2018 年 11 行			210

各年度应分摊的土地增值税 = 土地增值税总额×(项目年度销售收入÷整个项目销售收入总额)

（三）报送资料

《公告》规定，房地产开发企业在申请退税时，应向主管税务机关提供书面材料说明应退企业所得税款的计算过程，包括该项目缴纳的土地增值税总额、项目销售收入总额、项目年度销售收入额、各年度应分摊的土地增值税和已经税前扣除的土地增值税、各年度的适用税率，以及是否存在后续开发项目等情况。

（四）以前年度多缴税款处理

《公告》发布执行前已经进行土地增值税清算，《公告》发布执行后仍存在尚未弥补的因土地增值税清算导致的亏损，按照《公告》第二条规定的方法计算多缴企业所得税税款，并申请退税。《公告》发布执行后，企业应抓紧向主管税务机关提出退税申请，并按要求提供相关资料。

相关链接

前文提到的房地产企业所得税政策如表7-6所示。

表7-6　房地产企业所得税政策（国家税务总局公告2016年第81号）

序号	文号	文件名	主要内容
5	国家税务总局公告2016年第81号	《国家税务总局关于房地产开发企业土地增值税清算涉及企业所得税退税有关问题的公告》	对土地增值税清算涉及企业所得税退税的规定

第二节　企业重组业务的所得税处理

一、企业重组有关税务处理

（一）企业重组的定义和形式

企业重组，是指企业在日常经营活动以外发生的法律结构或经济结构重大改变的交易，包括企业法律形式改变、债务重组、股权收购、资产收购、合并、分立等形式。

（二）企业重组的税务处理

企业重组的税务处理，区分不同条件分别适用（表7-7）。

(1)一般性税务处理规定。

(2)特殊性税务处理规定。

表 7-7　一般性税务处理方法和特殊性税务处理的区别

一般性税务处理办法	特殊性税务处理办法
在企业重组发生时，就要确认资产、股权转让所得和损失	符合一定条件的企业重组，在重组发生时，对股权支付部分，以企业资产、股权的原有成本为计税基础
按照交易价格重新确定计税基础，并计算缴纳企业所得税	暂时不确认资产、股权转让所得和损失，也就暂时不用纳税，将纳税义务递延到以后处置时履行

相关链接

企业重组税收政策如表 7-8 所示。

表 7-8　企业重组税收政策

序号	文号	文件名	备注
1	财税〔2009〕59 号	《关于企业重组业务企业所得税处理若干问题的通知》	重组业务的基本税收政策
2	财税〔2014〕109 号	《关于促进企业重组有关企业所得税处理问题的通知》	
3	国家税务总局公告 2010 年第 4 号规定	《企业重组业务企业所得税管理办法》	企业重组业务的税务管理办法
4	国家税务总局公告 2015 年第 48 号	《关于企业重组业务企业所得税征收管理若干问题的公告》	

(三)符合特殊性税务处理的企业重组条件

财税〔2009〕59 号《关于企业重组业务企业所得税处理若干问题的通知》和财税〔2014〕109 号《关于促进企业重组有关企业所得税处理问题的通知》规定，企业重组同时符合下列条件的，适用特殊性税务处理规定。

(1)具有合理的商业目的，且不以减少、免除或者推迟缴纳税款为主要目的。

(2)被收购、合并或分立部分的资产或股权比例符合 50%的规定比例。

(3)重组交易对价中涉及股权支付金额符合 85%的规定比例。

(4)企业重组后的连续 12 个月内不改变重组资产原来的实质性经营活动。

所称"企业重组后的连续 12 个月内"，是指自重组日起计算的连续 12 个月内。

(5)企业重组中取得股权支付的原主要股东，在重组后连续 12 个月内，不得转让所取得的股权。

原主要股东，是指原持有转让企业或被收购企业 20%以上股权的股东。

上述符合特殊性税务处理企业重组条件里(4)(5)当事各方应在完成重组业务后的下一年度的企业所得税年度申报时，向主管税务机关提交书面情况说明，以证明企业在重组后的连续 12 个月内，有关符合特殊性税务处理的条件未发生改变。(国家税务总局公告 2010 年第 4 号规定)

拓展阅读 企业从哪些方面来说明特殊重组业务具有合理的商业目的？

国家税务总局公告2015年第48号《关于企业重组业务企业所得税征收管理若干问题的公告》规定：企业重组业务适用特殊性税务处理的，申报时，应从以下方面逐条说明企业重组具有合理的商业目的。

(1) 重组交易的方式。
(2) 重组交易的实质结果。
(3) 重组各方涉及的税务状况变化。
(4) 重组各方涉及的财务状况变化。
(5) 非居民企业参与重组活动的情况。

(四) 企业重组税务处理的具体规定

1. 企业法律形式改变

企业法律形式改变是指企业注册名称、住所以及企业组织形式等的简单改变，但符合本通知规定其他重组的类型除外。

例如北京金陵房地产开发有限公司更名为北京海运房屋开发有限公司；某公司将住所地由北京市迁移至上海市；原有限责任公司变更为股份有限公司，或者原有限责任公司变更为个人独资企业、合伙企业等均属此类重组。

拓展阅读 全民所有制企业公司制改制企业所得税应当如何处理？

依据《国家税务总局关于全民所有制企业公司制改制企业所得税处理问题的公告》(国家税务总局公告〔2017〕34号)(以下简称《公告》)规定，对全民所有制企业公司制改制的，明确了以下企业所得税处理事项。

(1) 明确了改制中资产评估增值不计入应纳税所得额。由于改制前后，资产权属未发生变化，也没有发生实际交易，资产评估增值不计入当期所得，可以有效减轻改制企业的负担。同时规定，改制后评估增值的资产，其计税基础应与原有计税基础保持一致。资产增值部分享受了递延纳税待遇，其资产增值部分对应的折旧或者摊销也不得在税前扣除。

(2) 明确了适用的改制情形。《公告》仅指由一个全民所有制企业整体改制为一个公司的形式。全民所有制企业改制为国有独资公司或者国有全资子公司，改制前后股东没有变化，财产权属没有变化，都是100%国家所有，满足法律形式的简单改变，适用本《公告》。改制为国有控股公司等其他情形的，则不适用本《公告》。

(3) 明确了后续管理事项。依据本《公告》进行企业所得税处理，会产生一定的税会差异，为了保证税务机关有效实施后续管理，按照"放管服"要求，《公告》规定改制后的公司应将评估增值相关资料留存备查，以减少企业涉税资料报送，减轻企业负担。

（4）明确了《公告》时间效力。《公告》适用于2017年度及以后年度企业所得税汇算清缴。此前发生的全民所有制企业公司制改制，尚未进行企业所得税处理的，可依照本《公告》处理。

企业法律形式改革税务处理区别见表7-9。

表7-9　企业法律形式改变税务处理区别

一般性税务处理办法	特殊性税务处理办法
企业法律形式改变有下列情形的，应视同企业进行清算、分配，股东重新投资成立新企业	企业发生其他法律形式简单改变的，可直接变更税务登记
企业由法人转变为个人独资企业、合伙企业等非法人组织	除另有规定外，有关企业所得税纳税事项（包括亏损结转、税收优惠等权益和义务）由变更后企业承继，但因住所发生变化而不符合税收优惠条件的除外
企业将登记注册地转移至中华人民共和国境外（包括港澳台地区）	
企业的全部资产以及股东投资的计税基础均应以公允价值为基础确定	

相关链接

对企业清算的所得税处理应以财税〔2009〕60号《关于企业清算业务企业所得税处理若干问题的通知》为依据。

2. 债务重组

债务重组是指在债务人发生财务困难的情况下，债权人按照其与债务人达成的书面协议或者法院裁定书，就其债务人的债务做出让步的事项。

例如，A公司因向B公司销售产品而拥有B公司10万元债权，合同期已届满，B公司因经营不善无力还款，于是双方达成书面协议，同意A公司的债权转为对B公司拥有的股权，即属债务重组。

企业债务重组税务处理区别见表7-10。

表7-10　企业债务重组税务处理区别

一般性税务处理办法	特殊性税务处理办法
以非货币资产清偿债务，应当分解为转让相关非货币性资产、按非货币性资产公允价值清偿债务两项业务，确认相关资产的所得或损失	确认的应纳税所得额占该企业当年应纳税所得额50%以上，可以在5个纳税年度的期间内，均匀计入各年度的应纳税所得额
发生债权转股权的，应当分解为债务清偿和股权投资两项业务，确认有关债务清偿所得或损失	

续表

一般性税务处理办法	特殊性税务处理办法
债务人应当按照支付的债务清偿额低于债务计税基础的差额,确认债务重组所得;债权人应当按照收到的债务清偿额低于债权计税基础的差额,确认债务重组损失	企业发生债权转股权业务,对债务清偿和股权投资两项业务暂不确认有关债务清偿所得或损失,股权投资的计税基础以原债权的计税基础确定
债务人的相关所得税纳税事项原则上保持不变	企业的其他相关所得税事项保持不变

拓展阅读 加强债务重组的后续管理

国家税务总局公告2015年第48号《关于企业重组业务企业所得税征收管理若干问题的公告》规定:企业发生财税[2009]59号文件第六条第(一)项规定的债务重组,应准确记录应予确认的债务重组所得,并在相应年度的企业所得税汇算清缴时对当年确认额及分年结转额的情况做出说明。

主管税务机关应建立台账,对企业每年申报的债务重组所得与台账进行比对分析,加强后续管理。

3. 股权收购

股权收购是指一家企业(以下称为收购企业)购买另一家企业(以下称为被收购企业)的股权,以实现对被收购企业控制的交易。收购企业支付对价的形式包括股权支付、非股权支付或两者的组合。

(1)股权支付,是指企业重组中购买、换取资产的一方支付的对价中,以本企业或其控股企业的股权、股份作为支付的形式。

所称控股企业,是指由本企业直接持有股份的企业。

(2)非股权支付,是指以本企业的现金、银行存款、应收款项、本企业或其控股企业股权和股份以外的有价证券、存货、固定资产、其他资产以及承担债务等作为支付的形式。

例如,A公司与B公司达成协议,A公司收购B公司60%的股权,A公司支付B公司股东赵某的对价为50万元银行存款以及A公司控股的C公司10%股权,A公司收购股权后实现了对B公司的控制。在该股权收购中涉及三方:A公司为收购方,股东赵某为转让方、B公司为被收购企业。

拓展阅读 承担被收购企业负债是否属于非股权支付?

例如,甲公司以向乙公司定向增发股份的方式,对乙公司开展资产收购。增发股份的资产公允价值为2000万元,账面价值为1000万元,负债公允价值为800万元。甲公司对乙公司采取净资产收购方式,即乙公司将资产和负债全部转让给甲公司。资产收购后,乙公司只有一项资产,即持有甲公司的股份。

分析:

(1)甲公司承担乙公司的负债是否属于非股权支付行为,是判断此项收购能否适用特殊性税务处理的关键。

(2)甲公司除了向乙公司定向增发股份之外,还支付了一项对价,即代乙公司承担其债务。

(3)收购净资产包括收购资产和承担负债两个法律行为,因此是两种支付方式。

(4)从收购方完成收购的会计分录贷方内容,即可知道收购方采取了承担被收购方的负债,构成了一种支付方式,且是非股权支付。

借:资产科目(从乙公司收购的全部资产)
　　贷:股本、资本公积(向乙公司定向增发而增加的权益)
　　　　负债科目(代乙公司承担的全部负债)

结论:资产收购中收购方承担被收购方的负债的行为属于非股权支付的"承担债务"形式。

股权收购税务处理区别见表 7-11。

表 7-11　股权收购税务处理区别

一般性税务处理办法	特殊性税务处理办法
(1)被收购方应确认股权、资产转让所得或损失。 (2)收购方取得股权或资产的计税基础应以公允价值为基础确定。 (3)被收购企业的相关所得税事项原则上保持不变	股权收购企业购买的股权不低于被收购企业全部股权的 50%,且收购企业在该股权收购发生时的股权支付金额不低于其交易支付总额的 85%,可以选择按以下规定处理。 (1)被收购企业的股东取得收购企业股权的计税基础,以被收购股权的原有计税基础确定。 (2)收购企业取得被收购企业股权的计税基础,以被收购股权的原有计税基础确定。 (3)收购企业、被收购企业的原有各项资产和负债的计税基础和其他相关所得税事项保持不变

4. 资产收购

资产收购是指一家企业(以下称为受让企业)购买另一家企业(以下称为转让企业)实质经营性资产的交易。受让企业支付对价的形式包括股权支付、非股权支付或两者的组合。

所称实质经营性资产,是指企业用于从事生产经营活动、与生产经营收入直接相关的资产,包括经营所用各类资产、企业拥有的商业信息和技术、经营活动产生的应收款项、投资资产等。(国家税务总局公告 2010 年第 4 号)

例如,A 公司与 B 公司达成协议,A 公司购买 B 公司经营性资产(包括固定资产、存货等),该经营性资产的公允价值为 1000 万元,A 公司支付的对价为本公司 10% 股权、100 万元银行存款以及承担 B 公司 200 万元债务。在该资产收购中 A 公司为受让企业,B 公司为转让企业。

拓展阅读　中国电信收购中国联通的 CDMA 网络，是属于上述重组的哪类？

中国电信以 662 亿收购联通 CDMA 网络，以 438 亿元收购联通 CDMA 业务部分，总价 1100 亿人民币收购联通全部 C 网。

因此，中国电信收购中国联通的 CDMA 网络，是属于上述重组中的资产收购。

资产收购税务处理区别见表 7-12。

表 7-12　资产收购税务处理区别

一般性税务处理办法	特殊性税务处理办法
(1)被收购方应确认股权、资产转让所得或损失。 (2)收购方取得股权或资产的计税基础应以公允价值为基础确定。 (3)被收购企业的相关所得税事项原则上保持不变	"资产收购，受让企业收购的资产不低于转让企业全部资产的50%"，且受让企业在该资产收购发生时的股权支付金额不低于其交易支付总额的85%，可以选择按以下规定处理。 (1)转让企业取得受让企业股权的计税基础，以被转让资产的原有计税基础确定。 (2)受让企业取得转让企业资产的计税基础，以被转让资产的原有计税基础确定

拓展阅读

(1) 资产收购不同于一般的资产买卖。

财税〔2009〕59 号文件的资产收购是指涉及实质经营性资产的交易，与《企业会计准则第 20 号——企业合并》第三条所称的业务合并相似，即一家企业必须是购买另一家企业内部某些生产经营活动或资产的组合，该组合一般具有投入、加工处理过程和产出能力，能够独立计算其成本费用或所产生的收入，但不构成独立法人资格的部分。同时，企业在购买这些资产组合后，必须实际经营该项资产，以保持经营上的连续性。

比如，A 企业单纯购买 B 企业的房产、土地就不是资产收购，仅是一般的资产买卖。

而 2005 年 8 月 11 日，阿里巴巴宣布收购雅虎在中国的全部资产及业务则是一个具有法律意义的资产收购过程。

(2) 资产收购不同于企业合并。

资产收购是一场企业与企业之间的资产交易，交易的双方都是企业。

而企业合并是一场企业与企业股东之间的交易，即合并方企业与被合并方企业的股东之间就被合并企业进行的一场交易。

相对于企业合并而言，资产收购不涉及法律主体资格的变更或者法律权利义务的概括承受，可以避免被收购方向收购方转嫁债务。

5. 合并

合并是指一家或多家企业（以下称为被合并企业）将其全部资产和负债转让给另一家现存或新设企业（以下称为合并企业），被合并企业股东换取合并企业的股权或非股权支付，实现两个或两个以上企业的依法合并。

合并可分为吸收合并和新设合并两种方式。

（1）吸收合并是指两个以上的企业合并时，其中一个企业吸收了其他企业而存续（对此类企业以下简称"存续企业"），被吸收的企业解散。

例如，A公司是股东X公司投资设立的有限责任公司，现将全部资产和负债转让给B公司，B公司支付A公司股东X公司银行存款500万元作为对价，A公司解散。在该吸收合并中，A公司为被合并企业，B公司为合并企业，且为存续企业。

（2）新设合并是指两个以上企业并为一个新企业，合并各方解散。例如，现有A公司和B公司均为X公司控股下的子公司，现A公司和B公司将全部资产和负债转让给C公司，C公司向X公司支付30%股权作为对价。合并完成后，A公司和B公司均解散。在该新设合并中，A公司和B公司为被合并企业，C公司为合并企业。

拓展阅读：中国联通收购中国网通是上述重组中的哪类？

中国联通与中国网通实施合并。具体操作方式为中国联通向每股中国网通股份支付1.508股中国联通股份，向每股中国网通美国托存股份支付3.016股中国联通美国托存股份。合并交易完成后，中国联通总股本将扩大为237.645亿股，按照中国联通停牌前18.48港元的股价测算，本次合并交易总规模约为4391.67亿港元。

因此，中国联通收购中国网通，是上述重组中的吸收合并（注意，中国网通已经注销）。

企业合并税务处理区别见表7-13。

表7-13 企业合并税务处理区别

一般性税务处理办法	特殊性税务处理办法
（1）合并企业应按公允价值确定接受被合并企业各项资产和负债的计税基础。 （2）被合并企业及其股东都应按清算进行所得税处理。 （3）被合并企业的亏损不得在合并企业结转弥补	企业股东在该企业合并发生时取得的股权支付金额不低于其交易支付总额的85%，以及同一控制下且不需要支付对价的企业合并，可以选择按以下规定处理。 （1）合并企业接受被合并企业资产和负债的计税基础，以被合并企业的原有计税基础确定。 （2）被合并企业合并前的相关所得税事项由合并企业承继。 （3）可由合并企业弥补的被合并企业亏损的限额=被合并企业净资产公允价值×截至合并业务发生当年年末国家发行的最长期限的国债利率。 （4）被合并企业股东取得合并企业股权的计税基础，以其原持有的被合并企业股权的计税基础确定

拓展阅读

1. 同一控制

同一控制是指参与合并的企业在合并前后均受同一方或相同的多方最终控制,且该控制并非暂时性的。能够对参与合并的企业在合并前后均实施最终控制权的相同多方,是指根据合同或协议的约定,对参与合并企业的财务和经营政策拥有决定控制权的投资者群体。在企业合并前,参与合并各方受最终控制方的控制在12个月以上,企业合并后所形成的主体在最终控制方的控制时间也应达到连续12个月。

2. 相关所得税事项

《企业重组业务企业所得税管理办法》(以下简称《管理办法》)第二十八条规定,这些事项包括:

(1)尚未确认的资产损失。

(2)分期确认收入的处理。

(3)尚未享受期满的税收优惠政策承继处理问题等。

3. 合并或分立企业尚未享受期满的税收优惠政策承继处理问题

财税〔2009〕59号,在企业吸收合并中,合并后的存续企业性质及适用税收优惠的条件未发生改变的,可以继续享受合并前该企业剩余期限的税收优惠,其优惠金额按存续企业合并前一年的应纳税所得额(亏损计为零)计算。

在企业存续分立中,分立后的存续企业性质及适用税收优惠的条件未发生改变的,可以继续享受分立前该企业剩余期限的税收优惠,其优惠金额按该企业分立前一年的应纳税所得额(亏损计为零)乘以分立后存续企业资产占分立前该企业全部资产的比例计算。

《管理办法》第二十八条规定,对税收优惠政策承继处理问题,凡属于依照《税法》第五十七条规定中就企业整体(即全部生产经营所得)享受税收优惠过渡政策的,合并或分立后的企业性质及适用税收优惠条件未发生改变的,可以继续享受合并前各企业或分立前被分立企业剩余期限的税收优惠。

合并前各企业剩余的税收优惠年限不一致的,合并后企业每年度的应纳税所得额,应统一按合并日各合并前企业资产占合并后企业总资产的比例进行划分,再分别按相应的剩余优惠计算应纳税额。

合并前各企业或分立前被分立企业按照《企业所得税法》的税收优惠规定以及税收优惠过渡政策中就有关生产经营项目所得享受的税收优惠承继处理问题,按照《企业所得税实施条例》第八十九条规定执行。

4. 合并企业弥补的被合并企业亏损的限额

《管理办法》第二十六条规定,《关于企业重组业务企业所得税处理若干问题的通知》第六条第四项所规定的可由合并企业弥补的被合并企业亏损的限额,是指按《企业

《所得税法》规定的剩余结转年限内,每年可由合并企业弥补的被合并企业亏损的限额。

6. 分立

分立是指一家企业(以下称为被分立企业)将部分或全部资产分离转让给现存或新设的企业(以下称为分立企业),被分立企业股东换取分立企业的股权或非股权支付,实现企业的依法分立。

分立可以采取存续分立和新设分立两种形式。

(1)存续分立是指被分立企业存续,而其一部分分出设立为一个或数个新的企业。例如,A 公司将部分资产剥离,转让给 B 公司,同时为 A 公司股东换取 B 公司 100%股权,A 公司继续经营。在该分立重组中,A 公司为被分立企业,B 公司为分立企业。

(2)新设分立是指被分立企业解散,分立出的各方分别设立为新的企业。例如,A 公司将全部资产分离转让给新设立 B 公司,同时为 A 公司股东换取 B 公司 100%股权,A 公司解散。

企业分立税务处理区别见表 7-14。

表 7-14 企业分立税务处理区别

一般性税务处理办法	特殊性税务处理办法
(1)被分立企业对分立出去资产应按公允价值确认资产转让所得或损失 (2)分立企业应按公允价值确认接受资产的计税基础 (3)被分立企业继续存在时,其股东取得的对价应视同被分立企业分配进行处理 (4)被分立企业不再继续存在时,被分立企业及其股东都应按清算进行所得税处理 (5)企业分立相关企业的亏损不得相互结转弥补	被分立企业所有股东按原持股比例取得分立企业的股权,分立企业和被分立企业均不改变原来的实质经营活动,且被分立企业股东在该企业分立发生时取得的股权支付金额不低于其交易支付总额的 85%,可以选择按以下规定处理。 (1)分立企业接受被分立企业资产和负债的计税基础,以被分立企业的原有计税基础确定 (2)被分立企业已分立出去资产相应的所得税事项由分立企业承继 (3)被分立企业未超过法定弥补期限的亏损额可按分立资产占全部资产的比例进行分配,由分立企业继续弥补 (4)被分立企业的股东取得分立企业的股权(以下简称"新股"),如需部分或全部放弃原持有的被分立企业的股权(以下简称"旧股"),"新股"的计税基础应以放弃"旧股"的计税基础确定。如不需放弃"旧股",则其取得"新股"的计税基础可从以下两种方法中选择确定:①直接将"新股"的计税基础确定为零;②或者以被分立企业分立出去的净资产占被分立企业全部净资产的比例先调减原持有的"旧股"的计税基础,再将调减的计税基础平均分配到"新股"上。在企业存续分立中,分立后的存续企业性质及适用税收优惠的条件未发生改变的,可以继续享受分立前该企业剩余期限的税收优惠,其优惠金额按该企业分立前一年的应纳税所得额(亏损计为零)乘以分立后存续企业资产占分立前该企业全部资产的比例计算

（五）特殊重组的申报管理

1. 特殊重组的申报管理

企业发生符合《关于企业重组业务企业所得税处理若干问题的通知》（以下简称《通知》）规定的特殊性重组条件并选择特殊性税务处理的，当事各方应在该重组业务完成当年企业所得税年度申报时，向主管税务机关提交书面备案资料，证明其符合各类特殊性重组规定的条件。

企业未按规定书面备案的，一律不得按特殊重组业务进行税务处理。

国家税务总局公告2015年第48号规定：

（1）企业重组业务适用特殊性税务处理的，除财税〔2009〕59号文件第四条第（一）项所称企业发生其他法律形式简单改变情形外，重组各方应在该重组业务完成当年，办理企业所得税年度申报时，分别向各自主管税务机关报送《企业重组所得税特殊性税务处理报告表及附表》和申报资料。

（2）合并、分立中重组一方涉及注销的，应在尚未办理注销税务登记手续前进行申报。

（3）重组主导方申报后，其他当事方向其主管税务机关办理纳税申报。申报时还应附送重组主导方经主管税务机关受理的《企业重组所得税特殊性税务处理报告表及附表》（复印件）。

（4）企业重组业务适用特殊性税务处理的，申报时，应从以下方面逐条说明企业重组具有合理的商业目的。

1）重组交易的方式。

2）重组交易的实质结果。

3）重组各方涉及的税务状况变化。

4）重组各方涉及的财务状况变化。

5）非居民企业参与重组活动的情况。

（5）企业重组业务适用特殊性税务处理的，申报时，当事各方还应向主管税务机关提交重组前连续12个月内有无与该重组相关的其他股权、资产交易情况的说明，并说明这些交易与该重组是否构成分步交易，是否作为一项企业重组业务进行处理。

2. 12个月内改变重组条件需调整处理

对于符合特殊性税务处理并选择特殊处理的重组业务，如果在规定的时间内（12个月内）重组中的主要条件发生变化，如股东变化、实质性经营活动改变等，导致不再符合原先确定条件的，需要调整原来的税务处理方式。

国家税务总局2010年第4号公告《管理办法》第三十条规定，当事方的其中一方在规定时间内发生生产经营业务、公司性质、资产或股权结构等情况变化，导致重组业务不再符合特殊性税务处理条件的：

（1）发生变化的当事方应在情况发生变化的30天内书面通知其他所有当事方。

(2) 主导方在接到通知后 30 日内将有关变化通知其主管税务机关。

(3) 上款所述情况发生变化后 60 日内，应按照一般性税务处理的规定调整重组业务的税务处理。

原交易各方应各自按原交易完成时资产和负债的公允价值计算重组业务的收益或损失，调整交易完成纳税年度的应纳税所得额及相应的资产和负债的计税基础，并向各自主管税务机关申请调整交易完成纳税年度的企业所得税年度申报表。逾期不调整申报的，按照《税收征管法》的相关规定处理。

国家税务总局公告 2010 年第 4 号规定，各当事方的主管税务机关应当对企业申报或确认适用特殊性税务处理的重组业务进行跟踪监管，了解重组企业的动态变化情况。发现问题，应及时与其他当事方主管税务机关沟通联系，并按照规定给予调整。

企业重组的当事各方应该取得并保管与该重组有关的凭证、资料，保管期限按照《征管法》的有关规定执行。

3. 分步实施重组的可以先预计按一项企业重组交易处理

财税〔2009〕59 号文件第十条规定，企业在重组发生前后连续 12 个月内分步对其资产、股权进行交易，应根据实质重于形式原则将上述交易作为一项企业重组交易进行处理。

如企业股权收购中，2016 年 10 月转让企业全部股权的 50%，2017 年 5 月转让 30%，时间相隔不足 12 个月合计转让 80% 股权，可以认为符合股权收购特殊性重组条件之一的"购买的股权不低于被收购企业全部股权的 50%"。

国家税务总局公告 2015 年第 48 号规定：

根据财税〔2009〕59 号文件第十条规定，若同一项重组业务涉及在连续 12 个月内分步交易，且跨两个纳税年度，当事各方在首个纳税年度交易完成时预计整个交易符合特殊性税务处理条件，经协商一致选择特殊性税务处理的，可以暂时适用特殊性税务处理，并在当年企业所得税年度申报时提交书面申报资料。

在下一纳税年度全部交易完成后，企业应判断是否适用特殊性税务处理。如适用特殊性税务处理的，当事各方应按本公告要求申报相关资料；如适用一般性税务处理的，应调整相应纳税年度的企业所得税年度申报表，计算缴纳企业所得税。

《管理办法》上述跨年度分步交易，若当事方在首个纳税年度不能预计整个交易是否符合特殊性税务处理条件，应适用一般性税务处理。在下一纳税年度全部交易完成后，适用特殊性税务处理的，可以调整上一纳税年度的企业所得税年度申报表，涉及多缴税款的，各主管税务机关应退税，或抵缴当年应纳税款。

4. 转让或处置重组资产（股权）时，对转让所得或损失情况进行专项说明

国家税务总局公告 2015 年第 48 号规定：

适用特殊性税务处理的企业，在以后年度转让或处置重组资产（股权）时，应在年度纳税申报时对资产（股权）转让所得或损失情况进行专项说明，包括特殊性税务处理

时确定的重组资产(股权)计税基础与转让或处置时的计税基础的比对情况,以及递延所得税负债的处理情况等。

(六)跨境重组税收管理

财税〔2009〕59号文件第七条规定,企业发生涉及中国境内与境外之间(包括港澳台地区)的股权和资产收购交易,除应符合本通知第五条规定的条件外,还应同时符合下列条件,才可选择适用特殊性税务处理规定。

(1)非居民企业向其100%直接控股的另一非居民企业转让其拥有的居民企业股权,没有因此造成以后该项股权转让所得预提税负担变化,且转让方非居民企业向主管税务机关书面承诺在3年(含3年)内不转让其拥有受让方非居民企业的股权。

(2)非居民企业向与其具有100%直接控股关系的居民企业转让其拥有的另一居民企业股权。

(3)居民企业以其拥有的资产或股权向其100%直接控股的非居民企业进行投资。

(4)财政部、国家税务总局核准的其他情形。

对跨境企业重组规定更严格的附加规定,目的是阻止国内未实现收益的资产转移至国外,逃避在国内的纳税义务,防止交易方以获得税收优惠为目的,人为设计符合特殊重组条件的交易框架,享受有利税收待遇等避税行为。

拓展阅读

居民企业以其拥有的资产或股权向其100%直接控股的非居民企业进行投资。

国家税务总局公告2009年第59号规定,居民企业以其拥有的资产或股权向其100%直接控股关系的非居民企业进行投资,其资产或股权转让收益如选择特殊性税务处理,可以在10个纳税年度内均匀计入各年度应纳税所得额。

国家税务总局公告2015年第48号规定,对居民企业以其拥有的资产或股权向其100%直接控股的非居民企业进行投资:居民企业应准确记录应予确认的资产或股权转让收益总额,并在相应年度的企业所得税汇算清缴时对当年确认额及分年结转额的情况做出说明。主管税务机关应建立台账,对居民企业取得股权的计税基础和每年确认的资产或股权转让收益进行比对分析,加强后续管理。

国家税务总局公告2010年第4号规定:发生财税〔2009〕59号文中第七条第3项规定的重组,居民企业应向其所在地主管税务机关报送以下资料。

(1)当事方的重组情况说明,申请文件中应说明股权转让的商业目的。

(2)双方所签订的股权转让协议。

(3)双方控股情况说明。

(4)由评估机构出具的资产或股权评估报告。报告中应分别列示涉及的各单项被转让资产和负债的公允价值。

(5)证明重组符合特殊性税务处理条件的资料,包括股权或资产转让比例,支付对价情况,以及12个月内不改变资产原来的实质性经营活动、不转让所取得股权的承诺书等。

(6)税务机关要求的其他材料。

二、股权或资产划转有关税务处理

(一)划入资产的企业所得税处理

1. 企业接收政府划入资产的企业所得税处理

依据国家税务总局公告2014年第29号《关于企业所得税应纳税所得额若干问题的公告》。

(1)企业接收政府投资资产的企业所得税处理。

县级以上人民政府(包括政府有关部门)将国有资产明确以股权投资方式投入企业,企业应作为国家资本金(包括资本公积)处理。

该项资产如为非货币性资产,应按政府确定的接收价值确定计税基础。

(2)企业接收政府指定用途资产的企业所得税处理。

县级以上人民政府将国有资产无偿划入企业,凡指定专门用途并按《财政部国家税务总局关于专项用途财政性资金企业所得税处理问题的通知》(财税〔2011〕70号)规定进行管理的,企业可作为不征税收入进行企业所得税处理。

其中,该项资产属于非货币性资产的,应按政府确定的接收价值计算不征税收入。

(3)企业接收政府无偿划入资产的企业所得税处理。

县级以上人民政府将国有资产无偿划入企业,属于上述(1)(2)项以外情形的,应按政府确定的接收价值计入当期收入总额计算缴纳企业所得税。政府没有确定接收价值的,按资产的公允价值计算确定应税收入。

2. 企业接收股东划入资产的企业所得税处理

(1)企业接收股东划入资产(包括股东赠予资产、上市公司在股权分置改革过程中接收原非流通股股东和新非流通股股东赠予的资产、股东放弃本企业的股权),凡合同、协议约定作为资本金(包括资本公积)且在会计上已做实际处理的,不计入企业的收入总额,企业应按公允价值确定该项资产的计税基础。

(2)企业接收股东划入资产,凡作为收入处理的,应按公允价值计入收入总额,计算缴纳企业所得税,同时按公允价值确定该项资产的计税基础。

(二)同一投资主体内部所属企业之间划入资产的企业所得税处理

1. 同一投资主体内部所属企业之间划转股权或资产可选择特殊性税务处理

财税〔2014〕109号《关于促进企业重组有关企业所得税处理问题的通知》规定,对100%直接控制的居民企业之间,以及受同一或相同多家居民企业100%直接控制的居民企业之间按账面净值划转股权或资产,可以选择按以下规定进行特殊性税务处理(这扩大了资产重组特殊性税务处理的适用范围,降低了企业集团内部交易的税收成本,为企业集团资产重组打开了新大门)。

(1)划出方企业和划入方企业均不确认所得。

(2)划入方企业取得被划转股权或资产的计税基础,以被划转股权或资产的原账面净值确定。

(3)划入方企业取得的被划转资产,应按其原账面净值计算折旧扣除。

2. 选择特殊性税务处理必须符合的条件

(1)100%直接控制的居民企业之间,以及受同一或相同多家居民企业100%直接控制的居民企业之间按账面净值划转股权或资产。

(2)具有合理商业目的、不以减少、免除或者推迟缴纳税款为主要目的。

(3)股权或资产划转后连续12个月内不改变被划转股权或资产原来实质性经营活动。

(4)按账面净值划转股权或资产,且划出方企业和划入方企业均未在会计上确认损益的。

3. 同一投资主体内部所属企业之间股权、资产划转的形式

财税〔2014〕109号文件所规范的集团间股权、资产的划转行为仅限于100%控股的集团居民企业间,也就是说,无论是划转还是接受划转的主体,都必须是在居民企业内部100%控股的体系下。

股权、资产划转形式包括:纵向划转和横向划转。

第一,"母子公司"之间划转股权或资产的税务处理。

依据国家税务总局公告2015年第40号《关于资产(股权)划转企业所得税征管问题的公告》,100%直接控制的居民企业之间,以及受同一或相同多家居民企业100%直接控制的居民企业之间按账面净值划转股权或资产,限于以下情形。

一是母公司获得子公司100%的股权支付;二是母公司没有获得任何股权或非股权支付。

(1)母公司获得子公司100%的股权支付的税务处理。

100%直接控制的母子公司之间,母公司向子公司按账面净值划转其持有的股权或资产,母公司获得子公司100%的股权支付:

1)母公司按增加长期股权投资处理;母公司获得子公司股权的计税基础以划转股权或资产的原计税基础确定。

2)子公司按接受投资(包括资本公积,下同)处理。

例如,A公司与B公司为100%直接控制的母子公司,A公司持有M公司100%的股权。根据集团资产重组决定:2018年1月,A公司将一处生产厂房和持有的M公司60%股份两项资产划转至B公司,增加B公司在同业中的竞争实力。具体情况如下:

生产厂房计税基础为 600 万元，公允价格为 1000 万元；A 公司持有的 M 公司 60%股份，其计税基础为 600 万元，公允价值为 1000 万元。划转后，全资子公司 B 变更营业执照，增加实收资本 1000 万元。双方账务处理如下。

A 公司账务处理如下。

借：长期股权投资——B 公司　　　　　　　　　　　　　　1200 万
　　贷：固定资产清理　　　　　　　　　　　　　　　　　　600 万
　　　　长期股权投资——M 公司 60%股份　　　　　　　　 600 万

B 公司账务处理如下。

借：固定资产　　　　　　　　　　　　　　　　　　　　　 600 万
　　长期股权投资——M 公司 60%股份　　　　　　　　　　 600 万
　　贷：实收资本　　　　　　　　　　　　　　　　　　　 1000 万
　　　　资本公积　　　　　　　　　　　　　　　　　　　　200 万

（2）母公司没有获得任何股权或非股权支付。

100%直接控制的母子公司之间，母公司向子公司按账面净值划转其持有的股权或资产，母公司没有获得任何股权或非股权支付。

1）母公司按冲减实收资本（包括资本公积）处理。

2）子公司按接受投资处理。

案例：母公司减资划转资产模式

A 公司持有 B 公司 100%股权，该项投资的计税基础及会计成本均为 5000 万元；A 公司同时持有 M 公司 30%股权，计税基础为 600 万元，公允价值为 1000 万元；B 公司已经持有 M 公司 70%股权，投资计税基础为 1400 万元。2015 年 1 月，A 公司进行了集团重组，将其持有的 M 公司 30%股权划转给全资子公司 B 公司，重组后，B 公司持有 M 公司 100%股份，A、B 公司账务处理如下。

A 公司账务处理如下。

借：实收资本（股本）或资本公积　　　　　　　　　　　　 600 万
　　贷：长期股权投资——M 公司　　　　　　　　　　　　 600 万

B 公司账务处理如下。

借：长期股权投资——M 公司　　　　　　　　　　　　　　 600 万
　　贷：实收资本（股本）或资本公积　　　　　　　　　　　600 万

总结母公司→子公司之间的股权、资产划转行为：实际上是母公司对子公司的一个投资行为，应遵循投资的规则进行相关的税务处理；税务处理的核心在于明确划出股权、资产的原有计税基础。

第二，子公司向母公司划转股权或资产的税务处理。

100%直接控制的母子公司之间，子公司向母公司按账面净值划转其持有的股权或资产，子公司没有获得任何股权或非股权支付。

（1）母公司按收回投资处理，或按接受投资处理。母公司应按被划转股权或资产的原计税基础，相应调减持有子公司股权的计税基础。

（2）子公司按冲减实收资本处理。

案例：子公司向母公司划转资产模式

A公司持有B公司100%股权，该项投资的计税基础及会计成本均为5000万元；B公司持有M公司30%股权，计税基础为600万元，公允价值为1000万元；A公司已经持有M公司70%股权，投资计税基础为1400万元。2015年1月，A、B公司进行了集团重组，B公司将其持有的M公司30%股权划转给母公司A公司，投资时B公司留存收益为300万元。重组后，A公司持有M公司100%股份，A、B公司账务处理如下。

B公司账务处理如下。

借：实收资本（股本）　　　　　　　　　　　　　　　　600万
　　贷：长期股权投资——M公司　　　　　　　　　　　600万

A公司账务处理如下。

借：长期股权投资——M公司　　　　　　　　　　　　　600万
　　贷：实收资本（股本）　　　　　　　　　　　　　　600万

第三，子公司之间划转股权或资产的税务处理。

受同一或相同多家母公司100%直接控制的子公司之间，在母公司主导下，一家子公司向另一家子公司按账面净值划转其持有的股权或资产，划出方没有获得任何股权或非股权支付。

（1）划出方按冲减所有者权益处理。

（2）划入方按接受投资处理。

案例：子公司之间的资产划转

A公司持有B公司100%股权，B公司准备整体上市，上市前对一部分不适合上市的资产进行剥离，并成立资产管理公司。其操作手法如下。

第一步，A公司以100万元现金投资成立资产管理公司C公司，以便在未来统一管理从B公司剥离出来的资产。

第二步，B公司将不适合上市的资产剥离，假设剥离资产的计税基础及账面价值均为6000万元，公允价值为1亿元。

B公司账务处理如下。

借：资本公积　　　　　　　　　　　　　　　　　　　6000万
　　贷：剥离资产　　　　　　　　　　　　　　　　　6000万

C公司账务处理如下。

借：剥离资产　　　　　　　　　　　　　　　　　　　6000万
　　贷：资本公积　　　　　　　　　　　　　　　　　6000万

拓展阅读

**财税〔2009〕59号与财税〔2014〕109号文件
特殊性税务处理的不同点**

59号文件的特殊性税务处理，与109号文件划转特殊性税务处理结果相同，所不同的是适用范围不同。二者之间的关系可以总结如下。

(1)109号文件适用范围严苛，而适用条件较为宽松。

(2)59号文件反之，适用范围宽松，而适用条件严苛。

具体比较如下。

109号文件适用范围较为严苛，只有母公司对全资子公司划转资产才能适用投资的特殊性税务处理政策；而59号文件适用范围较为宽泛，即使投资方A公司与被投资方B公司在投资前没有任何股权关联，也可能适用。

109号文件比59号文件适用条件宽松，划转资产不受59号文件"50%"以上比例等条件的约束。

(三)股权或资产划转的备案程序

1. 在股权或资产划转完成后的当年，交易双方向税务机关报送的报表及资料

依据国家税务总局公告2015年第40号，交易双方应在企业所得税年度汇算清缴时，分别向各自主管税务机关报送《居民企业资产(股权)划转特殊性税务处理申报表》和相关资料(一式两份)。

相关资料如下。

(1)股权或资产划转总体情况说明，包括基本情况、划转方案等，并详细说明划转的商业目的。

(2)交易双方或多方签订的股权或资产划转合同(协议)，需有权部门(包括内部和外部)批准的，应提供批准文件。

(3)被划转股权或资产账面净值和计税基础说明。

(4)交易双方按账面净值划转股权或资产的说明(需附会计处理资料)。

(5)交易双方均未在会计上确认损益的说明(需附会计处理资料)。

(6)12个月内不改变被划转股权或资产原来实质性经营活动的承诺书。

2. 在股权或资产划转完成后的下一年度，交易双方向税务机关提交情况说明

交易双方应在股权或资产划转完成后的下一年度的企业所得税年度申报时，各自向主管税务机关提交书面情况说明，以证明被划转股权或资产自划转完成日后连续12个月内，没有改变原来的实质性经营活动。

3. 发生情况变化，交易双方向税务机关报告变化情况

交易一方在股权或资产划转完成日后连续12个月内发生生产经营业务、公司性质、资产或股权结构等情况变化，致使股权或资产划转不再符合特殊性税务处理条件的：

（1）发生变化的交易一方应在情况发生变化的 30 日内报告其主管税务机关，同时书面通知另一方。

（2）另一方应在接到通知后 30 日内将有关变化报告其主管税务机关。

相关链接

股权或资产划转税收政策见表 7-15。

表 7-15　股权或资产划转税收政策

序号	文号	文件名	备注
1	国家税务总局公告 2014 年第 29 号	《关于企业所得税应纳税所得额若干问题的公告》	第一、二条
2	财税〔2014〕109 号	《关于促进企业重组有关企业所得税处理问题的通知》	第三条
3	国家税务总局公告 2015 年第 40 号	《关于资产（股权）划转企业所得税征管问题的公告》	—

三、非货币资产投资有关税务处理

（一）非货币性资产投资递延纳税政策

依据财税〔2014〕116 号《关于非货币性资产投资企业所得税政策问题的通知》，居民企业（以下简称企业）以非货币性资产对外投资确认的非货币性资产转让所得，可在不超过 5 年期限内，分期均匀计入相应年度的应纳税所得额，按规定计算缴纳企业所得税。

非货币性资产投资，限于以非货币性资产出资设立新的居民企业，或将非货币性资产注入现存的居民企业。

1. 国家税务总局公告 2015 年第 33 号《关于非货币性资产投资企业所得税有关征管问题的公告》

实行查账征收的居民企业（以下简称企业）以非货币性资产对外投资确认的非货币性资产转让所得，可自确认非货币性资产转让收入年度起不超过连续 5 个纳税年度的期间内，分期均匀计入相应年度的应纳税所得额，按规定计算缴纳企业所得税。

2. 技术入股可以递延纳税

依据财税〔2016〕101 号《关于完善股权激励和技术入股有关所得税政策的通知》，企业或个人以技术成果投资入股到境内居民企业，被投资企业支付的对价全部为股票（权）的，企业或个人可选择继续按现行有关税收政策执行，也可选择适用递延纳税优惠政策。

选择技术成果投资入股递延纳税政策的，经向主管税务机关备案，投资入股当期可暂不纳税，允许递延至转让股权时，按股权转让收入减去技术成果原值和合理税费后的差额计算缴纳所得税。

相关链接

非货币资产投资税收政策见表 7-16。

表 7-16　非货币资产投资税收政策

序号	文号	文件名
1	财税〔2014〕116 号	《关于非货币性资产投资企业所得税政策问题的通知》
2	财税〔2016〕101 号	《关于完善股权激励和技术入股有关所得税政策的通知》
3	国家税务总局公告 2015 年第 33 号	《关于非货币性资产投资企业所得税有关征管问题的公告》

（二）非货币性资产转让所得计算确认方法

依据财税〔2014〕116 号规定。

1. 非货币性资产转让所得的计算

企业以非货币性资产对外投资，应对非货币性资产进行评估并按评估后的公允价值扣除计税基础后的余额，计算确认非货币性资产转让所得。

2. 确认非货币性资产转让收入实现的时间

（1）企业以非货币性资产对外投资，应于投资协议生效并办理股权登记手续时，确认非货币性资产转让收入的实现。

（2）关联企业之间发生的非货币性资产投资行为，投资协议生效后 12 个月内尚未完成股权变更登记手续的，于投资协议生效时，确认非货币性资产转让收入的实现。

3. 非货币性资产投资的计税基础

企业以非货币性资产对外投资而取得被投资企业的股权，应以非货币性资产的原计税成本为计税基础，加上每年确认的非货币性资产转让所得，逐年进行调整。

被投资企业取得非货币性资产的计税基础，应按非货币性资产的公允价值确定。

（三）非货币性资产投资递延纳税政策的终止条件

依据财税〔2014〕116 号规定。

（1）企业在对外投资 5 年内转让上述股权或投资收回的，应停止执行递延纳税政策，并就递延期内尚未确认的非货币性资产转让所得，在转让股权或投资收回当年的企业所得税年度汇算清缴时，一次性计算缴纳企业所得税；企业在计算股权转让所得时，可按本通知第三条第一款规定将股权的计税基础一次调整到位。

（2）企业在对外投资 5 年内注销的，应停止执行递延纳税政策，并就递延期内尚未确认的非货币性资产转让所得，在注销当年的企业所得税年度汇算清缴时，一次性计算缴纳企业所得税。

拓展阅读：同时符合多种特殊性税务处理条件的所得税处理

国家税务总局公告 2015 年第 33 号规定：符合财税〔2014〕116 号文件规定的企业非货币性资产投资行为，同时又符合《财政部 国家税务总局关于企业重组业务企业所得税处理若干问题的通知》（财税〔2009〕59 号）、《财政部 国家税务总局关于促进企业重组有关企业所得税处理问题的通知》（财税〔2014〕109 号）等文件规定的特殊性税务处理条件的，可由企业选择其中一项政策执行，且一经选择，不得改变。

案例：A 公司持有 M 公司 40% 股权，计税基础为 1200 万元，公允价值为 2000 万元；A 公司持有 B 公司 100% 股权，持有 C 公司 60% 股权。

2015 年 1 月，A 公司将其持有的 M 公司 20% 股权划转给 B 公司，剩余 20% 股权划转给 C 公司，请问如何进行纳税调整？

三方会计处理如下。

A 公司账务处理如下。

借：长期股权投资——B 公司　　　　　　　　　　　　　　　600 万
　　　　　　　　——C 公司　　　　　　　　　　　　　　　600 万
　　贷：长期股权投资——M 公司　　　　　　　　　　　　　1200 万

B 公司账务处理如下。

借：长期股权投资——M 公司　　　　　　　　　　　　　　　600 万
　　贷：资本公积　　　　　　　　　　　　　　　　　　　　600 万

C 公司账务处理如下。

借：长期股权投资——M 公司　　　　　　　　　　　　　　　600 万
　　贷：资本公积　　　　　　　　　　　　　　　　　　　　600 万

（1）A 公司将股权划转给 B 公司的交易（100% 直接控制的居民企业之间划转股权或资产）。

由于 A 公司持有 B 公司 100% 股权，因此该项划转符合 109 号文件的特殊性税务处理要求，如符合其他要求，则 A 公司对 B 公司的投资行为，无须进行纳税调整。

即：A 公司划转行为持有 B 公司股权的计税基础为 600 万元；B 公司接受 M 公司股权的计税基础也为 600 万元。

（2）分析 A 公司将股权划转给 C 公司的交易。

由于 A 公司只持有 C 公司 60% 股份，因此不符合 109 号文件特殊性税务处理要求，但按照国家税务总局 2014 年第 29 号公告第二条第（一）款规定，C 公司接受投资全部作为资本公积处理，也不应视为接受捐赠。

国家税务总局 2014 年第 29 号公告第二条第（一）款规定："企业接收股东划入资产（包括股东赠予资产、上市公司在股权分置改革过程中接收原非流通股股东和新非流通股股东赠予的资产、股东放弃本企业的股权),凡合同、协议约定作为资本金(包括资本公积)且在会计上已做实际处理的,不计入企业的收入总额,企业应按公允价值确定该项资产的计税基础。"

即:A 公司做视同销售处理。(财税〔2014〕116 号 非货币性资产投资)

C 公司按照接受 M 公司股权的公允价值确认持股计税基础。(2014 年第 29 号公告 接收股东划入资产)

1)A 公司:

应纳税所得额=1000-600=400(万),A 公司可以选择一次性计入当年应纳税所得额,也可以选择按照 116 号文件的规定,在 5 年内均匀计入当年应纳税所得额,选择 5 年递延纳税。

2)C 公司:

接受 M 公司 20%股权的计税基础确定为公允价值 1000 万元。

综上,可以得出结论,即使接受投资方全部作为"资本公积"处理,也不属于接受捐赠行为,而 109 号文件的资产划转与 29 号公告的资产划入,区别在于如果符合 109 号文件特殊性税务处理条件,可以享受递延纳税待遇,而 29 号公告的资产划入,如果划入的是非货币性资产,划出方需要进行视同销售。

四、技术入股有关税务处理

(一)对技术成果投资入股实施选择性税收优惠政策

依据财税〔2016〕101 号《关于完善股权激励和技术入股有关所得税政策的通知》规定,自 2016 年 9 月 1 日起,企业或个人以技术成果投资入股到境内居民企业,被投资企业支付的对价全部为股票(权)的,企业或个人可选择继续按现行有关税收政策执行,也可选择适用递延纳税优惠政策。

拓展阅读 技术成果范围与技术成果投资入股的含义

技术成果是指以下内容。

(1)专利技术(含国防专利)。

(2)计算机软件著作权。

(3)集成电路布图设计专有权。

(4)植物新品种权。

(5)生物医药新品种。

(6)科技部、财政部、国家税务总局确定的其他技术成果。

技术成果投资入股是指纳税人将技术成果所有权让渡给被投资企业、取得该企业股票(权)的行为。

1. 选择继续按现行有关税收政策执行

技术入股的企业可以选择当期纳税或5年分期纳税。

(1)于投资协议生效并办理股权登记手续时，确认收入的实现。

(2)按评估后的公允价值扣除计税基础后的余额，计算确认所得。

(3)可以5年内分期均匀计入相应年度的应纳税所得额，计算缴纳企业所得税。

(4)取得被投资企业的股权，应以技术成果原计税成本为计税基础，加上每年确认的转让所得，逐年进行调整。被投资企业取得非货币性资产的计税基础，应按非货币性资产的公允价值确定。

相关链接

《财政部 国家税务总局关于非货币性资产投资企业所得税政策问题的通知》(财税〔2014〕116号)，对非货币性资产投资涉及的企业所得税政策问题的明确。

《国家税务总局关于非货币性资产投资企业所得税有关征管问题的公告》(国家税务总局公告2015年第33号)，就非货币性资产投资企业所得税有关征管问题的公告。

2. 选择技术成果投资入股递延纳税

选择技术成果投资入股递延纳税政策的，经向主管税务机关备案，投资入股当期可暂不纳税，允许递延至转让股权时，按股权转让收入减去技术成果原值和合理税费后的差额计算缴纳所得税。

相关链接

技术入股税收政策见表7-17。

表7-17 技术入股税收政策

序号	文号	文件名
1	财税〔2016〕101号	《关于完善股权激励和技术入股有关所得税政策的通知》
2	国家税务总局公告2016年第62号	《关于股权激励和技术入股所得税征管问题的公告》

(二)技术成果投资入股的计税基础按评估值确定

企业或个人选择适用上述任一项政策，均允许被投资企业按技术成果投资入股时的评估值入账并在企业所得税前摊销扣除。

(三)技术成果投资入股的征管问题

1. 对投资方

(1)依据国家税务总局公告 2016 年第 62 号《关于股权激励和技术入股所得税征管问题的公告》。

1)对企业类型的要求:选择适用递延纳税政策的,应当为实行查账征收的居民企业以技术成果所有权投资。

2)有关征管规定:

企业适用递延纳税政策的,应在投资完成后首次预缴申报时,将相关内容填入《技术成果投资入股企业所得税递延纳税备案表》。

企业接受技术成果投资入股,技术成果评估值明显不合理的,主管税务机关有权进行调整。

(2)依据财税〔2016〕101 号规定,对股权激励或技术成果投资入股选择适用递延纳税政策的,企业应在规定期限内到主管税务机关办理备案手续。未办理备案手续的,不得享受规定的递延纳税优惠政策。

2. 对被投资方

(1)依据财税〔2016〕101 号规定,企业实施股权激励或个人以技术成果投资入股,以实施股权激励或取得技术成果的企业为个人所得税扣缴义务人。递延纳税期间,扣缴义务人应在每个纳税年度终了后向主管税务机关报告递延纳税有关情况。

(2)国家税务总局公告 2016 年第 62 号。

1)被投资方取得技术成果时:个人以技术成果投资入股境内公司并选择递延纳税的,被投资公司应于取得技术成果并支付股权之次月 15 日内,向主管税务机关报送《技术成果投资入股个人所得税递延纳税备案表》、技术成果相关证书或证明材料、技术成果投资入股协议、技术成果评估报告等资料。

2)个人投资者所得税递延纳税期间:个人因非上市公司实施股权激励或以技术成果投资入股取得的股票(权),实行递延纳税期间,扣缴义务人应于每个纳税年度终了后 30 日内,向主管税务机关报送《个人所得税递延纳税情况年度报告表》。

3)个人投资者递延纳税股票(权)转让时:递延纳税股票(权)转让、办理纳税申报时,扣缴义务人、个人应向主管税务机关一并报送能够证明股票(权)转让价格、递延纳税股票(权)原值、合理税费的有关资料,具体包括转让协议、评估报告和相关票据等。资料不全或无法充分证明有关情况,造成计税依据偏低,又无正当理由的,主管税务机关可依据税收征管法有关规定进行核定。

经典案例

1. 北京宏伟控股公司拥有华新公司股权 10000 万股,占该公司股份 80%。为了实现战略控股,将持有的华新公司全部股权转让给另一个股东——华通天意公司,华新公司成为华通天意公司的子公司。假定收购日宏伟控股公司持有的华新公司每股资产的计税基础为5元,每股资产的公允价值为6元。在收购对价中,华通天意公司以股权形式支付宏伟控股公司52000万元,以银行存款支付宏伟控股公司8000万元。

试分析北京宏伟控股公司取得非股权支付额对应的资产转让所得或损失。

【分析计算】宏伟控股全部转让其持股企业,而华通天意收购华新公司,收购业务占该公司股份的80%,超过规定的50%的比例;同时,支付对价时,股权支付额52000万元,占该转让股权公允价超过85%(52000÷60000≈86.67%),所以,可以适用特殊性税务处理办法,仅针对非股权支付额对应部分计算所得。

北京宏伟控股公司取得非股权支付额对应的资产转让所得=(10000×6-10000×5)×(8000÷60000)=10000×13.33%=1333.33(万元)

2. 江西飞天印染股份有限公司(以下简称飞天印染)是一家大型纺织品生产企业。为扩展生产经营规模,飞天印染决定收购位于同省的江西鸿飞纺织有限公司(以下简称鸿飞纺织)。由于鸿飞纺织负债累累,为避免整体合并后承担过高债务的风险,飞天印染股份决定仅收购鸿飞纺织企业从事纺织品生产的所有资产。20××年5月1日,双方达成收购协议,飞天印染收购鸿飞纺织企业涉及纺织品生产的所有资产(如表7-18所示)。

表7-18 飞天印染收购鸿飞纺织企业涉及纺织品生产所有资产的相关信息

资产名称	公允价值	计税基础	备注
设备	560	520	被收购
厂房	800	400	被收购
存货	220	350	被收购
应收账款	150	220	被收购
合计	1730	1470	

20××年4月15日,鸿飞纺织所有资产评估后的资产总额为1750万元。飞天印染以鸿飞纺织涉及纺织品生产的经评估后的资产总价值1730万元为准,向鸿飞纺织支付了以下两项对价。

(1)支付现金130万元。

(2)飞天印染将其持有的其全资子公司20%的股权合计800万股,支付给鸿飞纺织,该项长期股权投资的公允价值为1600万元,计税基础为800万元。

假设飞天印染该项资产收购是为了扩大生产经营,具有合理的商业目的,且飞天印染承诺收购鸿飞纺织纺织品资产后,除进行必要的设备更新后,在连续12个月内仍用该项资产从事纺织品生产。

【分析计算】通过案例提供的信息初步判断,该项资产收购符合财税[2009]59号文件第五条关于特殊性税务处理的五个条件。

下面考察收购资产比例和股权支付比例这两个指标。

(1)受让企业飞天印染收购转让企业鸿飞纺织的资产总额为1730万元,鸿飞纺织全部资产总额经评估为1750万元，飞天印染收购转让企业鸿飞纺织的资产占鸿飞纺织总资产的比例为98.9%(1730÷1750)，超过了50%的比例。

(2)受让企业飞天印染在资产收购中，股权支付金额为1600万元，非股权支付金额为130万元，股权支付金额占交易总额的92.5%(1600÷1730)，超过85%的比例。

因此，飞天印染对鸿飞纺织的这项资产收购交易可以适用特殊性税务处理。

1)转让方鸿飞纺织的税务处理。

转让企业取得受让企业股权的计税基础，以被转让资产的原有计税基础确定。

由于转让方鸿飞纺织转让资产，不仅收到股权，还收到了130万元现金的非股权支付。根据财税〔2009〕59号文件第六条第六款规定，应确认非股权支付对应的资产转让所得或损失。

计算公式：非股权支付对应的资产转让所得或损失=(被转让资产的公允价值-被转让资产的计税基础)×(非股权支付金额÷被转让资产的公允价值)。

因此，转让方鸿飞纺织非股权支付对应的资产转让所得或损失=(1730-1470)×130÷1730=19.54(万元)，鸿飞纺织需要就其非股权支付对应的资产转让所得19.54万元缴纳企业所得税。

鸿飞纺织取得现金的计税基础为130万元。

鸿飞纺织取得飞天印染给予的其持有的全资子公司800万股股份的计税基础为1359.54(1470+19.54-130)万元。

2)受让方飞天印染的税务处理。

受让企业取得转让企业资产的计税基础，以被转让资产的原有计税基础确定。

受让方被转让资产两项，一项是其持有的子公司800万股的股权，计税基础为800万元，现金的计税基础为130万元，合计930万元，须将被转让资产的计税基础930万元在飞天印染取得的4项资产中按公允价值进行分配。

设备的计税基础=930×560÷1730=301.04(万元)

生产厂房的计税基础=930×800÷1730=430.06(万元)

存货的计税基础=930×220÷1730=118.27(万元)

应收账款的计税基础=930-301.04-430.06-118.27=80.63(万元)

第三节　政策性搬迁的税务处理

一、政策性搬迁的范围

(1)企业政策性搬迁，是指由于社会公共利益的需要，在政府主导下企业进行整体搬迁或部分搬迁。企业由于下列需要之一，提供相关文件证明资料的，属于政策性搬迁。

1）国防和外交的需要。

2）由政府组织实施的能源、交通、水利等基础设施的需要。

3）由政府组织实施的科技、教育、文化、卫生、体育、环境和资源保护、防灾减灾、文物保护、社会福利、市政公用等公共事业的需要。

4）由政府组织实施的保障性安居工程建设的需要。

5）由政府依照《中华人民共和国城乡规划法》有关规定组织实施的对危房集中、基础设施落后等地段进行旧城区改建的需要。

6）法律、行政法规规定的其他公共利益的需要。

（2）政策性搬迁不包括企业自行搬迁或商业性搬迁等非政策性搬迁。

（3）企业应按国家税务总局公告 2012 年第 40 号《企业政策性搬迁所得税管理办法》（以下简称《办法》）的要求，就政策性搬迁过程中涉及的搬迁收入、搬迁支出、搬迁资产税务处理、搬迁所得等所得税征收管理事项，单独进行税务管理和核算。不能单独进行税务管理和核算的，应视为企业自行搬迁或商业性搬迁等非政策性搬迁进行所得税处理，不得执行《办法》规定。

拓展阅读：开发商为了取得城市中心地块，在政府主导下的搬迁是否适用政策性搬迁政策？

某市房地产开发商为了取得该城市中心地块，由政府出面协商使 A 公司整体进行搬迁，请问 A 公司搬迁是否适用政策性搬迁所得税政策进行税务处理？

答：《国家税务总局关于发布〈企业政策性搬迁所得税管理办法〉的公告》（国家税务总局公告 2012 年第 40 号）规定，企业政策性搬迁，是指由于社会公共利益的需要，在政府主导下企业进行整体搬迁或部分搬迁。企业由于下列需要之一，提供相关文件证明资料的，属于政策性搬迁。

（一）国防和外交的需要。

（二）由政府组织实施的能源、交通、水利等基础设施的需要。

（三）由政府组织实施的科技、教育、文化、卫生、体育、环境和资源保护、防灾减灾、文物保护、社会福利、市政公用等公共事业的需要。

（四）由政府组织实施的保障性安居工程建设的需要。

（五）由政府依照《中华人民共和国城乡规划法》有关规定组织实施的对危房集中、基础设施落后等地段进行旧城区改建的需要。

（六）法律、行政法规规定的其他公共利益的需要。

根据上述规定，该开发商为了房地产开发而取得该城市中心地块，A 公司不适用政策性搬迁所得税税收政策。

二、搬迁收入的确定

企业的搬迁收入，包括搬迁过程中从本企业以外（包括政府或其他单位）取得的搬迁补偿收入，以及本企业搬迁资产处置收入等。

（一）企业取得的搬迁补偿收入

企业取得的搬迁补偿收入是指企业由于搬迁取得的货币性和非货币性补偿收入。具体包括以下几类。

（1）对被征用资产价值的补偿。

（2）因搬迁、安置而给予的补偿。

（3）对停产停业形成的损失而给予的补偿。

（4）资产搬迁过程中遭到毁损而取得的保险赔款。

（5）其他补偿收入。

（二）企业搬迁资产处置收入

企业搬迁资产处置收入是指企业由于搬迁而处置企业各类资产所取得的收入。

企业由于搬迁处置存货而取得的收入，应按正常经营活动取得的收入进行所得税处理，不作为企业搬迁收入。

三、搬迁支出的确定

企业的搬迁支出，包括搬迁费用支出以及由于搬迁所发生的企业资产处置支出。

（1）搬迁费用支出，是指企业搬迁期间所发生的各项费用，包括安置职工实际发生的费用、停工期间支付给职工的工资及福利费、临时存放搬迁资产而发生的费用、各类资产搬迁安装费用以及其他与搬迁相关的费用。

（2）资产处置支出，是指企业由于搬迁而处置各类资产所发生的支出，包括变卖及处置各类资产的净值、处置过程中所发生的税费等支出。

企业由于搬迁而报废的资产，如无转让价值，其净值作为企业的资产处置支出。

四、搬迁资产税务处理

（1）企业搬迁的资产，简单安装或不需要安装即可继续使用的，在该项资产重新投入使用后，就其净值按《企业所得税法》及其实施条例规定的该资产尚未折旧或摊销的年限，继续计提折旧或摊销。

（2）企业搬迁的资产，需要进行大修理后才能重新使用的，应就该资产的净值，加上大修理过程所发生的支出，为该资产的计税成本。在该项资产重新投入使用后，按该资产尚可使用的年限，计提折旧或摊销。

相 关 链 接

根据《企业所得税法实施条例》第 69 条规定，同时符合两个条件的修理支出，属于大修理支出，一是大修理支出达到取得固定资产时计税基础的 50% 以上，二是延长使用年限 2 年以上。

（3）企业政策性搬迁被征用的资产，采取资产置换的，其换入资产的计税成本按被征用资产的净值，加上换入资产所支付的税费（涉及补价，还应加上补价款）计算确定。

企业搬迁中被征用的土地，采取土地置换的，换入土地的计税成本按被征用土地的净值，以及该换入土地投入使用前所发生的各项费用支出，为该换入土地的计税成本，在该换入土地投入使用后，按《企业所得税法》及其实施条例规定年限摊销。

（4）企业搬迁期间新购置的各类资产，按以下规定处理。

1）凡在国家税务总局公告 2012 年第 40 号文件生效后签订搬迁协议的政策性搬迁项目，企业发生的购置资产支出，不得从搬迁收入中扣除，应按《企业所得税法》及其实施条例等有关规定，计算确定资产的计税成本及折旧或摊销年限。

2）凡在国家税务总局公告 2012 年第 40 号文件生效前已经签订搬迁协议且尚未完成搬迁清算的企业政策性搬迁项目，企业在重建或恢复生产过程中购置的各类资产，可以作为搬迁支出，从搬迁收入中扣除。但购置的各类资产，应剔除该搬迁补偿收入后，作为该资产的计税基础，并按规定计算折旧或费用摊销。

五、应税所得的处理

（1）企业在搬迁期间发生的搬迁收入和搬迁支出，可以暂不计入当期应纳税所得额，而在完成搬迁的年度，对搬迁收入和支出进行汇总清算。

（2）企业的搬迁收入，扣除搬迁支出后的余额，为企业的搬迁所得。

企业应在搬迁完成年度，将搬迁所得计入当年度企业应纳税所得额计算纳税。（递延纳税）

（3）企业搬迁收入扣除搬迁支出后为负数的，应为搬迁损失。搬迁损失可在下列方法中选择其一进行税务处理。

1）在搬迁完成年度，一次性作为损失进行扣除。

2）自搬迁完成年度起分 3 个年度，均匀在税前扣除。

上述方法由企业自行选择，但一经选定，不得改变。

拓展阅读　搬迁完成年度的确定

国家税务总局公告 2012 年第 40 号文件规定：
符合下列情形之一的，为搬迁完成年度，企业应进行搬迁清算，计算搬迁所得。
(1) 从搬迁开始，5 年内(包括搬迁当年度)任何一年完成搬迁的。
企业同时符合下列条件的，视为已经完成搬迁。
1) 搬迁规划已基本完成。
2) 当年生产经营收入占规划搬迁前年度生产经营收入 50% 以上。
(2) 从搬迁开始，搬迁时间满 5 年(包括搬迁当年度)的年度。
企业边搬迁、边生产的，搬迁年度应从实际开始搬迁的年度计算。

(4) 企业以前年度发生尚未弥补的亏损的，凡企业由于搬迁停止生产经营无所得的，从搬迁年度次年起，至搬迁完成年度前一年度止，可作为停止生产经营活动年度，从法定亏损结转弥补年限中减除；企业边搬迁、边生产的，其亏损结转年度应连续计算。(相当于延长了亏损弥补期限)

拓展阅读　什么情况下企业弥补亏损年限可以超出 5 年？

(1)《企业所得税法》第十八条规定，企业纳税年度发生的亏损，准予向以后年度结转，用以后年度的所得弥补，但结转年限最长不得超过 5 年。
例如，某纺织品制造公司，2012 年的应纳税所得额为 -36 万元；
2013 年实现所得 9 万元已弥补了 2012 年的亏损；
2014 年 11 月由于当地政府拓宽道路，在政府主导下该公司进行了整体搬迁。2014 年实现所得 4 万元，已用于弥补 2012 年的亏损；
2015 年至 2016 年因停厂而没有应税所得(假定为 0)；
该公司 2017 年 2 月完成了搬迁重置工作，当年应纳税所得额 3 万元，已弥补 2012 年的亏损。
弥补后尚余亏损 20 万元，按照《企业所得税法》最长可结转以后 5 个年度弥补的规定，就不能再结转至 2018 年及以后年度弥补了。
(2) 依据国家税务总局公告 2012 年第 40 号《企业政策性搬迁所得税管理办法》规定：企业以前年度发生尚未弥补的亏损的，凡企业由于搬迁停止生产经营无所得的，从搬迁年度次年起，至搬迁完成年度前一年度止，可作为停止生产经营活动年度，从法定亏损结转弥补年限中减除。
由于该纺织品公司 2014 年开始搬迁，2017 年 2 月完成搬迁，因此，搬迁年度的次年2015年至搬迁完成年度前一年度2016年，可作为企业停止生产经营活动年度，可从法定亏损结转弥补年限(2013～2017年的5年)中减除2个年度，减除后企业相当于只弥补了3年的亏损，依据规定其2012年度尚未弥补的亏损20万元，可再往后结转2年弥补。所以，该纺织品公司2012年度尚未弥补的亏损20万元，可以再结转至2018年和2019年继续用当年所得额予以弥补。

政策性搬迁弥补亏损计算见表7-19。

表7-19 政策性搬迁弥补亏损计算

年份	应纳税所得额(亏损)	可弥补数额	弥补数额	剩余亏损额	备注		
					弥补年份	搬迁情况	政策依据
2012年	-360000	-360000					
2013年	90000		90000	-270000	第一年		
2014年	40000		40000	-230000	第二年	整体搬迁	
2015年	0	0			第三年	搬迁年度的次年	国家税务总局公告2012年第40号：停止生产经营活动年度，从法定亏损结转弥补年限中减除
2016年	0	0			第四年	搬迁完成年度前一年度	
2017年	30000		30000	-200000	第五年	2017年2月完成了搬迁重置工作	2017年按《企业所得税法》20万不能弥补了
2018年			可以弥补		第六年		2012年第40号公告：尚余未弥补的2012年度亏损20万元，可以结转至2018年和2019年继续用当年所得予以弥补
2019年			可以弥补		第七年		

也就是说只有政策性搬迁情况下企业弥补亏损年限可以超出5年，这是弥补亏损的特殊规定。

但需要注意以下几点。

①此项政策只适用于企业的政策性搬迁，不包括企业自行搬迁或商业性搬迁等非政策性搬迁。

②该项政策仅限于被搬迁企业因搬迁而停产(停止生产经营)的情形适用。

③如果被搬迁企业是边搬迁、边生产的，其亏损结转年度应连续计算，不得从结转弥补亏损的年限(5年)中减除。(税务检查的关键点)

拓展阅读 政策性搬迁与非政策性搬迁的税务处理有何区别？

一是，企业取得搬迁补偿收入，不立即作为当年度的应税收入征税，而是在搬迁周期内，扣除搬迁支出后统一核算。

二是，给予最长5年的搬迁期限。

三是，企业以前年度发生尚未弥补的亏损的，搬迁期间从法定亏损结转年限中减除。

六、征收管理

(1) 企业应当自搬迁开始年度，至次年5月31日前，向主管税务机关（包括迁出地和迁入地）报送政策性搬迁依据、搬迁规划等相关材料。逾期未报的，除特殊原因并经主管税务机关认可外，按非政策性搬迁处理，不得执行《办法》的规定。

(2) 企业应向主管税务机关报送的政策性搬迁依据、搬迁规划等相关材料，包括以下内容。

1) 政府搬迁文件或公告。
2) 搬迁重置总体规划。
3) 拆迁补偿协议。
4) 资产处置计划。
5) 其他与搬迁相关的事项。

(3) 企业迁出地和迁入地主管税务机关发生变化的，由迁入地主管税务机关负责企业搬迁清算。

(4) 企业搬迁完成当年，其向主管税务机关报送企业所得税年度纳税申报表时，应同时报送《企业政策性搬迁清算损益表》及相关材料。对于发生政策性搬迁纳税调整项目的企业，应在完成搬迁年度及以后进行损失分期扣除的年度填报年度申报表（A类）的附表A105110《政策性搬迁纳税调整明细表》。

相关链接

1.《国家税务总局关于发布〈企业政策性搬迁所得税管理办法〉的公告》（国家税务总局公告2012年第40号）

2.《国家税务总局关于企业政策性搬迁所得税有关问题的公告》（国家税务总局公告2013年第11号）

经典案例

企业因搬迁停止生产经营，处置搬迁前存货取得收入时，亏损年度如何确认？

A 企业 2015 年开始搬迁，在搬迁期间停止生产经营，2017 年完成搬迁，2014 年度亏损 100 万元，2016 年销售搬迁前生产的存货取得销售收入 50 万元，请问 A 企业亏损年度能否连续计算。

【参考解答】《国家税务总局关于发布〈企业政策性搬迁所得税管理办法〉的公告》（国家税务总局公告 2012 年第 40 号）规定，企业以前年度发生尚未弥补的亏损的，凡企业由于搬迁停止生产经营无所得的，从搬迁年度次年起，至搬迁完成年度前一年度止，可作为停止生产经营活动年度，从法定亏损结转弥补年限中减除；企业边搬迁、边生产的，其亏损结转年度应连续计算。

根据上述规定，企业因搬迁停止生产经营，在搬迁期间取得处置搬迁前存货收入、利息收入、投资收益等非正常经营所得的，企业可自行选择亏损结转年限是否连续计算。如果不作为结转亏损年度的，则当年计算的纳税调整后所得不弥补以前年度亏损直接缴纳企业所得税；如果选择连续计算亏损年度的，则按现行税法规定执行。

拓展阅读

1. 搬迁企业因政府原因无法取得公共利益需要证明文件问题

《企业政策性搬迁所得税管理办法》（国家税务总局公告 2012 年第 40 号）第三条规定，企业政策性搬迁，需提供相关文件证明资料。在实际征管中政府在实施搬迁行为时，存在对所搬迁土地尚未做出规划的情形，因搬迁企业在搬迁年度汇算清缴前无法取得并提供相关证明文件，若搬迁企业以后年度取得了相关证明文件，是否仍可按第 40 号公告规定的政策性搬迁政策执行？

2. 搬迁土地存在公共利益和非公共利益多种用途问题

政府主导的搬迁中，对同一土地存在公共利益和非公共利益并存的规划，但在搬迁补偿协议的补偿金额中未进行划分。在计算搬迁所得时，如何对政策性搬迁和非政策性搬迁的收入、成本、费用进行划分？

【参考条文】《国家税务总局关于发布〈企业政策性搬迁所得税管理办法〉的公告》（国家税务总局公告 2012 年第 40 号）第二条规定，本办法执行范围仅限于企业政策性搬迁过程中涉及的所得税征收管理事项，不包括企业自行搬迁或商业性搬迁等非政策性搬迁的税务处理事项。

第三条规定，企业政策性搬迁，是指由于社会公共利益的需要，在政府主导下企业进行整体搬迁或部分搬迁。企业由于下列需要之一，提供相关文件证明资料的，属于政策性搬迁。

（一）国防和外交的需要。

（二）由政府组织实施的能源、交通、水利等基础设施的需要。

（三）由政府组织实施的科技、教育、文化、卫生、体育、环境和资源保护、防灾减灾、文物保护、社会福利、市政公用等公共事业的需要。

（四）由政府组织实施的保障性安居工程建设的需要。

（五）由政府依照《中华人民共和国城乡规划法》有关规定组织实施的对危房集中、基础设施落后等地段进行旧城区改建的需要。

（六）法律、行政法规规定的其他公共利益的需要。

第十七条规定，下列情形之一的，为搬迁完成年度，企业应进行搬迁清算，计算搬迁所得。

（一）从搬迁开始，5年内(包括搬迁当年度)任何一年完成搬迁的。

（二）从搬迁开始，搬迁时间满5年(包括搬迁当年度)的年度。

第二十二条规定，企业应当自搬迁开始年度，至次年5月31日前，向主管税务机关(包括迁出地和迁入地)报送政策性搬迁依据、搬迁规划等相关材料。逾期未报的，除特殊原因并经主管税务机关认可外，按非政策性搬迁处理，不得执行本办法的规定。

第二十三条规定，企业应向主管税务机关报送的政策性搬迁依据、搬迁规划等相关材料，包括：

（一）政府搬迁文件或公告。

（二）搬迁重置总体规划。

（三）拆迁补偿协议。

（四）资产处置计划。

（五）其他与搬迁相关的事项。

根据上述规定，企业政策性搬迁，需提供相关文件证明资料，方可按政策性搬迁进行税务处理。若因搬迁企业在搬迁年度汇算清缴前无法取得并提供相关证明文件，应按非政策性搬迁处理，待取得有关证明资料时按政策性搬迁业务进行调整。

政府主导的搬迁中，对同一土地存在公共利益和非公共利益并存的规划，但在搬迁补偿议的补偿金额中未进行划分，在计算搬迁所得时，按相关合同、规划等有关资料按配比性原则进行划分。

本章小结

本章主要介绍了三类特殊的税收政策,一是房地产经营业务的所得税处理,二是企业重组税务处理,三是政策性搬迁的税务处理。

房地产企业目前是我国调控的重点,也是历年税务管理的关注点,由于其开发产品的特殊性和当前"国地税合并""金税三期"大数据的监控,正确理解和执行房地产企业所得税处理的规定就显得尤为重要。

重组的相关涉税处理规定,明确了我国对企业做大做强,实施"大众创业、万众创新"战略,促进经济结构转型升级的一种支持。作为纳税人,学习国家对收购兼并等方面的涉税政策,洞察国家的宏观调整方向,适时进行产业调整,帮助企业积极适应市场发展形势。

政策性搬迁的税务处理规定,明确了对满足社会公共利益的需要,在政府主导下企业进行整体搬迁或部分搬迁的政策性搬迁范围、搬迁所得的计算方法和税务管理等要求,便于税企双方在政策性搬迁实务管理中操作。

第八章　特别纳税调整

特别纳税调整又称反避税调整。我国企业所得税法专设"特别纳税调整"一章，对关联交易的税收处理和其他避税措施都做出了规定。国家税务总局于 2009 年 1 月 8 日正式印发了《特别纳税调整实施办法(试行)》，于 2008 年 1 月 1 日起施行，对如何进行特别纳税调整，尤其是在转让定价调查与调整方面，做出了具体的规定。

2016 年，国家税务总局相继发布 42 号公告和 64 号公告，对关联申报、同期资料管理和预约定价安排管理有关事项进行完善。作为企业，应该正确理解"特别纳税调整"，充分认识到避税成本将会越来越高、避税风险将会越来越大这一事实，避免因为对特别纳税调整理解不到位而带来的所得税涉税风险。

特别纳税调整包括对纳税人转让定价、资本弱化、避税港避税及其他避税情况所进行的税务调整。

第一节 关联业务往来及调整

一、关联方概述

《企业所得税法》第四十一条规定：企业与其关联方之间的业务往来，不符合独立交易原则而减少企业或者其关联方应纳税收入或者所得额的，税务机关有权按照合理方法进行调整。企业与其关联方共同开发、受让无形资产，或者共同提供、接受劳务发生的成本，在计算应纳税所得额时应当按照独立交易原则进行分摊。

《税收征收管理法》第三十六条规定，企业与其关联企业之间的业务往来，应当按照独立企业之间的业务往来收取或者支付价款、费用；不按照独立企业之间的业务往来收取或者支付价款、费用，而减少其应纳税的收入或者所得额的，税务机关有权进行合理调整。

(一) 税法上的关联方

税法上述的关联方是指与企业有下列关联关系之一的企业、其他组织或者个人，具体是指：

(1) 在资金、经营、购销等方面存在直接或者间接的控制关系。

(2) 直接或者间接地同为第三者控制。

(3) 在利益上具有相关联的其他关系。

上述所称独立交易原则，是指没有关联关系的交易各方，按照公平成交价格和营业常规进行业务往来遵循的原则。

(二) 关联关系

企业与其他企业、组织或者个人具有下列关系之一的，构成《国家税务总局关于完善关联申报和同期资料管理有关事项的公告》(国家税务总局公告 2016 年第 42 号) 第二条所称关联关系。

(1) 一方直接或者间接持有另一方的股份总和达到 25% 以上；双方直接或者间接同为第三方所持有的股份达到 25% 以上。

如果一方通过中间方对另一方间接持有股份，只要其对中间方持股比例达到 25% 以上，则其对另一方的持股比例按照中间方对另一方的持股比例计算。

两个以上具有夫妻、直系血亲、兄弟姐妹以及其他抚养、赡养关系的自然人共同持股同一企业，在判定关联关系时持股比例合并计算。

(2) 双方存在持股关系或者同为第三方持股，虽持股比例未达到本条第 1 项规定，但双方之间借贷资金总额占任一方实收资本比例达到50%以上，或者一方全部借贷资金总额的10%以上由另一方担保（与独立金融机构之间的借贷或者担保除外）。

借贷资金总额占实收资本比例=年度加权平均借贷资金/年度加权平均实收资本，其中：

年度加权平均借贷资金=国家税务总局公告2016年第42号关联申报同期资料i笔借入或者贷出资金账面金额×i笔借入或者贷出资金年度实际占用天数/365

年度加权平均实收资本=国家税务总局公告2016年第42号关联申报同期资料i笔实收资本账面金额×i笔实收资本年度实际占用天数/365

（3）双方存在持股关系或者同为第三方持股，虽持股比例未达到本条第1项规定，但一方的生产经营活动必须由另一方提供专利权、非专利技术、商标权、著作权等特许权才能正常进行。

（4）双方存在持股关系或者同为第三方持股，虽持股比例未达到本条第1项规定，但一方的购买、销售、接受劳务、提供劳务等经营活动由另一方控制。

上述控制是指一方有权决定另一方的财务和经营政策，并能据以从另一方的经营活动中获取利益。

（5）一方半数以上董事或者半数以上高级管理人员（包括上市公司董事会秘书、经理、副经理、财务负责人和公司章程规定的其他人员）由另一方任命或者委派，或者同时担任另一方的董事或者高级管理人员；或者双方各自半数以上董事或者半数以上高级管理人员同为第三方任命或者委派。

（6）具有夫妻、直系血亲、兄弟姐妹以及其他抚养、赡养关系的两个自然人分别与双方具有本条第1至5项关系之一。

（7）双方在实质上具有其他共同利益。

除本条第2项规定外，上述关联关系年度内发生变化的，关联关系按照实际存续期间认定。

拓展阅读 **会计准则和税法的关联方差异比较**

（一）《企业会计准则》的关联方

《企业会计准则第36号——关联方披露（2006）》（财会〔2006〕3号）对关联方进行了明确规定。

上述文件第三条规定，一方控制、共同控制另一方或对另一方施加重大影响，以及两方或两方以上同受一方控制、共同控制或重大影响的，构成关联方。

同时，该文件第四条规定，下列各方构成企业的关联方。

(1)该企业的母公司。

(2)该企业的子公司。

（3）与该企业受同一母公司控制的其他企业。
（4）对该企业实施共同控制的投资方。
（5）对该企业施加重大影响的投资方。
（6）该企业的合营企业。
（7）该企业的联营企业。
（8）该企业的主要投资者个人及与其关系密切的家庭成员。主要投资者个人，是指能够控制、共同控制一个企业或者对一个企业施加重大影响的个人投资者。
（9）该企业或其母公司的关键管理人员及与其关系密切的家庭成员。关键管理人员，是指有权力并负责计划、指挥和控制企业活动的人员。与主要投资者个人或关键管理人员关系密切的家庭成员，是指在处理与企业的交易时可能影响该个人或受该个人影响的家庭成员。
（10）该企业主要投资者个人、关键管理人员或与其关系密切的家庭成员控制、共同控制或施加重大影响的其他企业。

（二）日常不构成关联方的情况

该文件的第五条采用列举方式明确了日常不构成关联方的情况：仅与企业存在下列关系的各方，不构成企业的关联方。

（1）与该企业发生日常往来的资金提供者、公用事业部门、政府部门和机构。
（2）与该企业发生大量交易而存在经济依存关系的单个客户、供应商、特许商、经销商或代理商。
（3）与该企业共同控制合营企业的合营者。

（三）会计准则和税法的关联方差异比较

（1）从上述会计准则看，会计准则注重形式的控制，税法注重实质上的控制，税法约定的关联方范围大于会计准则约定的关联方范围。
（2）与企业发生大量交易而存在经济关系的单个客户、供应商、特许商或代理商，会计准则不认定为关联方，但税法在一定条件下也构成关联方。
（3）与企业发生融通资金的非金融机构，会计准则不认定关联方，但税法在一定条件下也构成关联方。

仅与企业发生融通资金的金融机构，仅与企业发生日常往来的公用事业单位、政府部门和机构，税法与会计准则一般不认定构成关联方。

二、关联交易主要内容

1. 有形资产使用权或者所有权的转让

有形资产包括商品、产品、房屋建筑物、交通工具、机器设备、工具器具等。

2. 金融资产的转让

金融资产包括应收账款、应收票据、其他应收款项、股权投资、债权投资和衍生金融工具形成的资产等。

3. 无形资产使用权或者所有权的转让

无形资产包括专利权、非专利技术、商业秘密、商标权、品牌、客户名单、销售渠道、特许经营权、政府许可、著作权等。

4. 资金融通

资金包括各类长短期借贷资金(含集团资金池)、担保费、各类应计息预付款和延期收付款等。

5. 劳务交易

劳务包括市场调查、营销策划、代理、设计、咨询、行政管理、技术服务、合约研发、维修、法律服务、财务管理、审计、招聘、培训、集中采购等。

三、关联业务的调整情形

(1)由居民企业,或者由居民企业和中国居民控制的设立在实际税负明显低于25%的税率水平的国家(地区)的企业,并非由于合理的经营需要而对利润不作分配或者减少分配的,上述利润中应归属于该居民企业的部分,应当计入该居民企业的当期收入。

所指控制包括:

1)居民企业或者中国居民直接或者间接单一持有外国企业10%以上有表决权股份,且由其共同持有该外国企业50%以上股份。

2)居民企业,或者居民企业和中国居民持股比例没有达到第1项规定的标准,但在股份、资金、经营、购销等方面对该外国企业构成实质控制。

3)上述所指的实际税负明显偏低是指实际税负明显低于企业所得税法规定的25%税率的50%。

(2)企业从其关联方接受的债权性投资与权益性投资的比例超过规定标准而发生的利息支出,不得在计算应纳税所得额时扣除。

1)企业间接从关联方获得的债权性投资主要包括:

①关联方通过无关联第三方提供的债权性投资。

②无关联第三方提供的、由关联方担保且负有连带责任的债权性投资。

③其他间接从关联方获得的具有负债实质的债权性投资。

2)所称权益性投资,是指企业接受的不需要偿还本金和支付利息,投资人对企业净资产拥有所有权的投资。

(3)母子公司间提供服务支付费用有关企业所得税处理。

1)母公司为其子公司提供各种服务而发生的费用,应按照独立企业之间公平交易原则确定服务的价格，作为企业正常的劳务费用进行税务处理。

母子公司未按照独立企业之间的业务往来收取价款的，税务机关有权予以调整。

2）母公司向其子公司提供各项服务，双方应签订服务合同或协议，明确规定提供服务的内容、收费标准及金额等，凡按上述合同或协议规定所发生的服务费，母公司应作为营业收入申报纳税；子公司作为成本费用在税前扣除。

3）母公司向其多个子公司提供同类项服务，其收取的服务费可以采取分项签订合同或协议收取；也可以采取服务分摊协议的方式，即由母公司与各子公司签订服务费用分摊合同或协议，以母公司为其子公司提供服务所发生的实际费用并附加一定比例利润作为向子公司收取的总服务费，在各服务受益子公司（包括盈利企业、亏损企业和享受减免税企业）之间按《中华人民共和国企业所得税法》第四十一条第二款规定按照独立交易原则合理分摊。

4）母公司以管理费形式向子公司提取费用，子公司因此支付给母公司的管理费，不得在税前扣除。

5）子公司申报税前扣除向母公司支付的服务费用，应向主管税务机关提供与母公司签订的服务合同或者协议等与税前扣除该项费用相关的材料。不能提供相关材料的，支付的服务费用不得税前扣除。

四、关联业务往来调整的原则

1.《税收征管法》及其实施细则的规定

税务机关可以按照下列方法调整计税收入额或者所得额。

（1）按照独立企业之间进行的相同或者类似业务活动的价格。

（2）按照再销售给无关联关系的第三者的价格所应取得的收入和利润水平。

（3）按照成本加合理的费用和利润。

（4）按照其他合理的方法。

2.《企业所得税法》及其实施条例的规定

（1）核定应纳税所得额的方法：企业与其关联方之间的业务往来，不符合独立交易原则而减少企业或者其关联方应纳税收入或者所得额的，税务机关有权按照合理方法调整。

独立交易原则，是指没有关联关系的交易各方，按照公平成交价格和营业常规进行业务往来遵循的原则。

（2）企业与其关联方共同开发、受让无形资产，或者共同提供、接受劳务发生的成本，在计算应纳税所得额时应当按照独立交易原则进行分摊。

（3）企业接受关联企业提供的管理或其他形式的服务，按照独立交易原则支付有关费用，准予扣除。

（4）企业不提供与其关联方之间业务往来资料，或者提供虚假、不完整资料，未能真实反映其关联业务往来情况的,税务机关有权依法核定其应纳税所得额。

(5)税务机关依照规定做出纳税调整,需要补征税款的,应当补征税款,并按照国务院规定加收利息。

相关链接

关联交易主要税收法规:

1.《企业所得税法》第四十一条规定、第四十四条规定、第四十八条规定

2.《税收征收管理法》第三十六条规定

3.《税收协定相互协商程序实施办法》(国家税务总局公告 2013 年第 56 号)

4.《国家税务总局关于居民企业报告境外投资和所得信息有关问题的公告》(国家税务总局公告 2014 年第 38 号)

5.《一般反避税管理办法(试行)》(国家税务总局令第 32 号)

6.《国家税务总局关于规范成本分摊协议管理的公告》(国家税务总局公告 2015 年第 45 号)

7.《国家税务总局关于完善关联申报和同期资料管理有关事项的公告》(国家税务总局公告 2016 年第 42 号)

8.《国家税务总局关于完善预约定价安排管理有关事项的公告》(国家税务总局公告 2016 年第 64 号)

9.《国家税务总局关于发布〈特别纳税调查调整及相互协商程序管理办法〉的公告》(国家税务总局公告 2017 年第 6 号)

注:依据国家税务总局公告 2018 年第 33 号国家税务总局关于公布全文失效废止和部分条款失效废止的税收规范性文件目录的公告,国家税务总局公告 2017 年第 6 号第四十一条第二款废止。

10.《国家税务总局关于明确〈中华人民共和国企业年度关联业务往来报告表(2016 年版)〉填报口径的公告》(国家税务总局公告 2017 年第 26 号)

11.《国家税务总局关于明确国别报告有关事项的公告》(国家税务总局公告 2017 年第 46 号)

12.《国家税务总局关于明确同期资料主体文档提供及管理有关事项的公告》(国家税务总局公告 2018 年第 14 号)

拓展阅读

关联交易风险特征和避税规律

通过对近几年的关联交易分析,发现关联交易具有一定的避税规律和新动向,存

在以下涉税风险。

（1）多类型关联交易混合控制，关联交易定价方法不透明、不固定，企业利润水平偏低。其主要表现为定价方法和政策被境外母公司掌控，定价方法在年度间甚至年度内不固定，关联与非关联交易利润率水平差异较大，母公司限定关联交易息税前完全成本加成率，企业利润水平偏低，与企业实际经营情况和行业发展趋势不符。

（2）关联购销比重不大或无关联购销往来，但向境内外关联方支付名目繁多的费用，且支付名目和方向在年度间有重大变化。如管理服务费、市场推广费、财务税收管理支持费、特许权使用费、审计服务费等，其相关性、真实性、合理性有待核查。近年来，部分外资企业将征税项目（技术提成费等）改为不征税项目（管理服务费、调试指导费等），向母公司关联支付费用改为向母公司的境外子公司支付费用，关联支付改为非关联支付的趋势越来越明显。

（3）更多地通过境内公司关联转让定价、支付多种名目管理服务费的问题日益突出。因不同地区企业之间的税收优惠、财政返还政策差异，诱使部分企业更多地通过境内关联交易定价和支付费用的方式，使利润发生地区间转移的现象也日益增多。企业应得利润与其在产业或产品价值链上实际利润不相称，与同行业独立企业利润水平相比明显偏低。

（4）股权架构复杂多变，隐匿真实关联关系和关联交易，或对交易活动进行实质控制转移利润。其主要表现为股权在关联企业之间频繁变更，特别是"爷爷辈"以上控制方的股权转让，或平价低价转让股权，逃避非居民企业所得税。隐匿真实的关联关系和关联交易，实质性管理或控制未申报关联关系和关联交易，长期处于亏损或微利状态。改变销售模式和渠道，使客户结构变化，申报关联交易额大幅下降。

（5）实际受益人身份存疑，外方股东行为不合常规，有逃避税收的重大嫌疑。主要表现为外方股东变更为新加坡等有协定优惠缔约国的投资性公司，管理人员很少且多为境内人员兼职，专管境内被投资企业咨询服务并分取利润。还有外方股东默认容忍境内被投资企业多年不分配或少分配账面利润，另为境内被投资企业融资，或收取大额咨询服务费，既有逃避非居民企业股息分配税收扣缴嫌疑，也有利用非贸易方式转移利润避税之嫌。

（6）母子身份互换，外资境内新投资企业。外资转内资，或将主要业务或部分职能转到关联内资企业。原先境外上市子公司变更为投资控股或管理母公司，向境内公司收取管理服务费或跨境融资费用。部分海外上市的大型外资企业新投资建立新公司，转移主要业务。部分返程投资性质的非居民股东撤资，或将股权转给境内关联企业或个人。设立"桥"公司人为分割跨境关联交易，将销售职能转移到母公司在中国境内设立的子公司或销售公司，有的外资企业将主要业务转移到关联内资企业，缩减外资企业规模。

五、预约定价安排管理

企业可以与税务机关就其未来年度关联交易的定价原则和计算方法达成预约定价安排。预约定价安排一般适用于主管税务机关向企业送达接收其谈签意向的《税务事项通知书》之日所属纳税年度前 3 个年度每年度发生的关联交易金额 4000 万元人民币以上的企业。其预约定价安排的内容为其所属纳税年度起 3~5 个年度的关联交易，若企业以前年度的关联交易与预约定价安排适用年度相同或者类似，经企业申请，税务机关可以将预约定价安排确定的定价原则和计算方法追溯适用于以前年度该关联交易的评估和调整。追溯期最长为 10 年。

拓展阅读 预约定价安排主要规定

预约定价安排主要规定见表 8-1。

表 8-1 预约定价安排的主要规定

要点	主要规定
类型	预约定价安排包括单边、双边和多边 3 种类型
受理机关	预约定价安排应由设区的市、自治州以上的税务机关受理
适用企业	预约定价安排一般适用于同时满足以下条件的企业：(1)年度发生的关联交易金额在 4000 万元人民币以上；(2)依法履行关联申报义务；(3)按规定准备、保存和提供同期资料
适用期间	预约定价安排适用于自企业提交正式书面申请年度的次年起 3 至 5 个连续年度的关联交易
预约定价安排磋商	税务机关应自单边预约定价安排形成审核评估结论之日起 30 日内，与企业进行预约定价安排磋商，磋商达成一致的，层报国家税务总局审定

预约定价安排的谈签与执行经过预备会谈、谈签意向、分析评估、正式申请、协商签署和监控执行 6 个阶段。

（一）预备会谈

(1)企业有谈签预约定价安排意向的，应当向税务机关书面提出预备会谈申请。

(2)预备会谈期间，企业应当就以下内容做出简要说明。

1) 预约定价安排的适用年度。

2) 预约定价安排涉及的关联方及关联交易。

3) 企业及其所属企业集团的组织结构和管理架构。

4) 企业最近 3~5 个年度生产经营情况、同期资料等。

5) 预约定价安排涉及各关联方功能和风险的说明，包括功能和风险划分所依据的机构、人员、费用、资产等。

6）市场情况的说明，包括行业发展趋势和竞争环境等。

7）是否存在成本节约、市场溢价等地域特殊优势。

8）预约定价安排是否追溯适用以前年度。

9）其他需要说明的情况。

（3）企业申请双边或者多边预约定价安排的，说明内容还应当包括：

1）向税收协定缔约对方税务主管当局提出预约定价安排申请的情况。

2）预约定价安排涉及的关联方最近3～5个年度生产经营情况及关联交易情况。

3）是否涉及国际重复征税及其说明。

（4）预备会谈期间，企业应当按照税务机关的要求补充资料。

（二）谈签意向

税务机关和企业在预备会谈期间达成一致意见的，主管税务机关向企业送达同意其提交谈签意向的《税务事项通知书》。企业收到《税务事项通知书》后向税务机关提出谈签意向。

（1）企业申请单边预约定价安排的，应当向主管税务机关提交《预约定价安排谈签意向书》，并附送单边预约定价安排申请草案。单边预约定价安排申请草案应当包括以下内容。

1）预约定价安排的适用年度。

2）预约定价安排涉及的关联方及关联交易。

3）企业及其所属企业集团的组织结构和管理架构。

4）企业最近3～5个年度生产经营情况、财务会计报告、审计报告、同期资料等。

5）预约定价安排涉及各关联方功能和风险的说明，包括功能和风险划分所依据的机构、人员、费用、资产等。

6）预约定价安排使用的定价原则和计算方法，以及支持这一定价原则和计算方法的功能风险分析、可比性分析和假设条件等。

7）价值链或者供应链分析，以及对成本节约、市场溢价等地域特殊优势的考虑。

8）市场情况的说明，包括行业发展趋势和竞争环境等。

9）预约定价安排适用期间的年度经营规模、经营效益预测以及经营规划等。

10）预约定价安排是否追溯适用以前年度。

11）对预约定价安排有影响的境内、外行业相关法律、法规。

12）企业关于不存在税务机关可以拒绝企业提交谈签意向所列举情形的说明。

13）其他需要说明的情况。

（2）企业申请双边或者多边预约定价安排的，应当同时向国家税务总局和主管税务机关提交《预约定价安排谈签意向书》，并附送双边或者多边预约定价安排申请草案。双边或者多边预约定价安排申请草案除了应包括上述单边预约定价安排申请草案所包括的内容之外，还应当包括：

1）向税收协定缔约对方税务主管当局提出预约定价安排申请的情况。

2）预约定价安排涉及的关联方最近 3~5 个年度生产经营情况及关联交易情况。

3）是否涉及国际重复征税及其说明。

（三）分析评估

企业提交谈签意向后，税务机关应当分析预约定价安排申请草案内容，评估其是否符合独立交易原则。

分析评估阶段，税务机关可以与企业就预约定价安排申请草案进行讨论。税务机关可以进行功能和风险实地访谈。税务机关认为预约定价安排申请草案不符合独立交易原则的，企业应当与税务机关协商，并进行调整；税务机关认为预约定价安排申请草案符合独立交易原则的，主管税务机关向企业送达同意其提交正式申请的《税务事项通知书》。

（四）正式申请

企业收到《税务事项通知书》后，可以向税务机关提交《预约定价安排正式申请书》，并附送预约定价安排正式申请报告。

（五）协商签署

税务机关应当在分析评估的基础上形成协商方案，并据此开展协商工作。

（1）主管税务机关与企业开展单边预约定价安排协商，协商达成一致的，拟定单边预约定价安排文本。双方的法定代表人或者法定代表人授权的代表签署单边预约定价安排。

（2）国家税务总局与税收协定缔约对方税务主管当局开展双边或者多边预约定价安排协商，协商达成一致的，拟定双边或者多边预约定价安排文本。双方或者多方税务主管当局授权的代表签署双边或者多边预约定价安排。国家税务总局应当将预约定价安排转发主管税务机关。主管税务机关应当向企业送达《税务事项通知书》，附送预约定价安排，并做好执行工作。

（3）预约定价安排涉及适用年度或者追溯年度补（退）税款的，税务机关应当按照纳税年度计算应补征或者退还的税款，并向企业送达《预约定价安排补（退）税款通知书》。

（六）监控执行

税务机关应当监控预约定价安排的执行情况。

（1）预约定价安排执行期间，企业应当完整保存与预约定价安排有关的文件和资料，包括账簿和有关记录等，不得丢失、销毁和转移。

企业应当在纳税年度终了后 6 个月内，向主管税务机关报送执行预约定价安排情况的纸质版和电子版年度报告，主管税务机关将电子版年度报告报送国家税务总局；涉及双边或者多边预约定价安排的，企业应当向主管税务机关报送执行预约定价安排情况的纸质版和电子版年度报告，同时将电子版年度报告报送国家税务总局。

年度报告应当说明报告期内企业经营情况以及执行预约定价安排的情况。需要修订、终止预约定价安排，或者有未决问题或者预计将要发生问题的，应当做出说明。

（2）预约定价安排执行期间，主管税务机关应当每年监控企业执行预约定价安排的情况。监控内容主要包括：企业是否遵守预约定价安排条款及要求；年度报告是否反映企业的实际经营情况；预约定价安排所描述的假设条件是否仍然有效等。

（3）预约定价安排执行期间，企业发生影响预约定价安排的实质性变化，应当在发生变化之日起 30 日内书面报告主管税务机关，详细说明该变化对执行预约定价安排的影响，并附送相关资料。由于非主观原因而无法按期报告的，可以延期报告，但延长期限不得超过 30 日。

税务机关应当在收到企业书面报告后，分析企业实质性变化情况，根据实质性变化对预约定价安排的影响程度，修订或者终止预约定价安排。签署的预约定价安排终止执行的，税务机关可以和企业按照国家税务总局公告 2016 年第 64 号文规定的程序和要求，重新谈签预约定价安排。

预约定价安排执行期满后自动失效。企业申请续签的，应当在预约定价安排执行期满之日前 90 日内向税务机关提出续签申请，报送《预约定价安排续签申请书》，并提供执行现行预约定价安排情况的报告，现行预约定价安排所述事实和经营环境是否发生实质性变化的说明材料以及续签预约定价安排年度的预测情况等相关资料。

> **拓 展 阅 读**
>
> ### 预约定价的现实意义
>
> 预约定价可以说是税企双方双赢的一种制度安排，也是企业规避特别纳税调整风险的最佳方式。
>
> （一）从税务机关的角度来说，预约定价有两方面好处
>
> 1. 降低税收管理成本
>
> 预约定价安排使税务机关对跨国关联企业的转让定价由事后调整改为事前规范，是企业与税务机关之间通过协商所达成的一种具有双向约束力的协议。这促使企业自愿提出申请，并在预约定价的谈签过程中采取合作的态度。税务机关容易取得相关资料，使税务机关对企业的审核和评估得以顺利进行，并对企业未来的盈利能力和纳税水平做出合理的预测和安排。相对于转让定价调查来说，预约定价更有利于转让定价问题的顺利解决。
>
> 另外，由于企业自愿提出预约定价，安排达成以后，也往往愿意自行履行协议，从而减轻了税务机关的工作压力，降低了税务机关的管理成本。
>
> 2. 税收收入的可预见性
>
> 通过预约定价的谈签，税务机关往往能对企业未来的经营状况有一个合理的预期，

从而对预约定价期间的税收收入有较好的预期。

(二)从企业的角度来说,预约定价可以带来五方面好处

1. 有利于规避特别纳税调整风险

在实践中,即使企业自认为按照"合理的方法"对关联交易进行了定价,但依然存在被税务机关调查的可能,原因就在于企业自认为"合理"的方法不一定能得到税务机关的认可。企业通过预约定价与税务机关在关联交易方法上达成共识,可以使企业有效地规避被税务机关进行转让定价调查的风险。

2. 有利于避免转让定价事后调整所带来的罚息

《企业所得税法》借鉴国际上的通行做法,加入了反避税罚则条款,明确了企业避税的法律责任,企业避税成本不再是零。通过预约定价,企业不仅可以规避反避税调查,同时也避免了因转让定价调查而产生的罚息。

3. 税收环境的确定有利于使企业把主要精力放在经营上

企业由于经营决策方面的需要,希望能了解并预测期间可能涉及的税收问题的税务处理,以便做出正确合理的决策。

签订预约定价安排后,企业能对其转让定价问题的税务处理做出准确的预料与判断,消除了征纳双方存在的争议,从而有效地避免了税收对经济的干扰。对企业来说最直接的好处还在于可以增强企业对未来财务状况的预见性,并做出有利于企业经营的合理决策,避免税收对财务状况的干扰。

4. 可以享受预约定价所带来的好处

如前所述,《特别纳税调整实施办法(试行)》规定了一些鼓励预约定价的内容,如果企业与税务机关谈签预约定价安排,就可得到这些好处。

5. 双边或多边预约定价可以有效地避免国际双重征税

通过签订双边或多边的预约定价,可以避免未订立协议前各国税务机关各自行使税收管辖权而形成对跨国关联企业的双重征税问题。如果谈签了预约定价安排,那么企业只需将经过双方或多方税务当局确认的利润分别纳税即可,不会出现重复纳税。

六、成本分摊协议管理

企业与其关联方签署成本分摊协议,共同开发、受让无形资产,或者共同提供、接受劳务,应符合相关规定。成本分摊协议的参与方对开发、受让的无形资产或参与的劳务活动享有受益权,并承担相应的活动成本。关联方承担的成本应与非关联方在可比条件下为获得上述受益权而支付的成本相一致。

(1)参与方使用成本分摊协议所开发或受让的无形资产不需另支付特许权使用费。

(2)企业对成本分摊协议所涉及无形资产或劳务的受益权应有合理的、可计量的预期收益,且以合理商业假设和营业常规为基础。

(3) 涉及劳务的成本分摊协议一般适用于集团采购和集团营销策划。

(4) 企业应自成本分摊协议达成之日起 30 日内, 层报国家税务总局备案。税务机关判定成本分摊协议是否符合独立交易原则须层报国家税务总局审核。

(5) 已经执行并形成一定资产的成本分摊协议, 参与方发生变更或协议终止执行, 应根据独立交易原则做处理。

(6) 成本分摊协议执行期间, 参与方实际分享的收益与分摊的成本不相配比的, 应根据实际情况做出补偿调整。

(7) 对于符合独立交易原则的成本分摊协议, 有关税务处理如下。

1) 企业按照协议分摊的成本, 应在协议规定的各年度税前扣除。

2) 涉及补偿调整的, 应在补偿调整的年度计入应纳税所得额。

3) 涉及无形资产的成本分摊协议, 加入支付、退出补偿或终止协议时对协议成果分配的, 应按资产购置或处置的有关规定处理。

4) 企业可根据上述预约定价安排的规定采取预约定价安排的方式达成成本分摊协议。

(8) 企业与其关联方签署成本分摊协议, 有下列情形之一的, 其自行分摊的成本不得税前扣除。

1) 不具有合理商业目的和经济实质。

2) 不符合独立交易原则。

3) 没有遵循成本与收益配比原则。

4) 未按《特别纳税调整实施办法(试行)》有关规定备案或准备、保存和提供有关成本分摊协议的同期资料。

5) 自签署成本分摊协议之日起经营期限少于 20 年。

七、受控外国企业管理

(一) 受控外国企业

受控外国企业是指根据所得税法的规定, 由居民企业, 或者由居民企业和居民个人(以下统称中国居民股东, 包括中国居民企业股东和中国居民个人股东)控制的设立在实际税负低于所得税法规定税率水平 50% 的国家(地区), 并非出于合理经营需要对利润不作分配或减少分配的外国企业。

上述所称控制, 是指在股份、资金、经营、购销等方面构成实质控制。其中, 股份控制是指由中国居民股东在纳税年度任何一天单层直接或多层间接单一持有外国企业 10% 以上有表决权股份, 且共同持有该外国企业 50% 以上股份。

中国居民股东多层间接持有股份按各层持股比例相乘计算, 中间层持有股份超过 50% 的, 按 100% 计算。

(二)受控外国企业管理的主要方法

(1)中国居民企业股东应在年度企业所得税纳税申报时提供对外投资信息,附送《对外投资情况表》。

(2)税务机关应汇总、审核中国居民企业股东申报的对外投资信息,向受控外国企业的中国居民企业股东送达《受控外国企业中国居民股东确认通知书》。中国居民企业股东符合所得税法第45条征税条件的,按照有关规定征税。

(3)计入中国居民企业股东当期的视同受控外国企业股息分配的所得,应按以下公式计算:

中国居民企业股东当期所得=视同股息分配额×实际持股天数÷受控外国企业纳税年度天数×股东持股比例

中国居民股东多层间接持有股份的,股东持股比例按各层持股比例相乘计算。

(4)受控外国企业与中国居民企业股东纳税年度存在差异的,应将视同股息分配所得计入受控外国企业纳税年度终止日所属的中国居民企业股东的纳税年度。

(5)计入中国居民企业股东当期所得已在境外缴纳的企业所得税税款,可按照所得税法或税收协定的有关规定抵免。

(6)受控外国企业实际分配的利润已根据所得税法第45条规定征税的,不再计入中国居民企业股东的当期所得。

(7)中国居民企业股东能够提供资料证明其控制的外国企业满足以下条件之一的,可免于将外国企业不作分配或减少分配的利润视同股息分配额,计入中国居民企业股东的当期所得。

1)设立在国家税务总局指定的非低税率国家(地区)。

2)主要取得积极经营活动所得。

3)年度利润总额低于500万元人民币。

拓展阅读 在特别纳税调整工作中所称的税务局指定的非低税率国家(地区)

根据《关于简化判定中国居民股东控制外国企业所在国实际税负的通知》(国税函[2009]37号)规定:

中国居民企业或居民个人能够提供资料证明其控制的外国企业设立在美国、英国、法国、德国、日本、意大利、加拿大、澳大利亚、印度、南非、新西兰和挪威的,可免于将该外国企业不作分配或者减少分配的利润视同股息分配额,计入中国居民企业的当期所得。

因此,美国、英国、法国、德国、日本、意大利、加拿大、澳大利亚、印度、南非、新西兰和挪威等12个国家,为特别纳税调整工作中所称的税务机关指定的非低税率国家(地区)。

经典案例

1. 税务机关可以拒绝企业提交谈签意向的情形有哪些?

【参考解答】

(1)税务机关已经对企业实施特别纳税调整立案调查或者其他涉税案件调查,且尚未结案的。

(2)未按照有关规定填报年度关联业务往来报告表。

(3)未按照有关规定准备、保存和提供同期资料。

(4)预备会谈阶段税务机关和企业无法达成一致意见。

2. 合理的转让定价方法有哪些?

【参考解答】 企业发生关联交易以及税务机关审核、评估关联交易均应遵循独立交易原则,选用合理的转让定价方法。

合理的转让定价方法包括可比非受控价格法、再销售价格法、成本加成法、交易净利润法、利润分割法和其他符合独立交易原则的方法。

第二节 转让定价及其调整

一、转让定价概述

转让定价,是指关联企业之间在销售货物、提供劳务、转让无形资产等时制定的价格。

(1)转让定价是一种常见的关联方间避税方法。

其一般做法是:高税国企业向其低税国关联企业销售货物、提供劳务、转让无形资产时制定低价;低税国企业向其高税国关联企业销售货物、提供劳务、转让无形资产时制定高价。

这样,利润就从高税国转移到低税国,从而达到最大限度减轻其税负的目的。

转让定价目前已经从国际避税延伸到国内避税:一是将利润由高税率企业转移到低税率企业;二是将利润由一个地区转移到另一个地区,进而争取更多的地方财政支持,实现企业利益最大化。

(2)转让定价方法包括可比非受控价格法、再销售价格法、成本加成法、交易净利润法、利润分割法和其他符合独立交易原则的方法。

二、转让定价调整方法、分析要点

（一）调整方法

企业发生关联交易以及税务机关审核、评估关联交易均应遵循独立交易原则，选用合理的转让定价方法。依据所得税法实施条例第111条规定，各种调整方法的依据如表8-2所示。

表8-2 调整方法横向比较表

调整方法	描述	适用范围
可比非受控价格法	以非关联方之间进行的与关联交易相同或类似业务活动所收取的价格作为关联交易的公平成交价格	可以适用于所有类型的关联交易
再销售价格法	以关联方购进商品再销售给非关联方的价格减去可比非关联交易毛利后的金额作为关联方购进商品的公平成交价格	适用于再销售者未对商品进行改变外形、性能、结构或更换商标等实质性增值加工的简单加工或单纯购销业务
成本加成法	以关联交易发生的合理成本加上可比非关联交易毛利作为关联交易的公平成交价格	一般适用于有形资产使用权或者所有权的转让、资金融通、劳务交易等关联交易
交易净利润法	以可比非关联交易的利润率指标确定关联交易的净利润	一般适用于不拥有重大价值无形资产企业的有形资产使用权或者所有权的转让和受让、无形资产使用权受让以及劳务交易等关联交易
利润分割法	根据企业与其关联方对关联交易合并利润（实际或者预计）的贡献计算各自应该分配的利润额	一般适用于企业及其关联方对利润创造具有独特贡献，业务高度整合且难以单独评估各方交易结果的关联交易

（二）可比性分析

1. 可比性分析因素的内容

税务机关实施转让定价调查时，应当进行可比性分析，可比性分析一般包括以下5个方面，税务机关可以根据案件情况选择具体分析内容。

（1）交易资产或者劳务特性，包括：有形资产的物理特性、质量、数量等；无形资产的类型、交易形式、保护程度、期限、预期收益等；劳务的性质和内容；金融资产的特性、内容、风险管理等。

（2）交易各方执行的功能、承担的风险和使用的资产。功能包括研发、设计、采购、加工、装配、制造、维修、分销、营销、广告、存货管理、物流、仓储、融资、管理、财务、会计、法律及人力资源管理等；风险包括投资风险、研发风险、采购风险、生产风险、市场风险、管理风险及财务风险等；资产包括有形资产、无形资产、金融资产等。

（3）合同条款，包括交易标的、交易数量、交易价格、收付款方式和条件、交货条件、售后服务范围和条件、提供附加劳务的约定、变更或者修改合同内容的权利、合同有效期、终止或者续签合同的权利等。合同条款分析应当关注企业执行合同的能力与行为，以及关联方之间签署合同条款的可信度等。

（4）经济环境，包括行业概况、地理区域、市场规模、市场层级、市场占有率、市场竞争程度、消费者购买力、商品或者劳务可替代性、生产要素价格、运输成本、政府管制，以及成本节约、市场溢价等地域特殊因素。

（5）经营策略，包括创新和开发、多元化经营、协同效应、风险规避及市场占有策略等。

2. 转让定价方法

税务机关应当在可比性分析的基础上，选择合理的转让定价方法，对企业关联交易进行分析评估。

（1）可比非受控价格法。

以非关联方之间进行的与关联交易相同或者类似业务活动所收取的价格作为关联交易的公平成交价格。可比非受控价格法可以适用于所有类型的关联交易。

可比非受控价格法的可比性分析，应当按照不同交易类型，特别考察关联交易与非关联交易中交易资产或者劳务的特性、合同条款、经济环境和经营策略上的差异。

1）有形资产使用权或者所有权的转让，包括：

①转让过程，包括交易时间与地点、交货条件、交货手续、支付条件、交易数量、售后服务等。

②转让环节，包括出厂环节、批发环节、零售环节、出口环节等。

③转让环境，包括民族风俗、消费者偏好、政局稳定程度以及财政、税收、外汇政策等。

④有形资产的性能、规格、型号、结构、类型、折旧方法等。

⑤提供使用权的时间、期限、地点、费用收取标准等。

⑥资产所有者对资产的投资支出、维修费用等。

2）金融资产的转让，包括金融资产的实际持有期限、流动性、安全性、收益性。其中，股权转让交易的分析内容包括公司性质、业务结构、资产构成、所属行业、行业周期、经营模式、企业规模、资产配置和使用情况、企业所处经营阶段、成长性、经营风险、财务风险、交易时间、地理区域、股权关系、历史与未来经营情况、商誉、税收利益、流动性、经济趋势、宏观政策、企业收入和成本结构及其他因素。

3）无形资产使用权或者所有权的转让，包括：

①无形资产的类别、用途、适用行业、预期收益。

②无形资产的开发投资、转让条件、独占程度、可替代性、受有关国家法律保护的程度及期限、地理位置、使用年限、研发阶段、维护改良及更新的权利、受让成本和费用、功能风险情况、摊销方法以及其他影响其价值发生实质变动的特殊因素等。

4）资金融通，包括融资的金额、币种、期限、担保、融资人的资信、还款方式、计息方法等。

5) 劳务交易，包括劳务性质、技术要求、专业水准、承担责任、付款条件和方式、直接和间接成本等。

关联交易与非关联交易在以上方面存在重大差异的，应当就该差异对价格的影响进行合理调整，无法合理调整的，应当选择其他合理的转让定价方法。

(2) 再销售价格法。

以关联方购进商品再销售给非关联方的价格减去可比非关联交易毛利后的金额作为关联方购进商品的公平成交价格。其计算公式如下：

公平成交价格＝再销售给非关联方的价格×(1−可比非关联交易毛利率)

可比非关联交易毛利率＝可比非关联交易毛利/可比非关联交易收入净额×100%

再销售价格法一般适用于再销售者未对商品进行改变外形、性能、结构或者更换商标等实质性增值加工的简单加工或者单纯购销业务。

再销售价格法的可比性分析，应当特别考察关联交易与非关联交易中企业执行的功能、承担的风险、使用的资产和合同条款上的差异，以及影响毛利率的其他因素，具体包括营销、分销、产品保障及服务功能，存货风险，机器、设备的价值及使用年限，无形资产的使用及价值，有价值的营销型无形资产，批发或者零售环节，商业经验，会计处理及管理效率等。

关联交易与非关联交易在以上方面存在重大差异的，应当就该差异对毛利率的影响进行合理调整，无法合理调整的，应当选择其他合理的转让定价方法。

(3) 成本加成法。

以关联交易发生的合理成本加上可比非关联交易毛利后的金额作为关联交易的公平成交价格。其计算公式如下：

公平成交价格＝关联交易发生的合理成本×(1+可比非关联交易成本加成率)

可比非关联交易成本加成率＝可比非关联交易毛利/可比非关联交易成本×100%

成本加成法一般适用于有形资产使用权或者所有权的转让、资金融通、劳务交易等关联交易。

成本加成法的可比性分析，应当特别考察关联交易与非关联交易中企业执行的功能、承担的风险、使用的资产和合同条款上的差异，以及影响成本加成率的其他因素，具体包括制造、加工、安装及测试功能，市场及汇兑风险，机器、设备的价值及使用年限，无形资产的使用及价值，商业经验，会计处理，生产及管理效率等。

关联交易与非关联交易在以上方面存在重大差异的，应当就该差异对成本加成率的影响进行合理调整，无法合理调整的，应当选择其他合理的转让定价方法。

(4) 交易净利润法。

以可比非关联交易的利润指标确定关联交易的利润。利润指标包括息税前利润率、完全成本加成率、资产收益率、贝里比率等。具体计算公式如下：

息税前利润率＝息税前利润/营业收入×100%

完全成本加成率=息税前利润/完全成本×100%
资产收益率=息税前利润/[（年初资产总额+年末资产总额）/2]×100%
贝里比率=毛利/（营业费用+管理费用）×100%

利润指标的选取应当反映交易各方执行的功能、承担的风险和使用的资产。利润指标的计算以企业会计处理为基础，必要时可以对指标口径进行合理调整。

交易净利润法一般适用于不拥有重大价值无形资产企业的有形资产使用权或者所有权的转让和受让、无形资产使用权受让以及劳务交易等关联交易。

交易净利润法的可比性分析，应当特别考察关联交易与非关联交易中企业执行的功能、承担的风险和使用的资产，经济环境上的差异，以及影响利润的其他因素，具体包括行业和市场情况，经营规模，经济周期和产品生命周期，收入、成本、费用和资产在各交易间的分配，会计处理及经营管理效率等。

关联交易与非关联交易在以上方面存在重大差异的，应当就该差异对利润的影响进行合理调整，无法合理调整的，应当选择其他合理的转让定价方法。

（5）利润分割法。

根据企业与其关联方对关联交易合并利润（实际或者预计）的贡献计算各自应当分配的利润额。利润分割法主要包括一般利润分割法和剩余利润分割法。

一般利润分割法通常根据关联交易各方所执行的功能、承担的风险和使用的资产，采用符合独立交易原则的利润分割方式，确定各方应当取得的合理利润；当难以获取可比交易信息但能合理确定合并利润时，可以结合实际情况考虑与价值贡献相关的收入、成本、费用、资产、雇员人数等因素，分析关联交易各方对价值做出的贡献，将利润在各方之间进行分配。

剩余利润分割法将关联交易各方的合并利润减去分配给各方的常规利润后的余额作为剩余利润，再根据各方对剩余利润的贡献程度进行分配。

利润分割法一般适用于企业及其关联方均对利润创造具有独特贡献，业务高度整合且难以单独评估各方交易结果的关联交易。利润分割法的适用应当体现利润应在经济活动发生地和价值创造地征税的基本原则。

利润分割法的可比性分析，应当特别考察关联交易各方执行的功能、承担的风险和使用的资产，收入、成本、费用和资产在各方之间的分配，成本节约、市场溢价等地域特殊因素，以及其他价值贡献因素，确定各方对剩余利润贡献所使用的信息和假设条件的可靠性等。

拓展阅读

外资企业通过转让定价避税问题不容忽视

某省专员办在开展2016年度会计监督检查工作中，发现一些外商投资企业为了谋求集团利润的最大化和境内税负的最小化,通过关联交易的转让定价手段,谋取不正当的收益,给我国财政收入造成不利影响,主要表现如下。

一是转让定价脱离企业执行功能,未获取应有的利润水平。

在中国市场承担着采购风险、仓储管理、市场推广、销售决策和财务管理风险的境内分销企业。其从境外母公司采购货物的转让价格,按照产品实际净销售价(净销售价格=销售价格-关税-运费及仓储费用)折扣的8%,倒挤成货物采购价。这种转让定价方式,未体现境内分销企业在市场竞争中所做的努力和发挥的作用,企业只能获得净销售价格8%的收益,大部分经营收益则通过倒挤的采购价格,无形转移至境外的供货母公司,导致境内分销企业获得的收益不足以补偿实际发生的变动费用和固定费用而亏损。

二是关联交易转让定价,未全面覆盖功能运行实际费用。

境内研发子公司承担境外母公司委托的研发项目,在不承担整体项目的研发决策、失败和挫折等风险,也不享有研发项目最终成果的权益情况下,境外母公司在制定委托研发项目价格中,只包含了研发期间所需的部分人工、设备折旧等费用,未包含在研发过程中实际发生的直接费用和间接费用,导致境内承接委托研发单位所取得的研发收入不足以补偿研发成本,造成亏损。

三是通过采购、销售两个环节,重复收取技术使用费转移利润。

在境外母公司对承担加工制造的境内子公司提供原材料转让价格[(总费用+技术提成费7.5%)×(1+12%)]中,已包含了母公司的技术提成费,但在相关产品销售时,又以净销售额(净销售额=总销售额-运输配送费用-包装费-保险费-税金和关税-双方同意的其他费用)为基础,按5%的比例直接从境内子公司管理费用中再次提取技术使用费,导致境内子公司利润水平下降。

四是将境内税金变成境外母公司利润。

境内子公司向境外母公司销售产品的转让定价[(总费用+技术提成费7.5%)×(1+12%)],以不含税费用和技术提成费作为向境外母公司转让价格的计价基数,直接将价格中的税金让利给境外母公司,导致境内子公司销售收入减少,费用增多,造成亏损。

三、转让定价调查及调整监控管理

(一)识别特别纳税调整风险

税务机关通过关联申报审核、同期资料管理和利润水平监控等手段,对企业实施特别纳税调整监控管理,发现企业存在特别纳税调整风险的,可以向企业送达《税务事项通知书》,提示其存在的税收风险。

企业收到特别纳税调整风险提示或者发现自身存在特别纳税调整风险的,可以自行调整补税。企业自行调整补税的，应当填报《特别纳税调整自行缴纳税款表》。

企业自行调整补税的，税务机关仍可按照有关规定实施特别纳税调查调整。

企业要求税务机关确认关联交易定价原则和方法等特别纳税调整事项的，税务机关应当启动特别纳税调查程序。

税务机关实施特别纳税调查，应当重点关注具有以下风险特征的企业。

(1)关联交易金额较大或者类型较多。

(2)存在长期亏损、微利或者跳跃性盈利。

(3)低于同行业利润水平。

(4)利润水平与其所承担的功能风险不相匹配，或者分享的收益与分摊的成本不相配比。

(5)与低税国家(地区)关联方发生关联交易。

(6)未按照规定进行关联申报或者准备同期资料。

(7)从其关联方接受的债权性投资与权益性投资的比例超过规定标准。

(8)由居民企业，或者由居民企业和中国居民控制的设立在实际税负低于12.5%的国家(地区)的企业，并非由于合理的经营需要而对利润不作分配或者减少分配。

(9)实施其他不具有合理商业目的的税收筹划或者安排。

(二)转让定价调查及调整

1. 立案调查

税务机关应当向已确定立案调查的企业送达《税务检查通知书(一)》。被立案调查企业为非居民企业的，税务机关可以委托境内关联方或者与调查有关的境内企业送达《税务检查通知书(一)》。

经预备会谈与税务机关达成一致意见，已向税务机关提交《预约定价安排谈签意向书》，并申请预约定价安排追溯适用以前年度的企业，或者已向税务机关提交《预约定价安排续签申请书》的企业，可以暂不作为特别纳税调整的调查对象。预约定价安排未涉及的年度和关联交易除外。

2. 要求被调查企业提供资料

税务机关实施特别纳税调查时，可以要求被调查企业及其关联方，或者与调查有关的其他企业提供相关资料。

(1)要求被调查企业及其关联方，或者与调查有关的其他企业提供相关资料的，应当向该企业送达《税务事项通知书》，该企业在境外的，税务机关可以委托境内关联方或者与调查有关的境内企业向该企业送达《税务事项通知书》。

(2)需要到被调查企业的关联方或者与调查有关的其他企业调查取证的，应当向该企业送达《税务检查通知书(二)》。

3. 提供资料的具体要求

被调查企业及其关联方以及与调查有关的其他企业应当按照税务机关要求提供真

实、完整的相关资料。

（1）提供由自身保管的书证原件。原本、正本和副本均属于书证的原件。提供原件确有困难的，可以提供与原件核对无误的复印件、照片、节录本等复制件。提供方应当在复制件上注明"与原件核对无误，原件存于我处"，并由提供方签章。

（2）提供由有关方保管的书证原件复制件、影印件或者抄录件的，提供方应当在复制件、影印件或者抄录件上注明"与原件核对无误"，并注明出处，由该有关方及提供方签章。

（3）提供外文书证或者外文视听资料的，应当附送中文译本。提供方应当对中文译本的准确性和完整性负责。

（4）提供境外相关资料的，应当说明来源。税务机关对境外资料真实性和完整性有疑义的，可以要求企业提供公证机构的证明。

4. 实施特别纳税调查的方式

税务机关实施特别纳税调查时，应当按照法定权限和程序进行，可以采用实地调查、检查纸质或者电子数据资料、调取账簿、询问、查询存款账户或者储蓄存款、发函协查、国际税收信息交换、异地协查等方式，收集能够证明案件事实的证据材料。

5. 收集证据的要求

（1）收集证据材料过程中，可以记录、录音、录像、照相和复制，录音、录像、照相前应当告知被取证方。记录内容应当由两名以上调查人员签字，并经被取证方核实签章确认。被取证方拒绝签章的，税务机关调查人员（两名以上）应当注明。

（2）以电子数据证明案件事实的，税务机关可以采取以下方式进行取证。

1）要求提供方将电子数据打印成纸质资料，在纸质资料上注明数据出处、打印场所，并注明"与电子数据核对无误"，由提供方签章。

2）采用有形载体形式固定电子数据，由调查人员与提供方指定人员一起将电子数据复制到只读存储介质上并封存。在封存包装物上注明电子数据名称、数据来源、制作方法、制作时间、制作人、文件格式及大小等，并注明"与原始载体记载的电子数据核对无误"，由提供方签章。

（3）需要被调查当事人、证人陈述或者提供证言的，应当事先告知其不如实陈述或者提供虚假证言应当承担的法律责任。被调查当事人、证人可以采取书面或者口头方式陈述或者提供证言，以口头方式陈述或者提供证言的，调查人员可以笔录、录音、录像。笔录应当使用能够长期保持字迹的书写工具书写，也可使用计算机记录并打印，陈述或者证言应当由被调查当事人、证人逐页签章。

陈述或者证言中应当写明被调查当事人、证人的姓名、工作单位、联系方式等基本信息，注明出具日期，并附居民身份证复印件等身份证明材料。

被调查当事人、证人口头提出变更陈述或者证言的，调查人员应当就变更部分重新制作笔录，注明原因，由被调查当事人、证人逐页签章。被调查当事人、证人变更书面陈述或者证言的,不退回原件。

6. 调账检查要求

税务机关需要将以前年度的账簿、会计凭证、财务会计报告和其他有关资料调回检查的,应当按照税收征管法及其实施细则有关规定,向被调查企业送达《调取账簿资料通知书》,填写《调取账簿资料清单》交其核对后签章确认。调回资料应当妥善保管,并在法定时限内完整退还。

7. 询问的要求

税务机关需要采用询问方式收集证据材料的,应当由两名以上调查人员实施询问,并制作《询问(调查)笔录》。

(三)监控管理

1. 关联关系以及关联交易金额确认

税务机关应当结合被调查企业年度关联业务往来报告表和相关资料,对其与关联方的关联关系以及关联交易金额进行确认,填制《关联关系认定表》和《关联交易认定表》,并由被调查企业确认签章。被调查企业拒绝确认的,税务机关调查人员(两名以上)应当注明。

2. 不提供或者提供虚假、不完整资料的税务处理

被调查企业不提供特别纳税调查相关资料,或者提供虚假、不完整资料的,由税务机关责令限期改正,逾期仍未改正的,税务机关按照《税收征管法》及其实施细则有关规定进行处理,并依法核定其应纳税所得额。

拓展阅读 **关联交易涉税风险及对策**

××市国税局在全面深度分析关联交易申报数据,掌握避税规律和出现的新情况新问题的基础上,锁定重点对象,采用"双层架构、团队管理"模式,区分不同对象和不同级别风险,注重多手段融合和拓展管理链条,推进大企业和国际税收一体化管理,实施针对性的风险应对策略,提高关联交易风险管理绩效。

(一)紧扣关联交易风险特征,拓展把控关联交易信息

确保关联交易申报信息质量是前提。要注重关联申报前、中、后的培训辅导和过程控制,通过发布《自核要点》进行风险提示,菜单式列示整改要求,修正异常信息,全面提高关联申报准确性和完整性。建立《大企业重大事项报告制度》和外部信息交换披露工作机制,注重将收集到的企业组织架构全景、职能定位变化、交易流程设置、作价模式确定、主要客户信息、信息宣传报道、股市公告信息等内容,放到企业商务环境、发展规划、产业链条等方面整合增值利用分析,并适时研究宏观经济形势和新政策变化对关联交易的新影响新动向,逐户建立重点企业动态管理档案。

（二）固化企业关联交易数据，做深跨国交易风险排查

综合评估目的是厘清企业财务核算，固化企业关联交易数据，还原关联交易多项指标，在此基础上，锁定关联交易管理重点对象，逐户确定下一步应对策略，分别向稽查、反避税、情报交换、日常跟踪管理等环节推送任务。并将评估信息和结果及时充实重点企业动态管理档案。

（三）以职能定位为抓手，多管齐下加强转让定价管理

(1) 深度分析同期资料，确定关联交易税收风险。每年确定职能风险专项调研对象，通过问卷调查和组织专业团队集中会审方式，对企业五个方面 21 个项目 129 个关键点逐项审核，运用多方数据考量企业功能定位准确性、总体利润分割合理性、符合独立交易原则可靠性。筛选重点风险应对企业。

(2) 组合运用多种手段，提高跨国关联交易管理水平。

灵活运用税务审计分析性复核、关联交易综合评估、行业可比性分析和谈判、内控风险测试、税务执法文书责令限期改正以及情报交换等手段，加强与"四大会计师事务所"的紧密合作和与政府的沟通协调，不断提升跨国关联交易综合管理能力和水平。

1）完善反避税案源库，实施三级跟踪管理。将外关联交易 2000 万元以上和职能调研企业纳入转让定价管理案源库，按照避税嫌疑大小和涉税风险程度进行立案调查、重点调研、日常监管三个等级的持续跟踪管理，提高管理的针对性和实效性。

2）开展跨国交易专项评估，锁定避税嫌疑企业。根据对案源库企业集中会审结果，确定专项评估对象，实地核查承担的功能和风险，对关联交易利润率与非关联交易、相同行业、潜在可比企业利润率水平进行比较分析。

3）运用税务审计技术，强化跨国交易内控测试。对内关联较大的企业运用分析性复核、经营指标比较分析、ERP 管理系统穿行性测试等审计手段，强化经营管理各环节、业务流程各个节点的税收风险内控测试，排查风险点。

4）利用情报交换手段，打击跨国避税行为。通过情报交换确认隐匿的关联关系和关联交易，通过外来情报核查，核减企业向境外关联支付不真实不合理的管理服务费用调整补税。

5）注重执法文书应用，提高转让定价管理绩效。对怠于提供涉税资料和不积极配合调查的企业，通过《税务事项通知书》《责令限期改正通知书》等规范执法文书的有效应用，加大职能调研工作的力度，提高企业对关联交易转让定价管理的配合程度，预防职能调研过程中税收执法风险。

6）加强跟踪管理，注重反避税技术在日常管理中的运用。对暂时不具备立案条件但关联交易存在明显不合理的企业，反移送至日常管理环节。运用反避税技术，减少支付境外母公司特许权使用费，停止支付母公司管理服务费，对企业关联交易进行调整。有效解决企业长期低负申报、利润转移、不合理成本费用等问题，化解潜在风险。

(3) 分层分级管理，"团队+项目"推进职能风险调研。逐步扩大职能风险调研范

围。将企业按风险程度、关联交易金额和比重分为A、B、C三类分级应对。A类企业关联交易金额大，类型复杂，存在较大避税嫌疑，由市局专业团队直接应对。B类企业关联交易类型单一，交易规模大，整体利润率接近行业利润水平，由县市局风险团队专业应对，核实关联交易的实际利润水平，存在避税嫌疑的，移送市局进一步调查。C类企业关联交易规模小，由基层主管分局实施应对，促使企业自行调整。

（四）分析调查股权转让信息，加强股息分配税收管理

根据商务部门企业股权变更信息，重点对股权平价低价转让、关联转让、转让到协定优惠缔约国企业，以及境外转让行为进行风险评估，重点分析转让协议、转让目的、作价方式、支付形式、被转让企业留存收益、被转让企业资产现值以及转让行为对新股东未来股权投资收益税收处理的后续影响。从股市公告获取企业持有方股权转让信息，对间接股权转让追缴税款。关注企业因海外和境内上市需要而进行的股权转让行为，提前介入掌握情况，帮助分析防范风险。

制定《股息分配非居民税收台账管理办法》，每年通报外资企业未分配利润情况，重点关注多年不分配或少分配账面利润，但向母公司大额支付费用和融资的企业。逐户核查不分配原因和依据，核查存在未分配利润但投资新项目未作账务处理的情况。

（五）深入核查大额付汇项目，双向推进税源税基管理

从居民企业所得税税基管理和非居民企业所得税扣缴管理两个方向出发，重点锁定取得高新技术企业资格但频繁或大额向关联方支付特许权使用费的企业、经营业绩不佳又向关联方大额支付管理服务或咨询费的企业、长期向关联方支付定额或定比分摊服务费的企业、对外支付总额大幅上升或总额持平但支付方向和名目发生重大变化的企业。制定船舶建造等重点行业对外付汇涉税风险监控管理指导意见，开展专项核查。

（六）关注境内关联交易风险，强化非跨境集团风险管理

内关联比重较高，多为集团内企业之间多类型关联交易行为。针对集团企业组织体系复杂、经营模式多元、关联交易频繁、管理风险增多的实际情况，以企业集团或母公司为主体，梳理控股子公司或其分支机构，将企业集团可能存在的共同研发费用摊销、集团重大项目筹资、集团内关联交易作价等方面的风险进行汇集、整理、分类，从集团企业特征、风险存在的主要环节、风险表现及识别方法、集团企业间的关联交易税收处理等五个方面进行了描述和剖析，制定《集团企业税收风险管理指南》。

经典案例

1. 中国A股份公司与美国B公司关联，2018年4月，A股份公司以每吨500美元向美国B销售一批钢材100吨，同时，A股份公司向非关联的美国C公司销售同类产品的售价为每吨650美元。经查，A股份公司与美国B公司是关联方，2018年4月的交易违背独立交易原则，选择按可比非受控价格法，对A股份公司售价进行特别纳税调整。

【参考解答】根据可比非受控价格法的调整技巧可知,对中国 A 股份公司售价应当按 650 美元的售价进行特别纳税调整:

中国 A 股份公司收入调增额=(非受控价格−受控价格)×受控销售数量=(650−500)×100=15000(美元)

2. 北京甲公司 2016 年 7 月从上海乙公司购进一批材料 100 吨,单价是 2000 元/吨,经过简单的包装之后以 3000 元价格销售给深圳丙公司,该批卖给深圳丙公司的成本利润率为 20%。2018 年 8 月,上海税务局认定北京甲公司与上海乙公司是关联公司,其 2016 年 7 月购进原材料的交易违背了独立交易原则,于是对上海乙公司采用再销售价格法的转让定价法重新进行核定收入额。上海乙的所得税率为 25%,请计算税务局对上海乙公司的该笔材料转让收入调增额及税额。

【参考解答】根据再销售价格法的核算原理可知:

该批货物公平成交价格=再销售价格×(1−再销售的合理利润率)=3000×(1−20%)=2400(元)

上海乙公司收入调增额=(公平成交价格−实际销售价格)×甲公司受控销售数量=(2400−2000)×100=40000(元)

上海乙公司应补交企业所得税=40000×25%=10000(元)

上海乙公司补交所得税,还要承担加收利息。

第三节　资本弱化及其调整

一、资本弱化概述

一般来说,企业通过两种方式来融通资金,一种是股权融资,另一种是债权融资。两种融资方式对所得税的影响不尽相同。

从税收角度看,贷款融资和股本融资最主要的区别是,借款公司支付给贷款人的贷款利息,可以作为费用在计算公司的应税所得时予以扣除;而股本融资方式下公司以税后利润分配形式支付给投资股东的股息是不能在税前扣除的。

如果债权人和债务人同属于一个利益集团,就有动机通过操作加大借贷款(债权性筹资)而减少股份资本(权益性筹资)比例的方式增加税前扣除,以降低企业税负。这就是资本弱化。

二、资本弱化管理

（一）资本弱化的计算

企业从其关联方接受的债权性投资与权益性投资的比例超过规定标准而发生的利息支出，不得在计算应纳税所得额时扣除。

不得扣除的利息支出应按以下公式计算：

不得扣除利息支出=年度实际支付的全部关联方利息×(1－标准比例÷关联债资比例)

其中，标准比例是指《财政部 国家税务总局关于企业关联方利息支出税前扣除标准有关税收政策问题的通知》（财税〔2008〕121号）规定的比例，一般企业适用2∶1；金融企业适用5∶1。

关联债资比例是指根据所得税法第46条及所得税法实施条例第119的规定，企业从其全部关联方接受的债权性投资（以下简称关联债权投资）占企业接受的权益性投资（以下简称权益投资）的比例，关联债权投资包括关联方以各种形式提供担保的债权性投资。

(1)关联债资比例的具体计算方法如下：

关联债资比例=年度各月平均关联债权投资之和÷年度各月平均权益投资之和

其中：

各月平均关联债权投资=（关联债权投资月初账面余额+月末账面余额）/2

各月平均权益投资=（权益投资月初账面余额+月末账面余额）/2

权益投资为企业资产负债表所列示的所有者权益金额。如果所有者权益小于实收资本（股本）与资本公积之和，则权益投资为实收资本（股本）与资本公积之和；如果实收资本（股本）与资本公积之和小于实收资本（股本）金额，则权益投资为实收资本（股本）金额。

(2)所得税法第四十六条所称的利息支出包括直接或间接关联债权投资实际支付的利息、担保费、抵押费和其他具有利息性质的费用。

(3)"实际支付利息"是指企业按照权责发生制原则计入相关成本、费用的利息。企业实际支付关联方利息存在转让定价问题的，税务机关应首先按照前述的有关规定实施转让定价调查调整。

（二）不得扣除利息的调整

(1)所得税法第四十六条规定不得在计算应纳税所得额时扣除的利息支出，不得结转到以后纳税年度；应按照实际支付给各关联方利息占关联方利息总额的比例，在各关联方之间进行分配，分配给实际税负高于企业的境内关联方的利息准予扣除。

> **拓展阅读**
>
> **实际税负**
>
> 根据《国家税务总局关于完善关联申报和同期资料管理有关事项的公告》(国家税务总局公告2016年第42号)附件中G112000《境外关联方信息表》填报说明中的规定,"实际税负"是指境外关联方在所在国最近年度实际缴纳所得税性质的税种的税负。
>
> 实际税负=实际缴纳所得税性质的税种的税款金额(扣除各种税收返还)÷所得税性质的税种的应纳税所得额×100%

(2)向境外支付关联方利息的调整。不得在计算应纳税所得额时扣除的利息支出,直接或间接实际支付给境外关联方的利息应视同分配的股息,按照股息和利息分别适用的所得税税率差补征企业所得税,如已扣缴的所得税税款多于按股息计算应征所得税税款,多出的部分不予退税。

三、同期资料管理的具体规定

根据国家税务总局公告2016年第42号文件新修订的同期资料管理规定,企业应当依据企业所得税法实施条例第一百一十四条的规定,按纳税年度准备并按税务机关要求提供其关联交易的同期资料。

同期资料包括主体文档、本地文档和特殊事项文档。

1. 主体文档

(1)符合下列条件之一的企业,应当准备主体文档。

1)年度发生跨境关联交易,且合并该企业财务报表的最终控股企业所属企业集团已准备主体文档。

2)年度关联交易总额超过10亿元。

(2)主体文档主要披露最终控股企业所属企业集团的全球业务整体情况,包括以下内容。

1)组织架构。

2)企业集团业务。

3)无形资产。

4)融资活动。

5)财务与税务状况。

2. 本地文档

(1)年度关联交易金额符合下列条件之一的企业,应当准备本地文档。

1)有形资产所有权转让金额(来料加工业务按照年度进出口报关价格计算)超过2

亿元。

2）金融资产转让金额超过 1 亿元。

3）无形资产所有权转让金额超过 1 亿元。

4）其他关联交易金额合计超过 4000 万元。

（2）本地文档主要披露企业关联交易的详细信息，包括以下内容。

1）企业概况。

2）关联关系。

3）关联交易。

4）可比性分析。

5）转让定价方法的选择和使用。

3. 特殊事项文档

特殊事项文档包括成本分摊协议特殊事项文档和资本弱化特殊事项文档。

（1）企业签订或者执行成本分摊协议的，应当准备成本分摊协议特殊事项文档。

成本分摊协议特殊事项文档包括以下内容。

1）成本分摊协议副本。

2）各参与方之间达成的为实施成本分摊协议的其他协议。

3）非参与方使用协议成果的情况、支付的金额和形式，以及支付金额在参与方之间的分配方式。

4）本年度成本分摊协议的参与方加入或者退出的情况，包括加入或者退出的参与方名称、所在国家和关联关系，加入支付或者退出补偿的金额及形式。

5）成本分摊协议的变更或者终止情况，包括变更或者终止的原因、对已形成协议成果的处理或者分配。

6）本年度按照成本分摊协议发生的成本总额及构成情况。

7）本年度各参与方成本分摊的情况，包括成本支付的金额、形式和对象，做出或者接受补偿支付的金额、形式和对象。

8）本年度协议预期收益与实际收益的比较以及由此做出的调整。

9）预期收益的计算，包括计量参数的选取、计算方法和改变理由。

（2）企业关联债资比例超过标准比例需要说明符合独立交易原则的，应当准备资本弱化特殊事项文档。

资本弱化特殊事项文档包括以下内容。

1）企业偿债能力和举债能力分析。

2）企业集团举债能力及融资结构情况分析。

3）企业注册资本等权益投资的变动情况说明。

4）关联债权投资的性质、目的及取得时的市场状况。

5）关联债权投资的货币种类、金额、利率、期限及融资条件。

6）非关联方是否能够并且愿意接受上述融资条件、融资金额及利率。

7）企业为取得债权性投资而提供的抵押品情况及条件。

8）担保人状况及担保条件。

9）同类同期贷款的利率情况及融资条件。

10）可转换公司债券的转换条件。

11）其他能够证明符合独立交易原则的资料。

4. 同期资料管理的其他规定

（1）企业执行预约定价安排的，可以不准备预约定价安排涉及关联交易的本地文档和特殊事项文档。

（2）企业仅与境内关联方发生关联交易的，可以不准备主体文档、本地文档和特殊事项文档。

（3）主体文档应当在企业集团最终控股企业会计年度终了之日起12个月内准备完毕；本地文档和特殊事项文档应当在关联交易发生年度次年6月30日之前准备完毕。同期资料应当自税务机关要求之日起30日内提供。

（4）企业因不可抗力无法按期提供同期资料的，应当在不可抗力消除后30日内提供同期资料。

（5）同期资料应当使用中文，并标明引用信息资料的出处来源。

（6）同期资料应当加盖企业印章，并由法定代表人或者法定代表人授权的代表签章。

（7）企业合并、分立的，应当由合并、分立后的企业保存同期资料。

（8）同期资料应当自税务机关要求的准备完毕之日起保存10年。

经典案例

郑州宏美化工制造企业（以下简称宏美化工）20××年度发生如下借款支出。

（1）向工商银行郑州支行借款100万，合同约定利率10%，当年支付利息10万元。同时，该笔贷款由一社会上独立的担保公司提供担保，该化工制造企业支付担保费5万元。

（2）向建设银行郑州支行贷款200万，合同约定利率为8%，支付利息16万元。该笔贷款由该化工制造企业的境内关联企业河南A股份公司提供负有连带责任的贷款担保，该化工企业支付关联企业A担保费25万元。假设同类同期贷款市场上独立担保公司提供担保应收担保费为20万元。

（3）该化工企业的境内母公司佳美控股通过招商银行北京支行向该企业提供贷款，贷款金额1000万，合同约定利率为9%，支付利息90万。

（4）该化工企业向境内一关联企业江西花瑛公司（以下简称花瑛公司）借款500万元，支付利息75万元（一年期）。

(5) 该化工企业向关联方韩国的宏图株式会社外币借款 800 万 (已折合人民币),按 15% 支付一年期利息 120 万元。该企业在支付利息时已支付扣缴宏图株式会社 (以下简称宏图) 预提所得税 8.4 万元。

该企业 20××年度各月平均所有者权益之和经计算为 1000 万,20××年度各月平均关联债权投资之和为 3000 万。假定该化工企业无法提供相关资料证明借款符合独立交易原则。

宏美化工 20××年实际税负为 20%,关联企业 A 的实际税负为 25%,关联企业佳美控股的实际税负为 15%,关联企业江西花瑛公司的实际税负为 18%。韩国和我国有税收协定,协定中对于利息征收预提所得税的税率为 7%,股息为 10%。分配宏图不得扣除利息时,税务机构同意采用倒挤方式计算。

从资本弱化角度出发,对上述利息进行税前扣除的解析。

【参考解答】

(1) 宏美化工向工商银行贷款为非关联方债权投资,属于是向金融企业的贷款,可以在税前扣除支付利息 10 万元。同时,该企业为该笔贷款向独立的担保机构支付的担保费 5 万元可以直接在税前扣除。

(2) 关联方利息扣除

关联方债资比例 = 3000/1000 = 3

标准债资比例 = 2

1) 宏美化工向建设银行的贷款,是由其关联企业 A 提供负有连带责任贷款担保,属于关联方债权性投资。其中由于借款的利息是直接向金融机构支付的,可以扣除支付利息 16 万元。

但该企业向关联方 A 支付的担保费 25 万元,属于企业的实际利息支出,不符合独立交易原则,所以这里只认可发生 20 万元。所以,该业务合计利息 = 16 + 20 = 36 (万元)。

2) 年度实际支付的关联方债权性投资的实际利息支出 = A 公司 36 + 母公司佳美控股 90 + 江西花瑛 75 + 韩国宏图 120 = 321 (万元)。

3) 不可扣除的利息支出 = 321 × (1 - 2/3) = 107 (万元)。

4) 各关联公司的利息占关联方债权性投资的实际利息支出。

A 公司担保利息占关联方债权性投资的实际利息支出 = 36/321 = 0.11

母公司佳美控股利息占关联方债权性投资的实际利息支出 = 90/321 = 0.28

关联企业花瑛公司利息占关联方债权性投资的实际利息支出 = 75/321 = 0.23

关联方韩国宏图利息占关联方债权性投资的实际利息支出 = 1 - 0.11 - 0.28 - 0.23 = 0.38

5) 不得扣除利息的调整。

①不可扣除的利息支出中分配给 A 公司 = 107 × 0.11 = 11.77 (万元)。

建设银行贷款由境内 A 公司提供担保，A 公司实际税负为 25%，高于该化工企业，超过规定的利息 11.77 万可以扣除。

②不可扣除的利息支出中分配给佳美控股 = 107×0.28 = 29.96(万元)。

招商银行贷款由境内佳美控股企业提供担保，佳美控股实际税负为 15%，低于该化工企业，超过规定的利息 29.96 万不允许扣除。

③不可扣除的利息支出中分配给花瑛公司 = 107×0.23 = 24.61(万元)。

向境内关联企业花瑛公司贷款，花瑛公司实际税负为 18%，低于该化工企业，超过部分利息支出 24.61 万不允许税前扣除。

④不可扣除的利息支出中分配给韩国宏图株式会社 = 107 - 11.77 - 29.96 - 24.61 = 40.66(万元)。

韩国和我国税收协定约定利息预提所得税税负为 7%，低于我国一般的预提所得税税率 10%，超过标准比例的 40.66 万不允许在企业所得税前扣除。

第四节　特别纳税调整管理

一、关联业务的披露

《企业所得税法》规定，企业向税务机关报送年度企业所得税纳税申报表时，应当就其与关联方之间的业务往来，附送年度关联业务往来报告表。税务机关在进行关联业务调查时，企业及其关联方，以及与关联业务调查有关的其他企业，应当按照规定提供相关资料。

企业不提供与其关联方之间业务往来资料，或者提供虚假、不完整资料，未能真实反映其关联业务往来情况的，税务机关有权依法核定其应纳税所得额。

拓展阅读　　税法和会计关于关联交易披露的比较

《企业会计准则第 36 号——关联方披露(2006)》(财会〔2006〕3 号)第二条规定，企业财务报表中应当披露所有关联方关系及其交易的相关信息。对外提供合并财务报表的，对于已经包括在合并范围内各企业之间的交易不予披露，但应当披露与合并范围外各关联方的关系及其交易。

上述规定主要是便于报表使用者正确理解和分析，判断关联交易是否影响其公允性和独立性交易原则。

经过和《企业所得税法》中关联交易进行披露的比较来看，会计和税法均从不同角度对披露进行规范，没有实质的区别。

二、特别纳税调整及相互协商程序管理办法

(1)企业为境外关联方从事来料加工或者进料加工等单一生产业务，或者从事分销、合约研发业务，原则上应当保持合理的利润水平。

上述企业如出现亏损，无论是否达到《国家税务总局关于完善关联申报和同期资料管理有关事项的公告》(国家税务总局公告2016年第42号)中的同期资料准备标准，均应当就亏损年度准备同期资料本地文档。税务机关应当重点审核上述企业的本地文档，加强监控管理。

上述企业承担由于决策失误、开工不足、产品滞销、研发失败等原因造成的应当由关联方承担的风险和损失的，税务机关可以实施特别纳税调整。

(2)税务机关对关联交易进行调查分析时，应当确定企业所获得的收益与其执行的功能或者承担的风险是否匹配。

企业与其关联方之间隐匿关联交易直接或者间接导致国家总体税收收入减少的，税务机关可以通过还原隐匿交易实施特别纳税调整。

企业与其关联方之间抵消关联交易直接或者间接导致国家总体税收收入减少的，税务机关可以通过还原抵消交易实施特别纳税调整。

(3)判定企业及其关联方对无形资产价值的贡献程度及相应的收益分配时，应当全面分析企业所属企业集团的全球营运流程，充分考虑各方在无形资产开发、价值提升、维护、保护、应用和推广中的价值贡献，无形资产价值的实现方式，无形资产与集团内其他业务的功能、风险和资产的相互作用。

企业仅拥有无形资产所有权而未对无形资产价值做出贡献的，不应当参与无形资产收益分配。无形资产形成和使用过程中，仅提供资金而未实际执行相关功能和承担相应风险的，应当仅获得合理的资金成本回报。

(4)企业与其关联方转让或者受让无形资产使用权而收取或者支付的特许权使用费，应当根据下列情形适时调整，未适时调整的，税务机关可以实施特别纳税调整。

1)无形资产价值发生根本性变化。

2)按照营业常规，非关联方之间的可比交易应当存在特许权使用费调整机制。

3)无形资产使用过程中，企业及其关联方执行的功能、承担的风险或者使用的资产发生变化。

4)企业及其关联方对无形资产进行后续开发、价值提升、维护、保护、应用和推广做出贡献而未得到合理补偿。

(5)企业与其关联方转让或者受让无形资产使用权而收取或者支付的特许权使用费,应当与无形资产为企业或者其关联方带来的经济利益相匹配。与经济利益不匹配而减少企业或者其关联方应纳税收入或者所得额的,税务机关可以实施特别纳税调整。未带来经济利益,且不符合独立交易原则的,税务机关可以按照已税前扣除的金额全额实施特别纳税调整。

企业向仅拥有无形资产所有权而未对其价值创造做出贡献的关联方支付特许权使用费,不符合独立交易原则的,税务机关可以按照已税前扣除的金额全额实施特别纳税调整。

(6)企业以融资上市为主要目的在境外成立控股公司或者融资公司,仅因融资上市活动所产生的附带利益向境外关联方支付特许权使用费,不符合独立交易原则的,税务机关可以按照已税前扣除的金额全额实施特别纳税调整。

(7)企业与其关联方发生劳务交易支付或者收取价款不符合独立交易原则而减少企业或者其关联方应纳税收入或者所得额的,税务机关可以实施特别纳税调整。

符合独立交易原则的关联劳务交易应当是受益性劳务交易,并且按照非关联方在相同或者类似情形下的营业常规和公平成交价格进行定价。受益性劳务是指能够为劳务接受方带来直接或者间接经济利益,且非关联方在相同或者类似情形下,愿意购买或者愿意自行实施的劳务活动。

(8)企业向其关联方支付非受益性劳务的价款,税务机关可以按照已税前扣除的金额全额实施特别纳税调整。非受益性劳务主要包括以下情形:

1)劳务接受方从其关联方接受的,已经购买或者自行实施的劳务活动。

2)劳务接受方从其关联方接受的,为保障劳务接受方的直接或者间接投资方的投资利益而实施的控制、管理和监督等劳务活动。该劳务活动主要包括:

①董事会活动、股东会活动、监事会活动和发行股票等服务于股东的活动。

②与劳务接受方的直接或者间接投资方、集团总部和区域总部的经营报告或者财务报告编制及分析有关的活动。

③与劳务接受方的直接或者间接投资方、集团总部和区域总部的经营及资本运作有关的筹资活动。

④为集团决策、监管、控制、遵从需要所实施的财务、税务、人事、法务等活动。

⑤其他类似情形。

3)劳务接受方从其关联方接受的,并非针对其具体实施的,只是因附属于企业集团而获得额外收益的劳务活动。该劳务活动主要包括:

①为劳务接受方带来资源整合效应和规模效应的法律形式改变、债务重组、股权收购、资产收购、合并、分立等集团重组活动。

②由于企业集团信用评级提高,为劳务接受方带来融资成本下降等利益的相关活动。

③其他类似情形。

4)劳务接受方从其关联方接受的，已经在其他关联交易中给予补偿的劳务活动。该劳务活动主要包括：

①从特许权使用费支付中给予补偿的与专利权或者非专利技术相关的服务。

②从贷款利息支付中给予补偿的与贷款相关的服务。

③其他类似情形。

5)与劳务接受方执行的功能和承担的风险无关，或者不符合劳务接受方经营需要的关联劳务活动。

6)其他不能为劳务接受方带来直接或者间接经济利益，或者非关联方不愿意购买或者不愿意自行实施的关联劳务活动。

(9)企业接受或者提供的受益性劳务应当充分考虑劳务的具体内容和特性，劳务提供方的功能、风险、成本和费用，劳务接受方的受益情况、市场环境，交易双方的财务状况，以及可比交易的定价情况等因素，按照本办法的有关规定选择合理的转让定价方法，并遵循以下原则。

1)关联劳务能够分别按照各劳务接受方、劳务项目为核算单位归集相关劳务成本费用的，应当以劳务接受方、劳务项目合理的成本费用为基础，确定交易价格；

2)关联劳务不能分别按照各劳务接受方、劳务项目为核算单位归集相关劳务成本费用的，应当采用合理标准和比例向各劳务接受方分配，并以分配的成本费用为基础，确定交易价格。分配标准应当根据劳务性质合理确定，可以根据实际情况采用营业收入、营运资产、人员数量、人员工资、设备使用量、数据流量、工作时间以及其他合理指标，分配结果应当与劳务接受方的受益程度相匹配。非受益性劳务的相关成本费用支出不得计入分配基数。

(10)企业向未执行功能、承担风险，无实质性经营活动的境外关联方支付费用，不符合独立交易原则的，税务机关可以按照已税前扣除的金额全额实施特别纳税调整。

(11)实际税负相同的境内关联方之间的交易，只要该交易没有直接或者间接导致国家总体税收收入的减少，原则上不作特别纳税调整。

三、实施特别纳税调整调查的程序

(一)未发现问题

经调查，税务机关未发现企业存在特别纳税调整问题的，应当做出特别纳税调查结论，并向企业送达《特别纳税调查结论通知书》。

(二)发现问题

经调查，税务机关发现企业存在特别纳税调整问题的，应当按照以下程序实施调整。

(1)在测算、论证、可比性分析的基础上,拟定特别纳税调查调整方案。

(2)根据拟定调整方案与企业协商谈判,双方均应当指定主谈人,调查人员应当做好《协商内容记录》,并由双方主谈人签字确认。企业拒签的,税务机关调查人员(两名以上)应当注明。企业拒绝协商谈判的,税务机关向企业送达《特别纳税调查初步调整通知书》。

(3)协商谈判过程中,企业对拟定调整方案有异议的,应当在税务机关规定的期限内进一步提供相关资料。税务机关收到资料后,应当认真审议,并做出审议结论。根据审议结论,需要进行特别纳税调整的,税务机关应当形成初步调整方案,向企业送达《特别纳税调查初步调整通知书》。

(4)企业收到《特别纳税调查初步调整通知书》后有异议的,应当自收到通知书之日起7日内书面提出。税务机关收到企业意见后,应当再次协商、审议。根据审议结论,需要进行特别纳税调整,并形成最终调整方案的,税务机关应当向企业送达《特别纳税调查调整通知书》。

(5)企业收到《特别纳税调查初步调整通知书》后,在规定期限内未提出异议的,或者提出异议后又拒绝协商的,或者虽提出异议但经税务机关审议后不予采纳的,税务机关应当以初步调整方案作为最终调整方案,向企业送达《特别纳税调查调整通知书》。

四、特别纳税调整的复议和诉讼

企业收到《特别纳税调查调整通知书》后有异议的,可以在依照《特别纳税调查调整通知书》缴纳或者解缴税款、利息、滞纳金或者提供相应的担保后,依法申请行政复议。

对行政复议决定不服的,可以依法向人民法院提起行政诉讼。

五、特别纳税调整的追诉时效

《中华人民共和国税收征收管理法》第三十六条规定:"企业或者外国企业在中国境内设立的从事生产、经营的机构、场所与其关联企业之间的业务往来,应当按照独立企业之间的业务往来收取或者支付价款、费用;不按照独立企业之间的业务往来收取或者支付价款、费用,而减少其应纳税的收入或者所得额的,税务机关有权进行合理调整。"

《中华人民共和国企业所得税法》(中华人民共和国主席令第63号)第四十一条第一款规定:"企业与其关联方之间的业务往来,不符合独立交易原则而减少企业或者其关联方应纳税收入或者所得额的,税务机关有权按照合理方法调整。"

《中华人民共和国税收征收管理法实施细则》第五十六条指出:"纳税人与其关联企

业未按照独立企业之间的业务往来支付价款、费用的，税务机关自该业务往来发生的纳税年度起 3 年内进行调整；有特殊情况的，可以自该业务往来发生的纳税年度起 10 年内进行调整。"

所称"特殊情况"是指纳税人有下列情形之一。

（1）纳税人在以前年度与其关联企业间的业务往来累计达到或超过 10 万元人民币的。

（2）经税务机关案头审计分析，纳税人在以前年度与其关联企业间的业务往来，预计需调增其应纳税收入或所得额达到或超过 50 万元人民币的。

（3）纳税人在以前年度与设在避税地的关联企业有业务往来的。

（4）纳税人在以前年度未按规定进行关联企业间业务往来年度申报，或者经税务机关审查核实，关联企业间业务往来年度申报内容不实，以及不履行提供有关价格、费用标准等资料义务的。

《中华人民共和国企业所得税法实施条例》第一百二十三条特别指出："企业与其关联方之间的业务往来，不符合独立交易原则，或者企业实施其他不具有合理商业目的安排的，税务机关有权在该业务发生的纳税年度起 10 年内，进行纳税调整。"

六、特别纳税调整的法律责任

税务机关对企业实施特别纳税调整的，应当根据《企业所得税法》及其实施条例的有关规定对 2008 年 1 月 1 日以后发生交易补征的企业所得税按日加收利息。

特别纳税调查调整补缴的税款，应当按照应补缴税款所属年度的先后顺序确定补缴税款的所属年度，以入库日为截止日，分别计算应加收的利息额。

（1）企业在《特别纳税调查调整通知书》送达前缴纳或者送达后补缴税款的，应当自税款所属纳税年度的次年 6 月 1 日起至缴纳或者补缴税款之日止计算加收利息。企业超过《特别纳税调查调整通知书》补缴税款期限仍未缴纳税款的，应当自补缴税款期限届满次日起按照税收征管法及其实施细则的有关规定加收滞纳金，在加收滞纳金期间不再加收利息。

（2）利息率按照税款所属纳税年度 12 月 31 日公布的与补税期间同期的中国人民银行人民币贷款基准利率（以下简称基准利率）加 5 个百分点计算，并按照一年 365 天折算日利息率。

（3）企业按照有关规定提供同期资料及有关资料的，或者按照有关规定不需要准备同期资料但根据税务机关要求提供其他相关资料的，可以只按照基准利率加收利息。

经税务机关调查，企业实际关联交易额达到准备同期资料标准，但未按照规定向税务机关提供同期资料的，税务机关补征税款加收利息，适用（2）的规定。

企业自行调整补税且主动提供同期资料等有关资料，或者按照有关规定不需要准备同期资料但根据税务机关要求提供其他相关资料的,其2008年1月1日以后发生交易的自行调整补税按照基准利率加收利息。

拓展阅读　　税务机关加收利息的扣除

根据《中华人民共和国企业所得税法实施条例》(国务院令第512号)一百二十一条规定:"税务机关根据税收法律、行政法规的规定,对企业作出特别纳税调整的,应当对补征的税款,自税款所属纳税年度的次年6月1日起至补缴税款之日止的期间,按日加收利息。前款规定加收的利息,不得在计算应纳税所得额时扣除。"

经典案例

1. 税务机关对企业实施特别纳税调整,涉及企业向境外关联方支付利息、租金、特许权使用费等已扣缴的税款,是否可做相应调整?

【参考解答】根据《国家税务总局关于发布〈特别纳税调查调整及相互协商程序管理办法〉的公告》(国家税务总局公告2017年第6号)规定:"第四十二条　税务机关对企业实施特别纳税调整,涉及企业向境外关联方支付利息、租金、特许权使用费的,除另有规定外,不调整已扣缴的税款。"

2. 20×4年11月,河南省郑州市税务局查处当地郑州某商业贸易公司因与其关联方交易违背独立交易原则,而对其进行纳税特别调整,共补缴税款50万元。经查发现,该交易是郑州某商业贸易公司20×2年3月发生的向其关联企业低价销售材料,严重违背独立交易原则。假设20×2年12月31日中国人民银行规定的1年和1年半期的人民币贷款基准利率分别为5%、6%,经税务局督促,该公司于20×4年12月1日上缴了应补缴的税款。请问郑州商业贸易公司的加收利息是多少?

【参考解答】《中华人民共和国企业所得税法实施条例》第一百二十一条规定,税务机关根据税收法律、行政法规的规定,对企业做出特别纳税调整的,应当对补征的税款,自税款所属纳税年度的次年6月1日起至补缴税款之日止的期间,按日加收利息。

《中华人民共和国企业所得税法实施条例》第一百二十二条规定,企业所得税法第四十八条所称利息,应当按照税款所属纳税年度中国人民银行公布的与补税期间同期的人民币贷款基准利率加5个百分点计算。

郑州某商业贸易公司应补缴的500000元税款,属于20×2年度的税款,因此,计算利息的期限为从20×3年6月1日到20×4年12月1日,共18个月时间,于是郑州某商业贸易公司加收的利息:500000×(6%+5%)=55000(元)。

本章小结

本章主要介绍我国的反避税政策，围绕特别纳税调整管理、转让定价调整和调查、同期资料管理、资本弱化管理、预约定价安排等展开。通过拓展阅读、经典案例等方式，让大家加深对特别调整的掌握和理解。

随着我国税收征管力度的加强，偷税、逃税风险加大，企业通过税收筹划进行节税是一种趋势和现实需要。学习我国反避税管理的规定，能提前预估避税的潜在风险，争取更大的主动性，加强税企沟通，为企业进行税收规划提供有效帮助。

第九章　企业所得税年度申报表的填写

企业所得税汇算清缴的一个有效实施环节就是企业所得税年度申报表的填写。完成企业所得税纳税申报表的填写和申报，补交税款，才是汇算清缴的最终完成。

《中华人民共和国企业所得税年度纳税申报表（A类，2014年版）》自2014年发布以来，其"组合型、多级式"的表单架构基本满足了不同行业纳税人和重点征管事项的填报要求。但是，随着企业所得税政策不断完善，税务系统"放管服"改革不断深化，税收信息化建设不断取得新突破，纳税申报表所承载的职能越来越多，作用也越来越重要。例如，为确保税收政策落地见效提供有力支持，为构建现代化纳税信用体系提供重要保证，为税务机关实施风险管理提供信息来源等等，《年度纳税申报表（A类，2014年版）》已不能满足纳税申报需要。因此，为全面落实企业所得税相关政策，进一步优化税收环境，减轻纳税人办税负担，对企业所得税年度纳税申报表进行了优化、简化，国家税务总局发布了《中华人民共和国企业所得税年度纳税申报表（A类，2017年版）》（国家税务总局公告2017年第54号）。2018年以来，财税部门相继发布了促进实体经济发展、支持"大众创业、万众创新"等方面的企业所得税政策，国家税务总局发布了2018年第57号关于修订《中华人民共和国企业所得税年度纳税申报表（A类，2017年版）》部分表单样式及填报说明的公告，对《企业所得税年度纳税申报表（A类，2017年版）》进行部分修订。《公告》适用于2018年度及以后年度企业所得税汇算清缴纳税申报。以前年度企业所得税年度纳税申报表相关规则公告不一致的，不追溯调整。纳税人调整以前年度涉税事项的，应按相应年度的企业所得税年度纳税申报表相关规则调整。

第一节 企业所得税纳税申报表概述

一、修订报表遵循三个原则

《年度纳税申报表（A类，2017年版）》在保持《年度纳税申报表（A类，2014年版）》整体架构相对稳定的基础上，通过集成表单填报内容、优化逻辑校验关系、加大风险预警提示、全面增强政策执行确定性，在保证税收安全和征管有序的前提下，遵循"精简表单、优化结构、方便填报"原则，最大限度为纳税人减轻填报负担、减少涉税风险。具体遵循以下原则。

一是以贯彻落实国家的一系列重大决策部署为核心，确保各项所得税政策得到有效贯彻与执行。

二是以精准填报为目标、以智能填报为保障，确保所得税申报数据质量得到显著提升。

三是以征纳互信为基础，立足表单和数据项的能用、易用和够用，确保税收征管效能得到持续提升。

二、新版申报表四大特点

（1）修改调整面虽广，但是申报表体系没有实质性调整。

主表未做大改动，所得税的整体计算思路没有改变；新版申报表仍然是主表、一级附表、二级附表和三级附表的四层架构体系。

（2）紧随新政策实施，让新政策"有表可放"。配合2014年以来，甚至是2017年新出台政策的业务填报，更新及时。

（3）结构性调整充分体现了"放管服"理念，既减轻了纳税人填报申报表的工作量，又细化部分项目内容，加强了对重点业务的税收管理。

（4）修订和完善旧版个别表式的不合理之处，申报表的逻辑更加清晰严密。

拓展阅读 《年度纳税申报表（A类，2017年版）》的作用

年度申报表除了正常企业所得税税款计算、纳税申报功能外，还有以下几大功能。

（一）税会差异调整功能

现行所得税申报表采用间接法，即企业利润加减纳税调整体系进行所得税汇算清缴。

首先按会计核算的思路填报计算会计利润总额；第二步通过纳税调整和所得额减免、抵扣和弥补以前年度亏损，计算出税法意义上的应纳税所得额；最后计算出应纳税额。

这其中有基于税收政策和会计政策的差异调整，也包括基于税收优惠的差异调整。新修订的年度申报表共37张，其中为税会差异调整设置了13张表，为税收优惠调整设置了9张表。

（二）税收优惠备案功能

年度申报表中设置了相关栏次反映企业享受某项税收优惠的情况，比如，新申报表对小微企业、固定资产加速折旧等优惠事项，继续实行"以表代备"，企业只要填写年度申报表相关栏次，就完成了备案手续，大大减轻了企业的办税负担。

（三）台账功能

企业所得税有许多跨年度结转的事项，如弥补亏损、广告费和业务宣传费、职工教育经费等。所得税年度申报表实际上就是一本数据翔实的台账，今年发生了多少、扣除了多少，结转以后年度多少，都有相关的栏次予以体现，进行源头控制。新版所得税年度申报表还根据税法关于捐赠支出的最新规定，增加了公益性捐赠分年扣除的相关栏次。税务部门的金税三期系统对这些跨年度事项的台账管理和数据校验也是直接取自历年的申报表。

（四）信息申报和采集功能

设计周密、内容翔实的所得税年度申报表，是企业基本信息和一年生产经营及纳税情况的白皮书，体现了"让数据多跑路、让纳税人少跑路"的理念。通过企业每年所得税申报表的填写申报，税务机关采集了大量的信息，为今后开展后续管理、纳税评估、风险应对等工作提供数据和支持，不需要纳税人每次都报情况、报说明。

（五）政策确定功能

企业所得税文件多、政策复杂，而年度申报表是所有涉及汇算清缴政策的细化和体现，每一个栏次都有对应的政策依据。还有一些政策通过申报表栏次设置、填表说明的解释等，使政策的口径更加明确。如弥补以前年度亏损和抵扣应纳税所得额的先后顺序问题，如企业为获得创新性、创意性、突破性的产品进行创意设计活动而发生的相关费用加计扣除等政策，通过这次申报表的修订，明确了口径，消除了理解上的分歧。

总之，汇算清缴是企业对过去一年涉税事项的盘点、梳理和总结的过程，纳税人应重视年度申报表的填报工作，以汇算清缴为契机开展全面自查，填对填准每一张表，把税收风险控制在汇算清缴申报之前。

经典案例

新旧企业所得税年度纳税申报表的变化有哪些？

【参考解答】和2014版申报表相比，2017版申报表有了较大幅度的变化，新版申报表删除了四张三级附表，分别为《固定资产加速折旧、扣除明细表》（A105081）、《资产损失（专项申报）税前扣除及纳税调整明细表》（A105091）、《综合利用资源生产产品取得的收入优惠明细表》（A107012）和《金融、保险等机构取得的涉农利息、保费收入优惠明细表》(A107013),同时,把相关需要填报的内容归入到上一级的二级附表,申报表数量从原41张降到了37张。

修订后的《年度纳税申报表(A类,2017年版)》由37张表单组成,其中必填表2张,选填表35张,较《年度纳税申报表(A类,2014年版)》减少4张表单,体系结构更加紧密,栏次设置更加合理,逻辑关系更加清晰。具体结构如下。

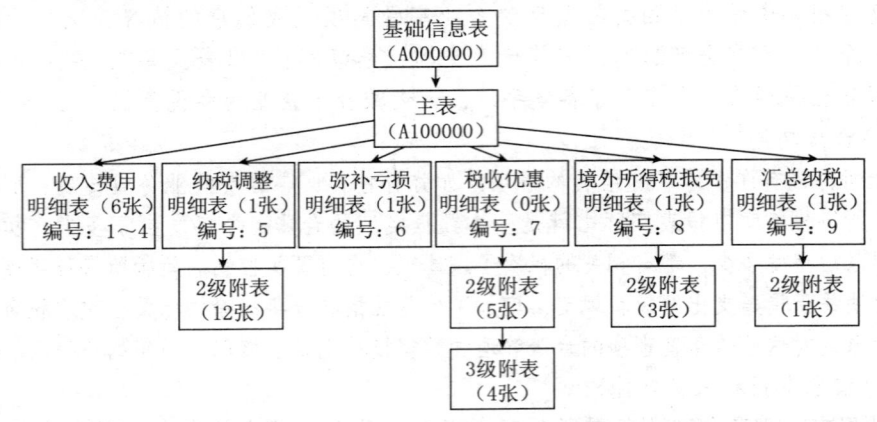

```
                    基础信息表
                    (A000000)
                        │
                      主表
                    (A100000)
    ┌──────┬──────┬──────┼──────┬──────┬──────┐
  收入费用  纳税调整  弥补亏损  税收优惠  境外所得税抵免  汇总纳税
  明细表(6张) 明细表(1张) 明细表(1张) 明细表(0张) 明细表(1张) 明细表(1张)
  编号:1~4  编号:5   编号:6   编号:7   编号:8    编号:9
             │              │        │         │
           2级附表          2级附表   2级附表    2级附表
           (12张)           (5张)    (3张)     (1张)
                            │
                          3级附表
                          (4张)
```

(1)从填报内容看,全套申报表由反映纳税人整体情况(2张)以及反映会计核算(6张)、纳税调整(13张)、弥补亏损(1张)、税收优惠(9张)、境外税收(4张)、汇总纳税(2张)等明细情况的"1+6"表单体系组成。

(2)从表单结构看,全套申报表分为基础信息表(1张)、主表(1张)、一级明细表(6张)、二级明细表(25张)和三级明细表(4张),表单数据逐级汇总,环环相扣。

(3)从使用频率看,绝大部分纳税人实际填报表单的数量在8张~10张左右。《企业基础信息表》《中华人民共和国企业所得税年度纳税申报表(A类)》《一般企业收入明细表》《一般企业成本支出明细表》《期间费用明细表》《纳税调整项目明细表》《职工薪酬支出及纳税调整明细表》《减免所得税优惠明细表》等,为常用表单。除此之外,纳税人应当根据行业类型、业务发生情况正确选择适合本企业的表单。

第二节 企业所得税纳税申报表的填写方法

一、企业所得税年度纳税申报表的封面及填报表单

(一)《中华人民共和国企业所得税年度纳税申报表(A类,2017年版)》封面

《中华人民共和国企业所得税年度纳税申报表(A类,2017年版)》(以下简称申报表)适用于实行查账征收企业所得税的居民企业纳税人(以下简称纳税人)填报。

按照《国务院办公厅关于加快推进"五证合一、一照一码"登记制度改革的通知》(国办发〔2016〕53号)等文件规定,《中华人民共和国企业所得税年度纳税申报表(A类,2017年版)》封面,将原"纳税人识别号"修改为"纳税人统一社会信用代码(纳税人识别号)"。

1. 具体格式

依据国家税务总局2018年第57号关于修订《中华人民共和国企业所得税年度纳税申报表(A类,2017年版)》部分表单样式及填报说明的公告,将《中华人民共和国企业所得税年度纳税申报表(A类,2017年版)》封面中的"纳税人统一社会信用代码(纳税人识别号)"修订为"纳税人识别号(统一社会信用代码)",删除"法定代表人(签章)"等项目,与其他税种申报表保持一致(如表9-1所示)。

表9-1 中华人民共和国企业所得税年度纳税申报表

(A类,2017年版)

税款所属期间: 年 月 日至 年 月 日

纳税人识别号(统一社会信用代码):□□□□□□□□□□□□□□□□□□

纳税人名称:

金额单位:人民币元(列至角分)

谨声明:本纳税申报表是根据国家税收法律法规及相关规定填报的,是真实的、可靠的、完整的。

纳税人(签章):
年 月 日

经办人:	受理人:
经办人身份证号:	受理税务机关(章):
代理机构签章:	受理日期: 年 月 日

国家税务总局监制

2. 有关项目填报说明

(1)"税款所属期间":正常经营的纳税人,填报公历当年1月1日至12月31日;纳税人年度中间开业的,填报实际生产经营之日至当年12月31日;纳税人年度中间发生合并、分立、破产、停业等情况的,填报公历当年1月1日至实际停业或法院裁定并宣告破产之日;纳税人年度中间开业且年度中间又发生合并、分立、破产、停业等情况的,填报实际生产经营之日至实际停业或法院裁定并宣告破产之日。

(2)"纳税人识别号(统一社会信用代码)":填报有关部门核发的统一社会信用代码。未取得统一社会信用代码的,填报税务机关核发的纳税人识别号。

(3)"纳税人名称":填报营业执照、税务登记证等证件载明的纳税人名称。

(4)"填报日期":填报纳税人申报当日日期。

(5)纳税人聘请机构代理申报的,加盖代理机构公章。

(二)企业所得税年度纳税申报表填报表单

本表属于纳税申报表的辅助表单,并非正式表单,主要用于列示纳税申报表全部表单的名称、编号等信息,便于纳税人根据自身经营情况,快捷、高效、合理正确选择所要填报的表单。

《年度纳税申报表(A类,2017年版)》的申报表单较2014版进行了相应调整。取消4张三级明细表,调整了表单编号,调整了表单名称及填报要求。

依据国家税务总局2018年第57号关于修订《中华人民共和国企业所得税年度纳税申报表(A类,2017年版)》部分表单样式及填报说明的公告,将《企业所得税年度纳税申报表填报表单》的选择方式进行优化,将原"选择填报情况"修订为"是否填报",删除原"不填报"列;根据各表单名称调整情况对"表单名称"项目进行了相应调整。

1. 修订后的《企业所得税年度纳税申报表填报表单》格式(如表9-2所示)

表9-2 企业所得税年度纳税申报表填报表单

表单编号	表单名称	是否填报
A000000	企业所得税年度纳税申报基础信息表	√
A100000	中华人民共和国企业所得税年度纳税申报表(A类)	√
A101010	一般企业收入明细表	□
A101020	金融企业收入明细表	□
A102010	一般企业成本支出明细表	□
A102020	金融企业支出明细表	□
A103000	事业单位、民间非营利组织收入、支出明细表	□
A104000	期间费用明细表	□
A105000	纳税调整项目明细表	□
A105010	视同销售和房地产开发企业特定业务纳税调整明细表	□
A105020	未按权责发生制确认收入纳税调整明细表	□
A105030	投资收益纳税调整明细表	□
A105040	专项用途财政性资金纳税调整明细表	□
A105050	职工薪酬支出及纳税调整明细表	□
A105060	广告费和业务宣传费跨年度纳税调整明细表	□
A105070	捐赠支出及纳税调整明细表	□
A105080	资产折旧、摊销及纳税调整明细表	□

续表

表单编号	表单名称	是否填报
A105090	资产损失税前扣除及纳税调整明细表	☐
A105100	企业重组及递延纳税事项纳税调整明细表	☐
A105110	政策性搬迁纳税调整明细表	☐
A105120	特殊行业准备金及纳税调整明细表	☐
A106000	企业所得税弥补亏损明细表	☐
A107010	免税、减计收入及加计扣除优惠明细表	☐
A107011	符合条件的居民企业之间的股息、红利等权益性投资收益优惠明细表	☐
A107012	研发费用加计扣除优惠明细表	☐
A107020	所得减免优惠明细表	☐
A107030	抵扣应纳税所得额明细表	☐
A107040	减免所得税优惠明细表	☐
A107041	高新技术企业优惠情况及明细表	☐
A107042	软件、集成电路企业优惠情况及明细表	☐
A107050	税额抵免优惠明细表	☐
A108000	境外所得税收抵免明细表	☐
A108010	境外所得纳税调整后所得明细表	☐
A108020	境外分支机构弥补亏损明细表	☐
A108030	跨年度结转抵免境外所得税明细表	☐
A109000	跨地区经营汇总纳税企业年度分摊企业所得税明细表	☐
A109010	企业所得税汇总纳税分支机构所得税分配表	☐

说明：企业应当根据实际情况选择需要填报的表单。

2.《企业所得税年度纳税申报表填报表单》填报说明

本表列示申报表全部表单名称及编号。纳税人在填报申报表之前，请仔细阅读这些表单的填报信息，并根据企业的涉税业务，选择"是否填报"。选择"填报"的，在"☐"内打"√"，并完成该表单内容的填报。未选择"填报"的表单，无需向税务机关报送。各表单有关情况如下。

(1)《企业所得税年度纳税申报基础信息表》(A000000)。

本表为必填表，填报内容包括基本经营情况、有关涉税事项情况、主要股东及分红情况三部分。纳税人填报申报表时，首先填报此表，为后续申报提供指引。

(2)《中华人民共和国企业所得税年度纳税申报表(A类)》(A100000)。

本表为必填表，是纳税人计算申报缴纳企业所得税的主表。

(3)《一般企业收入明细表》(A101010)。

本表适用于除金融企业、事业单位和民间非营利组织外的纳税人填报，反映一般企业按照国家统一会计制度规定取得收入情况。

(4)《金融企业收入明细表》(A101020)。

本表仅适用于金融企业(包括银行、信用社、保险公司、证券公司等金融企业)填报,反映金融企业按照企业会计准则规定取得收入情况。

(5)《一般企业成本支出明细表》(A102010)。

本表适用于除金融企业、事业单位和民间非营利组织外的纳税人填报,反映一般企业按照国家统一会计制度规定发生成本支出情况。

(6)《金融企业支出明细表》(A102020)。

本表仅适用于金融企业(包括银行、信用社、保险公司、证券公司等金融企业)填报,反映金融企业按照企业会计准则规定发生支出情况。

(7)《事业单位、民间非营利组织收入、支出明细表》(A103000)。

本表适用于事业单位和民间非营利组织填报,反映事业单位、社会团体、民办非企业单位、非营利组织等按照有关会计制度规定取得收入,发生支出、费用情况。

(8)《期间费用明细表》(A104000)。

本表适用于除事业单位和民间非营利组织外的纳税人填报,反映纳税人根据国家统一会计制度发生的期间费用明细情况。

(9)《纳税调整项目明细表》(A105000)。

本表反映纳税人财务、会计处理办法(以下简称"会计处理")与税收法律、行政法规的规定(以下简称"税收规定")不一致,需要进行纳税调整的项目和金额情况。

(10)《视同销售和房地产开发企业特定业务纳税调整明细表》(A105010)。

本表反映纳税人发生视同销售行为、房地产开发企业销售未完工产品、未完工产品转完工产品,会计处理与税收规定不一致,需要进行纳税调整的项目和金额情况。

(11)《未按权责发生制确认收入纳税调整明细表》(A105020)。

本表反映纳税人会计处理按照权责发生制确认收入,而税收规定不按照权责发生制确认收入,需要进行纳税调整的项目和金额情况。

(12)《投资收益纳税调整明细表》(A105030)。

本表反映纳税人发生投资收益,由于会计处理与税收规定不一致,需要进行纳税调整的项目和金额情况。

(13)《专项用途财政性资金纳税调整明细表》(A105040)。

本表反映纳税人取得符合不征税收入条件的专项用途财政性资金,由于会计处理与税收规定不一致,需要进行纳税调整的金额情况。

(14)《职工薪酬支出及纳税调整明细表》(A105050)。

本表反映纳税人发生的职工薪酬(包括工资薪金、职工福利费、职工教育经费、工会经费、各类基本社会保障性缴款、住房公积金、补充养老保险、补充医疗保险等支出)情况,以及由于会计处理与税收规定不一致,需要进行纳税调整的项目和金额情况。纳税人只要发生职工薪酬支出，均需填报本表。

(15)《广告费和业务宣传费跨年度纳税调整明细表》(A105060)。

本表反映纳税人发生的广告费和业务宣传费支出，会计处理与税收规定不一致，需要进行纳税调整的金额情况。纳税人发生以前年度广告费和业务宣传费未扣除完毕的，应填报以前年度累计结转情况。

(16)《捐赠支出及纳税调整明细表》(A105070)。

本表反映纳税人发生捐赠支出的情况，以及由于会计处理与税收规定不一致，需要进行纳税调整的项目和金额情况。纳税人发生以前年度捐赠支出未扣除完毕的，应填报以前年度累计结转情况。

(17)《资产折旧、摊销及纳税调整明细表》(A105080)。

本表反映纳税人资产折旧、摊销情况，以及由于会计处理与税收规定不一致，需要进行纳税调整的项目和金额情况。纳税人只要发生资产折旧、摊销，均需填报本表。

(18)《资产损失税前扣除及纳税调整明细表》(A105090)。

本表反映纳税人发生的资产损失的项目及金额情况，以及由于会计处理与税收规定不一致，需要进行纳税调整的项目和金额情况。

(19)《企业重组及递延纳税事项纳税调整明细表》(A105100)。

本表反映纳税人发生企业重组、非货币性资产对外投资、技术入股等业务所涉及的所得或损失情况，以及由于会计处理与税收规定不一致，需要进行纳税调整的项目和金额情况。

(20)《政策性搬迁纳税调整明细表》(A105110)。

本表反映纳税人发生政策性搬迁所涉及的所得或损失，由于会计处理与税收规定不一致，需要进行纳税调整的项目和金额情况。

(21)《特殊行业准备金及纳税调整明细表》(A105120)。

本表适用于保险、证券、期货、金融、担保、小额贷款公司等特殊行业纳税人填报，反映发生特殊行业准备金情况，以及由于会计处理与税收规定不一致，需要进行纳税调整的项目和金额情况。

(22)《企业所得税弥补亏损明细表》(A106000)。

本表反映纳税人以前年度发生的亏损需要在本年度结转弥补的金额，本年度可弥补的金额以及可继续结转以后年度弥补的亏损额情况。

(23)《免税、减计收入及加计扣除优惠明细表》(A107010)。

本表反映纳税人本年度所享受免税收入、减计收入、加计扣除等优惠政策的项目和金额情况。

(24)《符合条件的居民企业之间的股息、红利等权益性投资收益优惠明细表》(A107011)。

本表反映纳税人本年度享受居民企业之间的股息、红利等权益性投资收益免税优惠政策的项目和金额情况。

(25)《研发费用加计扣除优惠明细表》(A107012)。

本表反映纳税人享受研发费用加计扣除优惠政策情况。纳税人以前年度有销售研发活动直接形成产品(包括组成部分)对应材料部分未扣减完毕的,应填报以前年度未扣减情况。

(26)《所得减免优惠明细表》(A107020)。

本表反映纳税人本年度享受减免所得额优惠政策(包括农、林、牧、渔项目和国家重点扶持的公共基础设施项目、环境保护、节能节水项目、集成电路生产项目以及符合条件的技术转让项目等)项目和金额情况。

(27)《抵扣应纳税所得额明细表》(A107030)。

本表反映纳税人本年度享受创业投资企业抵扣应纳税所得额优惠政策的项目和金额情况。纳税人有以前年度结转的尚未抵扣的股权投资余额的,应填报以前年度累计结转情况。

(28)《减免所得税优惠明细表》(A107040)。

本表反映纳税人本年度享受减免所得税优惠政策(包括小型微利企业、高新技术企业、民族自治地方企业、其他专项优惠等)的项目和金额情况。

(29)《高新技术企业优惠情况及明细表》(A107041)。

本表反映高新技术企业基本情况和享受优惠政策的有关情况。高新技术企业资格证书在有效期内的纳税人需要填报本表。

(30)《软件、集成电路企业优惠情况及明细表》(A107042)。

本表反映纳税人本年度享受软件、集成电路企业优惠政策的有关情况。

(31)《税额抵免优惠明细表》(A107050)。

本表反映纳税人享受购买专用设备投资额抵免税额优惠政策的项目和金额情况。纳税人有以前年度结转的尚未抵免的专用设备投资额的,应填报以前年度已抵免情况。

(32)《境外所得税收抵免明细表》(A108000)。

本表反映纳税人本年度来源于或发生于其他国家、地区的境外所得,按照我国税收规定计算应缴纳和应抵免的企业所得税额情况。

(33)《境外所得纳税调整后所得明细表》(A108010)。

本表反映纳税人本年度来源于或发生于其他国家、地区的境外所得,按照我国税收规定计算调整后的所得情况。

(34)《境外分支机构弥补亏损明细表》(A108020)。

本表反映纳税人境外分支机构本年度及以前年度发生的税前尚未弥补的非实际亏损额和实际亏损额、结转以后年度弥补的非实际亏损额和实际亏损额情况。

(35)《跨年度结转抵免境外所得税明细表》(A108030)。

本表反映纳税人本年度来源于或发生于其他国家或地区的境外所得按照我国税收

规定可以抵免的所得税额情况。

(36)《跨地区经营汇总纳税企业年度分摊企业所得税明细表》(A109000)。

本表适用于跨地区经营汇总纳税企业的总机构填报，反映按照规定计算的总机构、分支机构本年度应缴的企业所得税情况，以及总机构、分支机构应分摊的企业所得税情况。

(37)《企业所得税汇总纳税分支机构所得税分配表》(A109010)。

本表适用于跨地区经营汇总纳税企业的总机构填报，反映总机构本年度实际应纳所得税额以及所属分支机构本年度应分摊的所得税额情况。

拓展阅读　小型微利企业所得税年度纳税申报填报简化了

2018年，为落实企业所得税有关政策，税务总局对《中华人民共和国企业所得税年度纳税申报表(A类，2017年版)》(以下简称《年度纳税申报表(A类，2017年版)》)进行了修订。为进一步优化营商环境，减轻小型微利企业纳税申报负担，根据《国家税务总局关于进一步深化税务系统"放管服"改革 优化税收环境的若干意见》(税总发〔2017〕101号)有关精神，国家税务总局发布了"关于简化小型微利企业所得税年度纳税申报有关措施的公告"(国家税务总局公告2018年第58号)，推出简化小型微利企业年度纳税申报措施。

(一)适用范围

《公告》适用于实行查账征收方式的小型微利企业。小型微利企业应符合《中华人民共和国企业所得税法》及其实施条例、《财政部 税务总局关于进一步扩大小型微利企业所得税优惠政策范围的通知》(财税〔2018〕77号)等文件规定的相关条件。即小型微利企业，是指从事国家非限制和禁止行业，并符合下列条件的企业。

(1)工业企业，年度应纳税所得额不超过100万元，从业人数不超过100人，资产总额不超过3000万元。

(2)其他企业，年度应纳税所得额不超过100万元，从业人数不超过80人，资产总额不超过1000万元。

上述政策规定如进行调整，按照最新政策规定执行。

(二)简化措施

(1)简化《企业所得税年度纳税申报基础信息表》(A000000)填报。小型微利企业原则上仅需要填报《企业所得税年度纳税申报基础信息表》(A000000)中的"基本经营情况"项目中的10个数据项；"有关涉税事项情况"项目中的数据项为选填内容，只有当小型微利企业发生这类事项时才需要填报；免于填报"主要股东及分红情况"项目中的数据项。

(2)免于填报《一般企业收入明细表》(A101010)等6张表单。《中华人民共和国企业所得税年度纳税申报表(A类)》(A100000)中的"营业收入""营业成本""税金及附加""销售费用""管理费用""财务费用""资产减值损失""公允价值变动收益""投资收益""营业外收入""营业外支出"项目,按照申报表体系的设计要求,应当通过填报《一般企业收入明细表》(A101010)、《金融企业收入明细表》(A101020)、《一般企业成本支出明细表》(A102010)、《金融企业支出明细表》(A102020)、《事业单位、民间非营利组织收入、支出明细表》(A103000)、《期间费用明细表》(A104000)等附表后汇总生成。为减轻小型微利企业填报负担,《公告》规定小型微利企业免于填报相关附表,可直接将相关项目金额填入《中华人民共和国企业所得税年度纳税申报表(A类)》(A100000)中的相应行次。

(3)明确其他表单填报规则。除《公告》第一条、第二条、第三条中规定的表单外,如未发生其他事项,小型微利企业无须填报其他表单。

由于《中华人民共和国企业所得税年度纳税申报表(A类)》(A100000)是企业所得税年度纳税申报的主表,企业所得税年度汇算清缴的结果主要是通过该表计算的,因此,小型微利企业仍需填报该表。

(三)实施时间

《公告》适用于小型微利企业2018年度及以后年度企业所得税汇算清缴纳税申报。以前年度企业所得税年度纳税申报表相关规则与本《公告》不一致的,不追溯调整。纳税人调整以前年度涉税事项的,按照相应年度的企业所得税年度纳税申报表相关规则调整。

二、企业基础信息表

《企业基础信息表》(A000000)为必填表。主要反映纳税人的基本信息,包括纳税人基本信息、重组事项、企业主要股东及分红情况等。基础信息表承担着全面采集企业所得税涉税信息、进行风险比对、为申报表主表及附表的填写提供指引等重大作用。

(一)《企业基础信息表》(A000000)的格式(如表9-3所示)

A000000 表9-3 企业所得税年度纳税申报基础信息表

基本经营情况(必填项目)				
101 纳税申报企业类型(填写代码)		102 分支机构就地纳税比例(%)		
103 资产总额(填写平均值,单位:万元)		104 从业人数(填写平均值,单位:人)		
105 所属国民经济行业(填写代码)		106 从事国家限制或禁止行业		□是□否
107 适用会计准则或会计制度(填写代码)		108 采用一般企业财务报表格式(2018年版)		□是□否
109 小型微利企业	□是□否	110 上市公司	是(□境内□境外)	□否
有关涉税事项情况(存在或者发生下列事项时必填)				
201 从事股权投资业务	□是	202 存在境外关联交易		□是
203 选择采用的境外所得抵免方式		□分国(地区)不分项 □不分国(地区)不分项		
204 有限合伙制创业投资企业的法人合伙人	□是	205 创业投资企业		□是
206 技术先进型服务企业类型(填写代码)		207 非营利组织		□是

续表

208 软件、集成电路企业类型(填写代码)			209 集成电路生产项目类型		□130 纳米 □65 纳米	
210 科技型中小企业	210-1 年(申报所属期年度)入库编号1			210-2 入库时间1		
	210-3 年(所属期下一年度)入库编号2			210-4 入库时间2		
211 高新技术企业申报所属期年度有效的高新技术企业证书	211-1 证书编号1			211-2 发证时间1		
	211-3 证书编号2			211-4 发证时间2		
212 重组事项税务处理方式	□一般性 □特殊性		213 重组交易类型(填写代码)			
214 重组当事方类型(填写代码)			215 政策性搬迁开始时间		年 月	
216 发生政策性搬迁且停止生产经营无所得年度	□是		217 政策性搬迁损失分期扣除年度		□是	
218 发生非货币性资产对外投资递延纳税事项	□是		219 非货币性资产对外投资转让所得递延纳税年度		□是	
220 发生技术成果投资入股递延纳税事项	□是		221 技术成果投资入股递延纳税年度		□是	
222 发生资产(股权)划转特殊性税务处理事项	□是		223 债务重组所得递延纳税年度		□是	
主要股东及分红情况(必填项目)						
股东名称	证件种类	证件号码	投资比例(%)	当年(决议日)分配的股息、红利等权益性投资收益金额		国籍(注册地址)
其余股东合计	——					——

拓展阅读　2018 年修订的 2017 版《企业基础信息表》主要变化

依据国家税务总局 2018 年第 57 号关于修订《中华人民共和国企业所得税年度纳税申报表（A 类，2017 年版）》部分表单样式及填报说明的公告，《企业所得税年度纳税申报基础信息表》（A000000）是本次大幅度修订的 4 个表单之一。

（1）集成基础信息，将原分布在附表中的基础信息整合到本表，方便纳税人填报；如将原《研发费用加计扣除优惠明细表》（A107012）、《高新技术企业优惠情况及明细表》（A107041）、《软件、集成电路企业优惠情况及明细表》（A107042）等的"基本信息"部分项目调整至《企业所得税年度纳税申报基础信息表》（A000000）中。

（2）优化填报方式，调整和补充填报项目，增强申报信息的完整性；如新增采集了境外所得抵免方式、创投企业、创投企业的法人合伙人、政策性搬迁相关信息等，为整套申报表的填写及后续管理提供了便利。

（3）修改表单名称，将原《企业基础信息表》名称调整为《企业所得税年度纳税申报基础信息表》，明确基础信息表的用途。

（二）A000000《企业所得税年度纳税申报基础信息表》填报说明

纳税人在企业所得税年度纳税申报时应当向税务机关申报或者报告与确定应纳税额相关的信息。本表包括基本经营情况、有关涉税事项情况、主要股东及分红情况三部分内容。有关项目填报说明如下。

1. 基本经营情况

本部分所列项目为纳税人必填（必选）内容。

（1）"101 纳税申报企业类型"：纳税人根据申报所属期年度的企业经营方式情况，从《跨地区经营企业类型代码表》中选择相应的代码填入本项（见表 9-4）。

表 9-4　跨地区经营企业类型代码表

代码	类型		
	大类	中类	小类
100	非跨地区经营企业		
210	跨地区经营企业总机构	总机构（跨省）——适用《跨地区经营汇总纳税企业所得税征收管理办法》	
220		总机构（跨省）——不适用《跨地区经营汇总纳税企业所得税征收管理办法》	
230		总机构（省内）	
311	跨地区经营企业分支机构	需进行完整年度纳税申报	分支机构（须进行完整年度申报并按比例纳税）
312			分支机构（须进行完整年度申报但不就地缴纳）

代码说明如下:

"非跨地区经营企业":纳税人未跨地区设立不具有法人资格分支机构的,为非跨地区经营企业。

"总机构(跨省)——适用《跨地区经营汇总纳税企业所得税征收管理办法》":纳税人为《国家税务总局关于印发〈跨地区经营汇总纳税企业所得税征收管理办法〉的公告》(国家税务总局公告2012年第57号发布、国家税务总局公告2018年第31号修改)规定的跨省、自治区、直辖市和计划单列市设立不具有法人资格分支机构的跨地区经营汇总纳税企业的总机构。

"总机构(跨省)——不适用《跨地区经营汇总纳税企业所得税征收管理办法》":纳税人为《国家税务总局关于印发〈跨地区经营汇总纳税企业所得税征收管理办法〉的公告》(国家税务总局公告2012年第57号发布、国家税务总局公告2018年第31号修改)第二条规定的不适用该公告的跨地区经营汇总纳税企业的总机构。

"总机构(省内)":纳税人为仅在同一省、自治区、直辖市和计划单列市内设立不具有法人资格分支机构的跨地区经营汇总纳税企业的总机构。

"分支机构(须进行完整年度申报并按比例纳税)":纳税人为根据相关政策规定须进行完整年度申报并按比例就地缴纳企业所得税的跨地区经营企业的分支机构。

"分支机构(须进行完整年度申报但不就地缴纳)":纳税人为根据相关政策规定须进行完整年度申报但不就地缴纳所得税的跨地区经营企业的分支机构。

(2)"102分支机构就地纳税比例":"101纳税申报企业类型"为"分支机构(须进行完整年度申报并按比例纳税)"需要同时填报本项。分支机构填报年度纳税申报时应当就地缴纳企业所得税的比例。

(3)"103资产总额":纳税人填报资产总额的全年季度平均值,单位为万元,保留小数点后2位。具体计算公式如下:

季度平均值=(季初值+季末值)÷2

全年季度平均值=全年各季度平均值之和÷4

年度中间开业或者终止经营活动的,以其实际经营期作为一个纳税年度确定上述相关指标。

(4)"104从业人数":纳税人填报从业人数的全年季度平均值,单位为人。从业人数是指与企业建立劳动关系的职工人数和企业接受的劳务派遣用工人数之和,依据和计算方法同"103资产总额"。

(5)"105所属国民经济行业":按照《国民经济行业分类》标准,纳税人填报所属的国民经济行业明细代码。

(6)"106从事国家限制或禁止行业":纳税人从事行业为国家限制和禁止行业的,选择"是";其他选择"否"。

(7)"107适用会计准则或会计制度":纳税人根据会计核算采用的会计准则或会计

制度从《会计准则或会计制度类型代码表》中选择相应的代码填入本项(见表9-5)。

表9-5 会计准则或会计制度类型代码表

代码	类型 大类	类型 小类
110	企业会计准则	一般企业
120		银行
130		证券
140		保险
150		担保
200	小企业会计准则	
300	企业会计制度	
410	事业单位会计准则	事业单位会计制度
420		科学事业单位会计制度
430		医院会计制度
440		高等学校会计制度
450		中小学校会计制度
460		彩票机构会计制度
500	民间非营利组织会计制度	
600	村集体经济组织会计制度	
700	农民专业合作社财务会计制度(试行)	
999	其他	

(8)"108 采用一般企业财务报表格式(2018年版)":纳税人根据《财政部关于修订印发2018年度一般企业财务报表格式的通知》(财会〔2018〕15号)规定的格式编制财务报表的,选择"是",其他选择"否"。

(9)"109 小型微利企业":纳税人符合《中华人民共和国企业所得税法》及其实施条例、《财政部 税务总局关于进一步扩大小型微利企业所得税优惠政策范围的通知》(财税〔2018〕77号)等文件规定的小型微利企业条件的,选择"是",其他选择"否"。

(10)"110 上市公司":纳税人在中国境内上市的选择"境内";在中国境外上市的选择"境外";在境内外同时上市的可同时选择;其他选择"否"。纳税人在中国香港上市的,参照境外上市相关规定选择。

2. 有关涉税事项情况

本部分所列项目为条件必填(必选)内容,当纳税人存在或发生下列事项时,必须填报。纳税人未填报的，视同不存在或未发生下列事项。

（1）"201 从事股权投资业务"：纳税人从事股权投资业务的(包括集团公司总部、创业投资企业等)，选择"是"。

（2）"202 存在境外关联交易"：纳税人存在境外关联交易的，选择"是"。

（3）"203 选择采用的境外所得抵免方式"：纳税人适用境外所得税收抵免政策，且根据《财政部 税务总局关于完善企业境外所得税收抵免政策问题的通知》(财税〔2017〕84号)文件规定选择按国(地区)别分别计算其来源于境外的应纳税所得额，即"分国(地区)不分项"的，选择"分国(地区)不分项"；纳税人适用境外所得税收抵免政策，且根据财税〔2017〕84号文件规定选择不按国(地区)别汇总计算其来源于境外的应纳税所得额，即"不分国(地区)不分项"的，选择"不分国(地区)不分项"。境外所得抵免方式一经选择，5年内不得变更。

（4）"204 有限合伙制创业投资企业的法人合伙人"：纳税人投资于有限合伙制创业投资企业且为其法人合伙人的，选择"是"。本项目中的有限合伙制创业投资企业的法人合伙人是指符合《中华人民共和国合伙企业法》《创业投资企业管理暂行办法》(国家发展和改革委员会令第39号)、《外商投资创业投资企业管理规定》(外经贸部、科技部、工商总局、税务总局、外汇管理局令2003年第2号发布，商务部令2015年第2号修改)、《私募投资基金监督管理暂行办法》(证监会令第105号)关于创业投资基金的特别规定等规定的创业投资企业法人合伙人。有限合伙制创业投资企业的法人合伙人无论是否享受企业所得税优惠政策，均应填报本项。

（5）"205 创业投资企业"：纳税人为创业投资企业的，选择"是"。本项目中的创业投资企业是指依照《创业投资企业管理暂行办法》(国家发展和改革委员会令第39号)和《外商投资创业投资企业管理规定》(外经贸部、科技部、工商总局、税务总局、外汇管理局令2003年第2号发布，商务部令2015年第2号修改)、《私募投资基金监督管理暂行办法》(证监会令第105号)关于创业投资基金的特别规定等规定，在中华人民共和国境内设立的专门从事创业投资活动的企业或其他经济组织。创业投资企业无论是否享受企业所得税优惠政策，均应填报本项。

（6）"206 技术先进型服务企业类型"：纳税人为经认定的技术先进型服务企业的，从《技术先进型服务企业类型代码表》中选择相应的代码填报本项。本项目中的经认定的技术先进型服务企业是指符合《财政部 税务总局 商务部 科技部 国家发展改革委关于将技术先进型服务企业所得税政策推广至全国实施的通知》(财税〔2017〕79号)、《财政部 税务总局 商务部 科技部 国家发展改革委关于将服务贸易创新发展试点地区技术先进型服务企业所得税政策推广至全国实施的通知》(财税〔2018〕44号)等文件规定的企业。经认定的技术先进型服务企业无论是否享受企业所得税优惠政策，均应填报本项(见表9-6)。

表9-6 技术先进型服务企业类型代码表

代码	类型	
	大类	小类
110	服务外包类	信息技术外包服务（ITO）
120		技术性业务流程外包服务（BPO）
130		技术性知识流程外包服务（KPO）
210	服务贸易类	计算机和信息服务
220		研究开发和技术服务
230		文化技术服务
240		中医药医疗服务

（7）"207 非营利组织"：纳税人为非营利组织的，选择"是"。

（8）"208 软件、集成电路企业类型"：纳税人按照企业类型从《软件、集成电路企业类型代码表》中选择相应的代码填入本项。软件、集成电路企业若符合相关企业所得税优惠政策条件的，无论是否享受企业所得税优惠，均应填报本项（见表9-7）。

表9-7 软件、集成电路企业类型代码表

代码	类型		
	大类	中类	小类
110	集成电路生产企业	线宽小于0.8微米（含）的企业	
120		线宽小于0.25微米的企业	
130		投资额超过80亿元的企业	
140		线宽小于130纳米的企业	
150		线宽小于65纳米或投资额超过150亿元的企业	
210	集成电路设计企业	新办符合条件企业	
220		符合规模条件的重点集成电路设计企业	
230		符合领域的重点集成电路设计企业	
311	软件企业	一般软件企业	新办符合条件企业
312			符合规模条件的重点软件企业
313			符合领域条件的重点软件企业
314			符合出口条件的重点软件企业
321		嵌入式或信息系统集成软件	新办符合条件企业
322			符合规模条件的重点软件企业
323			符合领域条件的重点软件企业
324			符合出口条件的重点软件企业
400	集成电路封装测试企业		
500	集成电路关键专用材料生产企业		
600	集成电路专用设备生产企业		

代码说明如下。

"集成电路生产企业"：符合《财政部 国家税务总局 发展改革委 工业和信息化部关于软件和集成电路产业企业所得税优惠政策有关问题的通知》（财税〔2016〕49号）、《财政部 税务总局 国家发展改革委 工业和信息化部关于集成电路生产企业有关企业所得税政策问题的通知》（财税〔2018〕27号）等文件规定的集成电路生产企业。具体说明如下。

1)"线宽小于0.8微米（含）的企业"是指可以享受第一年至第二年免征企业所得税，第三年至第五年按照25%的法定税率减半征收企业所得税优惠政策的集成电路线宽小于0.8微米（含）的集成电路生产企业。

2)"线宽小于0.25微米的企业"是指可以享受减按15%的税率征收企业所得税优惠政策，或者第一年至第五年免征企业所得税，第六年至第十年按照25%的法定税率减半征收企业所得税优惠政策的集成电路线宽小于0.25微米的集成电路生产企业。

3)"投资额超过80亿元的企业"是指可以享受减按15%的税率征收企业所得税优惠政策，或者第一年至第五年免征企业所得税，第六年至第十年按照25%的法定税率减半征收企业所得税优惠政策的投资额超过80亿元的集成电路生产企业。

4)"线宽小于130纳米的企业"是指可以享受第一年至第二年免征企业所得税，第三年至第五年按照25%的法定税率减半征收企业所得税优惠政策的集成电路线宽小于130纳米的集成电路生产企业。

5)"线宽小于65纳米或投资额超过150亿元的企业"是指可以享受第一年至第五年免征企业所得税，第六年至第十年按照25%的法定税率减半征收企业所得税优惠政策的集成电路线宽小于65纳米或投资额超过150亿元的集成电路生产企业。

"集成电路设计企业"：符合《财政部 国家税务总局 发展改革委 工业和信息化部关于软件和集成电路产业企业所得税优惠政策有关问题的通知》（财税〔2016〕49号）等文件规定的集成电路设计企业、国家规划布局内的重点集成电路设计企业。具体说明如下。

1)"新办符合条件企业"是指可以享受第一年至第二年免征企业所得税，第三年至第五年按照25%的法定税率减半征收企业所得税优惠政策的集成电路设计企业。

2)"符合规模条件的重点集成电路设计企业"是指可以享受减按10%的税率征收企业所得税优惠政策的国家规划布局内的重点集成电路设计企业，且其符合财税〔2016〕49号文件第五条第（一）项"汇算清缴年度集成电路设计销售（营业）收入不低于2亿元，年应纳税所得额不低于1000万元，研究开发人员占月平均职工总数的比例不低于25%"的规定。

3)"符合领域的重点集成电路设计企业"是指可以享受减按10%的税率征收企业所得税优惠政策的国家规划布局内的重点集成电路设计企业，且其符合财税〔2016〕49号文件第五条第（二）项"在国家规定的重点集成电路设计领域内，汇算清缴年度集成电路设计销售（营业）收入不低于2000万元，应纳税所得额不低于250万元，研究开发人员占月平均职工总数的比例不低于35%，企业在中国境内发生的研发开发费用金额占研究开发费用总额的比例不低于70%"的规定。

"软件企业"：符合《财政部 国家税务总局 发展改革委 工业和信息化部关于软件和集成电路产业企业所得税优惠政策有关问题的通知》（财税〔2016〕49号）等文件规定的软件企业、国家规划布局内的重点软件企业。具体说明如下：

1)"一般软件企业——新办符合条件企业"是指可以享受第一年至第二年免征企业所得税，第三年至第五年按照25%的法定税率减半征收企业所得税优惠政策的符合条件的软件企业，且其符合财税〔2016〕49号文件第四条第（四）项"汇算清缴年度软件产品开发销售（营业）收入占企业收入总额的比例不低于50%，其中：软件产品自主开发销售（营业）收入占企业收入总额的比例不低于40%"的规定。

2)"一般软件企业——符合规模条件的重点软件企业"是指可以享受减按10%的税率征收企业所得税优惠政策的国家规划布局内的重点软件企业，且其符合财税〔2016〕49号文件第四条第（四）项"汇算清缴年度软件产品开发销售（营业）收入占企业收入总额的比例不低于50%，其中：软件产品自主开发销售（营业）收入占企业收入总额的比例不低于40%"和第六条第（一）项"汇算清缴年度软件产品开发销售（营业）收入不低于2亿元，应纳税所得额不低于1000万元，研究开发人员占企业月平均职工总数的比例不低于25%"的规定。

3)"一般软件企业——符合领域条件的重点软件企业"是指可以享受减按10%的税率征收企业所得税优惠政策的国家规划布局内的重点软件企业，且其符合财税〔2016〕49号文件第四条第（四）项"汇算清缴年度软件产品开发销售（营业）收入占企业收入总额的比例不低于50%，其中：软件产品自主开发销售（营业）收入占企业收入总额的比例不低于40%"和第六条第（二）项"在国家规定的重点软件领域内，汇算清缴年度软件产品开发销售（营业）收入不低于5000万元，应纳税所得额不低于250万元，研究开发人员占企业月平均职工总数的比例不低于25%，企业在中国境内发生的研究开发费用金额占研究开发费用总额的比例不低于70%"的规定。

4)"一般软件企业——符合出口条件的重点软件企业"是指可以享受减按10%的税率征收企业所得税优惠政策的国家规划布局内的重点软件企业，且其符合财税〔2016〕49号文件第四条第（四）项"汇算清缴年度软件产品开发销售（营业）收入占企业收入总额的比例不低于50%，其中：软件产品自主开发销售（营业）收入占企业收入总额的比例不低于40%"和第六条第（三）项"汇算清缴年度软件出口收入总额不低于800万美元，软件出口收入总额占本企业年度收入总额比例不低于50%，研究开发人员占企业月平均职工总数的比例不低于25%"的规定。

5)"嵌入式或信息系统集成软件——新办符合条件企业"是指可以享受第一年至第二年免征企业所得税，第三年至第五年按照25%的法定税率减半征收企业所得税优惠政策的符合条件的软件企业，且其符合财税〔2016〕49号文件第四条第（四）项"汇算清缴年度嵌入式软件产品和信息系统集成产品开发销售(营业)收入占企业收入总额的比例不低于40%，其中：嵌入式软件产品和信息系统集成产品自主开发销售(营业)收入占企业收入总额的比例不低于30%"的规定。

6)"嵌入式或信息系统集成软件——符合规模条件的重点软件企业"是指可以享受减按10%的税率征收企业所得税优惠政策的国家规划布局内的重点软件企业，且其符合财税〔2016〕49号文件第四条第(四)项"汇算清缴年度嵌入式软件产品和信息系统集成产品开发销售(营业)收入占企业收入总额的比例不低于40%，其中：嵌入式软件产品和信息系统集成产品自主开发销售(营业)收入占企业收入总额的比例不低于30%"和第六条第(一)项"汇算清缴年度软件产品开发销售(营业)收入不低于2亿元，应纳税所得额不低于1000万元，研究开发人员占企业月平均职工总数的比例不低于25%"的规定。

7)"嵌入式或信息系统集成软件——符合领域条件的重点软件企业"是指可以享受减按10%的税率征收企业所得税优惠政策的国家规划布局内的重点软件企业，且其符合财税〔2016〕49号文件第四条第(四)项"汇算清缴年度嵌入式软件产品和信息系统集成产品开发销售(营业)收入占企业收入总额的比例不低于40%，其中：嵌入式软件产品和信息系统集成产品自主开发销售(营业)收入占企业收入总额的比例不低于30%"和第六条第(二)项"在国家规定的重点软件领域内，汇算清缴年度软件产品开发销售(营业)收入不低于5000万元，应纳税所得额不低于250万元，研究开发人员占企业月平均职工总数的比例不低于25%，企业在中国境内发生的研究开发费用金额占研究开发费用总额的比例不低于70%"的规定。

8)"嵌入式或信息系统集成软件——符合出口条件的重点软件企业"是指可以享受减按10%的税率征收企业所得税优惠政策的国家规划布局内的重点软件企业，且其符合财税〔2016〕49号文件第四条第(四)项"汇算清缴年度嵌入式软件产品和信息系统集成产品开发销售(营业)收入占企业收入总额的比例不低于40%，其中：嵌入式软件产品和信息系统集成产品自主开发销售(营业)收入占企业收入总额的比例不低于30%"和第六条第(三)项"汇算清缴年度软件出口收入总额不低于800万美元，软件出口收入总额占本企业年度收入总额比例不低于50%，研究开发人员占企业月平均职工总数的比例不低于25%"的规定。

"集成电路封装测试企业"：符合《财政部 国家税务总局 发展改革委 工业和信息化部关于进一步鼓励集成电路产业发展企业所得税政策的通知》(财税〔2015〕6号)文件规定可以享受企业所得税优惠政策的集成电路封装、测试企业。

"集成电路关键专用材料生产企业"：符合《财政部 国家税务总局 发展改革委 工业和信息化部关于进一步鼓励集成电路产业发展企业所得税政策的通知》(财税〔2015〕6号)文件规定可以享受企业所得税优惠政策的集成电路关键专用材料生产企业。

"集成电路专用设备生产企业"：符合《财政部 国家税务总局 发展改革委 工业和信息化部关于进一步鼓励集成电路产业发展企业所得税政策的通知》(财税〔2015〕6号)文

件规定可以享受企业所得税优惠政策的集成电路专用设备生产企业。

（9）"209集成电路生产项目类型"：纳税人投资集成电路线宽小于130纳米或集成电路线宽小于65纳米或投资额超过150亿元的集成电路生产项目，项目符合《财政部 税务总局 国家发展改革委 工业和信息化部关于集成电路生产企业有关企业所得税政策问题的通知》（财税〔2018〕27号）等文件规定的税收优惠政策条件，且按照项目享受企业所得税优惠政策的，应填报本项。纳税人投资线宽小于130纳米的集成电路生产项目的，选择"130纳米"，投资线宽小于65纳米或投资额超过150亿元的集成电路生产项目的，选择"65纳米"；同时投资上述两类项目的，可同时选择"130纳米"和"65纳米"。

纳税人既符合"208软件、集成电路企业类型"项目又符合"209集成电路生产项目类型"项目填报条件的，应当同时填报。

（10）"210科技型中小企业"：纳税人根据申报所属期年度和申报所属期下一年度取得的科技型中小企业入库登记编号情况，填报本项目下的"210-1""210-2""210-3""210-4"。如，纳税人在进行2018年度企业所得税汇算清缴纳税申报时，"210-1（申报所属期年度）入库编号"首先应当填列"2018（申报所属期年度）入库编号"，"210-3（所属期下一年度）入库编号"首先应当填列"2019（所属期下一年度）入库编号"。若纳税人在2018年1月1日至2018年12月31日之间取得科技型中小企业入库登记编号的，将相应的"编号"及"入库时间"分别填入"210-1"和"210-2"项目中；若纳税人在2019年1月1日至2018年度汇算清缴纳税申报日之间取得科技型中小企业入库登记编号的，将相应的"编号"及"入库时间"分别填入"210-3"和"210-4"项目中。纳税人符合上述填报要求的，无论是否享受企业所得税优惠政策，均应填报本项。

（11）"211高新技术企业申报所属期年度有效的高新技术企业证书"：纳税人根据申报所属期年度拥有的有效期内的高新技术企业证书情况，填报本项目下的"211-1""211-2""211-3""211-4"。在申报所属期年度，如企业同时拥有两个高新技术企业证书，则两个证书情况均应填报。如：纳税人2015年10月取得高新技术企业证书，有效期3年，2018年再次参加认定并于2018年11月取得新高新技术企业证书，纳税人在进行2018年度企业所得税汇算清缴纳税申报时，应将两个证书的"编号"及"发证时间"分别填入"211-1""211-2""211-3""211-4"项目中。纳税人符合上述填报要求的，无论是否享受企业所得税优惠政策，均应填报本项。

（12）"212重组事项税务处理方式"：纳税人在申报所属期年度发生重组事项的，应填报本项。纳税人重组事项按一般性税务处理的，选择"一般性"；重组事项按特殊性税务处理的，选择"特殊性"。

（13）"213重组交易类型"和"214重组当事方类型"：填报"212重组事项税务处理方式"的纳税人，应当同时填报"213重组交易类型"和"214重组当事方类型"。纳税人根据重组情况从《重组交易类型和当事方类型代码表》中选择相应代码分别填入对应项目中。重组交易类型和当事方类型根据《财政部 国家税务总局关于企业重组业务企业所得税处理若干问题的通知》（财税〔2009〕59号）、《国家税务总局关于企业重组业务企业所得税征收管理若干问题的公告》（国家税务总局公告2015年第48号发布、国家税务总局公告2018年第31号修改）等文件规定判断（见表9-8）。

表9-8　重组交易类型和当事方类型代码表

重组交易		重组当事方	
代码	类型	代码	类型
100	法律形式改变	——	——
200	债务重组	210	债务人
		220	债权人
300	股权收购	310	收购方
		320	转让方
		330	被收购企业
400	资产收购	410	收购方
		420	转让方
500	合并	510	合并企业
		520	被合并企业
		530	被合并企业股东
600	分立	610	分立企业
		620	被分立企业
		630	被分立企业股东

（14）"215 政策性搬迁开始时间"：纳税人发生政策性搬迁事项且申报所属期年度处在搬迁期内的，填报政策性搬迁开始的时间。

（15）"216 发生政策性搬迁且停止生产经营无所得年度"：纳税人的申报所属期年度处于政策性搬迁期内，且停止生产经营无所得的，选择"是"。

（16）"217 政策性搬迁损失分期扣除年度"：纳税人发生政策性搬迁事项出现搬迁损失，按照《企业政策性搬迁所得税管理办法》（国家税务总局公告2012年第40号发布）等有关规定选择自搬迁完成年度起分3个年度均匀在税前扣除的，且申报所属期年度处在分期扣除期间的，选择"是"。

（17）"218 发生非货币性资产对外投资递延纳税事项"：纳税人在申报所属期年度发生非货币性资产对外投资递延纳税事项的，选择"是"。

（18）"219 非货币性资产对外投资转让所得递延纳税年度"：纳税人以非货币性资产对外投资确认的非货币性资产转让所得，按照《财政部 国家税务总局关于非货币性资产投资企业所得税政策问题的通知》（财税〔2014〕116号）、《国家税务总局关于非货币性资产投资企业所得税有关征管问题的公告》（国家税务总局公告2015年第33号）等文件规定，在不超过5年期限内分期均匀计入相应年度的应纳税所得额的，且申报所属期年度处在递延纳税期间的，选择"是"。

（19）"220发生技术成果投资入股递延纳税事项"：纳税人在申报所属期年度发生技术入股递延纳税事项的，选择"是"。

（20）"221技术成果投资入股递延纳税年度"：纳税人发生技术入股事项，按照《财政部 国家税务总局关于完善股权激励和技术入股有关所得税政策的通知》（财税〔2016〕101号）、《国家税务总局关于股权激励和技术入股所得税征管问题的公告》（国家税务总局公告2016年第62号）等文件规定选择适用递延纳税政策，即在投资入股当期暂不纳税，递延至转让股权时按股权转让收入减去技术成果原值和合理税费后的差额计算缴纳所得税的，且申报所属期年度为转让股权年度的，选择"是"。

（21）"222发生资产（股权）划转特殊性税务处理事项"：纳税人在申报所属期年度发生《财政部 国家税务总局关于促进企业重组有关企业所得税处理问题的通知》（财税〔2014〕109号）、《国家税务总局关于资产（股权）划转企业所得税征管问题的公告》（国家税务总局公告2015年第40号）等文件规定的资产（股权）划转特殊性税务处理事项的，选择"是"。

（22）"223债务重组所得递延纳税年度"：纳税人债务重组确认的应纳税所得额按照《财政部 国家税务总局关于企业重组业务企业所得税处理若干问题的通知》（财税〔2009〕59号）等文件规定，在5个纳税年度的期间内，均匀计入各年度的应纳税所得额的，且申报所属期年度处在递延纳税期间的，选择"是"。

3. 主要股东及分红情况

纳税人填报本企业投资比例位列前10位的股东情况。包括股东名称，证件种类（营业执照、税务登记证、组织机构代码证、身份证、护照等），证件号码（统一社会信用代码、纳税人识别号、组织机构代码号、身份证号、护照号等），投资比例，当年（决议日）分配的股息、红利等权益性投资收益金额，国籍（注册地址）。纳税人股东数量超过10位的，应将其余股东有关数据合计后填入"其余股东合计"行次。

纳税人股东为非居民企业的，证件种类和证件号码可不填报。

三、企业所得税年度纳税申报表主表

（一）企业所得税年度纳税申报表主表简介

A100000《中华人民共和国企业所得税年度纳税申报表（A类）》为企业所得税年度纳税申报表主表。本表是在纳税人会计利润总额的基础上，加减纳税调整等金额后计算出"纳税调整后所得"。会计与税法的差异（包括收入类、扣除类、资产类等差异）通过《纳税调整项目明细表》（A105000）集中填报。

本表包括利润总额计算、应纳税所得额计算、应纳税额计算三个部分。

纳税人应该根据《中华人民共和国企业所得税法》及其实施条例(以下简称税法)、相关税收政策,以及国家统一会计制度(企业会计准则、小企业会计准则、企业会计制度、事业单位会计准则和民间非营利组织会计制度等)的规定,计算填报纳税人利润总额、应纳税所得额和应纳税额等有关项目。

纳税人在计算应纳税所得额及应纳所得税时,企业会计处理与税收规定不一致的,应当按照税收规定计算。税收规定不明确的,在没有明确规定之前,暂按国家统一会计制度计算。

(二)企业所得税年度纳税申报表主表的格式(如表9-9所示)

A100000   表9-9 中华人民共和国企业所得税年度纳税申报表(A类)

行次	类别	项目	金额
1	利润总额计算	一、营业收入(填写A101010\101020\103000)	
2		减:营业成本(填写A102010\102020\103000)	
3		减:税金及附加	
4		减:销售费用(填写A104000)	
5		减:管理费用(填写A104000)	
6		减:财务费用(填写A104000)	
7		减:资产减值损失	
8		加:公允价值变动收益	
9		加:投资收益	
10		二、营业利润(1-2-3-4-5-6-7+8+9)	
11		加:营业外收入(填写A101010\101020\103000)	
12		减:营业外支出(填写A102010\102020\103000)	
13		三、利润总额(10+11-12)	
14	应纳税所得额计算	减:境外所得(填写A108010)	
15		加:纳税调整增加额(填写A105000)	
16		减:纳税调整减少额(填写A105000)	
17		减:免税、减计收入及加计扣除(填写A107010)	
18		加:境外应税所得抵减境内亏损(填写A108000)	
19		四、纳税调整后所得(13-14+15-16-17+18)	
20		减:所得减免(填写A107020)	
21		减:弥补以前年度亏损(填写A106000)	
22		减:抵扣应纳税所得额(填写A107030)	
23		五、应纳税所得额(19-20-21-22)	

续表

行次	类别	项目	金额
24	应纳税额计算	税率(25%)	
25		六、应纳所得税额(23×24)	
26		减：减免所得税额(填写A107040)	
27		减：抵免所得税额(填写A107050)	
28		七、应纳税额(25-26-27)	
29		加：境外所得应纳所得税额(填写A108000)	
30		减：境外所得抵免所得税额(填写A108000)	
31		八、实际应纳所得税额(28+29-30)	
32		减：本年累计实际已缴纳的所得税额	
33		九、本年应补(退)所得税额(31-32)	
34		其中：总机构分摊本年应补(退)所得税额填写A109000	
35		财政集中分配本年应补(退)所得税额填写A109000	
36		总机构主体生产经营部门分摊本年应补(退)所得税额填写A109000	

拓展阅读 与2014版相比，2017版《中华人民共和国企业所得税年度纳税申报表》(A100000)的主要变化

(1) 为使纳税人可最大限度享受所得税税前弥补亏损政策(有限定期限)和抵扣应纳税所得额优惠政策(无限定期限)，按照有利于纳税人原则，将原第21行"抵扣应纳税所得额"与第22行"弥补以前年度亏损"的行次顺序进行对调。调整后，纳税人先用纳税调整后所得弥补以前年度亏损，再用弥补以前年度亏损后的余额抵扣可抵扣的应纳税所得额。

(2) 根据《财政部关于印发〈增值税会计处理规定〉的通知》(财会〔2016〕22号)规定，将"营业税金及附加"会计科目名称调整为"税金及附加"的规定，将原第3行"营业税金及附加"项目名称调整为"税金及附加"。

(3) 为解决纳税人用境外所得抵减(弥补)境内亏损的计算问题，明确计算方法和填报口径。纳税人可以选择是否用境外所得抵减(弥补)境内亏损，当纳税人选择不用境外所得抵减境内亏损时，本表第18行"加：境外应税所得抵减境内亏损"和《境外所得税收抵免明细表》(A108000)第6列"抵减境内亏损"填报"0"。

当纳税人选择用境外所得抵减(弥补)境内亏损时，在《境外所得税收抵免明细表》(A108000)第6列"抵减境内亏损"填报境外所得弥补境内亏损的金额，并区别两种情况分别处理：一是用境外所得抵减当年度境内亏损的，抵减金额同时填入本表第18行"加：境外应税所得抵减境内亏损"；二是用境外所得弥补以前年度境内亏损的，弥补

金额通过《企业所得税弥补亏损明细表》(A106000)进行计算,并将弥补以前年度境内亏损后的"可结转以后年度弥补的亏损额"填入《企业所得税弥补亏损明细表》(A106000)第11列。

(4)为避免产生理解歧义,增强计算过程的确定性,对原第3行"税金及附加"、原第4行"销售费用"、原第5行"管理费用"、原第6行"财务费用"、原第7行"资产减值损失"添加了"减:"的标识,对原第9行"投资收益"添加了"加:"的标识。

(5)删除了不参与本表计算的原第37行"以前年度多缴的所得税额在本年抵减额"和原第38行"以前年度应缴未缴在本年入库所得税额"。

(三)有关项目填报说明

依据国家税务总局2018年第57号关于修订《中华人民共和国企业所得税年度纳税申报表(A类,2017年版)》部分表单样式及填报说明的公告规定,2018年仅对《中华人民共和国企业所得税年度纳税申报表(A类)》(A100000)填报说明进行了修订。为与《财政部关于修订印发2018年度一般企业财务报表格式的通知》(财会〔2018〕15号)规定衔接,修订"利润总额计算"部分的填报说明,明确采用一般企业财务报表格式(2018年版)的纳税人相关项目的填报规则;规范分支机构(须进行完整年度纳税申报且按比例纳税)第31行"实际应纳所得税额"的填报规则;根据附表的调整情况,对表间关系进行了相应调整。

1. "利润总额计算"

第一,填报要求。

"利润总额计算"中的项目,按照国家统一会计制度规定计算填报。

(1)实行企业会计准则、小企业会计准则、企业会计制度、分行业会计制度纳税人其数据直接取自利润表。

(2)实行事业单位会计准则的纳税人其数据取自收入支出表。

(3)实行民间非营利组织会计制度纳税人其数据取自业务活动表。

(4)实行其他国家统一会计制度的纳税人,根据本表项目进行分析填报。

第二,具体行次说明。

第1~13行参照国家统一会计制度规定填写。本部分未设"研发费用""其他收益""资产处置收益"等项目,对于已执行《财政部关于修订印发2018年度一般企业财务报表格式的通知》(财会〔2018〕15号)的纳税人,在《利润表》中归集的"研发费用"通过《期间费用明细表》(A104000)第19行"十九、研究费用"的管理费用相应列次填报;在《利润表》中归集的"其他收益""资产处置收益""信用减值损失""净敞口套期收益"项目则无须填报,同时第10行"二、营业利润"不执行"第10行=第1-2-3-4-5-6-7+8+9行"的表内关系,按照《利润表》"营业利润"项目直接填报。

(1)第1行"营业收入":填报纳税人主要经营业务和其他经营业务取得的收入总

额。本行根据"主营业务收入"和"其他业务收入"的数额填报。

1）一般企业纳税人根据《一般企业收入明细表》（A101010）填报。

第1行＝表A101010第1行

2）金融企业纳税人根据《金融企业收入明细表》（A101020）填报。

第1行＝表A101020第1行

3）事业单位、社会团体、民办非企业单位、非营利组织等纳税人根据《事业单位、民间非营利组织收入、支出明细表》（A103000）填报。

第1行＝表A103000第2+3+4+5+6行

或表A103000第11+12+13+14+15行。

（2）第2行"营业成本"项目：填报纳税人主要经营业务和其他经营业务发生的成本总额。本行根据"主营业务成本"和"其他业务成本"的数额填报。

1）一般企业纳税人根据《一般企业成本支出明细表》（A102010）填报。

第2行＝表A102010第1行

2）金融企业纳税人根据《金融企业支出明细表》（A102020）填报。

第2行＝表A102020第1行

3）事业单位、社会团体、民办非企业单位、非营利组织等纳税人，根据《事业单位、民间非营利组织收入、支出明细表》（A103000）填报。

第2行＝表A103000第19+20+21+22行

或表A103000第25+26+27行。

（3）第3行"税金及附加"：填报纳税人经营活动发生的消费税、城市维护建设税、资源税、土地增值税和教育费附加等相关税费。本行根据纳税人相关会计科目填报。纳税人在其他会计科目核算的税金不得重复填报。

（4）第4行"销售费用"：填报纳税人在销售商品和材料、提供劳务的过程中发生的各种费用。本行根据《期间费用明细表》（A104000）中对应的"销售费用"填报。

第4行＝表A104000第26行第1列。

（5）第5行"管理费用"：填报纳税人为组织和管理企业生产经营发生的管理费用。本行根据《期间费用明细表》（A104000）中对应的"管理费用"填报。

第5行＝表A104000第26行第3列。

（6）第6行"财务费用"：填报纳税人为筹集生产经营所需资金等发生的筹资费用。本行根据《期间费用明细表》（A104000）中对应的"财务费用"填报。

第6行＝表A104000第26行第5列。

（7）第7行"资产减值损失"：填报纳税人计提各项资产准备发生的减值损失。本行根据企业"资产减值损失"科目上的数额填报。实行其他会计制度的比照填报。

（8）第8行"公允价值变动收益"：填报纳税人在初始确认时划分为以公允价值计量且其变动计入当期损益的金融资产或金融负债（包括交易性金融资产或负债，直接指定为以公允价值计量且其变动计入当期损益的金融资产或金融负债），以及采用公允价值模式计量的投资性房地产、衍生工具和套期业务中公允价值变动形成的应计入当期损益的利得或损失。本行根据企业"公允价值变动损益"科目的数额填报，损失以"－"号填列。

（9）第9行"投资收益"：填报纳税人以各种方式对外投资确认所取得的收益或发生的损失。根据企业"投资收益"科目的数额计算填报，实行事业单位会计准则的纳税人根据"其他收入"科目中的投资收益金额分析填报，损失以"－"号填列。实行其他会计制度的纳税人比照填报。

第9行＝表A103000第8行或者第16行（仅限于填报表A103000的纳税人，其他纳税人根据财务核算情况自行填写）。

（10）第10行"营业利润"：填报纳税人当期的营业利润。根据上述项目计算填列。

已执行《财政部关于修订印发2018年度一般企业财务报表格式的通知》（财会〔2018〕15号）的纳税人，根据《利润表》对应项目填列。

第10行＝第1-2-3-4-5-6-7+8+9行。已执行财会〔2018〕15号的纳税人，不执行本规则。

（11）第11行"营业外收入"：填报纳税人取得的与其经营活动无直接关系的各项收入的金额。

1）一般企业纳税人根据《一般企业收入明细表》（A101010）填报。

第11行＝表A101010第16行

2）金融企业纳税人根据《金融企业收入明细表》（A101020）填报。

第11行＝表A101020第35行

3）实行事业单位会计准则或民间非营利组织会计制度的纳税人根据《事业单位、民间非营利组织收入、支出明细表》（A103000）填报。

第11行＝表A103000第9行或第17行。

（12）第12行"营业外支出"：填报纳税人发生的与其经营活动无直接关系的各项支出的金额。

1）一般企业纳税人根据《一般企业成本支出明细表》（A102010）填报。

第12行＝表A102010第16行

2）金融企业纳税人根据《金融企业支出明细表》（A102020）填报。

第12行＝表A102020第33行

3）实行事业单位会计准则或民间非营利组织会计制度的纳税人根据《事业单位、民间非营利组织收入、支出明细表》（A103000）填报。

第12行＝表A103000第23行或第28行。

（13）第13行"利润总额"：填报纳税人当期的利润总额。根据上述项目计算填列。

第13行＝第10+11-12行。

2."应纳税所得额计算"

除根据主表逻辑关系计算的外，通过附表相应栏次填报。

(1)第14行"境外所得"：填报纳税人取得的境外所得且已计入利润总额的金额。本行根据《境外所得纳税调整后所得明细表》(A108010)填报。

第14行=表A108010第14列合计-第11列合计。

(2)第15行"纳税调整增加额"：填报纳税人会计处理与税收规定不一致，进行纳税调整增加的金额。本行根据《纳税调整项目明细表》(A105000)"调增金额"列填报。

第15行=表A105000第45行第3列。

(3)第16行"纳税调整减少额"：填报纳税人会计处理与税收规定不一致，进行纳税调整减少的金额。本行根据《纳税调整项目明细表》(A105000)"调减金额"列填报。

第16行=表A105000第45行第4列。

(4)第17行"免税、减计收入及加计扣除"：填报属于税收规定免税收入、减计收入、加计扣除金额。本行根据《免税、减计收入及加计扣除优惠明细表》(A107010)填报。

第17行=表A107010第31行。

(5)第18行"境外应税所得抵减境内亏损"。

1)当纳税人选择不用境外所得抵减境内亏损时，填报0。

即：当A100000第13-14+15-16-17行≥0，第18行=0。

2)当纳税人选择用境外所得抵减境内亏损时，填报境外所得抵减当年度境内亏损的金额。

即：当A100000第13-14+15-16-17<0且表A108000第5列合计行≥0，表A108000第6列合计行>0时，第18行=表A108000第5列合计行与表A100000第13-14+15-16-17行绝对值的孰小值。

3)用境外所得弥补以前年度境内亏损的，还需填报《企业所得税弥补亏损明细表》(A106000)和《境外所得税收抵免明细表》(A108000)。

即：当A100000第13-14+15-16-17<0且表A108000第5列合计行≥0，表A108000第6列合计行=0时，第18行=0。

(6)第19行"纳税调整后所得"：填报纳税人经过纳税调整、税收优惠、境外所得计算后的所得额。

第19行=表A100000第13-14+15-16-17+18行。

(7)第20行"所得减免"：填报属于税收规定所得减免金额。本行根据《所得减免优惠明细表》(A107020)填报。

1)当第19行≤0时，本行填报0。

2)当第19行>0时。

①A107020表合计行第11列≤表A100000第19行，本行=表A107020合计行第

11 列。

②A107020 表合计行第 11 列>表 A100000 第 19 行，本行=表 A100000 第 19 行。

（8）第 21 行"弥补以前年度亏损"：填报纳税人按照税收规定可在税前弥补的以前年度亏损数额，本行根据《企业所得税弥补亏损明细表》（A106000）填报。

第 21 行=表 A106000 第 11 行第 9 列。

（9）第 22 行"抵扣应纳税所得额"：填报根据税收规定应抵扣的应纳税所得额。本行根据《抵扣应纳税所得额明细表》（A107030）填报。

第 22 行=表 A107030 第 15 行第 1 列。

（10）第 23 行"应纳税所得额"：第 23 行=第 19-20-21-22 行。本行不得为负数。按照上述行次顺序计算结果本行为负数，本行金额填零。

3."应纳税额计算"

除根据主表逻辑关系计算的外，通过附表相应栏次填报。

（1）第 24 行"税率"：填报税收规定的税率 25%。

（2）第 25 行"应纳所得税额"：第 25 行=第 23×24 行。

（3）第 26 行"减免所得税额"：填报纳税人按税收规定实际减免的企业所得税额。本行根据《减免所得税优惠明细表》（A107040）填报。第 26 行=表 A107040 第 33 行。

（4）第 27 行"抵免所得税额"：填报企业当年的应纳所得税额中抵免的金额。本行根据《税额抵免优惠明细表》（A107050）填报。第 27 行=表 A107050 第 7 行第 11 列。

（5）第 28 行"应纳税额"：第 28 行=第 25-26-27 行。

（6）第 29 行"境外所得应纳所得税额"：填报纳税人来源于中国境外的所得，按照我国税收规定计算的应纳所得税额。本行根据《境外所得税收抵免明细表》（A108000）填报。

第 29 行=表 A108000 第 9 列合计。

（7）第 30 行"境外所得抵免所得税额"：填报纳税人来源于中国境外所得依照中国境外税收法律以及相关规定应缴纳并实际缴纳（包括视同已实际缴纳）的企业所得税性质的税款（准予抵免税款）。本行根据《境外所得税收抵免明细表》（A108000）填报。

第 30 行=表 A108000 第 19 列合计。

（8）第 31 行"实际应纳所得税额"：填报纳税人当期的实际应纳所得税额。

第 31 行=第 28+29-30 行。

其中，跨地区经营企业类型为"分支机构（须进行完整年度申报并按比例纳税）"的纳税人，第 31 行=（第 28+29-30 行）×表 A000000"102 分支机构就地纳税比例"。

（9）第 32 行"本年累计实际已缴纳的所得税额"：填报纳税人按照税收规定本纳税年度已在月（季）度累计预缴的所得税额。包括：

1）按照税收规定的特定业务已预缴（征）的所得税额。

2）建筑企业总机构直接管理的跨地区设立的项目部按规定向项目所在地主管税务

机关预缴的所得税额。

（10）第33行"本年应补（退）的所得税额"：填报纳税人当期应补（退）的所得税额。
第33行＝第31-32行。

（11）第34行"总机构分摊本年应补（退）所得税额"：填报汇总纳税的总机构按照税收规定在总机构所在地分摊本年应补（退）所得税额。本行根据《跨地区经营汇总纳税企业年度分摊企业所得税明细表》（A109000）填报。
第34行＝表A109000第12+16行。

（12）第35行"财政集中分配本年应补（退）所得税额"：填报汇总纳税的总机构按照税收规定财政集中分配本年应补（退）所得税款。本行根据《跨地区经营汇总纳税企业年度分摊企业所得税明细表》（A109000）填报。
第35行＝表A109000第13行。

（13）第36行"总机构主体生产经营部门分摊本年应补（退）所得税额"：填报汇总纳税的总机构所属的具有主体生产经营职能的部门按照税收规定应分摊的本年应补（退）所得税额。本行根据《跨地区经营汇总纳税企业年度分摊企业所得税明细表》（A109000）填报。
第36行＝表A109000第15行。

四、收入、成本、费用明细表

收入、成本、费用明细表共有6张表。
（1）A101010《一般企业收入明细表》。
（2）A101020《金融企业收入明细表》。
（3）A102010《一般企业成本支出明细表》。
（4）A102020《金融企业支出明细表》。
（5）A103000《事业单位、民间非营利组织收入、支出明细表》。
（6）A104000《期间费用明细表》。
本部分仅介绍A101010《一般企业收入明细表》、A102010《一般企业成本支出明细表》和A104000《期间费用明细表》的报表填报情况。

（一）A101010《一般企业收入明细表》
本表适用于除金融企业、事业单位和民间非营利组织外的企业填报。
本表包含"营业收入"和"营业外收入"两部分。"营业收入"中包含"主营业务收入"和"其他业务收入"两部分。
纳税人应根据国家统一会计制度的规定，填报"主营业务收入""其他业务收入"和"营业外收入"。

1. A101010《一般企业收入明细表》的格式（如表9-10所示）

A101010
表9-10 一般企业收入明细表

行次	项目	金额
1	一、营业收入(2+9)	
2	（一）主营业务收入(3+5+6+7+8)	
3	1.销售商品收入	
4	其中：非货币性资产交换收入	
5	2.提供劳务收入	
6	3.建造合同收入	
7	4.让渡资产使用权收入	
8	5.其他	
9	（二）其他业务收入(10+12+13+14+15)	
10	1.销售材料收入	
11	其中：非货币性资产交换收入	
12	2.出租固定资产收入	
13	3.出租无形资产收入	
14	4.出租包装物和商品收入	
15	5.其他	
16	二、营业外收入(17+18+19+20+21+22+23+24+25+26)	
17	（一）非流动资产处置利得	
18	（二）非货币性资产交换利得	
19	（三）债务重组利得	
20	（四）政府补助利得	
21	（五）盘盈利得	
22	（六）捐赠利得	
23	（七）罚没利得	
24	（八）确实无法偿付的应付款项	
25	（九）汇兑收益	
26	（十）其他	

2. 有关项目填报说明

第一，"营业收入"部分。

第1行"营业收入"：根据主营业务收入、其他业务收入的数额计算填报。

第1行=本表第2+9行。第1行=表A100000第1行。

一是主营业务收入计算。

(1)第2行"主营业务收入"：根据不同行业的业务性质分别填报纳税人核算的主营

业务收入。第2行=第3+5+6+7+8行。

（2）第3行"销售商品收入"。

1）填报纳税人从事工业制造、商品流通、农业生产以及其他商品销售活动取得的主营业务收入。

2）房地产开发企业销售开发产品（销售未完工开发产品除外）取得的收入也在此行填报。

（3）第4行"其中：非货币性资产交换收入"：填报纳税人发生的非货币性资产交换按照国家统一会计制度应确认的销售商品收入。

【提示】此处仅填列具有商业实质的非货币性资产交换，会计上确认为主营业务收入的部分。

（4）第5行"提供劳务收入"：填报纳税人从事建筑安装、修理修配、交通运输、仓储租赁、邮电通信、咨询经纪、文化体育、科学研究、技术服务、教育培训、餐饮住宿、中介代理、卫生保健、社区服务、旅游、娱乐、加工以及其他劳务活动取得的主营业务收入。

（5）第6行"建造合同收入"：填报纳税人建造房屋、道路、桥梁、水坝等建筑物，以及生产船舶、飞机、大型机械设备等取得的主营业务收入。

（6）第7行"让渡资产使用权收入"：填报纳税人在主营业务收入核算的，让渡无形资产使用权而取得的使用费收入以及出租固定资产、无形资产、投资性房地产取得的租金收入。

（7）第8行"其他"：填报纳税人按照国家统一会计制度核算、上述未列举的其他主营业务收入。

二是其他业务收入计算。

（1）第9行"其他业务收入"：填报根据不同行业的业务性质分别填报纳税人核算的其他业务收入。第9行=第10+12+13+14+15行。

（2）第10行"销售材料收入"：填报纳税人销售材料、下脚料、废料、废旧物资等取得的收入。

（3）第11行"其中：非货币性资产交换收入"：填报纳税人发生的非货币性资产交换按照国家统一会计制度应确认的材料销售收入。

（4）第12行"出租固定资产收入"：填报纳税人将固定资产使用权让与承租人获取的其他业务收入。

（5）第13行"出租无形资产收入"：填报纳税人让渡无形资产使用权取得的其他业务收入。

（6）第14行"出租包装物和商品收入"：填报纳税人出租、出借包装物和商品取得的其他业务收入。

（7）第15行"其他"：填报纳税人按照国家统一会计制度核算，上述未列举的其他业务收入。

第二，营业外收入的计算。

(1) 第16行"营业外收入"：填报纳税人计入本科目核算的与生产经营无直接关系的各项收入。第16行=本表第17+18+19+20+21+22+23+24+25+26行。第16行=表A100000第11行。

(2) 第17行"非流动资产处置利得"：填报纳税人处置固定资产、无形资产等取得的净收益。

(3) 第18行"非货币性资产交换利得"：填报纳税人发生非货币性资产交换应确认的净收益。

(4) 第19行"债务重组利得"：填报纳税人发生的债务重组业务确认的净收益。

(5) 第20行"政府补助利得"：填报纳税人从政府无偿取得货币性资产或非货币性资产应确认的净收益。

(6) 第21行"盘盈利得"：填报纳税人在清查财产过程中查明的各种财产盘盈应确认的净收益。

(7) 第22行"捐赠利得"：填报纳税人接受的来自企业、组织或个人无偿给予的货币性资产、非货币性资产捐赠应确认的净收益。

(8) 第23行"罚没利得"：填报纳税人在日常经营管理活动中取得的罚款、没收收入应确认的净收益。

(9) 第24行"确实无法偿付的应付款项"：填报纳税人因确实无法偿付的应付款项而确认的收入。

(10) 第25行"汇兑收益"：填报纳税人取得企业外币货币性项目因汇率变动形成的收益应确认的收入。(该项目为执行小企业会计准则企业填报)

(11) 第26行"其他"：填报纳税人取得的上述项目未列举的其他营业外收入。包括：

1) 执行企业会计准则纳税人按权益法核算长期股权投资对初始投资成本调整确认的收益。

2) 执行小企业会计准则纳税人取得的出租包装物和商品的租金收入。

3) 逾期未退包装物押金收益等。

(二) A102010《一般企业成本支出明细表》

本表适用于除金融企业、事业单位和民间非营利组织外的企业填报。本表包含"营业成本"和"营业外支出"两部分。"营业成本"中包含"主营业务成本"和"其他业务成本"两部分。

纳税人应根据国家统一会计制度的规定，填报"主营业务成本""其他业务成本"和"营业外支出"。

1. A102010《一般企业成本支出明细表》的格式(如表9-11所示)

A102010
表9-11 一般企业成本支出明细表

行次	项目	金额
1	一、营业成本(2+9)	
2	(一)主营业务成本(3+5+6+7+8)	
3	1. 销售商品成本	
4	其中：非货币性资产交换成本	
5	2. 提供劳务成本	
6	3. 建造合同成本	
7	4. 让渡资产使用权成本	
8	5. 其他	
9	(二)其他业务成本(10+12+13+14+15)	
10	1. 销售材料成本	
11	其中：非货币性资产交换成本	
12	2. 出租固定资产成本	
13	3. 出租无形资产成本	
14	4. 包装物出租成本	
15	5. 其他	
16	二、营业外支出(17+18+19+20+21+22+23+24+25+26)	
17	(一)非流动资产处置损失	
18	(二)非货币性资产交换损失	
19	(三)债务重组损失	
20	(四)非常损失	
21	(五)捐赠支出	
22	(六)赞助支出	
23	(七)罚没支出	
24	(八)坏账损失	
25	(九)无法收回的债券股权投资损失	
26	(十)其他	

2. 有关项目填报说明

第一，"营业成本"的计算填报。

第1行"营业成本"：填报纳税人主要经营业务和其他经营业务发生的成本总额。本行根据"主营业务成本"和"其他业务成本"的数额计算填报。第1行=本表第2+9行。

第1行=表A100000第2行。

一是"主营业务成本"的计算填报。

(1)第2行"主营业务成本":根据不同行业的业务性质分别填报纳税人核算的主营业务成本。第2行=第3+5+6+7+8行。

(2)第3行"销售商品成本"。

1)填报纳税人从事工业制造、商品流通、农业生产以及其他商品销售活动发生的主营业务成本。

2)房地产开发企业销售开发产品(销售未完工开发产品除外)发生的成本也在此行填报。

(3)第4行"其中:非货币性资产交换成本":填报纳税人发生的非货币性资产交换按照国家统一会计制度应确认的销售商品成本。

(4)第5行"提供劳务成本":填报纳税人从事建筑安装、修理修配、交通运输、仓储租赁、邮电通信、咨询经纪、文化体育、科学研究、技术服务、教育培训、餐饮住宿、中介代理、卫生保健、社区服务、旅游、娱乐、加工以及其他劳务活动发生的主营业务成本。

(5)第6行"建造合同成本":填报纳税人建造房屋、道路、桥梁、水坝等建筑物,以及生产船舶、飞机、大型机械设备等发生的主营业务成本。

(6)第7行"让渡资产使用权成本":填报纳税人在主营业务成本核算的,让渡无形资产使用权而发生的使用费成本以及出租固定资产、无形资产、投资性房地产发生的租金成本。

(7)第8行"其他":填报纳税人按照国家统一会计制度核算、上述未列举的其他主营业务成本。

二是其他业务成本的计算填报。

(1)第9行"其他业务成本":根据不同行业的业务性质分别填报纳税人按照国家统一会计制度核算的其他业务成本。第9行=第10+12+13+14+15行。

(2)第10行"销售材料成本":填报纳税人销售材料、下脚料、废料、废旧物资等发生的成本。

(3)第11行"其中:非货币性资产交换成本":填报纳税人发生的非货币性资产交换按照国家统一会计制度应确认的材料销售成本。

(4)第12行"出租固定资产成本":填报纳税人将固定资产使用权让与承租人形成的出租固定资产成本。

(5)第13行"出租无形资产成本":填报纳税人让渡无形资产使用权形成的出租无形资产成本。

(6)第14行"包装物出租成本":填报纳税人出租、出借包装物形成的包装物出租成本。

(7)第15行"其他":填报纳税人按照国家统一会计制度核算,上述未列举的其他业务成本。

第二，营业外支出的计算填报。

（1）第16行"营业外支出"：填报纳税人计入本科目核算的与生产经营无直接关系的各项支出。第16行＝本表第17+18+…+26行。第16行＝表A100000第12行。

（2）第17行"非流动资产处置损失"：填报纳税人处置非流动资产形成的净损失。

（3）第18行"非货币性资产交换损失"：填报纳税人发生非货币性资产交换应确认的净损失。

（4）第19行"债务重组损失"：填报纳税人进行债务重组应确认的净损失。

（5）第20行"非常损失"：填报纳税人在营业外支出中核算的各项非正常的财产损失。

（6）第21行"捐赠支出"：填报纳税人无偿给予其他企业、组织或个人的货币性资产、非货币性资产的捐赠支出。

（7）第22行"赞助支出"：填报纳税人发生的货币性资产、非货币性资产赞助支出。

（8）第23行"罚没支出"：填报纳税人在日常经营管理活动中对外支付的各项罚款、没收收入的支出。

（9）第24行"坏账损失"：填报纳税人发生的各项坏账损失。（该项目为使用小企业会计准则企业填报）

（10）第25行"无法收回的债券股权投资损失"：填报纳税人各项无法收回的债券股权投资损失。（该项目为使用小企业会计准则企业填报）

（11）第26行"其他"：填报纳税人本期实际发生的在营业外支出核算的其他损失及支出。

（三）A104000《期间费用明细表》

本表适用于执行企业会计准则、小企业会计准则、企业会计制度、分行业会计制度的查账征收居民纳税人填报。

本表包含"销售费用""管理费用"和"财务费用"三部分内容。

纳税人应根据企业会计准则、小企业会计准则、企业会计、分行业会计制度规定，填报"销售费用""管理费用"和"财务费用"等项目。

1. A104000《期间费用明细表》格式（如表9-12所示）

A104000

表9-12　期间费用明细表

行次	项目	销售费用	其中：境外支付	管理费用	其中：境外支付	财务费用	其中：境外支付
		1	2	3	4	5	6
1	一、职工薪酬		*		*	*	*
2	二、劳务费					*	*
3	三、咨询顾问费					*	*

续表

行次	项目	销售费用	其中：境外支付	管理费用	其中：境外支付	财务费用	其中：境外支付
		1	2	3	4	5	6
4	四、业务招待费		*		*	*	*
5	五、广告费和业务宣传费		*		*	*	*
6	六、佣金和手续费						
7	七、资产折旧摊销费		*		*	*	*
8	八、财产损耗、盘亏及毁损损失		*		*	*	*
9	九、办公费		*		*	*	*
10	十、董事会费		*		*	*	*
11	十一、租赁费					*	*
12	十二、诉讼费		*		*	*	*
13	十三、差旅费		*		*	*	*
14	十四、保险费		*		*	*	*
15	十五、运输、仓储费						
16	十六、修理费					*	*
17	十七、包装费		*		*		
18	十八、技术转让费					*	*
19	十九、研究费用					*	*
20	二十、各项税费				*	*	*
21	二十一、利息收支	*	*	*	*		
22	二十二、汇兑差额	*	*	*	*		
23	二十三、现金折扣	*	*	*	*		*
24	二十四、党组织工作经费	*	*		*	*	*
25	二十五、其他						
26	合计(1+2+3+…25)						

拓展阅读 与 2014 版相比，2017 版《期间费用明细表》（A104000）的主要变化

为落实中央关于加强基层服务型党组织建设的有关精神，加强党建工作经费保障，增加第 24 行"二十四、党组织工作经费"填报项目。

2. 有关项目填报说明

(1)"销售费用"。

1)第 1 列"销售费用":填报在销售费用科目进行核算的相关明细项目的金额,其中金融企业填报在业务及管理费科目进行核算的相关明细项目的金额。

第 26 行第 1 列 = 本表第 1 列第 1+2+…+20+25 行。

第 26 行第 1 列 = 表 A100000 第 4 行。

2)第 2 列"其中:境外支付":填报在销售费用科目进行核算的向境外支付的相关明细项目的金额,其中金融企业填报在业务及管理费科目进行核算的相关明细项目的金额。

第 26 行第 2 列 = 本表第 2 列第 2+3+6+11+15+16+18+19+25 行。

(2)"管理费用"。

1)第 3 列"管理费用":填报在管理费用科目进行核算的相关明细项目的金额。

第 26 行第 3 列 = 本表第 3 列第 1+2+…+20+24+25 行。

第 26 行第 3 列 = 表 A100000 第 5 行。

2)第 4 列"其中:境外支付":填报在管理费用科目进行核算的向境外支付的相关明细项目的金额。

第 26 行第 4 列 = 本表第 4 列第 2+3+6+11+15+16+18+19+25 行。

(3)"财务费用"。

1)第 5 列"财务费用":填报在财务费用科目进行核算的有关明细项目的金额。

第 26 行第 5 列 = 本表第 5 列第 6+21+22+23+25 行。

第 26 行第 5 列 = 表 A100000 第 6 行

2)第 6 列"其中:境外支付":填报在财务费用科目进行核算的向境外支付的有关明细项目的金额。

第 26 行第 6 列 = 本表第 6 列第 6+21+22+25 行。

(4)第 1 行至第 25 行:根据费用科目核算的具体项目金额进行填报,如果贷方发生额大于借方发生额,应填报负数。

五、纳税调整明细表

纳税调整明细表有 1 张 1 级明细表、12 张 2 级附表。

(1)1 张 1 级明细表:A105000 纳税调整项目明细表。

(2)12 张 2 级附表。

A105010 视同销售和房地产开发企业特定业务纳税调整明细表

A105020 未按权责发生制确认收入纳税调整明细表

A105030 投资收益纳税调整明细表

A105040　专项用途财政性资金纳税调整明细表

A105050　职工薪酬支出及纳税调整明细表

A105060　广告费和业务宣传费跨年度纳税调整明细表

A105070　捐赠支出及纳税调整明细表

A105080　资产折旧、摊销及纳税调整明细表

A105090　资产损失税前扣除及纳税调整明细表

A105100　企业重组及递延纳税事项纳税调整明细表

A105110　政策性搬迁纳税调整明细表

A105120　特殊行业准备金及纳税调整明细表

本部分仅介绍 A105000、A105010、A105020、A105030、A105050、A105060、A105070、A105080、A105090、A105100 表。

(一)A105000《纳税调整项目明细表》

本表由纳税人根据税法、相关税收规定以及国家统一会计制度的规定，填报企业所得税涉税事项的会计处理、税务处理以及纳税调整情况。

1. A105000《纳税调整项目明细表》总体介绍

本表纳税调整项目按照"收入类调整项目""扣除类调整项目""资产类调整项目""特殊事项调整项目""特别纳税调整应税所得""其他"六大项分类填报汇总，并计算出纳税"调增金额"和"调减金额"的合计金额。

数据栏分别设置"账载金额""税收金额""调增金额""调减金额"四个栏次。"账载金额"是指纳税人按照国家统一会计制度规定核算的项目金额。"税收金额"是指纳税人按照税收规定计算的项目金额。

对需填报下级明细表的纳税调整项目，其"账载金额""税收金额""调增金额"，"调减金额"根据相应附表进行计算填报。

2. A105000《纳税调整项目明细表》的格式

依据国家税务总局 2018 年第 57 号关于修订《中华人民共和国企业所得税年度纳税申报表(A 类，2017 年版)》部分表单样式及填报说明的公告，对《纳税调整项目明细表》(A105000)进行了局部调整。

(1)将第 41 行"(五)有限合伙企业法人合伙方应分得的应纳税所得额"修订为"(五)合伙企业法人合伙人应分得的应纳税所得额"，使表述方式更为精准。

(2)为与修订后的《企业会计准则第 14 号——收入》(财会〔2017〕22 号发布，以下简称"新收入准则")衔接，修订第 44 行"六、其他"的填报说明，明确执行新收入准则纳税人的填报规则(见表 9-13)。

A105000

表 9-13　纳税调整项目明细表

行次	项目	账载金额 1	税收金额 2	调增金额 3	调减金额 4
1	一、收入类调整项目(2+3+…8+10+11)	*	*		
2	（一）视同销售收入（填写 A105010）	*			*
3	（二）未按权责发生制原则确认的收入（填写 A105020）				
4	（三）投资收益（填写 A105030）				
5	（四）按权益法核算长期股权投资对初始投资成本调整确认收益	*	*	*	
6	（五）交易性金融资产初始投资调整	*	*		*
7	（六）公允价值变动净损益		*		
8	（七）不征税收入				
9	其中：专项用途财政性资金（填写 A105040）	*	*		
10	（八）销售折扣、折让和退回				
11	（九）其他				
12	二、扣除类调整项目(13+14+…24+26+27+28+29+30)	*	*		
13	（一）视同销售成本（填写 A105010）	*		*	
14	（二）职工薪酬（填写 A105050）				
15	（三）业务招待费支出				*
16	（四）广告费和业务宣传费支出（填写 A105060）	*	*		
17	（五）捐赠支出（填写 A105070）				
18	（六）利息支出				
19	（七）罚金、罚款和被没收财物的损失		*		*
20	（八）税收滞纳金、加收利息		*		
21	（九）赞助支出		*		*
22	（十）与未实现融资收益相关在当期确认的财务费用				
23	（十一）佣金和手续费支出				*
24	（十二）不征税收入用于支出所形成的费用	*	*		*
25	其中：专项用途财政性资金用于支出所形成的费用（填写 A105040）	*	*		*
26	（十三）跨期扣除项目				

续表

行次	项目	账载金额	税收金额	调增金额	调减金额
		1	2	3	4
27	(十四)与取得收入无关的支出		*		*
28	(十五)境外所得分摊的共同支出	*	*		*
29	(十六)党组织工作经费				
30	(十七)其他				
31	三、资产类调整项目(32+33+34+35)	*	*		
32	(一)资产折旧、摊销(填写 A105080)				
33	(二)资产减值准备金		*		
34	(三)资产损失(填写 A105090)				
35	(四)其他				
36	四、特殊事项调整项目(37+38+…+42)	*	*		
37	(一)企业重组及递延纳税事项(填写 A105100)				
38	(二)政策性搬迁(填写 A105110)	*	*		
39	(三)特殊行业准备金(填写 A105120)				
40	(四)房地产开发企业特定业务计算的纳税调整额(填写 A105010)	*			
41	(五)合伙企业法人合伙人应分得的应纳税所得额				
42	(六)其他	*	*		
43	五、特别纳税调整应税所得	*	*		
44	六、其他	*	*		
45	合计(1+12+31+36+43+44)	*	*		

拓展阅读 与2014版相比，2017版《纳税调整项目明细表》（A105000)的主要变化

（1）为落实中央关于加强基层服务型党组织建设的有关精神，加强党建工作经费保障，满足"党组织工作经费"纳税调整需要，增加第29行"（十六）党组织工作经费"填报项目。

（2）由于填报内容发生变化，增加了技术入股等递延事项，将原第36行"（一）企业重组"项目名称调整为"（一）企业重组及递延纳税事项"。

（3）根据《财政部、国家税务总局关于合伙企业合伙人所得税问题的通知》（财税〔2008〕159号）规定，增加第41行"（五）合伙企业法人合伙人应分得的应纳税所得额"填报项目。

3. 填报说明

第一，收入类调整项目。

(1)第1行"一、收入类调整项目"：根据第2行至第11行(不含第9行)进行填报。第1行=第2+3+4+5+6+7+8+10+11行。

(2)第2行"(一)视同销售收入"：填报会计处理不确认为销售收入，税收规定确认应税收入的收入。根据《视同销售和房地产开发企业特定业务纳税调整明细表》(A105010)填报。

1)第2列"税收金额"为表A105010第1行第1列金额。

2)第3列"调增金额"为表A105010第1行第2列金额。

(3)第3行"(二)未按权责发生制原则确认的收入"：根据《未按权责发生制确认收入纳税调整明细表》(A105020)填报。

1)第1列"账载金额"为表A105020第14行第2列金额。

2)第2列"税收金额"为表A105020第14行第4列金额。

3)表A105020第14行第6列，若≥0，填入本行第3列"调增金额"。

第3行第3列=表A105020第14行第6列。

4)若表A105020第14行第6列<0，将绝对值填入本行第4列"调减金额"。

第3行第3列=表A105020第14行第6列的绝对值。

(4)第4行"(三)投资收益"：根据《投资收益纳税调整明细表》(A105030)填报。

1)第1列"账载金额"为表A105030第10行第1+8列的合计金额。

2)第2列"税收金额"为表A105030第10行第2+9列的合计金额。

3)表A105030第10行第11列，若≥0，填入本行第3列"调增金额"。

第4行第3列=表A105030第10行第11列。

4)若表A105030第10行第11列<0，将绝对值填入本行第4列"调减金额"。

第4行第4列=表A105030第10行第11列的绝对值。

(5)第5行"(四)按权益法核算长期股权投资对初始投资成本调整确认收益"。

第4列"调减金额"填报纳税人采取权益法核算，初始投资成本小于取得投资时应享有被投资单位可辨认净资产公允价值份额的差额计入取得投资当期的营业外收入的金额。

(6)第6行"(五)交易性金融资产初始投资调整"。

第3列"调增金额"填报纳税人根据税收规定确认交易性金融资产初始投资金额与会计核算的交易性金融资产初始投资账面价值的差额。

(7)第7行"(六)公允价值变动净损益"。

1)第1列"账载金额"填报纳税人会计核算的以公允价值计量的金融资产、金融负债以及投资性房地产类项目，计入当期损益的公允价值变动金额。

2)第1列≤0，将绝对值填入第3列"调增金额"。

3)若第1列>0,填入第4列"调减金额"。

(8)第8行"(七)不征税收入":填报纳税人计入收入总额但属于税收规定不征税的财政拨款、依法收取并纳入财政管理的行政事业性收费以及政府性基金和国务院规定的其他不征税收入。

1)第3列"调增金额"填报纳税人以前年度取得财政性资金且已作为不征税收入处理,在5年(60个月)内未发生支出且未缴回财政部门或其他拨付资金的政府部门,应计入应税收入额的金额。

2)第4列"调减金额"填报符合税收规定不征税收入条件并作为不征税收入处理,且已计入当期损益的金额。

(9)第9行"其中:专项用途财政性资金":根据《专项用途财政性资金纳税调整明细表》(A105040)填报。

1)第3列"调增金额"为表A105040第7行第14列金额。

2)第4列"调减金额"为表A105040第7行第4列金额。

(10)第10行"(八)销售折扣、折让和退回":填报不符合税收规定的销售折扣和折让应进行纳税调整的金额,和发生的销售退回因会计处理与税收规定有差异需纳税调整的金额。

1)第1列"账载金额"填报纳税人会计核算的销售折扣和折让金额及销货退回的追溯处理的净调整额。

2)第2列"税收金额"填报根据税收规定可以税前扣除的折扣和折让的金额及销货退回业务影响当期损益的金额。

3)第1列减第2列,若余额≥0,填入第3列"调增金额";若余额<0,将绝对值填入第4列"调减金额",第4列仅为销货退回影响损益的跨期时间性差异。

(11)第11行"(九)其他":填报其他因会计处理与税收规定有差异需纳税调整的收入类项目金额。

1)若第2列≥第1列,将第2-1列的余额填入第3列"调增金额"。

2)若第2列<第1列,将第2-1列余额的绝对值填入第4列"调减金额"。

第二,扣除类调整项目。

(1)第12行"二、扣除类调整项目":根据第13行至第30行(不含第25行)填报。第12行=第13+14+…+23+24+26+27+28+29+30行。

(2)第13行"(一)视同销售成本":填报会计处理不作为销售核算,税收规定作为应税收入对应的销售成本金额。根据《视同销售和房地产开发企业特定业务纳税调整明细表》(A105010)填报。

1)第2列"税收金额"为表A105010第11行第1列金额。

2)第4列"调减金额"为表A105010第11行第2列金额的绝对值。

(3)第14行"(二)职工薪酬":根据《职工薪酬支出及纳税调整明细表》(A105050)

填报。

1)第1列"账载金额"为表 A105050 第13行第1列金额。

2)第2列"税收金额"为表 A105050 第13行第5列金额。

3)表 A105050 第13行第6列，若≥0，填入本行第3列"调增金额"。

第14行第3列＝表 A105050 第13行第6列；

4)若表 A105050 第13行第6列<0，将绝对值填入本行第4列"调减金额"。

第14行第4列＝表 A105050 第13行第6列的绝对值。

(4)第15行"(三)业务招待费支出"。

1)第1列"账载金额"填报纳税人会计核算计入当期损益的业务招待费金额。

2)第2列"税收金额"填报按照税收规定允许税前扣除的业务招待费支出的金额。

3)第3列"调增金额"为第1-2列金额。

(5)第16行"(四)广告费和业务宣传费支出"：根据《广告费和业务宣传费跨年度纳税调整明细表》(A105060)填报。

1)表 A105060 第12行，若≥0，填入第3列"调增金额"。

第16行第3列＝表 A105060 第12行

2)若表 A105060 第12行<0，将绝对值填入第4列"调减金额"。

第16行第4列＝表 A105060 第12行的绝对值。

(6)第17行"(五)捐赠支出"：根据《捐赠支出及纳税调整明细表》(A105070)填报。

1)第1列"账载金额"为表 A105070 第8行第1列金额。

2)第2列"税收金额"为表 A105070 第8行第4列金额。

3)第3列"调增金额"为表 A105070 第8行第5列金额。

4)第4列"调减金额"为表 A105070 第8行第6列金额。

(7)第18行"(六)利息支出"。

1)第1列"账载金额"填报纳税人向非金融企业借款，会计核算计入当期损益的利息支出的金额。

2)第2列"税收金额"填报按照税收规定允许税前扣除的利息支出的金额。

3)若第1列≥第2列，将第1列减第2列余额填入第3列"调增金额"。

4)若第1列<第2列，将第1列减第2列余额的绝对值填入第4列"调减金额"。

(8)第19行"(七)罚金、罚款和被没收财物的损失"。

1)第1列"账载金额"填报纳税人会计核算计入当期损益的罚金、罚款和被罚没财物的损失，不包括纳税人按照经济合同规定支付的违约金(包括银行罚息)、罚款和诉讼费。

2)第3列"调增金额"等于第1列金额。

(9)第20行"(八)税收滞纳金、加收利息"。

1)第 1 列"账载金额"填报纳税人会计核算计入当期损益的税收滞纳金、加收利息。

2)第 3 列"调增金额"等于第 1 列金额。

(10)第 21 行"(九)赞助支出"。

1)第 1 列"账载金额"填报纳税人会计核算计入当期损益的不符合税收规定的公益性捐赠的赞助支出的金额,包括直接向受赠人的捐赠、赞助支出等(不含广告性的赞助支出,广告性的赞助支出在表 A105060 中调整)。

2)第 3 列"调增金额"等于第 1 列金额。

(11)第 22 行"(十)与未实现融资收益相关在当期确认的财务费用"。

1)第 1 列"账载金额"填报纳税人会计核算的与未实现融资收益相关并在当期确认的财务费用的金额。

2)第 2 列"税收金额"填报按照税收规定允许税前扣除的金额。

3)若第 1 列≥第 2 列,将第 1-2 列余额填入第 3 列"调增金额"。

4)若第 1 列<第 2 列,将第 1-2 列余额的绝对值填入第 4 列"调减金额"。

(12)第 23 行"(十一)佣金和手续费支出"。

1)第 1 列"账载金额"填报纳税人会计核算计入当期损益的佣金和手续费金额。

2)第 2 列"税收金额"填报按照税收规定允许税前扣除的佣金和手续费支出金额。

3)第 3 列"调增金额"为第 1-2 列的余额。

(13)第 24 行"(十二)不征税收入用于支出所形成的费用"。

第 3 列"调增金额"填报符合条件的不征税收入用于支出所形成的计入当期损益的费用化支出金额。

(14)第 25 行"其中:专项用途财政性资金用于支出所形成的费用":根据《专项用途财政性资金纳税调整明细表》(A105040)填报。

第 3 列"调增金额"为表 A105040 第 7 行第 11 列金额。

(15)第 26 行"(十三)跨期扣除项目":填报维简费、安全生产费用、预提费用、预计负债等跨期扣除项目调整情况。

1)第 1 列"账载金额"填报纳税人会计核算计入当期损益的跨期扣除项目金额。

2)第 2 列"税收金额"填报按照税收规定允许税前扣除的金额。

3)若第 1 列≥第 2 列,将第 1-2 列余额填入第 3 列"调增金额"。

4)若第 1 列<第 2 列,将第 1-2 列余额的绝对值填入第 4 列"调减金额"。

(16)第 27 行"(十四)与取得收入无关的支出"。

1)第 1 列"账载金额"填报纳税人会计核算计入当期损益的与取得收入无关的支出的金额。

2)第 3 列"调增金额"等于第 1 列金额。

(17)第 28 行"(十五)境外所得分摊的共同支出":

第 3 列"调增金额"为《境外所得纳税调整后所得明细表》(A108010)第 10 行第 16+

17列的合计金额。

（18）第29行"（十六）党组织工作经费"：填报纳税人根据有关文件规定，为创新基层党建工作、建立稳定的经费保障制度发生的党组织工作经费及纳税调整情况。

（19）第30行"（十七）其他"：填报其他因会计处理与税收规定有差异需纳税调整的扣除类项目金额。

1）若第1列≥第2列，将第1-2列余额填入第3列"调增金额"。

2）若第1列<第2列，将第1-2列余额的绝对值填入第4列"调减金额"。

第三，资产类调整项目。

（1）第31行"三、资产类调整项目"：填报资产类调整项目第32行至第35行的合计金额。

第31行=第32+33+34+35行。

（2）第32行"（一）资产折旧、摊销"：根据《资产折旧、摊销及纳税调整明细表》（A105080）填报。

1）第1列"账载金额"为表A105080第39行第2列金额。

2）第2列"税收金额"为表A105080第39行第5列金额。

3）表A105080第39行第9列，若≥0，填入本行第3列"调增金额"。

第32行第3列=表A105080第39行第9列

4）若表A105080第39行第9列<0，将绝对值填入本行第4列"调减金额"。

第32行第4列=表A105080第39行第9列的绝对值。

（3）第33行"（二）资产减值准备金"：填报坏账准备、存货跌价准备、理赔费用准备金等不允许税前扣除的各类资产减值准备金纳税调整情况。

1）第1列"账载金额"填报纳税人会计核算计入当期损益的资产减值准备金金额（因价值恢复等原因转回的资产减值准备金应予以冲回）。

2）第1列，若≥0，填入第3列"调增金额"；若<0，将绝对值填入第4列"调减金额"。

（4）第34行"（三）资产损失"：根据《资产损失税前扣除及纳税调整明细表》（A105090）填报。

1）第1列"账载金额"为表A105090第14行第1列金额。

2）第2列"税收金额"为表A105090第14行第5列金额。

3）表A105090第14行第6列，若≥0，填入本行第3列"调增金额"。

第34行第3列=表A105090第14行第6列

4）若表A105090第14行第6列<0，将绝对值填入本行第4列"调减金额"。

第34行第4列=表A105090第14行第6列的绝对值。

（5）第35行"（四）其他"：填报其他因会计处理与税收规定有差异需纳税调整的资产类项目金额。

1)若第1列≥第2列,将第1-2列余额填入第3列"调增金额"。

2)若第1列<第2列,将第1-2列余额的绝对值填入第4列"调减金额"。

第四,特殊事项调整项目。

(1)第36行"四、特殊事项调整项目":填报特殊事项调整项目第37行至第42行的合计金额。第36行=第37+38+39+40+41+42行。

(2)第37行"(一)企业重组及递延纳税事项":根据《企业重组及递延纳税事项纳税调整明细表》(A105100)填报。

1)第1列"账载金额"为表A105100第16行第1+4列金额。

2)第2列"税收金额"为表A105100第16行第2+5列金额。

3)表A105100第16行第7列,若≥0,填入本行第3列"调增金额"。

第37行第3列=表A105100第16行第7列

4)若表A105100第16行第7列<0,将绝对值填入本行第4列"调减金额"。

第37行第4列=表A105100第16行第7列的绝对值。

(3)第38行"(二)政策性搬迁":根据《政策性搬迁纳税调整明细表》(A105110)填报。

1)若表A105110第24行,若≥0,填入本行第3列"调增金额"。

第38行第3列=表A105110第24行

2)若表A105110第24行<0,将绝对值填入本行第4列"调减金额"。

第38行第4列=表A105110第24行的绝对值。

(4)第39行"(三)特殊行业准备金":根据《特殊行业准备金及纳税调整明细表》(A105120)填报。

1)第1列"账载金额"为表A105120第43行第1列金额。

2)第2列"税收金额"为表A105120第43行第2列金额。

3)表A105120第43行第3列,若≥0,填入本行第3列"调增金额"。

第39行第3列=表A105120第43行第3列

4)若表A105120第43行第3列<0,将绝对值填入本行第4列"调减金额"。

第39行第4列=表A105120第43行第3列的绝对值。

(5)第40行"(四)房地产开发企业特定业务计算的纳税调整额":根据《视同销售和房地产开发企业特定业务纳税调整明细表》(A105010)填报。

1)第2列"税收金额"为表A105010第21行第1列金额。

2)表A105010第21行第2列,若≥0,填入本行第3列"调增金额"。

第40行第3列=表A105010第21行第1列

3)若表A105010第21行第2列<0,将绝对值填入本行第4列"调减金额"。

第40行第4列=表A105010第21行第1列的绝对值。

(6)第41行"(五)合伙企业法人合伙人分得的应纳税所得额"。

1）第 1 列"账载金额"填报有限合伙企业法人合伙方本年会计核算上确认的对有限合伙企业的投资所得。

2）第 2 列"税收金额"填报纳税人按照"先分后税"原则和《财政部 国家税务总局关于合伙企业合伙人所得税问题的通知》（财税〔2008〕159 号）文件第四条规定计算的从合伙企业分得的法人合伙方应纳税所得额。

3）若第 1 列≤第 2 列，将第 2-1 列余额填入第 3 列"调增金额"。

4）若第 1 列＞第 2 列，将第 2-1 列余额的绝对值填入第 4 列"调减金额"。

（7）第 42 行"（六）其他"：填报其他因会计处理与税收规定有差异需纳税调整的特殊事项金额。

第五，特殊纳税调整所得项目和其他。

（1）第 43 行"五、特别纳税调整应税所得"。

1）第 3 列"调增金额"填报纳税人按特别纳税调整规定自行调增的当年应税所得。

2）第 4 列"调减金额"填报纳税人依据双边预约定价安排或者转让定价相应调整磋商结果的通知，需要调减的当年应税所得。

（2）第 44 行"六、其他"：填报其他会计处理与税收规定存在差异需纳税调整的项目金额，包括企业执行《企业会计准则第 14 号——收入》（财会〔2017〕22 号发布）产生的税会差异纳税调整金额。

（3）第 45 行"合计"：填报第 1+12+31+36+43+44 行的合计金额。

第 45 行＝本表第 1+12+31+36+43+44 行。

1）第 45 行第 3 列＝表 A100000 第 15 行。

2）第 45 行第 4 列＝表 A100000 第 16 行。

（二）A105010《视同销售和房地产开发企业特定业务纳税调整明细表》

本表适用于发生视同销售、房地产企业特定业务纳税调整项目的纳税人填报。纳税人根据税法、《国家税务总局关于企业处置资产所得税处理问题的通知》（国税函〔2008〕828 号）、《国家税务总局关于印发〈房地产开发经营业务企业所得税处理办法〉的通知》（国税发〔2009〕31 号）、《国家税务总局关于企业所得税有关问题的公告》（国家税务总局公告 2016 年第 80 号）等相关规定，以及国家统一企业会计制度，填报视同销售行为、房地产企业销售未完工产品、未完工产品转完工产品特定业务的税收规定及纳税调整情况。

本表共分三部分内容。

（1）视同销售（营业）收入。

（2）视同销售（营业）成本。

（3）房地产开发企业特定业务计算的纳税调整额。

1. A105010《视同销售和房地产开发企业特定业务纳税调整明细表》的格式(如表9-14所示)

A105010　　　　表9-14　视同销售和房地产开发企业特定业务纳税调整明细表

行次	项目	税收金额	纳税调整金额
		1	2
1	一、视同销售(营业)收入(2+3+4+5+6+7+8+9+10)		
2	(一)非货币性资产交换视同销售收入		
3	(二)用于市场推广或销售视同销售收入		
4	(三)用于交际应酬视同销售收入		
5	(四)用于职工奖励或福利视同销售收入		
6	(五)用于股息分配视同销售收入		
7	(六)用于对外捐赠视同销售收入		
8	(七)用于对外投资项目视同销售收入		
9	(八)提供劳务视同销售收入		
10	(九)其他		
11	二、视同销售(营业)成本(12+13+14+15+16+17+18+19+20)		
12	(一)非货币性资产交换视同销售成本		
13	(二)用于市场推广或销售视同销售成本		
14	(三)用于交际应酬视同销售成本		
15	(四)用于职工奖励或福利视同销售成本		
16	(五)用于股息分配视同销售成本		
17	(六)用于对外捐赠视同销售成本		
18	(七)用于对外投资项目视同销售成本		
19	(八)提供劳务视同销售成本		
20	(九)其他		
21	三、房地产开发企业特定业务计算的纳税调整额(22-26)		
22	(一)房地产企业销售未完工开发产品特定业务计算的纳税调整额(24-25)		
23	1.销售未完工产品的收入		*
24	2.销售未完工产品预计毛利额		
25	3.实际发生的税金及附加、土地增值税		
26	(二)房地产企业销售的未完工产品转完工产品特定业务计算的纳税调整额(28-29)		
27	1.销售未完工产品转完工产品确认的销售收入		*
28	2.转回的销售未完工产品预计毛利额		
29	3.转回实际发生的税金及附加、土地增值税		

> **拓展阅读** 与2014版相比，2017版《视同销售和房地产开发企业特定业务纳税调整明细表》(A105010)的主要变化
>
> 根据《财政部关于印发〈增值税会计处理规定〉的通知》(财会〔2016〕22号)将"营业税金及附加"会计科目名称调整为"税金及附加"的规定，将原第25行"3.实际发生的营业税金及附加、土地增值税"项目名称调整为"3.实际发生的税金及附加、土地增值税"，将原第29行"3.转回实际发生的营业税金及附加、土地增值税"项目名称调整为"3.转回实际发生的税金及附加、土地增值税"。

2. 有关项目填报说明

第一，视同销售（营业）收入。

(1) 第1行"一、视同销售收入"：填报会计处理不确认销售收入，而税收规定确认为应税收入的金额。第1行=第2+3+…+10行。

1) 第1列"税收金额"填报税收确认的应税收入金额；第1行第1列=表A105000第2行第2列。

2) 第2列"纳税调整金额"等于第1列"税收金额"。第1行第2列=表A105000第2行第3列。

(2) 第2行"（一）非货币性资产交换视同销售收入"：填报发生非货币性资产交换业务，会计处理不确认销售收入，而税收规定确认为应税收入的金额。

1) 第1列"税收金额"填报税收确认的应税收入金额。

2) 第2列"纳税调整金额"等于第1列"税收金额"。

(3) 第3行"（二）用于市场推广或销售视同销售收入"：填报发生将货物、财产用于市场推广、广告、样品、集资、销售等，会计处理不确认销售收入，而税收规定确认为应税收入的金额。填列方法同第2行。

(4) 第4行"（三）用于交际应酬视同销售收入"：填报发生将货物、财产用于交际应酬，会计处理不确认销售收入，而税收规定确认为应税收入的金额。填列方法同第2行。

(5) 第5行"（四）用于职工奖励或福利视同销售收入"：填报发生将货物、财产用于职工奖励或福利，会计处理不确认销售收入，而税收规定确认为应税收入的金额。

企业外购资产或服务不以销售为目的，用于替代职工福利费用支出，且购置后在一个纳税年度内处置的，以公允价值确定视同销售收入。填列方法同第2行。

(6) 第6行"（五）用于股息分配视同销售收入"：填报发生将货物、财产用于股息分配，会计处理不确认销售收入，而税收规定确认为应税收入的金额。填列方法同第2行。

(7) 第7行"（六）用于对外捐赠视同销售收入"：填报发生将货物、财产用于对外

捐赠或赞助,会计处理不确认销售收入,而税收规定确认为应税收入的金额。填列方法同第 2 行。

(8)第 8 行"(七)用于对外投资项目视同销售收入":填报发生将货物、财产用于对外投资,会计处理不确认销售收入,而税收规定确认为应税收入的金额。填列方法同第 2 行。

(9)第 9 行"(八)提供劳务视同销售收入":填报发生对外提供劳务,会计处理不确认销售收入,而税收规定确认为应税收入的金额。填列方法同第 2 行。

(10)第 10 行"(九)其他":填报发生除上述列举情形外,会计处理不作为销售收入核算,而税收规定确认为应税收入的金额。填列方法同第 2 行。

第二,视同销售成本。

(1)第 11 行"一、视同销售成本":填报会计处理不确认销售收入,税收规定确认为应税收入对应的视同销售成本金额。第 11 行=第 12+13+…+20 行。

1)第 1 列"税收金额"填报予以税前扣除的视同销售成本金额;第 11 行第 1 列=表 A105000 第 13 行第 2 列。

2)将第 1 列税收金额以负数形式填报第 2 列"纳税调整金额"。第 11 行第 2 列的绝对值=表 A105000 第 13 行第 4 列。

(2)第 12 行"(一)非货币性资产交换视同销售成本":填报发生非货币性资产交换业务,会计处理不确认销售收入,税收规定确认为应税收入所对应的应予以税前扣除的视同销售成本金额。

1)第 1 列"税收金额"填报予以扣除的视同销售成本金额。

2)将第 1 列税收金额以负数形式填报第 2 列"纳税调整金额"。

(3)第 13 行"(二)用于市场推广或销售视同销售成本":填报发生将货物、财产用于市场推广、广告、样品、集资、销售等,会计处理不确认销售收入,税收规定确认为应税收入时,其对应的应予以税前扣除的视同销售成本金额。填列方法同第 12 行。

(4)第 14 行"(三)用于交际应酬视同销售成本":填报发生将货物、财产用于交际应酬,会计处理不确认销售收入,税收规定确认为应税收入时,其对应的应予以税前扣除的视同销售成本金额。填列方法同第 12 行。

(5)第 15 行"(四)用于职工奖励或福利视同销售成本":填报发生将货物、财产用于职工奖励或福利,会计处理不确认销售收入,税收规定确认为应税收入时,其对应的应予以税前扣除的视同销售成本金额。填列方法同第 12 行。

(6)第 16 行"(五)用于股息分配视同销售成本":填报发生将货物、财产用于股息分配,会计处理不确认销售收入,税收规定确认为应税收入时,其对应的应予以税前扣除的视同销售成本金额。填列方法同第 12 行。

(7)第 17 行"(六)用于对外捐赠视同销售成本":填报发生将货物、财产用于对外捐赠或赞助,会计处理不确认销售收入,税收规定确认为应税收入时,其对应的应予以税前扣除的视同销售成本金额。填列方法同第12行。

(8)第18行"(七)用于对外投资项目视同销售成本":填报会计处理发生将货物、财产用于对外投资，会计处理不确认销售收入，税收规定确认为应税收入时，其对应的应予以税前扣除的视同销售成本金额。填列方法同第12行。

(9)第19行"(八)提供劳务视同销售成本":填报会计处理发生对外提供劳务，会计处理不确认销售收入，税收规定确认为应税收入时，其对应的应予以税前扣除视同销售成本金额。填列方法同第12行。

(10)第20行"(九)其他":填报发生除上述列举情形外，会计处理不确认销售收入，税收规定确认为应税收入的同时，予以税前扣除视同销售成本金额。填列方法同第12行。

第三，房地产开发企业特定业务计算的纳税调整额。

(1)第21行"三、房地产开发企业特定业务计算的纳税调整额":填报房地产企业发生销售未完工产品、未完工产品结转完工产品业务，按照税收规定计算的特定业务的纳税调整额。第21行=第22-26行。

1)第1列"税收金额"填报第22行第1列减去第26行第1列的余额；第21行第1列=表A105000第40行第2列。

2)第2列"纳税调整金额"等于第1列"税收金额"。

①若第21行第2列≥0，第21行第2列=表A105000第40行第3列。

②若第21行第2列<0，第21行第2列的绝对值=表A105000第40行第4列。

(2)第22行"(一)房地产企业销售未完工开发产品特定业务计算的纳税调整额"：填报房地产企业销售未完工开发产品取得销售收入，按税收规定计算的纳税调整额。第22行=第24-25行。

1)第1列"税收金额"填报第24行第1列减去第25行第1列的余额。

2)第2列"纳税调整金额"等于第1列"税收金额"。

(3)第23行"1.销售未完工产品的收入"。

第1列"税收金额"填报房地产企业销售未完工开发产品，会计核算未进行收入确认的销售收入金额。

(4)第24行"2.销售未完工产品预计毛利额"。

1)第1列"税收金额"填报房地产企业销售未完工产品取得的销售收入按税收规定预计计税毛利率计算的金额。

2)第2列"纳税调整金额"等于第1列"税收金额"。

(5)第25行"3.实际发生的税金及附加、土地增值税"。

1)第1列"税收金额"填报房地产企业销售未完工产品实际发生的税金及附加、土地增值税，且在会计核算中未计入当期损益的金额。

2)第2列"纳税调整金额"等于第1列"税收金额"。

(6)第26行"(二)房地产企业销售的未完工产品转完工产品特定业务计算的纳税调整额":填报房地产企业销售的未完工产品转完工产品,按税收规定计算的纳税调整额。第26行=第28-29行。

1)第1列"税收金额"填报第28行第1列减去第29行第1列的余额。

2)第2列"纳税调整金额"等于第1列"税收金额"。

(7)第27行"1.销售未完工产品转完工产品确认的销售收入"。

第1列"税收金额"填报房地产企业销售的未完工产品,此前年度已按预计毛利额征收所得税,本年度结转为完工产品,会计上符合收入确认条件,当年会计核算确认的销售收入金额。

(8)第28行"2.转回的销售未完工产品预计毛利额"。

1)第1列"税收金额"填报房地产企业销售的未完工产品,此前年度已按预计毛利额征收所得税,本年结转完工产品,会计核算确认为销售收入,转回原按税收规定预计计税毛利率计算的金额。

2)第2列"纳税调整金额"等于第1列"税收金额"。

(9)第29行"3.转回实际发生的税金及附加、土地增值税":填报房地产企业销售的未完工产品结转完工产品后,会计核算确认为销售收入,同时将对应实际发生的税金及附加、土地增值税转入当期损益的金额。

第2列"纳税调整金额"等于第1列"税收金额"。

(三)A105020《未按权责发生制确认收入纳税调整明细表》

1. A105020《未按权责发生制确认收入纳税调整明细表》的格式(如表9-15所示)

A105020

表9-15 未按权责发生制确认收入纳税调整明细表

行次	项目	合同金额（交易金额）	账载金额 本年	账载金额 累计	税收金额 本年	税收金额 累计	纳税调整金额
		1	2	3	4	5	6(4-2)
1	一、跨期收取的租金、利息、特许权使用费收入(2+3+4)						
2	(一)租金						
3	(二)利息						
4	(三)特许权使用费						
5	二、分期确认收入(6+7+8)						
6	(一)分期收款方式销售货物收入						
7	(二)持续时间超过12个月的建造合同收入						
8	(三)其他分期确认收入						
9	三、政府补助递延收入(10+11+12)						

续表

行次	项目	合同金额（交易金额）	账载金额 本年	账载金额 累计	税收金额 本年	税收金额 累计	纳税调整金额
		1	2	3	4	5	6(4-2)
10	（一）与收益相关的政府补助						
11	（二）与资产相关的政府补助						
12	（三）其他						
13	四、其他未按权责发生制确认收入						
14	合计（1+5+9+13）						

本表适用于会计处理按权责发生制确认收入、税收规定未按权责发生制确认收入需纳税调整的纳税人填报。本表包含四部分内容：跨期收取的租金、利息、特许权使用费收入；分期确认收入；政府补助递延收入；其他未按权责发生制确认收入。

纳税人根据税法、《国家税务总局关于贯彻落实企业所得税法若干税收问题的通知》（国税函〔2010〕79号）、《国家税务总局关于确认企业所得税收入若干问题的通知》（国税函〔2008〕875号）等相关规定，以及国家统一企业会计制度，填报会计处理按照权责发生制确认收入、税收规定未按权责发生制确认收入的会计处理、税收规定，以及纳税调整情况。

符合税收规定不征税收入条件的政府补助收入，本表不作调整，在《专项用途财政性资金纳税调整明细表》（A105040）中纳税调整。

2. 有关项目填报说明

（1）第1列"合同金额或交易金额"：填报会计处理按照权责发生制确认收入、税收规定未按权责发生制确认收入的项目的合同总额或交易总额。

（2）第2列"账载金额-本年"：填报纳税人会计处理按权责发生制在本期确认金额。

（3）第3列"账载金额-累计"：填报纳税人会计处理按权责发生制累计确认金额（含本年）。

（4）第4列"税收金额-本年"：填报纳税人按税收规定未按权责发生制在本期确认金额。

（5）第5列"税收金额-累计"：填报纳税人按税收规定未按权责发生制累计确认金额（含本年）。

（6）第6列"纳税调整金额"：填报纳税人会计处理按权责发生制确认收入、税收规定未按权责发生制确认收入的差异需纳税调整金额。

第6列"纳税调整金额"=第4列"税收金额-本年"-第2列"账载金额-本年"。

3. 表内关系

（1）第1行"跨期收取的租金、利息、特许权使用费收入"=第2行"租金"+第3行

"利息"+第4行"特许权使用费"。

（2）第5行"分期确认收入"=第6行"分期收款方式销售货物收入"+第7行"持续时间超过12个月的建造合同收入"+第8行"其他分期确认收入"。

（3）第9行"政府补助递延收入"=第10行"与收益相关的政府补助"+第11行"与资产相关的政府补助"+第12行"其他"。

（4）第14行"合计"=第1行"跨期收取的租金、利息、特许权使用费收入"+第5行"分期确认收入"+第9行"政府补助递延收入"+第13行"其他未按权责发生制确认收入"。

4. 表间关系

（1）第14行"合计"第2列"账载金额－本年"＝表A105000第3行"未按权责发生制原则确认的收入（填写A105020）"第1列"账载金额"。

（2）第14行"合计"第4列"税收金额－本年"＝表A105000第3行"未按权责发生制原则确认的收入（填写A105020）"第2列"税收金额"。

（3）若第14行"合计"第6列"纳税调整金额"≥0，第14行"合计"第6列"纳税调整金额"＝表A105000第3行"未按权责发生制原则确认的收入（填写A105020）"第3列"调增金额"。

若第14行"合计"第6列"纳税调整金额"＜0，第14行"合计"第6列"纳税调整金额"绝对值＝表A105000第3行"未按权责发生制原则确认的收入（填写A105020）"第4列"调减金额"。

（四）A105030《投资收益纳税调整明细表》

1. A105030《投资收益纳税调整明细表》简介

本表适用于发生投资收益纳税调整项目的纳税人及从事股权投资业务的纳税人填报。

本表包含三大部分内容：持有收益、处置收益和纳税调整金额。

纳税人根据税法、《国家税务总局关于贯彻落实企业所得税法若干税收问题的通知》（国税函〔2010〕79号）等相关规定，以及国家统一企业会计制度，填报投资收益的会计处理、税收规定，以及纳税调整情况。

2. 本表不作调整事项

（1）发生持有期间投资收益，并按税收规定为减免税收入的（如国债利息收入等），本表不作调整。

（2）处置投资项目按税收规定确认为损失的，本表不作调整，在《资产损失税前扣除及纳税调整明细表》（A105090）进行纳税调整。

（3）处置投资项目符合企业重组且适用特殊性税务处理规定的，本表不作调整，在《企业重组及递延纳税事项纳税调整明细表》（A105100）进行纳税调整。

3. A105030《投资收益纳税调整明细表》的格式（如表9-16所示）

A105030

表 9-16　投资收益纳税调整明细表

行次	项目	持有收益			处置收益						纳税调整金额
		账载金额	税收金额	纳税调整金额	会计确认的处置收入	税收计算的处置收入	处置投资的账面价值	处置投资的计税基础	会计确认的处置所得或损失	税收计算的处置所得	纳税调整金额	
		1	2	3(2-1)	4	5	6	7	8(4-6)	9(5-7)	10(9-8)	11(3+10)
1	一、交易性金融资产											
2	二、可供出售金融资产											
3	三、持有至到期投资											
4	四、衍生工具											
5	五、交易性金融负债											
6	六、长期股权投资											
7	七、短期投资											
8	八、长期债券投资											
9	九、其他											
10	合计(1+2+3+4+5+6+7+8+9)											

4. 有关项目填报说明

依据国家税务总局 2018 年第 57 号关于修订《中华人民共和国企业所得税年度纳税申报表（A 类，2017 年版）》部分表单样式及填报说明的公告，仅对《投资收益纳税调整明细表》（A105030）的填报说明进行了修订。

已执行《企业会计准则第 22 号——金融工具确认和计量》（财会〔2017〕7 号发布）、《企业会计准则第 23 号——金融资产转移》（财会〔2017〕8 号发布）、《企业会计准则第 24 号——套期会计》（财会〔2017〕9 号发布）、《企业会计准则第 37 号——金融工具列报》（财会〔2017〕14 号发布）（以上四项简称"新金融准则"）的纳税人，若投资收益的项目类别不为本表第 1 行至第 8 行的，则在第 9 行"九、其他"中填报相关会计处理、税收规定，以及纳税调整情况。

第一，持有收益。

(1)第 1 列"账载金额"：填报纳税人持有投资项目，会计核算确认的投资收益。

(2)第 2 列"税收金额"：填报纳税人持有投资项目，按照税收规定确认的投资收益。

(3)第 3 列"纳税调整金额"：填报纳税人持有投资项目，会计核算确认投资收益与税收规定投资收益的差异需纳税调整金额。第 3 列=第 2-1 列。

第二，处置收益。

(1) 第 4 列"会计确认的处置收入"：填报纳税人收回、转让或清算处置投资项目，会计核算确认的扣除相关税费后的处置收入金额。

(2) 第 5 列"税收计算的处置收入"：填报纳税人收回、转让或清算处置投资项目，按照税收规定计算的扣除相关税费后的处置收入金额。

(3) 第 6 列"处置投资的账面价值"：填报纳税人收回、转让或清算处置的投资项目，会计核算的处置投资的账面价值。

(4) 第 7 列"处置投资的计税基础"：填报纳税人收回、转让或清算处置的投资项目，按税收规定计算的处置投资的计税金额。

(5) 第 8 列"会计确认的处置所得或损失"：填报纳税人收回、转让或清算处置投资项目，会计核算确认的处置所得或损失，第 8 列＝第 4−6 列。损失以"−"号填列。

(6) 第 9 列"税收计算的处置所得"：填报纳税人收回、转让或清算处置投资项目，按照税收规定计算的处置所得，第 9 列＝第 5−7 列。

(7) 第 10 列"纳税调整金额"：填报纳税人收回、转让或清算处置投资项目，会计处理与税收规定不一致需纳税调整金额。第 10 列＝第 9−8 列。

第三，纳税调整金额。

第 11 列"纳税调整金额"：第 11 列＝第 3+10 列。

5. 表内、表间关系

(1) 第 10 行"合计"＝第 1+2+3+4+5+6+7+8+9 行。

(2) 第 10 行"合计"第 1 列"持有收益−账载金额"+第 8 列"处置收益−会计确认的处置所得或损失"＝表 A105000 第 4 行"投资收益（填写 A105030）"第 1 列"账载金额"。

(3) 第 10 行"合计"第 2 列"持有收益−税收金额"+第 9 列"处置收益−税收计算的处置所得"＝表 A105000 第 4 行"投资收益（填写 A105030）"第 2 列"税收金额"。

(4) 若第 10 行"合计"第 11 列"纳税调整金额"≥0，第 10 行"合计"第 11 列"纳税调整金额"＝表 A105000 第 4 行"投资收益（填写 A105030）"第 3 列"调增金额"；

若第 10 行"合计"第 11 列"纳税调整金额"<0，第 10 行"合计"第 11 列"纳税调整金额"绝对值＝表 A105000 第 4 行"投资收益（填写 A105030）"第 4 列"调减金额"。

(五) A105050《职工薪酬支出及纳税调整明细表》

纳税人根据税法、《国家税务总局关于企业工资薪金及职工福利费扣除问题的通知》（国税函〔2009〕3 号）、《财政部 国家税务总局关于扶持动漫产业发展有关税收政策问题的通知》（财税〔2009〕65 号）、《财政部 国家税务总局关于进一步鼓励软件产业和集成电路产业发展企业所得税政策的通知》（财税〔2012〕27 号）、《国家税务总局关于我国居民企业实行股权激励计划有关企业所得税处理问题的公告》（国家税务总局公告 2012 年第 18 号）、《财政部 国家税务总局 商务部 科技部国家发展改革委关于完善技术先进型服务企业有关企业所得税政策问题的通知》（财税〔2014〕59 号）、《国家税务总局关于企业工资薪金和职工福利费等支出税前扣除问题的公告》（国家税务总局公告2015年第34号）、《财政部 税务总局关于企业职工教育经费税前扣除政策的通知》（财税〔2018〕51号）等相关规定等相关规定，以及国家统一企业会计制度，填报纳税人职工薪酬会计处理、税收规定，以及纳税调整情况。

1. A105050《职工薪酬支出及纳税调整明细表》的格式

依据国家税务总局2018年第57号关于修订《中华人民共和国企业所得税年度纳税申报表（A类，2017年版）》部分表单样式及填报说明的公告，对《纳税调整项目明细表》（A105000）进行了局部调整。

（1）修订第2行第5列"股权激励\税收金额"的填报规则，规定第2行第5列按第2行第2列金额填报；

（2）修订第5行第5列"按税收规定比例扣除的职工教育经费\税收金额"与第5行第7列"按税收规定比例扣除的职工教育经费\累计结转以后年度扣除额"的表间关系，规定第5行第5列按本表第1行第5列×税收规定扣除率后的金额，与第5行第2+4列金额的孰小值填报，第5行第7列按第5行第2+4-5列金额填报（见表9-17）。

A105050　　　　　　　　表9-17　职工薪酬支出及纳税调整明细表

行次	项目	账载金额	实际发生额	税收规定扣除率	以前年度累计结转扣除额	税收金额	纳税调整金额	累计结转以后年度扣除额
		1	2	3	4	5	6(1-5)	7(2+4-5)
1	一、工资薪金支出			*	*			*
2	其中：股权激励			*	*			*
3	二、职工福利费支出				*			*
4	三、职工教育经费支出			*				
5	其中：按税收规定比例扣除的职工教育经费							
6	按税收规定全额扣除的职工培训费用				*			*
7	四、工会经费支出							
8	五、各类基本社会保障性缴款			*	*			*
9	六、住房公积金			*	*			*
10	七、补充养老保险				*			*
11	八、补充医疗保险				*			*
12	九、其他				*			*
13	合计（1+3+4+7+8+9+10+11+12）			*				

2. 有关项目填报说明

(1) 第1行"一、工资薪金支出":填报纳税人本年度支付给在本企业任职或者受雇的员工的所有现金形式或非现金形式的劳动报酬及其会计核算、纳税调整等金额,具体如下。

1) 第1列"账载金额":填报纳税人会计核算计入成本费用的职工工资、奖金、津贴和补贴金额。

2) 第2列"实际发生额":分析填报纳税人"应付职工薪酬"会计科目借方发生额(实际发放的工资薪金)。

3) 第5列"税收金额":填报纳税人按照税收规定允许税前扣除的金额,按照第1列和第2列分析填报。

4) 第6列"纳税调整金额":第6列=第1-5列。

(2) 第2行"其中:股权激励":本行由执行《上市公司股权激励管理办法》(中国证券监督管理委员会令第126号)的纳税人填报,具体如下。

1) 第1列"账载金额":填报纳税人按照国家有关规定建立职工股权激励计划,会计核算计入成本费用的金额。

2) 第2列"实际发生额":填报纳税人根据本年实际行权时股权的公允价格与激励对象实际行权支付价格的差额和数量计算确定的金额。

3) 第5列"税收金额":填报行权时按照税收规定允许税前扣除的金额,按第2列金额填报。

4) 第6列"纳税调整金额":第6列=第1-5列。

(3) 第3行"二、职工福利费支出":填报纳税人本年度发生的职工福利费及其会计核算、纳税调整等金额,具体如下。

1) 第1列"账载金额":填报纳税人会计核算计入成本费用的职工福利费的金额。

2) 第2列"实际发生额":分析填报纳税人"应付职工薪酬"会计科目下的职工福利费用实际发生额。

3) 第3列"税收规定扣除率":填报税收规定的扣除比例(14%)。

4) 第5列"税收金额":填报按照税收规定允许税前扣除的金额,按第1行第5列"工资薪金支出-税收金额"×14%、本表第3行第1列"职工福利费支出-账载金额"、本表第3行第2列"职工福利费支出-实际发生额"三者孰小值填报。

5) 第6列"纳税调整金额":第6列=第1-5列。

(4) 第4行"三、职工教育经费支出":第4行=第5行或第5+6行。

(5) 第5行"其中:按税收规定比例扣除的职工教育经费":适用于按照税收规定职工教育经费按比例税前扣除的纳税人填报,具体如下。

1) 第1列"账载金额"填报纳税人会计核算计入成本费用的金额,不包括第6行可全额扣除的职工培训费用金额。

2）第 2 列"实际发生额"：分析填报纳税人"应付职工薪酬"会计科目下的职工教育经费实际发生额，不包括第 6 行可全额扣除的职工培训费用金额。

3）第 3 列"税收规定扣除率"：填报税收规定的扣除比例。

4）第 4 列"以前年度累计结转扣除额"：填报纳税人以前年度累计结转准予扣除的职工教育经费支出余额。

5）第 5 列"税收金额"：填报纳税人按照税收规定允许税前扣除的金额（不包括第 6 行"按税收规定全额扣除的职工培训费用"金额），按第 1 行第 5 列"工资薪金支出\税收金额"×税收规定扣除率与第 2+4 列的孰小值填报。

6）第 6 列"纳税调整金额"：第 6 列＝第 1-5 列。

7）第 7 列"累计结转以后年度扣除额"：填报第 2+4-5 列金额。

相 关 链 接

财税〔2018〕51 号《财政部 税务总局关于企业职工教育经费税前扣除政策的通知》

自 2018 年 1 月 1 日起，企业发生的职工教育经费支出，不超过工资薪金总额 8%的部分，准予在计算企业所得税应纳税所得额时扣除；超过部分，准予在以后纳税年度结转扣除。

（6）第 6 行"其中：按税收规定全额扣除的职工培训费用"：适用于按照税收规定职工培训费用允许全额税前扣除的纳税人填报，具体如下。

1）第 1 列"账载金额"：填报纳税人会计核算计入成本费用。

2）第 2 列"实际发生额"：分析填报纳税人"应付职工薪酬"会计科目下的职工教育经费本年实际发生额（可全额扣除的职工培训费用金额）。

3）第 3 列"税收规定扣除率"：填报税收规定的扣除比例（100%）。

4）第 5 列"税收金额"：填报按照税收规定允许税前扣除的金额。

5）第 6 列"纳税调整金额"：第 6 列＝第 1-5 列。

（7）第 7 行"四、工会经费支出"：填报纳税人本年度拨缴工会经费及其会计核算、纳税调整等金额，具体如下。

1）第 1 列"账载金额"：填报纳税人会计核算计入成本费用的工会经费支出金额；

2）第 2 列"实际发生额"：分析填报纳税人"应付职工薪酬"会计科目下的工会经费本年实际发生额。

3）第 3 列"税收规定扣除率"：填报税收规定的扣除比例（2%）。

4）第 5 列"税收金额"：填报按照税收规定允许税前扣除的金额，按第 1 行第 5 列"工资薪金支出-税收金额"×2%与本行第 1 列"工会经费支出-账载金额"、本行第 2 列

"工会经费支出-实际发生额"三者孰小值填报。

5）第6列"纳税调整金额"：第6列=第1-5列。

（8）第8行"五、各类基本社会保障性缴款"：填报纳税人依照国务院有关主管部门或者省级人民政府规定的范围和标准为职工缴纳的基本社会保险费及其会计核算、纳税调整金额，具体如下。

1）第1列"账载金额"：填报纳税人会计核算的各类基本社会保障性缴款的金额。

2）第2列"实际发生额"：分析填报纳税人"应付职工薪酬"会计科目下的各类基本社会保障性缴款本年实际发生额。

3）第5列"税收金额"：填报按照税收规定允许税前扣除的各类基本社会保障性缴款的金额。按本行第1列"各类基本社会保障性缴款-账载金额"、第2列"各类基本社会保障性缴款-实际发生额"以及第5列税收规定允许税前扣除的各类基本社会保障性缴款的金额孰小值填报。

4）第6列"纳税调整金额"：第6列=第1-5列。

（9）第9行"六、住房公积金"：填报纳税人依照国务院有关主管部门或者省级人民政府规定的范围和标准为职工缴纳的住房公积金及其会计核算、纳税调整金额，具体如下。

1）第1列"账载金额"：填报纳税人会计核算的住房公积金金额。

2）第2列"实际发生额"：分析填报纳税人"应付职工薪酬"会计科目下的住房公积金本年实际发生额。

3）第5列"税收金额"：填报按照税收规定允许税前扣除的住房公积金金额，按本行第1列"住房公积金-账载金额"、第2列"住房公积金-实际发生额"以及税收规定允许税前扣除的住房公积金的金额孰小值填报。

4）第6列"纳税调整金额"：第6列=第1-5列。

（10）第10行"七、补充养老保险"：填报纳税人为投资者或者职工支付的补充养老保险费的会计核算、纳税调整金额，具体如下。

1）第1列"账载金额"：填报纳税人会计核算的补充养老保险金额。

2）第2列"实际发生额"：分析填报纳税人"应付职工薪酬"会计科目下的补充养老保险本年实际发生额。

3）第3列"税收规定扣除率"：填报税收规定的扣除比例（5%）。

4）第5列"税收金额"：填报按照税收规定允许税前扣除的补充养老保险的金额，按第1行第5列"工资薪金支出/税收金额"×5%、本行第1列"补充养老保险-账载金额"、本行第2列"补充养老保险-实际发生额"的孰小值填报。

5）第6列"纳税调整金额"：第6列=第1-5列。

（11）第11行"八、补充医疗保险"：填报纳税人为投资者或者职工支付的补充医疗保险费的会计核算、纳税调整金额，具体如下。

1）第1列"账载金额"：填报纳税人会计核算的补充医疗保险金额。

2）第2列"实际发生额"：分析填报纳税人"应付职工薪酬"会计科目下的补充医疗保险本年实际发生额。

3）第3列"税收规定扣除率"：填报税收规定的扣除比例(5%)。

4）第5列"税收金额"：填报按照税收规定允许税前扣除的补充医疗保险的金额，按第1行第5列"工资薪金支出/税收金额"×5%、本行第1列"补充医疗保险-账载金额"、本行第2列"补充医疗保险-实际发生额"的孰小值填报。

5）第6列"纳税调整金额"：第6列=第1-5列。

（12）第12行"九、其他"：填报其他职工薪酬的金额。

（13）第13行"合计"：第13行=第1+3+4+7+8+9+10+11+12行。

1）第13行第1列"合计-账载金额"=表A105000第14行第1列"职工薪酬（填写A105050）-账载金额"。

2）第13行第5列"合计-税收金额"=表A105000第14行第2列"职工薪酬（填写A105050）-税收金额"。

3）若第13行第6列"合计-纳税调整金额"≥0，第13行第6列"合计-纳税调整金额"=表A105000第14行第3列"职工薪酬（填写A105050）-调增金额"；

若第13行第6列"合计-纳税调整金额"<0，第13行第6列"合计-纳税调整金额"的绝对值=表A105000第14行第4列"职工薪酬（填写A105050）-调减金额"。

（六）A105060《广告费和业务宣传费跨年度纳税调整明细表》

本表适用于发生广告费和业务宣传费纳税调整项目（含广告费和业务宣传费结转）的纳税人填报。纳税人根据税法、《财政部 国家税务总局关于广告费和业务宣传费支出税前扣除政策的通知》（财税〔2012〕48号）等相关规定，以及国家统一企业会计制度，填报广告费和业务宣传费会计处理、税收规定，以及跨年度纳税调整情况。

1. A105060《广告费和业务宣传费跨年度纳税调整明细表》的格式（如表9-18所示）

表9-18 广告费和业务宣传费跨年度纳税调整明细表

A105060

行次	项目	金额
1	一、本年广告费和业务宣传费支出	
2	减：不允许扣除的广告费和业务宣传费支出	
3	二、本年符合条件的广告费和业务宣传费支出(1-2)	
4	三、本年计算广告费和业务宣传费扣除限额的销售（营业）收入	
5	乘：税收规定扣除率	
6	四、本企业计算的广告费和业务宣传费扣除限额(4×5)	
7	五、本年结转以后年度扣除额(3>6，本行=3-6；3≤6，本行=0)	
8	加：以前年度累计结转扣除额	
9	减：本年扣除的以前年度结转额[3>6，本行=0；3≤6，本行=8与(6-3)孰小值]	

续表

行次	项目	金额
10	六、按照分摊协议归集至其他关联方的广告费和业务宣传费(10≤3与6孰小值)	
11	按照分摊协议从其他关联方归集至本企业的广告费和业务宣传费	
12	七、本年广告费和业务宣传费支出纳税调整金额 (3>6，本行=2+3-6+10-11；3≤6，本行=2+10-11-9)	
13	八、累计结转以后年度扣除额(7+8-9)	

2. 有关项目填报说明

（1）第1行"一、本年广告费和业务宣传费支出"：填报纳税人会计核算计入本年损益的广告费和业务宣传费用金额。

（2）第2行"减：不允许扣除的广告费和业务宣传费支出"：填报税收规定不允许扣除的广告费和业务宣传费支出金额。

（3）第3行"二、本年符合条件的广告费和业务宣传费支出"：第3行=第1-2行。

（4）第4行"三、本年计算广告费和业务宣传费扣除限额的销售（营业）收入"：填报按照税收规定计算广告费和业务宣传费扣除限额的当年销售（营业）收入。

（5）第5行"税收规定扣除率"：填报税收规定的扣除比例。

（6）第6行"四、本企业计算的广告费和业务宣传费扣除限额"：第6行=第4×5行。

（7）第7行"五、本年结转以后年度扣除额"。

1）若第3>6行，第7行=第3-6行。

2）若第3≤6行，第7行=0。

（8）第8行"加：以前年度累计结转扣除额"：填报以前年度允许税前扣除但超过扣除限额未扣除、结转扣除的广告费和业务宣传费的金额。

（9）第9行"减：本年扣除的以前年度结转额"。

1）若第3>6行，第9行=0。

2）若第3≤6行，第9行=第8行与第6-3行的孰小值。

（10）第10行"六、按照分摊协议归集至其他关联方的广告费和业务宣传费"：填报签订广告费和业务宣传费分摊协议（以下简称分摊协议）的关联企业的一方，按照分摊协议，将其发生的不超过当年销售（营业）收入税前扣除限额比例内的广告费和业务宣传费支出归集至其他关联方扣除的广告费和业务宣传费，本行应≤第3行与第6行的孰小值。

（11）第11行"按照分摊协议从其他关联方归集至本企业的广告费和业务宣传费"：填报签订广告费和业务宣传费分摊协议（以下简称分摊协议）的关联企业的一方，按照分摊协议，从其他关联方归集至本企业的广告费和业务宣传费。

（12）第12行"七、本年广告费和业务宣传费支出纳税调整金额"。

1）若本表第 3>6 行，第 12 行 = 2+3-6+10-11 行。

2）若本表第 3≤6 行，第 12 行 = 第 2-9+10-11 行。

3）若第 12 行≥0，第 12 行"本年广告费和业务宣传费支出纳税调整金额" = 表 A105000 第 16 行第 3 列"广告费和业务宣传费支出（填写 A105060）-调增金额"。

4）若第 12 行<0，第 12 行"本年广告费和业务宣传费支出纳税调整金额"的绝对值 = 表 A105000 第 16 行第 4 列"广告费和业务宣传费支出（填写 A105060）-调减金额"。

（13）第 13 行"八、累计结转以后年度扣除额"：第 13 行 = 第 7+8-9 行。

（七）A105070《捐赠支出及纳税调整明细表》

本表适用于发生捐赠支出（含捐赠支出结转）的纳税人填报。纳税人根据税法、《财政部 国家税务总局关于公益性捐赠税前扣除有关问题的通知》（财税〔2008〕160 号）等相关规定，以及国家统一企业会计制度，填报捐赠支出会计处理、税收规定的税前扣除额、捐赠支出结转额以及纳税调整额。

纳税人发生相关支出（含捐赠支出结转），无论是否纳税调整，均应填报本表。

1. A105070《捐赠支出及纳税调整明细表》的格式（如表 9-19 所示）

A105070

表 9-19　捐赠支出及纳税调整明细表

行次	项目	账载金额	以前年度结转可扣除的捐赠额	按税收规定计算的扣除限额	税收金额	纳税调增金额	纳税调减金额	可结转以后年度扣除的捐赠额
		1	2	3	4	5	6	7
1	一、非公益性捐赠		*	*	*		*	*
2	二、全额扣除的公益性捐赠		*	*			*	*
3	三、限额扣除的公益性捐赠（4+5+6+7）							
4	前三年度（　　年）		*	*	*	*		*
5	前二年度（　　年）							
6	前一年度（　　年）		*	*	*			
7	本　年（　　年）		*				*	
8	合计（1+2+3）							

拓展阅读　与 2014 版相比，2017 版《捐赠支出及纳税调整明细表》（A105070）的主要变化

根据《中华人民共和国企业所得税法》和《中华人民共和国慈善法》相关规定，重新

设计了本表。按照"非公益性捐赠""全额扣除的公益性捐赠""限额扣除的公益性捐赠"三类捐赠性质设置填报项目，全面反映捐赠支出及纳税调整、结转情况。

2. 有关项目填报说明

(1)第1行"非公益性捐赠支出"：填报纳税人本年发生且已计入本年损益的税收规定公益性捐赠以外的其他捐赠支出的会计核算、纳税调整情况。具体如下。

1)第1列"账载金额"：填报纳税人会计核算计入本年损益的税收规定公益性捐赠以外的其他捐赠支出金额。

2)第5列"纳税调增额"：填报非公益性捐赠支出纳税调整增加额，第1行第5列"纳税调增额"=第1行第1列"账载金额"。

(2)第2行"全额扣除的公益性捐赠支出"：填报纳税人发生的可全额税前扣除的公益性捐赠支出。具体如下。

1)第1列"账载金额"：填报纳税人本年发生的会计核算计入本年损益的按税收规定可全额税前扣除的捐赠支出金额。

2)第4列"税收金额"：第2行第4列"税收金额"=第2行第1列"账载金额"。

(3)第3行"限额扣除的公益性捐赠支出"：填报纳税人本年发生的限额扣除的公益性捐赠支出、纳税调整额、以前年度结转扣除捐赠支出等。第3行=第4+5+6+7行。其中本行第4列"税收金额"。

1)当本行第1列+第2列大于第3列时，第4列=第3列。

2)当本行第1列+第2列小于等于第3列时，第4列=第1列+第2列。

(4)第4行"前三年度"：填报纳税人前三年度发生的未税前扣除的公益性捐赠支出在本年度扣除的金额。具体如下。

1)第2列"以前年度结转可扣除的捐赠额"：填报前三年度发生的尚未税前扣除的公益性捐赠支出金额。

2)第6列"纳税调减额"：根据本年扣除限额以及前三年度未扣除的公益性捐赠支出分析填报。

(5)第5行"前二年度"：填报纳税人前二年度发生的未税前扣除的公益性捐赠支出在本年度扣除的捐赠额以及结转以后年度扣除的捐赠额。具体如下。

1)第2列"以前年度结转可扣除的捐赠额"：填报前二年度发生的尚未税前扣除的公益性捐赠支出金额。

2)第6列"纳税调减额"：根据本年剩余扣除限额、本年扣除前三年度捐赠支出、前二年度未扣除的公益性捐赠支出分析填报。

3)第7列"可结转以后年度扣除的捐赠额"：填报前二年度未扣除、结转以后年度扣除的公益性捐赠支出金额。

（6）第6行"前一年度"：填报纳税人前一年度发生的未税前扣除的公益性捐赠支出在本年度扣除的捐赠额以及结转以后年度扣除的捐赠额。具体如下。

1）第2列"以前年度结转可扣除的捐赠额"：填报前一年度发生的尚未税前扣除的公益性捐赠支出金额。

2）第6列"纳税调减额"：根据本年剩余扣除限额、本年扣除前三年度捐赠支出、本年扣除前二年度捐赠支出、前一年度未扣除的公益性捐赠支出分析填报。

3）第7列"可结转以后年度扣除的捐赠额"：填报前一年度未扣除、结转以后年度扣除的公益性捐赠支出金额。

（7）第7行"本年"：填报纳税人本年度发生、本年税前扣除、本年纳税调增以及结转以后年度扣除的公益性捐赠支出。具体如下。

1）第1列"账载金额"：填报本年会计核算计入本年损益的公益性捐赠支出金额。

2）第3列"按税收规定计算的扣除限额"：填报按照本年利润总额乘以12%的金额，若利润总额为负数，则以0填报。

第7行第3列"按税收规定计算的扣除限额"＝表A100000第13行"利润总额（10+11-12）"×12%（当表A100000第13行≤0，第7行第3列＝0）。

3）第4列"税收金额"：填报本年实际发生的公益性捐赠支出以及结转扣除以前年度公益性捐赠支出情况分析填报。

4）第5列"纳税调增额"：填报本年公益性捐赠支出账载金额超过税收规定的税前扣除额的部分。

5）第7列"可结转以后年度扣除的捐赠额"：填报本年度未扣除、结转以后年度扣除的公益性捐赠支出金额。

（8）第8行"合计"：第8行＝第1+2+3行。

1）第8行第1列"账载金额合计"＝表A105000第17行第1列"捐赠支出（填写A105070）-账载金额"。

2）第8行第4列"税收金额合计"＝表A105000第17行第2列"捐赠支出（填写A105070）-税收金额"。

3）第8行第5列"纳税调增额合计"＝表A105000第17行第3列"捐赠支出（填写A105070）-调增金额"。

4）第8行第6列"纳税调减金额"＝表A105000第17行第4列"捐赠支出（填写A105070）-调减金额"。

（八）A105080《资产折旧、摊销及纳税调整明细表》

本表适用于发生资产折旧、摊销的纳税人，无论是否纳税调整，均须填报。纳税人根据税法、《国家税务总局关于企业固定资产加速折旧所得税处理有关问题的通知》（国税发〔2009〕81号）、《国家税务总局关于融资性售后回租业务中承租方出售资产行为有关税收问题的公告》(国家税务总局公告 2010 年第 13 号)、《国家税务总局关于企业所得税若干问题的公告》(国家税务总局公告 2011 年第 34 号)、《国家税务总局关于发布〈企业所得税政策性搬迁所得税管理办法〉的公告》(国家税务总局公告 2012 年第 40 号)、《财政部 国家税务总局关于进一步鼓励软件产业和集成电路产业发展企业所得税政策的通知》(财税〔2012〕27 号)、《国家税务总局关于企业所得税应纳税所得额若干问题的公告》(国家税务总局公告 2014 年第 29 号)、《财政部 国家税务总局关于完善固定资产加速折旧税收政策有关问题的通知》(财税〔2014〕75 号)、《财政部 国家税务总局关于进一步完善固定资产加速折旧企业所得税政策的通知》(财税〔2015〕106 号)、《国家税务总局关于全民所有制企业公司制改制企业所得税处理问题的公告》(国家税务总局公告 2017 年第 34 号)、《财政部 税务总局关于设备器具扣除有关企业所得税政策的通知》(财税〔2018〕54 号)、《国家税务总局关于设备器具扣除有关企业所得税政策执行问题的公告》(国家税务总局公告 2018 年第 46 号)等相关规定，以及国家统一企业会计制度，填报资产折旧、摊销的会计处理、税收规定，以及纳税调整情况。

1. A105080《资产折旧、摊销及纳税调整明细表》的格式

依据国家税务总局 2018 年第 57 号关于修订《中华人民共和国企业所得税年度纳税申报表(A 类，2017 年版)》部分表单样式及填报说明的公告，对《资产折旧、摊销及纳税调整明细表》(A105080)进行了局部调整(见表 9-20)。

(1)根据《财政部 税务总局关于设备器具扣除有关企业所得税政策的通知》(财税〔2018〕54 号)等文件的规定，将原表单中的第 11 行至第 13 行整合为 1 行，减少填报项目。

(2)将附列资料"全民所有制改制评估增值政策资产"名称修订为"全民所有制企业公司制改制资产评估增值政策资产"，使表述方式更为精准。

A105080　　表 9-20　资产折旧、摊销及纳税调整明细表

行次	项目	账载金额			税收金额					纳税调整金额
		资产原值	本年折旧、摊销额	累计折旧、摊销额	资产计税基础	税收折旧额	享受加速折旧政策的资产按税收一般规定计算的折旧、摊销额	加速折旧、统计额	累计折旧、摊销额	
		1	2	3	4	5	6	7=5-6	8	9(2-5)
1	一、固定资产(2+3+4+5+6+7)						*	*		

续表

行次	项目	账载金额			资产计税基础	税收金额				纳税调整金额
		资产原值	本年折旧、摊销额	累计折旧、摊销额		税收折旧额	享受加速折旧政策的资产按税收一般规定计算的折旧、摊销额	加速折旧统计额	累计折旧、摊销额	
		1	2	3	4	5	6	7=5-6	8	9(2-5)
2	所有固定资产 (一)房屋、建筑物						*		*	
3	(二)飞机、火车、轮船、机器、机械和其他生产设备						*		*	
4	(三)与生产经营活动有关的器具、工具、家具等						*		*	
5	(四)飞机、火车、轮船以外的运输工具						*		*	
6	(五)电子设备						*		*	
7	(六)其他						*		*	
8	其中:享受固定资产加速折旧及一次性扣除政策的资产加速折旧额大于一般折旧额的部分 (一)重要行业固定资产加速折旧(不含一次性扣除)									*
9	(二)其他行业研发设备加速折旧									*
10	(三)固定资产一次性扣除									*
11	(四)技术进步、更新换代固定资产									*
12	(五)常年强震动、高腐蚀固定资产									*
13	(六)外购软件折旧									*
14	(七)集成电路企业生产设备									*
15	二、生产性生物资产(16+17)						*		*	
16	(一)林木类						*		*	
17	(二)畜类						*		*	

续表

行次	项目	账载金额			税收金额					纳税调整金额
		资产原值	本年折旧、摊销额	累计折旧、摊销额	资产计税基础	税收折旧额	享受加速折旧政策的资产按税收一般规定计算的折旧、摊销额	加速折旧统计额	累计折旧、摊销额	
		1	2	3	4	5	6	7=5-6	8	9(2-5)
18	三、无形资产(19+20+21+22+23+24+25+27)						*	*		
19	(一)专利权						*	*		
20	(二)商标权						*	*		
21	(三)著作权						*	*		
22	(四)土地使用权						*	*		
23	(五)非专利技术						*	*		
24	(六)特许权使用费						*	*		
25	(七)软件						*	*		
26	其中:享受企业外购软件加速摊销政策									*
27	(八)其他						*	*		
28	四、长期待摊费用(29+30+31+32+33)						*	*		
29	(一)已足额提取折旧的固定资产的改建支出						*	*		
30	(二)租入固定资产的改建支出						*	*		
31	(三)固定资产的大修理支出						*	*		
32	(四)开办费						*	*		
33	(五)其他						*	*		
34	五、油气勘探投资						*	*		
35	六、油气开发投资						*	*		
附列资料	全民所有制改制资产评估增值政策资产						*	*		

2. 有关项目填报说明

第一,列次填报。

(1)第1列"资产原值":填报纳税人会计处理计提折旧、摊销的资产原值(或历史成本)的金额。

(2)第2列"本年折旧、摊销额":填报纳税人会计核算的本年资产折旧、摊销额。

(3)第3列"累计折旧、摊销额":填报纳税人会计核算的累计(含本年)资产折旧、摊销额。

(4)第4列"资产计税基础":填报纳税人按照税收规定据以计算折旧、摊销的资产原值(或历史成本)的金额。

(5)第5列"税收折旧额":填报纳税人按照税收规定计算的允许税前扣除的本年资产折旧、摊销额。

对于不征税收入形成的资产,其折旧、摊销额不得税前扣除。第4列至第8列税收金额不包含不征税收入所形成资产的折旧、摊销额。

第8行至第14行、第26行第5列"税收折旧、摊销额":填报享受相关加速折旧、摊销优惠政策的资产,采取税收加速折旧、摊销或一次性扣除方式计算的税收折旧额合计金额、摊销额合计金额。本列仅填报"税收折旧、摊销额"大于"享受加速折旧政策的资产按税收一般规定计算的折旧、摊销额"月份的金额合计。如,享受加速折旧、摊销优惠政策的资产,发生本年度某些月份其"税收折旧、摊销额"大于"享受加速折旧政策的资产按税收一般规定计算的折旧、摊销额",其余月份其"税收折旧、摊销额"小于"享受加速折旧政策的资产按税收一般规定计算的折旧、摊销额"的情形,仅填报"税收折旧、摊销额"大于"享受加速折旧政策的资产按税收一般规定计算的折旧、摊销额"月份的税收折旧额合计金额、摊销额合计金额。

(6)第6列"享受加速折旧政策的资产按税收一般规定计算的折旧、摊销额":仅适用于第8行至第14行、第26行,填报纳税人享受加速折旧、摊销优惠政策的资产,按照税收一般规定计算的折旧额合计金额、摊销额合计金额。按照税收一般规定计算的折旧、摊销额,是指该资产在不享受加速折旧、摊销优惠政策情况下,按照税收规定的最低折旧年限以直线法计算的折旧额、摊销额。本列仅填报"税收折旧、摊销额"大于"享受加速折旧政策的资产按税收一般规定计算的折旧、摊销额"月份的按税收一般规定计算的折旧额合计金额、摊销额合计金额。

(7)第7列"加速折旧统计额":用于统计纳税人享受各类固定资产加速折旧政策的优惠金额。第7列=第5-6列。

(8)第8列"累计折旧、摊销额":填报纳税人按照税收规定计算的累计(含本年)资产折旧、摊销额。

(9)第9列"纳税调整金额":第9列=第2-5列。

第二,行次填报。

(1)第1行"固定资产"=第2+3+…+7行。

(2)第2行至第7行"所有固定资产"、第16行至第17行"生产性生物资产"、第19行至第25行、第27行"无形资产"、第29行至第35行"长期待摊费用":填报各类资产有关情况。

(3)第8行至第14行、第26行：填报纳税人享受相关加速折旧、摊销优惠政策的资产有关情况及优惠统计情况。

第8行"(一)重要行业固定资产加速折旧"：填报按照财税〔2014〕75号和财税〔2015〕106号文件规定，生物药品制造业，专用设备制造业，铁路、船舶、航空航天和其他运输设备制造业，计算机、通信和其他电子设备制造业，仪器仪表制造业，信息传输、软件和信息技术服务业6个行业，以及轻工、纺织、机械、汽车四大领域18个行业的纳税人(简称"重要行业")的企业填报，填报新购进固定资产享受加速折旧政策的有关情况及优惠统计情况。重要行业纳税人按照上述文件规定享受固定资产一次性扣除政策的资产情况在第10行"(三)固定资产一次性扣除"中填报。

(4)第9行"(二)其他行业研发设备加速折旧"：由重要行业以外的其他企业填报。填写单位价值超过100万元以上专用研发设备采取缩短折旧年限或加速折旧方法的纳税调减或者加速折旧优惠统计情况。

(5)第10行"(三)固定资产一次性扣除"：填报新购进单位价值不超过500万元的设备、器具等，按照税收规定一次性扣除的有关情况及优惠统计情况。

相 关 链 接

1. 财税〔2018〕54号财政部 税务总局关于设备、器具扣除有关企业所得税政策的通知

2. 国家税务总局公告2018年第46号国家税务总局关于设备器具扣除有关企业所得税政策执行问题的公告

企业在2018年1月1日至2020年12月31日期间新购进的指除房屋、建筑物以外的设备、器具固定资产，单位价值不超过500万元的，允许一次性计入当期成本费用在计算应纳税所得额时扣除，不再分年度计算折旧；单位价值超过500万元的，仍按企业所得税法实施条例、《财政部 国家税务总局关于完善固定资产加速折旧企业所得税政策的通知》(财税〔2014〕75号)、《财政部 国家税务总局关于进一步完善固定资产加速折旧企业所得税政策的通知》(财税〔2015〕106号)等相关规定执行。

(6)第11行"(四)技术进步、更新换代固定资产"：填报固定资产因技术进步、产品更新换代较快而按税收规定享受固定资产加速折旧政策的有关情况及优惠统计情况。

(7)第12行"(五)常年强震动、高腐蚀固定资产"：填报常年处于强震动、高腐蚀状态的固定资产按税收规定享受固定资产加速折旧政策的有关情况及优惠统计情况。

(8)第13行"(六)外购软件折旧"：填报企业外购软件作为固定资产处理，按财税〔2012〕27号文件规定享受加速折旧政策的有关情况及优惠统计情况。

(9)第14行"(七)集成电路企业生产设备":填报集成电路生产企业的生产设备,按照财税〔2012〕27号文件规定享受加速折旧政策的有关情况及优惠统计情况。

(10)第15行"生产性生物资产"=第16+17行。

(11)第18行"无形资产"=第19+20+21+22+23+24+25+27行。

(12)第26行"享受企业外购软件加速摊销政策":填报企业外购软件作无形资产处理,按财税〔2012〕27号文件规定享受加速摊销政策的有关情况及优惠统计情况。

(13)第28行"长期待摊费用"=第29+30+31+32+33行。

(14)第36行"合计"=第1+15+18+28+34+35行。其中:

1)第36行第6列"享受加速折旧政策的资产按税收一般规定计算的折旧、摊销额合计"=第8+9+10+11+12+13+14+26行第6列;

2)第36行第7列"加速折旧统计额合计"=第8+9+10+11+12+13+14+26行第7列。

3)第36行第2列"本年折旧、摊销额合计"=表A105000第32行第1列"资产折旧、摊销(填写A105080)——账载金额"。

4)第36行第5列"税收折旧额合计"=表A105000第32行第2列"资产折旧、摊销(填写A105080)——税收金额"。

5)若第36行第9列"纳税调整金额合计"≥0,第36行第9列=表A105000第32行第3列"资产折旧、摊销(填写A105080)——调增金额"。

6)若第36行第9列"纳税调整金额合计"<0,第36行第9列的绝对值=表A105000第32行第4列"资产折旧、摊销(填写A105080)——调减金额"。

(15)附列资料"全民所有制企业公司制改制资产评估增值政策资产":填报企业按照国家税务总局公告2017年第34号文件规定,执行"改制中资产评估增值不计入应纳税所得额,资产的计税基础按其原有计税基础确定,资产增值部分的折旧或者摊销不得在税前扣除"政策的有关情况。本行不参与计算,仅用于统计享受全民所有制企业公司制改制资产评估增值政策资产的有关情况,相关资产折旧、摊销情况及调整情况在第1行至第36行填报。

(九)A105090《资产损失税前扣除及纳税调整明细表》

本表适用于发生资产损失税前扣除项目及纳税调整项目的纳税人填报。纳税人根据税法、《财政部 国家税务总局关于企业资产损失税前扣除政策的通知》(财税〔2009〕57号)、《国家税务总局关于发布〈企业资产损失所得税税前扣除管理办法〉的公告》(国家税务总局公告2011年第25号)、《国家税务总局关于商业零售企业存货损失税前扣除问题的公告》(国家税务总局公告2014年第3号)、《国家税务总局关于企业因国务院决定事项形成的资产损失税前扣除问题的公告》(国家税务总局公告2014年第18号)《财政部 国家税务总局关于金融企业涉农贷款和中小企业贷款损失准备金税前扣除有关问题的通知》(财税〔2015〕3号)、《国家税务总局关于金融企业涉农贷款和中小企业贷款损失税前扣除问题的公告》(国家税务总局公告2015年第25号)、《国家税务总局关于企业所得税资产损失资料留存备查有关事项的公告》(国家税务总局公告2018年第15号)等相关规定,及国家统一企业会计制度,填报资产损失的会计处理、税收规定,以及纳税调整情况。

1. A105090《资产损失税前扣除及纳税调整明细表》的格式

依据国家税务总局2018年第57号关于修订《中华人民共和国企业所得税年度纳税申报表(A类,2017年版)》部分表单样式及填报说明的公告,对《资产损失税前扣除及纳税调整明细表》(A105090)是进行了大幅度修订的表单。

根据《国家税务总局关于企业所得税资产损失资料留存备查有关事项的公告》(国家税务总局公告2018年第15号)将资产损失相关资料改为由企业留存备查的规定,结合后续管理的需要,对表单行次进行了重新设计(见表9-21)。

A105090　　　　表9-21　资产损失税前扣除及纳税调整明细表

行次	项目	资产损失的账载金额	资产处置收入	赔偿收入	资产计税基础	资产损失的税收金额	纳税调整金额
		1	2	3	4	5(4-2-3)	6(1-5)
1	一、现金及银行存款损失						
2	二、应收及预付款项坏账损失						
3	其中:逾期三年以上的应收款项损失						
4	逾期一年以上的小额应收款项损失						
5	三、存货损失						
6	其中:存货盘亏、报废、损毁、变质或被盗损失						
7	四、固定资产损失						
8	其中:固定资产盘亏、丢失、报废、损毁或被盗损失						
9	五、无形资产损失						
10	其中:无形资产转让损失						
11	无形资产被替代或超过法律保护期限形成的损失						
12	六、在建工程损失						
13	其中:在建工程停建、报废损失						
14	七、生产性生物资产损失						

续表

行次	项目	资产损失的账载金额 1	资产处置收入 2	赔偿收入 3	资产计税基础 4	资产损失的税收金额 5(4-2-3)	纳税调整金额 6(1-5)
15	其中：生产性生物资产盘亏、非正常死亡、被盗、丢失等产生的损失						
16	八、债权性投资损失(17+22)						
17	（一）金融企业债权性投资损失(18+21)						
18	1. 符合条件的涉农和中小企业贷款损失						
19	其中：单户贷款余额300万（含）以下的贷款损失						
20	单户贷款余额300万元至1000万元（含）的贷款损失						
21	2. 其他债权性投资损失						
22	（二）非金融企业债权性投资损失						
23	九、股权（权益）性投资损失						
24	其中：股权转让损失						
25	十、通过各种交易场所、市场买卖债券、股票、期货、基金以及金融衍生产品等发生的损失						
26	十一、打包出售资产损失						
27	十二、其他资产损失						
28	合计(1+2+5+7+9+12+14+16+23+25+26+27)						
29	其中：分支机构留存备查的资产损失						

2. 有关项目填报说明

第一，行次填报。

纳税人在第1至27行按资产类型填报留存备查的资产损失情况，跨地区经营汇总纳税企业在第1行至27行应填报总机构和全部分支机构的资产损失情况，并在第29行填报各分支机构留存备查的资产损失汇总情况。

（1）第 1 行"一、现金及银行存款损失"：填报纳税人当年发生的现金损失和银行存款损失的账载金额、资产处置收入、赔偿收入、资产计税基础、资产损失的税收金额及纳税调整金额。

（2）第 2 行"二、应收及预付款项坏账损失"：填报纳税人当年发生的应收及预付款项坏账损失的账载金额、资产处置收入、赔偿收入、资产计税基础、资产损失的税收金额及纳税调整金额。

（3）第 3 行"逾期三年以上的应收款项损失"：填报纳税人当年发生的应收及预付款项坏账损失中，逾期三年以上的应收款项且当年在会计上已作为损失处理的坏账损失的账载金额、资产处置收入、赔偿收入、资产计税基础、资产损失的税收金额及纳税调整金额。

（4）第 4 行"逾期一年以上的小额应收款项损失"：填报纳税人当年发生的应收及预付款项坏账损失中，逾期一年以上，单笔数额不超过五万或者不超过企业年度收入总额万分之一的应收款项，会计上已经作为损失处理的坏账损失的账载金额、资产处置收入、赔偿收入、资产计税基础、资产损失的税收金额及纳税调整金额。

（5）第 5 行"三、存货损失"：填报纳税人当年发生的存货损失的账载金额、资产处置收入、赔偿收入、资产计税基础、资产损失的税收金额及纳税调整金额。

（6）第 6 行"存货盘亏、报废、损毁、变质或被盗损失"：填报纳税人当年发生的存货损失中，存货盘亏损失、存货报废、毁损或变质损失以及存货被盗损失的账载金额、资产处置收入、赔偿收入、资产计税基础、资产损失的税收金额及纳税调整金额。

（7）第 7 行"四、固定资产损失"：填报纳税人当年发生的固定资产损失的账载金额、资产处置收入、赔偿收入、资产计税基础、资产损失的税收金额及纳税调整金额。

（8）第 8 行"固定资产盘亏丢失、报废、损毁或被盗损失"：填报纳税人当年发生的固定资产损失中，固定资产盘亏、丢失损失，报废、毁损损失以及被盗损失的账载金额、资产处置收入、赔偿收入、资产计税基础、资产损失的税收金额及纳税调整金额。

（9）第 9 行"五、无形资产损失"：填报纳税人当年发生的无形资产损失的账载金额、资产处置收入、赔偿收入、资产计税基础、资产损失的税收金额及纳税调整金额。

（10）第 10 行"无形资产转让损失"：填报纳税人当年在正常经营管理活动中，按照公允价格转让无形资产发生的损失的账载金额、资产处置收入、赔偿收入、资产计税基础、资产损失的税收金额及纳税调整金额。

（11）第 11 行"无形资产被替代或超过法律保护期限形成的损失"：填报纳税人当年发生的无形资产损失中，被其他新技术所代替或超过法律保护期限，已经丧失使用价值和转让价值，尚未摊销的无形资产损失的账载金额、资产处置收入、赔偿收入、资产计税基础、资产损失的税收金额及纳税调整金额。

（12）第 12 行"六、在建工程损失"：填报纳税人当年发生的在建工程损失的账载金额、资产处置收入、赔偿收入、资产计税基础、资产损失的税收金额及纳税调整金额。

（13）第13行"在建工程停建、报废损失"：填报纳税人当年发生的在建工程损失中，在建工程停建、报废损失的账载金额、资产处置收入、赔偿收入、资产计税基础、资产损失的税收金额及纳税调整金额。

（14）第14行"七、生产性生物资产损失"：填报纳税人当年发生的生产性生物资产损失的账载金额、资产处置收入、赔偿收入、资产计税基础、资产损失的税收金额及纳税调整金额。

（15）第15行"生产性生物资产盘亏、非正常死亡、被盗、丢失等产生的损失"：填报纳税人当年发生的生产性生物资产损失中，生产性生物资产盘亏损失、因森林病虫害、疫情、死亡而产生的生产性生物资产损失以及被盗伐、被盗、丢失而产生的生产性生物资产损失的账载金额、资产处置收入、赔偿收入、资产计税基础、资产损失的税收金额及纳税调整金额。

（16）第16行"八、债权性投资损失"：填报纳税人当年发生的债权性投资损失的账载金额、资产处置收入、赔偿收入、资产计税基础、资产损失的税收金额及纳税调整金额。第16行=第17+22行。

（17）第17行"（一）金融企业债权性投资损失"：填报金融企业当年发生的债权性投资损失的账载金额、资产处置收入、赔偿收入、资产计税基础、资产损失的税收金额及纳税调整金额。第17行=第18+21行。

（18）第18行"1.符合条件的涉农和中小企业贷款损失"：填报金融企业当年发生的，符合财税〔2015〕3号规定条件的涉农和中小企业贷款形成的资产损失的账载金额、资产处置收入、赔偿收入、资产计税基础、资产损失的税收金额及纳税调整金额。

（19）第19行"单户贷款余额300万（含）以下的贷款损失"：填报金融企业当年发生的符合条件的涉农和中小企业贷款损失中，单户贷款余额300万（含）以下的资产损失的账载金额、资产处置收入、赔偿收入、资产计税基础、资产损失的税收金额及纳税调整金额。

（20）第20行"单户贷款余额300万元至1000万元（含）的贷款损失"：填报金融企业当年发生的符合条件的涉农和中小企业贷款损失中，单户余额300万元至1000万元（含）的资产损失的账载金额、资产处置收入、赔偿收入、资产计税基础、资产损失的税收金额及纳税调整金额。

（21）第21行"2.其他债权性投资损失"：填报金融企业当年发生的，除符合条件的涉农和中小企业贷款损失以外的其他债权性投资损失的账载金额、资产处置收入、赔偿收入、资产计税基础、资产损失的税收金额及纳税调整金额。

（22）第22行"（二）非金融企业债权性投资损失"：填报非金融企业当年发生的债权性投资损失的账载金额、资产处置收入、赔偿收入、资产计税基础、资产损失的税收金额及纳税调整金额。

（23）第23行"九、股权（权益）性投资损失"：填报纳税人当年发生的股权（权益）

性投资损失的账载金额、资产处置收入、赔偿收入、资产计税基础、资产损失的税收金额及纳税调整金额。

(24)第24行"股权转让损失"：填报纳税人当年发生的股权(权益)性投资损失中，因股权转让形成的资产损失的账载金额、资产处置收入、赔偿收入、资产计税基础、资产损失的税收金额及纳税调整金额。

(25)第25行"十、通过各种场所、市场等买卖债券、股票、期货、基金以及金融衍生产品等发生的损失"：填报纳税人当年发生的，按照市场公平交易原则，通过各种交易场所、市场等买卖债券、股票、期货、基金以及金融衍生产品等发生的损失的账载金额、资产处置收入、赔偿收入、资产计税基础、资产损失的税收金额及纳税调整金额。

(26)第26行"十一、打包出售资产损失"：填报纳税人当年发生的，将不同类别的资产捆绑(打包)，以拍卖、询价、竞争性谈判、招标等市场方式出售形成的资产损失的账载金额、资产处置收入、赔偿收入、资产计税基础、资产损失的税收金额及纳税调整金额。

(27)第27行"十二、其他资产损失"：填报纳税人当年发生的其他资产损失的账载金额、资产处置收入、赔偿收入、资产计税基础、资产损失的税收金额及纳税调整金额。

(28)第28行"合计"行次：第28行=第1+2+5+7+9+12+14+16+23+25+26+27行。

1)第28行第1列"资产损失的账载金额"=表A105000第34行"资产损失(填写A105090)"第1列"账载金额"。

2)第28行第5列"资产损失的税收金额"=表A105000第34行"资产损失(填写A105090)"第2列"税收金额"。

3)若第28行第6列"纳税调整金额"≥0，第28行第6列=表A105000第34行"资产损失(填写A105090)"第3列"调增金额"；若第28行第6列<0，第28行第6列的绝对值=表A105000第34行"资产损失(填写A105090)"第4列"调减金额"。

(29)第29行"分支机构留存备查的资产损失"：填报跨地区经营企业各分支机构留存备查的资产损失的账载金额、资产处置收入、赔偿收入、资产计税基础、资产损失的税收金额及纳税调整金额。

第二，列次填报。

(1)第1列"资产损失的账载金额"：填报纳税人会计核算计入当期损益的资产损失金额。

(2)第2列"资产处置收入"：填报纳税人处置发生损失的资产可收回的残值或处置收益。

(3)第3列"赔偿收入"：填报纳税人发生的资产损失，取得的相关责任人、保险公司赔偿的金额。

(4)第4列"资产计税基础"：填报按税收规定计算的发生损失时资产的计税基础，含损失资产涉及的不得抵扣增值税进项税额。

（5）第5列"资产损失的税收金额"：填报按税收规定允许当期税前扣除的资产损失金额，第5列=第4-2-3列。

（6）第6列"纳税调整金额"：第6列=第1-5列。

相关链接

国家税务总局发布《关于企业所得税资产损失资料留存备查有关事项的公告》（总局公告2018年第15号），规定从2017年度起，企业向税务机关申报扣除资产损失，仅需填报企业所得税年度纳税申报表《资产损失税前扣除及纳税调整明细表》（A105090），不再报送资产损失相关资料，相关资料由企业留存备查。

（十）A105100《企业重组及递延纳税事项纳税调整明细表》

本表适用于发生企业重组、非货币性资产对外投资、技术入股等业务的纳税人填报。纳税人发生企业重组事项的，在企业重组日所属纳税年度分析填报。

纳税人根据税法、《财政部 国家税务总局关于企业重组业务企业所得税处理若干问题的通知》（财税〔2009〕59号）、《国家税务总局关于发布〈企业重组业务企业所得税管理办法〉的公告》（国家税务总局公告2010年第4号）、《财政部 国家税务总局关于中国（上海）自由贸易试验区内企业以非货币性资产对外投资等资产重组行为有关企业所得税政策问题的通知》（财税〔2013〕91号）、《财政部 国家税务总局关于非货币性资产投资企业所得税政策问题的通知》（财税〔2014〕116号）、《财政部 国家税务总局关于促进企业重组有关企业所得税处理问题的通知》（财税〔2014〕109号）、《国家税务总局关于非货币性资产投资企业所得税有关征管问题的公告》（国家税务总局公告2015年第33号）、《国家税务总局关于资产（股权）划转企业所得税征管问题的公告》（国家税务总局公告2015年第40号）、《国家税务总局关于企业重组业务企业所得税征收管理若干问题的公告》（国家税务总局公告2015年第48号）、《财政部 国家税务总局关于完善股权激励和技术入股有关所得税政策的通知》（财税〔2016〕101号）、《国家税务总局关于股权激励和技术入股所得税征管问题的公告》（国家税务总局公告2016年第62号）等相关规定，以及国家统一企业会计制度，填报企业重组、非货币资产对外投资、技术入股等业务的会计核算及税收规定，以及纳税调整情况。

对于发生债务重组业务且选择特殊性税务处理（即债务重组所得可以在5个纳税年度均匀计入应纳税所得额）的纳税人，重组日所属纳税年度的以后纳税年度，也在本表进行债务重组的纳税调整。

除上述债务重组所得可以分期确认应纳税所得额的企业重组外，其他涉及资产计税基础与会计核算成本差异调整的企业重组，本表不作调整，在《资产折旧、摊销及纳税调整明细表》（A105080）进行纳税调整。

1. A105100《企业重组及递延纳税事项纳税调整明细表》的格式(如表9-22所示)

A105100   表9-22 企业重组及递延纳税事项纳税调整明细表

行次	项目	一般性税务处理			特殊性税务处理(递延纳税)			纳税调整金额
		账载金额	税收金额	纳税调整金额	账载金额	税收金额	纳税调整金额	
		1	2	3(2-1)	4	5	6(5-4)	7(3+6)
1	一、债务重组							
2	其中：以非货币性资产清偿债务							
3	债转股							
4	二、股权收购							
5	其中：涉及跨境重组的股权收购							
6	三、资产收购							
7	其中：涉及跨境重组的资产收购							
8	四、企业合并(9+10)							
9	(一)同一控制下企业合并							
10	(二)非同一控制下企业合并							
11	五、企业分立							
12	六、非货币性资产对外投资							
13	七、技术入股							
14	八、股权划转、资产划转							
15	九、其他							
16	合计(1+4+6+8+11+12+13+14+15)							

拓展阅读 与2014版相比，2017版《企业重组及递延纳税事项纳税调整明细表》(A105100)的主要变化

为全面反映企业重组和递延纳税事项，将原第13行"其中：非货币性资产对外投资"从"六、其他"项目中独立出来填报，增加"技术入股""股权划转、资产划转"填报行次。

2. 有关项目填报说明

第一，行次填报。

(1)第1行"一、债务重组"：填报企业发生债务重组业务的相关金额。

(2)第2行"其中：以非货币性资产清偿债务"：填报企业发生以非货币性资产清偿债务的债务重组业务的相关金额。

(3)第3行"债转股"：填报企业发生债权转股权的债务重组业务的相关金额。

(4)第4行"二、股权收购"：填报企业发生股权收购重组业务的相关金额。

(5)第5行"其中：涉及跨境重组的股权收购"：填报企业发生涉及中国境内与境外之间、内地与港澳之间、大陆与台湾地区之间的股权收购交易重组业务的相关金额。

（6）第6行"三、资产收购"：填报企业发生资产收购重组业务的相关金额。

（7）第7行"其中：涉及跨境重组的资产收购"：填报企业发生涉及中国境内与境外之间、内地与港澳之间、大陆与台湾地区之间的资产收购交易重组业务的相关金额。

（8）第8行"四、企业合并"：第8行=第9+10行。

（9）第9行"（一）同一控制下企业合并"：填报企业发生同一控制下企业合并重组业务的相关金额。

（10）第10行"（二）非同一控制下企业合并"：填报企业发生非同一控制下企业合并重组业务的相关金额。

（11）第11行"五、企业分立"：填报企业发生非同一控制下企业分立重组业务的相关金额。

（12）第12行"六、非货币性资产对外投资"：填报企业发生非货币性资产对外投资的相关金额，符合《财政部 国家税务总局关于非货币性资产投资企业所得税政策问题的通知》（财税〔2014〕116号）和《国家税务总局关于非货币性资产投资企业所得税有关征管问题的公告》（国家税务总局公告2015年第33号）规定执行递延纳税政策的填写"特殊性税务处理（递延纳税）"相关列次。

（13）第13行"七、技术入股"：填报企业以技术成果投资入股到境内居民企业，被投资企业支付对价全部为股票（权）的技术入股业务的相关金额，符合《财政部 国家税务总局关于完善股权激励和技术入股有关所得税政策的通知》（财税〔2016〕101号）、《国家税务总局关于股权激励和技术入股所得税征管问题的公告》（国家税务总局公告2016年第62号）规定适用递延纳税政策的填写"特殊性税务处理（递延纳税）"相关列次。

（14）第14行"八、股权划转、资产划转"：填报企业发生资产（股权）划转业务的相关金额。

（15）第16行"合计"=第1+4+6+8+11+12+13+14+15行。

1）第16行第1+4列"一般性税务处理-账载金额合计"+"特殊性税务处理（递延纳税）-账载金额合计"=表A105000第37行第1列"企业重组及递延纳税事项（填写A105100）-账载金额"。

2）第16行第2+5列"一般性税务处理-税收金额合计"+"特殊性税务处理（递延纳税）-税收金额合计"=表A105000第37行第2列"企业重组及递延纳税事项（填写A105100）-税收金额"。

3）若第16行第7列"纳税调整金额合计"≥0，第16行第7列=表A105000第37行第3列"企业重组及递延纳税事项（填写A105100）-调增金额"。

4）若第16行第7列"纳税调整金额合计"<0，第16行第7列的绝对值=表A105000第37行第4列"企业重组及递延纳税事项（填写A105100）-调减金额"。

第二，列次填报。

本表数据栏设置"一般性税务处理""特殊性税务处理（递延纳税）"两大栏次，纳税人应根据企业重组所适用的税务处理办法，分别按照企业重组类型进行累计填报，损失以"-"号填列。

（1）第1列"一般性税务处理-账载金额"：填报企业重组适用一般性税务处理或企业未发生递延纳税业务，会计核算确认的企业损益金额。

（2）第2列"一般性税务处理-税收金额"：填报企业重组适用一般性税务处理或企业未发生递延纳税业务，按税收规定确认的所得（或损失）。

（3）第3列"一般性税务处理-纳税调整金额"：填报企业重组适用一般性税务处理或企业未发生递延纳税业务，按税收规定确认的所得（或损失）与会计核算确认的损益金额的差。第3列=第2-1列。

（4）第4列"特殊性税务处理（递延纳税）-账载金额"：填报企业重组适用特殊性税务处理或企业发生递延纳税业务，会计核算确认的损益金额。

（5）第5列"特殊性税务处理（递延纳税）-税收金额"：填报企业重组适用特殊性税务处理或企业发生递延纳税业务，按税收规定确认的所得（或损失）。

（6）第6列"特殊性税务处理（递延纳税）-纳税调整金额"：填报企业重组适用特殊性税务处理或企业发生递延纳税业务，按税收规定确认的所得（或损失）与会计核算确认的损益金额的差额。第6列=第5-4列。

（7）第7列"纳税调整金额"：第7列=第3+6列。

六、弥补亏损

弥补亏损只有一张一级附表，即A106000《企业所得税弥补亏损明细表》。

本表适用于发生弥补亏损、亏损结转等事项的纳税人填报。纳税人应当根据税法、《财政部 税务总局关于延长高新技术企业和科技型中小企业亏损结转年限的通知》（财税〔2018〕76号）、《国家税务总局关于延长高新技术企业和科技型中小企业亏损结转弥补年限有关企业所得税处理问题的公告》（国家税务总局公告2018年第45号）等相关规定，填报本表。

（一）A106000《企业所得税弥补亏损明细表》的格式

依据国家税务总局2018年第57号关于修订《中华人民共和国企业所得税年度纳税申报表（A类，2017年版）》部分表单样式及填报说明的公告，《企业所得税弥补亏损明细表》（A106000）是大幅度修订的表单。

根据《财政部 税务总局关于延长高新技术企业和科技型中小企业亏损结转年限的通知》（财税〔2018〕76号）等文件将高新技术企业和科技型中小企业亏损结转年限由5年延长至10年的规定，在表单中增加"前六年度"至"前十年度"行次，满足高新技术企业和科技型中小企业的填报需要；增加"弥补亏损企业类型"等列次，同时将原表单中的"以前年度亏损已弥补额——前四年度"等5列简并为"用本年度所得额弥补的以前年度亏损额——使用境内所得弥补"和"用本年度所得额弥补的以前年度亏损额——使用境外所得弥补"2列（见表9-23）。

表 9-23 企业所得税弥补亏损明细表

A106000

行次	项目	年度	当年境内所得额	分立转出的亏损额	合并、分立转入的亏损额		弥补亏损企业类型	当年亏损额	当年待弥补的亏损额	用本年度所得额弥补的以前年度亏损额		当年可结转以后年度弥补的亏损额
					可弥补年限 5 年	可弥补年限 10 年				使用境内所得弥补	使用境外所得弥补	
			1	2	3	4	5	6	7	8	9	10	11
1	前十年度												
2	前九年度												
3	前八年度												
4	前七年度												
5	前六年度												
6	前五年度												
7	前四年度												
8	前三年度												
9	前二年度												
10	前一年度												
11	本年度												
12	可结转以后年度弥补的亏损额合计												

相关链接

财税〔2018〕76号《财政部 税务总局关于延长高新技术企业和科技型中小企业亏损结转年限的通知》："自2018年1月1日起，当年具备高新技术企业或科技型中小企业资格（以下统称资格）的企业，其具备资格年度之前5个年度发生的尚未弥补完的亏损，准予结转以后年度弥补，最长结转年限由5年延长至10年"。

纳税人弥补以前年度亏损时，应按照"先到期亏损先弥补、同时到期亏损先发生的先弥补"的原则处理。

（1）第1列"年度"：填报公历年度。纳税人应首先填报第11行"本年度"对应的公历年度，再依次从第10行往第1行倒推填报以前年度。纳税人发生政策性搬迁事项，如停止生产经营活动年度可以从法定亏损结转弥补年限中减除，则按可弥补亏损年度进行填报。本年度是指申报所属期年度，如：纳税人在2019年5月10日进行2018年度企业所得税年度纳税申时，本年度（申报所属期年度）为2018年。

（2）第2列"当年境内所得额"：第11行填报表A100000第19-20行金额。第1行至第10行填报以前年度主表第23行（2013年及以前纳税年度）、以前年度表A106000第6行第2列（2014至2017纳税年度）、以前年度表A106000第11行第2列的金额（亏损以"-"号填列）。发生查补以前年度应纳税所得额、追补以前年度未能税前扣除的实际资产损失等情况的，按照相应调整后的金额填报。

（3）第3列"分立转出的亏损额"：填报本年度企业分立按照企业重组特殊性税务处理规定转出的符合条件的亏损额。分立转出的亏损额按亏损所属年度填报，转出亏损的亏损额以正数表示。

（4）第4列"合并、分立转入的亏损额-可弥补年限5年"：填报企业符合企业重组特殊性税务处理规定，因合并或分立本年度转入的不超过5年亏损弥补年限规定的亏损额。合并、分立转入的亏损额按亏损所属年度填报，转入亏损以负数表示。

（5）第5列"合并、分立转入的亏损额-可弥补年限10年"：填报企业符合企业重组特殊性税务处理规定，因合并或分立本年度转入的不超过10年亏损弥补年限规定的亏损额。合并、分立转入的亏损额按亏损所属年度填报，转入亏损以负数表示。

（6）第6列"弥补亏损企业类型"：纳税人根据不同年度情况从《弥补亏损企业类型代码表》中选择相应的代码填入本项。不同类型纳税人的亏损结转年限不同，纳税人选择"一般企业"是指亏损结转年限为5年的纳税人；"符合条件的高新技术企业""符合条件的科技型中小企业"是指符合《财政部 税务总局关于延长高新技术企业和科技型中小企业亏损结转年限的通知》（财税〔2018〕76号）、《国家税务总局关于延长高新技术企业和科技型中小企业亏损结转弥补年限有关企业所得税处理问题的公告》（国家税务总局公告2018年第45号）等文件规定的，亏损结转年限为10年的纳税人（见表9-24）。

表 9-24 弥补亏损企业类型代码表

代码	类型
100	一般企业
200	符合条件的高新技术企业
300	符合条件的科技型中小企业

(7) 第 7 列"当年亏损额"：填报纳税人各年度可弥补亏损额的合计金额。

(8) 第 8 列"当年待弥补的亏损额"：填报在用本年度(申报所属期年度)所得额弥补亏损前，当年度尚未被弥补的亏损额。

(9) 第 9 列"用本年度所得额弥补的以前年度亏损额-使用境内所得弥补"：第 1 行至第 10 行，当第 11 行第 2 列本年度(申报所属期年度)的"当年境内所得额">0 时，填报各年度被本年度(申报所属期年度)境内所得依次弥补的亏损额。本列第 11 行，填报本列第 1 行至第 10 行的合计金额，表 A100000 第 21 行填报本项金额。

(10) 第 10 列"用本年度所得额弥补的以前年度亏损额-使用境外所得弥补"：第 1 行至第 10 行，当纳税人选择用境外所得弥补境内以前年度亏损的，填报各年度被本年度(申报所属期年度)境外所得依次弥补的亏损额。本列第 11 行，填报本列第 1 行至第 10 行的合计金额。

(11) 第 11 列"当年可结转以后年度弥补的亏损额"：第 1 行至第 11 行，填报各年度尚未弥补完的且准予结转以后年度弥补的亏损额。本列第 12 行，填报本列第 1 行至第 11 行的合计金额。

(三) 表内、表间关系

1. 表内关系

(1) 当第 2 列<0 且第 3 列>0 时，第 3 列<第 2 列的绝对值；当第 2 列≥0 时，则第 3 列=0。

(2) 第 9 列第 11 行=第 9 列第 1+2+3+4+5+6+7+8+9+10 行；当第 2 列第 11 行≤0 时，第 9 列第 1 行至第 11 行=0；当第 2 列第 11 行>0 时，第 9 列第 11 行≤第 2 列第 11 行。

(3) 第 10 列第 11 行=第 10 列第 1+2+3+4+5+6+7+8+9+10 行。

(4) 第 11 列第 12 行=第 11 列第 1+2+3+4+5+6+7+8+9+10+11 行。

(5) 第 1 行第 11 列=0；第 2 至 10 行第 11 列=第 8-9-10 列；第 11 行第 11 列=第 8 列。

2. 表间关系

(1) 第 11 行第 2 列=表 A100000 第 19-20 行。

(2) 第 11 行第 9 列=表 A100000 第 21 行。

(3) 第 11 行第 10 列=表 A108000 第 10 行第 6 列-表 A100000 第 18 行。

七、税收优惠

《中华人民共和国企业所得税年度纳税申报表(A 类，2017 年版)》税收优惠，共有

5张二级附表和4张三级附表,分别为:

1.《免税、减计收入及加计扣除优惠明细表》(A107010)

(1)《符合条件的居民企业之间的股息、红利等权益性投资收益优惠明细表》(A107011)

(2)《研发费用加计扣除优惠明细表》(A107012)

2.《所得减免优惠明细表》(A107020)

3.《抵扣应纳税所得额明细表》(A107030)

4.《减免所得税优惠明细表》(A107040)

(1)《高新技术企业优惠情况及明细表》(A107041)

(2)《软件、集成电路企业优惠情况及明细表》(A107042)

5.《税额抵免优惠明细表》(A107050)

这里仅介绍A107010、A107011、A107012、A107020、A107040、A107041表。

(一)《免税、减计收入及加计扣除优惠明细表》(A107010)

本表适用于享受免税收入、减计收入和加计扣除优惠的纳税人填报。纳税人根据税法及相关税收政策规定,填报本年发生的免税收入、减计收入和加计扣除优惠情况。

本表主要包含三部分内容:"一、免税收入""二、减计收入""三、加计扣除"项目。

1.《免税、减计收入及加计扣除优惠明细表》(A107010)的格式

依据国家税务总局2018年第57号关于修订《中华人民共和国企业所得税年度纳税申报表(A类,2017年版)》部分表单样式及填报说明的公告,《免税、减计收入及加计扣除优惠明细表》(A107010)是局部调整的表单,根据政策变化情况,调整了免税收入相关填报项目的内容和行次(见表9-25)。

A107010

表9-25 免税、减计收入及加计扣除优惠明细表

行次	项目	金额
1	一、免税收入(2+3+6+7+8+9+10+11+12+13+14+15+16)	
2	(一)国债利息收入免征企业所得税	
3	(二)符合条件的居民企业之间的股息、红利等权益性投资收益免征企业所得税(填写A107011)	
4	其中:内地居民企业通过沪港通投资且连续持有H股满12个月取得的股息红利所得免征企业所得税(填写A107011)	
5	内地居民企业通过深港通投资且连续持有H股满12个月取得的股息红利所得免征企业所得税(填写A107011)	
6	(三)符合条件的非营利组织的收入免征企业所得税	
7	(四)符合条件的非营利组织(科技企业孵化器)的收入免征企业所得税	
8	(五)符合条件的非营利组织(国家大学科技园)的收入免征企业所得税	
9	(六)中国清洁发展机制基金取得的收入免征企业所得税	
10	(七)投资者从证券投资基金分配中取得的收入免征企业所得税	

续表

行次	项目	金额
11	（八）取得的地方政府债券利息收入免征企业所得税	
12	（九）中国保险保障基金有限责任公司取得的保险保障基金等收入免征企业所得税	
13	（十）中国奥委会取得北京冬奥组委支付的收入免征企业所得税	
14	（十一）中国残奥委会取得北京冬奥组委分期支付的收入免征企业所得税	
15	（十二）其他1	
16	（十三）其他2	
17	二、减计收入（18+19+23+24）	
18	（一）综合利用资源生产产品取得的收入在计算应纳税所得额时减计收入	
19	（二）金融、保险等机构取得的涉农利息、保费减计收入（20+21+22）	
20	1. 金融机构取得的涉农贷款利息收入在计算应纳税所得额时减计收入	
21	2. 保险机构取得的涉农保费收入在计算应纳税所得额时减计收入	
22	3. 小额贷款公司取得的农户小额贷款利息收入在计算应纳税所得额时减计收入	
23	（三）取得铁路债券利息收入减半征收企业所得税	
24	（四）其他	
25	三、加计扣除（26+27+28+29+30）	
26	（一）开发新技术、新产品、新工艺发生的研究开发费用加计扣除（填写A107012）	
27	（二）科技型中小企业开发新技术、新产品、新工艺发生的研究开发费用加计扣除（填写A107012）	
28	（三）企业为获得创新性、创意性、突破性的产品进行创意设计活动而发生的相关费用加计扣除	
29	（四）安置残疾人员所支付的工资加计扣除	
30	（五）其他	
31	合计（1+17+25）	

拓展阅读　与2014版相比，2017版《免税、减计收入及加计扣除优惠明细表》（A107010）的主要变化

（1）取消原《综合利用资源生产产品取得的收入优惠明细表》（A107012）及原《金融、保险等机构取得的涉农利息、保费收入优惠明细表》（A107013），将相关内容与本表进行了整合。

（2）根据政策调整情况，取消了4项填报项目。一是取消了政策已经执行到期的填报项目，包括原"受灾地区企业取得的救灾和灾后恢复重建款项等收入""中国期货保证金监控中心有限责任公司取得的银行存款利息等收入"；二是取消了不适合填报的项目，包括原"证券投资基金从证券市场取得的收入""证券投资基金管理人运用基金买卖股票、债券的差价收入""国家鼓励的其他就业人员工资加计扣除"。

(3)根据精准落实税收优惠政策的需要,新增或调整了12项填报项目,包括"内地居民企业通过沪港通投资且连续持有H股满12个月取得的股息红利所得免征企业所得税""内地居民企业通过深港通投资且连续持有H股满12个月取得的股息红利所得免征企业所得税""符合条件的非营利组织(科技企业孵化器)的收入免征企业所得税""符合条件的非营利组织(国家大学科技园)的收入免征企业所得税""中央电视台的广告费和有线电视费收入免征企业所得税""中国奥委会取得北京冬奥组委支付的收入免征企业所得税""中国残奥委会取得北京冬奥组委分期支付的收入免征企业所得税""金融机构取得的涉农贷款利息收入在计算应纳税所得额时减计收入""保险机构取得的涉农保费收入在计算应纳税所得额时减计收入""小额贷款公司取得的农户小额贷款利息收入在计算应纳税所得额时减计收入""科技型中小企业开发新技术、新产品、新工艺发生的研究开发费用加计扣除""企业为获得创新性、创意性、突破性的产品进行创意设计活动而发生的相关费用加计扣除"。

(4)根据规范优惠事项管理的需要,对11项保留项目的名称进行了调整。

(5)本表"一、免税收入""二、减计收入""三、加计扣除"项目均预留了"其他"填报行次,主要是为了满足今后新出台税收优惠政策的临时填报需要,应当提请纳税人注意,不得随意填报这些行次。

2. 有关项目填报说明

(1)第1行"一、免税收入":第1行=第2+3+6+7+8+9+10+11+12+13+14+15+16行。

(2)第2行"(一)国债利息收入免征企业所得税":填报纳税人根据《国家税务总局关于企业国债投资业务企业所得税处理问题的公告》(国家税务总局公告2011年第36号)等相关税收政策规定,持有国务院财政部门发行的国债取得的利息收入。

(3)第3行"(二)符合条件的居民企业之间的股息、红利等权益性投资收益免征企业所得税":填报《符合条件的居民企业之间的股息、红利等权益性投资收益明细表》(A107011)第8行第17列金额。

(4)第4行"内地居民企业通过沪港通投资且连续持有H股满12个月取得的股息红利所得免征企业所得税":填报根据《财政部 国家税务总局 证监会关于沪港股票市场交易互联互通机制试点有关税收政策的通知》(财税〔2014〕81号)等相关税收政策规定,内地居民企业连续持有H股满12个月取得的股息红利所得,按表A107011第9行第17列金额填报。

(5)第5行"内地居民企业通过深港通投资且连续持有H股满12个月取得的股息红利所得免征企业所得税":填报根据《财政部 国家税务总局证监会关于深港股票市场交易互联互通机制试点有关税收政策的通知》(财税〔2016〕127号)等相关税收政策规定,内地居民企业连续持有H股满12个月取得的股息红利所得,按表A107011第10行第17列金额填报。

(6)第6行"(三)符合条件的非营利组织的收入免征企业所得税":填报纳税人根据税法、《财政部 国家税务总局关于非营利组织企业所得税免税收入问题的通知》(财税〔2009〕122号)、《财政部 税务总局关于非营利组织免税资格认定管理有关问题的通知》(财税〔2018〕13号)等相关税收政策规定,同时符合条件并依法履行登记手续的非营利组织,取得的捐赠收入等免税收入,不包括从事营利性活动所取得的收入。当表A000000的"207非营利组织"选择"是"时,本行可以填报,否则不得填报。

(7)第7行"(四)符合条件的非营利组织(科技企业孵化器)的收入免征企业所得税":填报根据税法、财税〔2009〕122号、财税〔2018〕13号和《财政部 国家税务总局关于科技企业孵化器税收政策的通知》(财税〔2016〕89号)等相关税收政策规定,符合非营利组织条件的科技企业孵化器的收入。当表A000000的"207非营利组织"选择"是"时,本行可以填报,否则不得填报。

(8)第8行"(五)符合条件的非营利组织(国家大学科技园)的收入免征企业所得税":填报根据税法、财税〔2009〕122号、财税〔2018〕13号和《财政部 国家税务总局关于国家大学科技园税收政策的通知》(财税〔2016〕98号)等相关税收政策规定,符合非营利组织条件的科技园的收入。当表A000000的"207非营利组织"选择"是"时,本行可以填报,否则不得填报。

(9)第9行"(六)中国清洁发展机制基金取得的收入免征企业所得税":填报中国清洁发展机制基金根据《财政部 国家税务总局关于中国清洁发展机制基金及清洁发展机制项目实施企业有关企业所得税政策问题的通知》(财税〔2009〕30号)等相关税收政策规定,取得的CDM项目温室气体减排量转让收入上缴国家的部分,国际金融组织赠款收入,基金资金的存款利息收入,购买国债的利息收入,国内外机构、组织和个人的捐赠收入。

(10)第10行"(七)投资者从证券投资基金分配中取得的收入免征企业所得税":填报纳税人根据《财政部 国家税务总局关于企业所得税若干优惠政策的通知》(财税〔2008〕1号)第二条第(二)项等相关税收政策规定,投资者从证券投资基金分配中取得的收入。

(11)第11行"(八)取得的地方政府债券利息收入免征企业所得税":填报纳税人根据《财政部 国家税务总局关于地方政府债券利息所得免征所得税问题的通知》(财税〔2011〕76号)、《财政部 国家税务总局关于地方政府债券利息免征所得税问题的通知》(财税〔2013〕5号)等相关税收政策规定,取得的2009年、2010年和2011年发行的地方政府债券利息所得,2012年及以后年度发行的地方政府债券利息收入。

(12)第12行"(九)中国保险保障基金有限责任公司取得的保险保障基金等收入免征企业所得税":填报中国保险保障基金有限责任公司根据《财政部 税务总局关于保险保障基金有关税收政策问题的通知》(财税〔2018〕41号)等相关税收政策规定,按《保险保障基金管理办法》规定取得的境内保险公司依法缴纳的保险保障基金;依法从撤销或破产保险公司清算财产中获得的受偿收入和向有关责任方追偿所得,以及依法从保险公司风险处置中获得的财产转让所得；捐赠所得；银行存款利息收入；购买政府债券、中央银行、中央企业和中央级金融机构发行债券的利息收入；国务院批准的其他资金运用取得的收入。

（13）第13行"（十）中国奥委会取得北京冬奥组委支付的收入免征企业所得税"：根据《财政部 税务总局 海关总署关于北京2022年冬奥会和冬残奥会税收政策的通知》（财税〔2017〕60号）等相关税收政策规定，中国奥委会填报按中国奥委会、主办城市签订的《联合市场开发计划协议》和中国奥委会、主办城市、国际奥委会签订的《主办城市合同》取得的由北京冬奥组委分期支付的收入、按比例支付的盈余分成收入。

（14）第14行"（十一）中国残奥委会取得北京冬奥组委分期支付的收入免征企业所得税"：填报根据财税〔2017〕60号等相关税收政策规定，中国残奥委会按照《联合市场开发计划协议》取得的由北京冬奥组委分期支付的收入。

（15）第15行"（十二）其他1"：填报纳税人享受的其他减免税项目名称、减免税代码及免税收入金额。

（16）第16行"（十三）其他2"：填报纳税人享受的其他减免税项目名称、减免税代码及免税收入金额。

（17）第17行"二、减计收入"：第17行=第18+19+23+24行。

（18）第18行"（一）综合利用资源生产产品取得的收入在计算应纳税所得额时减计收入"：填报纳税人综合利用资源生产产品取得的收入总额乘以10%的金额。

（19）第19行"（二）金融、保险等机构取得的涉农利息、保费减计收入"：填报金融、保险等机构取得的涉农利息、保费收入减计收入的金额，第19行=第20+21+22行。

（20）第20行"1.金融机构取得的涉农贷款利息收入在计算应纳税所得额时减计收入"：填报纳税人取得农户小额贷款利息收入总额乘以10%的金额。

（21）第21行"2.保险机构取得的涉农保费收入在计算应纳税所得额时减计收入"：填报保险公司为种植业、养殖业提供保险业务取得的保费收入总额乘以10%的金额。其中保费收入总额=原保费收入+分保费收入−分出保费。

（22）第22行"3.小额贷款公司取得的农户小额贷款利息收入在计算应纳税所得额时减计收入"：填报按照《财政部 税务总局关于小额贷款公司有关税收政策的通知》（财税〔2017〕48号）等相关税收政策规定，对经省级金融管理部门（金融办、局等）批准成立的小额贷款公司取得的农户小额贷款利息收入乘以10%的金额。

（23）第23行"（三）取得铁路债券利息收入减半征收企业所得税"：填报纳税人根据《财政部 国家税务总局关于铁路建设债券利息收入企业所得税政策的通知》（财税〔2011〕99号）、《财政部 国家税务总局关于2014 2015年铁路建设债券利息收入企业所得税政策的通知》（财税〔2014〕2号）及《财政部 国家税务总局关于铁路债券利息收入所得税政策问题的通知》（财税〔2016〕30号）等相关税收政策规定，企业持有中国铁路建设铁路债券等企业债券取得的利息收入乘以50%的金额。

(24)第24行"(四)其他":填报纳税人享受的其他减免税项目名称、减免税代码及减计收入金额。

(25)第25行"三、加计扣除":第25行=第26+27+28+29+30行。

(26)第26行"(一)开发新技术、新产品、新工艺发生的研究开发费用加计扣除":当表A000000"210-3"项目未填有入库编号时,填报表A107012第51行金额。本行与第27行不可同时填报。

(27)第27行"(二)科技型中小企业开发新技术、新产品、新工艺发生的研究开发费用加计扣除":当表A000000"210-3"项目填有入库编号时,填报表A107012第51行金额。本行与第26行不可同时填报。

(28)第28行"(三)企业为获得创新性、创意性、突破性的产品进行创意设计活动而发生的相关费用加计扣除":填报纳税人根据《财政部 国家税务总局 科技部关于完善研究开发费用税前加计扣除政策的通知》(财税〔2015〕119号)第二条第四项规定,为获得创新性、创意性、突破性的产品进行创意设计活动而发生的相关费用按照规定进行税前加计扣除的金额。

(29)第29行"(四)安置残疾人员所支付的工资加计扣除":填报纳税人根据《财政部 国家税务总局关于安置残疾人员就业有关企业所得税优惠政策问题的通知》(财税〔2009〕70号)等相关税收政策规定安置残疾人员的,按照支付给残疾职工工资的100%加计扣除的金额。

(30)第30行"(五)其他":填报纳税人享受的其他加计扣除项目名称、减免税代码及加计扣除的金额。

(31)第31行"合计":第31行=第1+17+25行。第31行=表A100000第17行。

(二)A107011《符合条件的居民企业之间的股息、红利等权益性投资收益优惠明细表》

本表适用于享受符合条件的居民企业之间的股息、红利等权益性投资收益优惠的纳税人填报。纳税人根据税法、《财政部 国家税务总局关于企业清算业务企业所得税处理若干问题的通知》(财税〔2009〕60号)、《财政部 国家税务总局关于执行企业所得税优惠政策若干问题的通知》(财税〔2009〕69号)、《国家税务总局关于贯彻落实企业所得税法若干税收问题的通知》(国税函〔2010〕79号)、《国家税务总局关于企业所得税若干问题的公告》(国家税务总局公告2011年第34号)、《财政部 国家税务总局 证监会关于沪港股票市场交易互联互通机制试点有关税收政策的通知》(财税〔2014〕81号)、《财政部 国家税务总局 证监会关于深港股票市场交易互联互通机制试点有关税收政策的通知》(财税〔2016〕127号)等相关税收政策规定,填报本年发生的符合条件的居民企业之间的股息、红利(包括H股)等权益性投资收益优惠情况,不包括连续持有居民企业公开发行并上市流通的股票不足12个月取得的投资收益。

1. A107011《符合条件的居民企业之间的股息、红利等权益性投资收益优惠明细表》的格式(如表9-26所示)

表9-26 符合条件的居民企业之间的股息、红利等权益性投资收益优惠明细表

A107011

行次	被投资企业	被投资企业统一社会信用代码(纳税人识别号)	投资性质	投资成本	投资比例	被投资企业利润分配确认金额		被投资企业清算确认金额			撤回或减少投资确认金额				合计
						被投资企业做出利润分配或转股决定时间	依决定归属于本公司的股息、红利等权益性投资收益金额	被清算企业累计未分配利润和累计盈余公积应有部分	被投资企业清算剩余资产	应确认的股息所得	从被投资企业撤回或减少投资取得的资产	减少投资比例	收回初始投资成本	取得资产中超过收回初始投资成本部分	撤回或减少投资应享有被投资企业累计未分配利润和累计盈余公积	应确认的股息所得	
	1	2	3	4	5	6	7	8	9	10(8与9孰小)	11	12	13(4×12)	14(11-13)	15	16(14与15孰小)	17(7+10+16)
1																	
2																	
3																	
4																	
5																	
6																	
7																	
8	合计:																
9	其中: 股票投资-沪港通H股																
10	股票投资-深港通H股																

拓展阅读 与2014版相比，2017版《符合条件的居民企业之间的股息、红利等权益性投资收益优惠明细表》(A107011)的主要变化

（1）为准确反映纳税人享受符合条件的居民企业之间的股息、红利等权益性投资收益优惠政策情况，增加"被投资企业统一社会信用代码（纳税人识别号）"填报列次。

（2）为区分纳税人享受本项优惠政策类型，重新划分了"投资性质"的类别，分为：直接投资、股票投资（不含H股）、股票投资（沪港通H股投资）、股票投资（深港通H股投资），并增设第9行"股票投资——沪港通H股"和第10行"股票投资——深港通H股"，用于核算纳税人享受深港通、沪港通相关企业所得税优惠政策的情况。

2. 有关项目填报说明

（1）行次根据投资企业名称和投资性质填报，可以根据情况增加。

（2）第8行"合计"：第8行（"合计"行）＝第1+2+…+7行第17列合计。若增行，根据增行后的情况合计。

第8行第17列＝表A107010第3行"符合条件的居民企业之间的股息、红利等权益性投资收益免征企业所得税（填写A107011）"。

（3）第9行"其中：股票投资—沪港通H股"：第9行（"股票投资—沪港通H股"合计行）＝第1+2+…+7行中，各行第3列选择"（3）股票投资（沪港通H股投资）"的行次第17列合计金额。

第9行第17列＝表A107010第4行"内地居民企业通过沪港通投资且连续持有H股满12个月取得的股息红利所得免征企业所得税（填写A107011）"。

（4）第10行"股票投资—深港通H股"：第10行（"股票投资—深港通H股"合计行）＝第1+2…+7行中，各行第3列选择"（4）股票投资（深港通H股投资）"的行次第17列合计金额。

第10行第17列＝表A107010第5行"内地居民企业通过深港通投资且连续持有H股满12个月取得的股息红利所得免征企业所得税（填写A107011）"。

（5）第1列"被投资企业"：填报被投资企业名称。

（6）第2列"被投资企业统一社会信用代码（纳税人识别号）"：填报被投资企业工商等部门核发的纳税人统一社会信用代码。未取得统一社会信用代码的，填报税务机关核发的纳税人识别号。

（7）第3列"投资性质"：按选项填报：（1）直接投资、（2）股票投资（不含H股）、（3）股票投资（沪港通H股投资）、（4）股票投资（深港通H股投资）。

符合《财政部 国家税务总局 证监会关于沪港股票市场交易互联互通机制试点有关税收政策的通知》（财税〔2014〕81号）文件第一条第（四）项第1目规定，享受沪港通H股股息红利免税政策的企业，选择"（3）股票投资（沪港通H股投资）"。

符合《财政部 国家税务总局 证监会关于深港股票市场交易互联互通机制试点有关税收政策的通知》(财税〔2016〕127号)文件第一条第(四)项第1目规定,享受深港通H股股息红利免税政策的企业,选择"(4)股票投资(深港通H股投资)"。

(8)第4列"投资成本":填报纳税人投资于被投资企业的计税成本。

(9)第5列"投资比例":填报纳税人投资于被投资企业的股权比例。若购买公开发行股票的,此列可不填报。

(10)第6列"被投资企业做出利润分配或转股决定时间":填报被投资企业做出利润分配或转股决定的时间。

(11)第7列"依决定归属于本公司的股息、红利等权益性投资收益金额":填报纳税人按照投资比例或者其他方法计算的,实际归属于本公司的股息、红利等权益性投资收益金额。

若被投资企业将股权(票)溢价所形成的资本公积转为股本的,不作为投资方企业的股息、红利收入,投资方企业也不得增加该项长期投资的计税基础。

(12)第8列"分得的被投资企业清算剩余资产":填报纳税人分得的被投资企业清算后的剩余资产。

(13)第9列"被清算企业累计未分配利润和累计盈余公积应享有部分":填报被清算企业累计未分配利润和累计盈余公积中本企业应享有的金额。

(14)第10列"应确认的股息所得":第10列=第8列与第9列孰小值。

(15)第11列"从被投资企业撤回或减少投资取得的资产":填报纳税人从被投资企业撤回或减少投资时取得的资产。

(16)第12列"减少投资比例":填报纳税人撤回或减少的投资额占投资方在被投资企业持有总投资比例。

(17)第13列"收回初始投资成本":第13列=第4×12列。

(18)第14列"取得资产中超过收回初始投资成本部分":第14列=第11−13列。

(19)第15列"撤回或减少投资应享有被投资企业累计未分配利润和累计盈余公积":填报被投资企业累计未分配利润和累计盈余公积按减少实收资本比例计算的部分。

(20)第16列"应确认的股息所得":第16列=第14列与第15列孰小值。

(21)第17列"合计":第17列=第7+10+16列。

(三)A107012《研发费用加计扣除优惠明细表》

本表适用于享受研发费用加计扣除优惠(含结转)政策的纳税人填报。纳税人根据税法、《财政部 国家税务总局 科技部关于完善研究开发费用税前加计扣除政策的通知》(财税〔2015〕119号)、《国家税务总局关于企业研究开发费用税前加计扣除政策有关问题的公告》(国家税务总局公告2015年第97号)、《财政部 税务总局 科技部关于提高科技型中小企业研究开发费用税前加计扣除比例的通知》(财税〔2017〕34号)、《科技部

财政部 国家税务总局关于印发〈科技型中小企业评价办法〉的通知》(国科发政〔2017〕115号)、《国家税务总局关于提高科技型中小企业研究开发费用税前加计扣除比例有关问题的公告》(国家税务总局公告2017年第18号)、《国家税务总局关于研发费用税前加计扣除归集范围有关问题的公告》(国家税务总局公告2017年第40号)、《财政部 税务总局关于企业委托境外研究开发费用税前加计扣除有关政策问题的通知》(财税〔2018〕64号)、《财政部 税务总局 科技部关于提高研究开发费税前加计扣除比例的通知》(财税〔2018〕99号)等相关税收政策规定,填报本年发生的研发费用加计扣除优惠情况及结转情况。

1. A107012《研发费用加计扣除优惠明细表》的格式

依据国家税务总局2018年第57号关于修订《中华人民共和国企业所得税年度纳税申报表(A类,2017年版)》部分表单样式及填报说明的公告,《研发费用加计扣除优惠明细表》(A107012)是局部调整的表单。

(1)将原表单的"基本信息"相关项目调整至《企业所得税年度纳税申报基础信息表》(A000000)中。

(2)根据《财政部 税务总局关于企业委托境外研究开发费用税前加计扣除有关政策问题的通知》(财税〔2018〕64号)文件取消企业委托境外研发费用不得加计扣除限制的规定,修订"委托研发"项目有关内容,将原行次内容细化为"委托境内机构或个人进行研发活动所发生的费用""委托境外机构进行研发活动发生的费用""其中:允许加计扣除的委托境外机构进行研发活动发生的费用""委托境外个人进行研发活动发生的费用",并调整表内计算关系(见表9-27)。

A107012

表9-27 研发费用加计扣除优惠明细表

行次	项目	金额(数量)
1	本年可享受研发费用加计扣除项目数量	
2	一、自主研发、合作研发、集中研发(3+7+16+19+23+34)	
3	(一)人员人工费用(4+5+6)	
4	1. 直接从事研发活动人员工资薪金	
5	2. 直接从事研发活动人员五险一金	
6	3. 外聘研发人员的劳务费用	
7	(二)直接投入费用(8+9+10+11+12+13+14+15)	
8	1. 研发活动直接消耗材料费用	
9	2. 研发活动直接消耗燃料费用	
10	3. 研发活动直接消耗动力费用	
11	4. 用于中间试验和产品试制的模具、工艺装备开发及制造费	
12	5. 用于不构成固定资产的样品、样机及一般测试手段购置费	

续表

行次	项目	金额(数量)
13	6. 用于试制产品的检验费	
14	7. 用于研发活动的仪器、设备的运行维护、调整、检验、维修等费用	
15	8. 通过经营租赁方式租入的用于研发活动的仪器、设备租赁费	
16	(三)折旧费用(17+18)	
17	1. 用于研发活动的仪器的折旧费	
18	2. 用于研发活动的设备的折旧费	
19	(四)无形资产摊销(20+21+22)	
20	1. 用于研发活动的软件的摊销费用	
21	2. 用于研发活动的专利权的摊销费用	
22	3. 用于研发活动的非专利技术(包括许可证、专有技术、设计和计算方法等)的摊销费用	
23	(五)新产品设计费等(24+25+26+27)	
24	1. 新产品设计费	
25	2. 新工艺规程制定费	
26	3. 新药研制的临床试验费	
27	4. 勘探开发技术的现场试验费	
28	(六)其他相关费用(29+30+31+32+33)	
29	1. 技术图书资料费、资料翻译费、专家咨询费、高新科技研发保险费	
30	2. 研发成果的检索、分析、评议、论证、鉴定、评审、评估、验收费用	
31	3. 知识产权的申请费、注册费、代理费	
32	4. 职工福利费、补充养老保险费、补充医疗保险费	
33	5. 差旅费、会议费	
34	(七)经限额调整后的其他相关费用	
35	二、委托研发(36+37+39)	
36	(一)委托境内机构或个人进行研发活动所发生的费用	
37	(二)委托境外机构进行研发活动发生的费用	
38	其中:允许加计扣除的委托境外机构进行研发活动发生的费用	
39	(三)委托境外个人进行研发活动发生的费用	
40	三、年度研发费用小计(2+36×80%+38)	
41	(一)本年费用化金额	
42	(二)本年资本化金额	
43	四、本年形成无形资产摊销额	
44	五、以前年度形成无形资产本年摊销额	

续表

行次	项目	金额（数量）
45	六、允许扣除的研发费用合计(41+43+44)	
46	减：特殊收入部分	
47	七、允许扣除的研发费用抵减特殊收入后的金额(45-46)	
48	减：当年销售研发活动直接形成产品(包括组成部分)对应的材料部分	
49	减：以前年度销售研发活动直接形成产品(包括组成部分)对应材料部分结转金额	
50	八、加计扣除比例(%)	
51	九、本年研发费用加计扣除总额(47-48-49)×50	
52	十、销售研发活动直接形成产品(包括组成部分)对应材料部分结转以后年度扣减金额(当47-48-49≥0，本行=0；当47-48-49<0，本行=47-48-49的绝对值)	

2. 有关项目填报说明

(1)第1行"本年可享受研发费用加计扣除项目数量"：填报纳税人本年研发项目中可享受研发费用加计扣除优惠政策的项目数量。

(2)第2行"一、自主研发、合作研发、集中研发"：第2行=第3+7+16+19+23+34行。

(3)第3行"(一)人员人工费用"：第3行=第4+5+6行。

直接从事研发活动的人员、外聘研发人员同时从事非研发活动的，填报按实际工时占比等合理方法分配的用于研发活动的相关费用。

(4)第4行"1.直接从事研发活动人员工资薪金"：填报纳税人直接从事研发活动人员，包括研究人员、技术人员、辅助人员的工资、薪金、奖金、津贴、补贴以及按规定可以在税前扣除的对研发人员股权激励的支出。

(5)第5行"2.直接从事研发活动人员五险一金"：填报纳税人直接从事研发活动人员，包括研究人员、技术人员、辅助人员的基本养老保险费、基本医疗保险费、失业保险费、工伤保险费、生育保险费和住房公积金。

(6)第6行"3.外聘研发人员的劳务费用"：填报与纳税人或劳务派遣企业签订劳务用工协议(合同)的外聘研发人员的劳务费用，以及临时聘用的研究人员、技术人员、辅助人员的劳务费用。

(7)第7行"(二)直接投入费用"：第7行=第8+9+10+11+12+13+14+15行。

(8)第8行"1.研发活动直接消耗材料费用"：填报纳税人研发活动直接消耗的材料费用。

(9)第9行"2.研发活动直接消耗燃料费用"：填报纳税人研发活动直接消耗的燃料费用。

(10)第10行"3.研发活动直接消耗动力费用"：填报纳税人研发活动直接消耗的

动力费用。

（11）第 11 行"4. 用于中间试验和产品试制的模具、工艺装备开发及制造费"：填报纳税人研发活动中用于中间试验和产品试制的模具、工艺装备开发及制造的费用。

（12）第 12 行"5. 用于不构成固定资产的样品、样机及一般测试手段购置费"：填报纳税人研发活动中用于不构成固定资产的样品、样机及一般测试手段购置费用。

（13）第 13 行"6. 用于试制产品的检验费"：填报纳税人研发活动中用于试制产品的检验费。

（14）第 14 行"7. 用于研发活动的仪器、设备的运行维护、调整、检验、维修等费用"：填报纳税人用于研发活动的仪器、设备的运行维护、调整、检验、维修等费用。

（15）第 15 行"8. 通过经营租赁方式租入的用于研发活动的仪器、设备租赁费"：填报纳税人经营租赁方式租入的用于研发活动的仪器、设备租赁费。以经营租赁方式租入的用于研发活动的仪器、设备，同时用于非研发活动的，填报按实际工时占比等合理方法分配的用于研发活动的相关费用。

（16）第 16 行"（三）折旧费用"：第 16 行 = 第 17+18 行。
用于研发活动的仪器、设备，同时用于非研发活动的，填报按实际工时占比等合理方法分配的用于研发活动的相关费用。纳税人用于研发活动的仪器、设备，符合税收规定且选择加速折旧优惠政策的，在享受研发费用税前加计扣除政策时，按照税前扣除的折旧口径填报。

（17）第 17 行"1. 用于研发活动的仪器的折旧费"：填报纳税人用于研发活动的仪器的折旧费。

（18）第 18 行"2. 用于研发活动的设备的折旧费"：填报纳税人用于研发活动的设备的折旧费。

（19）第 19 行"（四）无形资产摊销"：第 19 行 = 第 20+21+22 行。用于研发活动的无形资产，同时用于非研发活动的，填报按实际工时占比等合理方法在研发费用和生产经营费用间分配的用于研发活动的相关费用。纳税人用于研发活动的无形资产，符合税收规定且选择加速摊销优惠政策的，在享受研发费用税前加计扣除政策时，按照税前扣除的摊销口径填报。

（20）第 20 行"1. 用于研发活动的软件的摊销费用"：填报纳税人用于研发活动的软件的摊销费用。

（21）第 21 行"2. 用于研发活动的专利权的摊销费用"：填报纳税人用于研发活动的专利权的摊销费用。

（22）第 22 行"3. 用于研发活动的非专利技术（包括许可证、专有技术、设计和计算方法等）的摊销费用"：填报纳税人用于研发活动的非专利技术（包括许可证、专有技术、设计和计算方法等）的摊销费用。

（23）第 23 行"（五）新产品设计费等"：第 23 行 = 第 24+25+26+27 行。新产品设计费、新工艺规程制定费、新药研制的临床试验费、勘探开发技术的现场试验费等由辅助生产部门提供的，填报按照一定的分配标准分配给研发项目的金额。

（24）第24行"1. 新产品设计费"：填报纳税人研发活动中发生的新产品设计费。

（25）第25行"2. 新工艺规程制定费"：填报纳税人研发活动中发生的新工艺规程制定费。

（26）第26行"3. 新药研制的临床试验费"：填报纳税人研发活动中发生的新药研制的临床试验费。

（27）第27行"4. 勘探开发技术的现场试验费"：填报纳税人研发活动中发生的勘探开发技术的现场试验费。

（28）第28行"（六）其他相关费用"：第28行＝第29+30+31+32+33行。

（29）第29行"1. 技术图书资料费、资料翻译费、专家咨询费、高新科技研发保险费"：填报纳税人研发活动中发生的技术图书资料费、资料翻译费、专家咨询费、高新科技研发保险费。

（30）第30行"2. 研发成果的检索、分析、评议、论证、鉴定、评审、评估、验收费用"：填报纳税人研发活动中发生的研发成果的检索、分析、评议、论证、鉴定、评审、评估、验收费用。

（31）第31行"3. 知识产权的申请费、注册费、代理费"：填报纳税人研发活动中发生的知识产权的申请费、注册费、代理费。

（32）第32行"4. 职工福利费、补充养老保险费、补充医疗保险费"：填报纳税人研发活动人员发生的职工福利费、补充养老保险费、补充医疗保险费。

（33）第33行"5. 差旅费、会议费"：填报纳税人研发活动发生的差旅费、会议费。

（34）第34行"（七）经限额调整后的其他相关费用"：根据研发活动分析汇总填报。

拓展阅读

2018年"其他相关费用"加计扣除标准

其他相关费用，即与研发活动直接相关的其他费用，如技术图书资料费、资料翻译费、专家咨询费、高新科技研发保险费，研发成果的检索、分析、评议、论证、鉴定、评审、评估、验收费用，知识产权的申请费、注册费、代理费，差旅费、会议费，职工福利费、补充养老保险费、补充医疗保险费。此类费用总额不得超过可加计扣除研发费用总额的10%。

企业每一纳税年度有多个研发项目的，"其他相关费用"应按项目分别计算，每个项目可加计扣除的其他相关费用都不得超过该项目可加计扣除研发费用总额的10%。

其他相关费用限额＝不含其他相关费用的研发费之和/（1-10%）×10%。

例：某企业2018年进行了二项研发活动A和B，A项目共发生研发费用100万元，其中与研发活动直接相关的其他费用12万元，B共发生研发费用100万元，其中与研发活动直接相关的其他费用8万元，假设研发活动均符合加计扣除相关规定。

A项目其他相关费用限额=（100-12）/（1-10%）×10%=9.78万元，小于实际发生数12万元，则A项目允许加计扣除的研发费用应为97.78万元（100-12+9.78=97.78）。

B项目其他相关费用限额=（100-8）/（1-10%）×10%=10.22万元，大于实际发生数8万元，则B项目允许加计扣除的研发费用应为100万元。

该企业2018年度可以享受的研发费用加计扣除额为148.33万元［（97.78+100）×75%=148.33］。

（35）第35行"二、委托研发"：第35行=第36+37+39行。

（36）第36行"（一）委托境内机构或个人进行研发活动所发生的费用"：填报纳税人研发项目委托境内机构或个人进行研发活动所发生的费用。

（37）第37行"（二）委托境外机构进行研发活动发生的费用"：填报纳税人研发项目委托境外机构进行研发活动所发生的费用。

（38）第38行"允许加计扣除的委托境外机构进行研发活动发生的费用"：填报纳税人按照税收规定允许加计扣除的委托境外机构进行研发活动发生的研发费用。

（39）第39行"（三）委托境外个人进行研发活动发生的费用"：填报纳税人委托境外个人进行研发活动发生的费用。本行不参与加计扣除优惠金额的计算。

拓展阅读：委托境外研究开发费用税前加计扣除的新政

随着我国经济的持续快速发展，一些企业生产布局和销售市场逐步走向全球，其研发活动也随之遍布全球，委托境外机构进行研发创新活动也成为企业研发创新的重要形式，不少企业要求将委托境外研发费用纳入加计扣除范围。为了进一步加大对企业研发活动的支持，2018年4月25日国务院常务会议决定，取消企业委托境外研发费用不得加计扣除的限制，允许符合条件的委托境外研发费用加计扣除，财政部、税务总局、科技部据此制发了财税［2018］64号"关于企业委托境外研究开发费用税前加计扣除有关政策问题的通知"文件，明确了相关政策口径。

依据财税［2018］64号，委托境外进行研发活动所发生的费用，按照费用实际发生额的80%计入委托方的委托境外研发费用。委托境外研发费用不超过境内符合条件的研发费用三分之二的部分，可以按规定在企业所得税前加计扣除。

上述费用实际发生额应按照独立交易原则确定。委托方与受托方存在关联关系的，受托方应向委托方提供研发项目费用支出明细情况。

上述委托境外进行研发活动不包括委托境外个人进行的研发活动。

（40）第 40 行"三、年度研发费用小计"：第 40 行＝第 2 行＋第 36 行×80%＋第 38 行。

（41）第 41 行"（一）本年费用化金额"：填报纳税人研发活动本年费用化部分金额。

（42）第 42 行"（二）本年资本化金额"：填报纳税人研发活动本年结转无形资产的金额。

（43）第 43 行"四、本年形成无形资产摊销额"：填报纳税人研发活动本年形成无形资产的摊销额。

（44）第 44 行"五、以前年度形成无形资产本年摊销额"：填报纳税人研发活动以前年度形成无形资产本年摊销额。

（45）第 45 行"六、允许扣除的研发费用合计"：第 45 行＝第 41+43+44 行。

（46）第 46 行"特殊收入部分"：填报纳税人已归集计入研发费用，但在当期取得的研发过程中形成的下脚料、残次品、中间试制品等特殊收入。

（47）第 47 行"七、允许扣除的研发费用抵减特殊收入后的金额"：第 47 行＝第 45-46 行。

（48）第 48 行"当年销售研发活动直接形成产品（包括组成部分）对应的材料部分"：填报纳税人当年销售研发活动直接形成产品（包括组成部分）对应的材料部分金额。

（49）第 49 行"以前年度销售研发活动直接形成产品（包括组成部分）对应材料部分结转金额"：填报纳税人以前年度销售研发活动直接形成产品（包括组成部分）对应材料部分结转金额。

（50）第 50 行"八、加计扣除比例"：根据有关政策规定填报。

相关链接

财税〔2018〕99 号 财政部 税务总局 科技部关于提高研究开发费用税前加计扣除比例的通知：企业开展研发活动中实际发生的研发费用，未形成无形资产计入当期损益的，在按规定据实扣除的基础上，在 2018 年 1 月 1 日至 2020 年 12 月 31 日期间，再按照实际发生额的 75%在税前加计扣除；形成无形资产的，在上述期间按照无形资产成本的 175%在税前摊销。

（51）第 51 行"九、本年研发费用加计扣除总额"：第 51 行＝（第 47-48-49 行）×第 50 行，当第 47-48-49 行<0 时，本行＝0。

1）当表 A000000"210-3"项目未填有入库编号时，第 51 行＝表 A107010 第 26 行。

2）当表 A000000"210-3"项目填有入库编号时，第 51 行＝表 A107010 第 27 行。

(52)第52行"十、销售研发活动直接形成产品(包括组成部分)对应材料部分结转以后年度扣减金额":当第47-48-49行≥0时,第52行=0;当第47-48-49行<0时,第52行=第46-47-48行金额的绝对值。

(四)A107020《所得减免优惠明细表》

本表适用于享受所得减免优惠的纳税人填报。纳税人根据税法及相关税收政策规定,填报本年发生的所得减免优惠情况,本期纳税调整后所得(表A100000第19行)为负数的不需填报本表。

1. A107020《所得减免优惠明细表》的格式

依据国家税务总局2018年第57号关于修订《中华人民共和国企业所得税年度纳税申报表(A类,2017年版)》部分表单样式及填报说明的公告,《所得减免优惠明细表》(A107020)是局部调整的表单。

根据《财政部 税务总局 国家发展改革委 工业和信息化部关于集成电路生产企业有关企业所得税政策问题的通知》(财税〔2018〕27号)规定,增加"七、线宽小于130纳米的集成电路生产项目"和"八、线宽小于65纳米或投资额超过150亿元的集成电路生产项目"两项内容(见表9-28)。

A107020

表9-28 所得减免优惠明细表

行次	减免项目	项目名称	优惠事项名称	优惠方式	项目收入	项目成本	相关税费	应分摊期间费用	纳税调整额	项目所得额 免税项目	项目所得额 减半项目	减免所得额
		1	2	3	4	5	6	7	8	9	10	11(9+10×50%)
1	一、农、林、牧、渔业项目											
2												
3		小计	*	*								
4	二、国家重点扶持的公共基础设施项目											
5												
6		小计	*	*								
7	三、符合条件的环境保护、节能节水项目											
8												
9		小计	*	*								
10	四、符合条件的技术转让项目		*	*						*	*	*
11			*	*						*	*	*
12		小计	*	*								

续表

行次	减免项目	项目名称	优惠事项名称	优惠方式	项目收入	项目成本	相关税费	应分摊期间费用	纳税调整额	项目所得额 免税项目	项目所得额 减半项目	减免所得额
		1	2	3	4	5	6	7	8	9	10	11(9+10×50%)
13	五、清洁发展机制项目		*									
14			*									
15		小计	*	*								
16	六、符合条件的节能服务公司实施的合同能源管理项目		*									
17			*									
18		小计	*	*								
19	七、线宽小于130纳米的集成电路生产项目											
20												
21		小计	*	*								
22	八、线宽小于65纳米或投资额超过150亿元的集成电路生产项目											
23												
24		小计	*	*								
25	九、其他											
26												
27		小计	*	*								
28	合计		*	*	*							

拓展阅读

与2014版相比，2017版《所得减免优惠明细表》（A107020）的主要变化

（1）行次。保留原《所得减免优惠明细表》（A107020）"一、农、林、牧、渔业项目""二、国家重点扶持的公共基础设施项目""三、符合条件的环境保护、节能节水项目""四、符合条件的技术转让项目""五、实施清洁机制发展项目""六、符合条件的节能服务公司实施合同能源管理项目"填报项目大类不变，放开明细项目的填报数量限制，由纳税人根据减免项目会计核算结果逐一填报，解决以往同类型优惠有多个项目时无法一一填报的问题。

（2）列次。为全面反映优惠项目的基本情况和享受税收优惠的情况，增加第1列"项目名称"、第2列"优惠事项名称"、第3列"优惠方式"、第9列"项目所得额——

免税项目"、第10列"项目所得额——减半项目"填报列次。

（3）明确了填报要求，当纳税调整后所得小于0时，不需要填报本表；明确了当项目发生亏损时，第9列"项目所得额——免税项目"或者第10列"项目所得额——减半项目"按"0"填报。

（4）明确了纳税人在填报享受所得减免企业所得税优惠项目期间费用时，合理分摊比例可以按照投资额、销售收入、资产额、人员工资等参数确定。上述比例一经确定，不得随意变更。

2. 有关项目填报说明

第一，列次填报。

（1）第1列"项目名称"：填报纳税人享受减免所得优惠的项目在会计核算上的名称。项目名称以纳税人内部规范称谓为准。

（2）第2列"优惠事项名称"：按照该项目享受所得减免企业所得税优惠事项的具体政策内容选择填报。具体说明如下。

1）"一、农、林、牧、渔业项目"。

在以下优惠事项中选择填报：①蔬菜、谷物、薯类、油料、豆类、棉花、麻类、糖料、水果、坚果的种植；②农作物新品种的选育；③中药材的种植；④林木的培育和种植；⑤牲畜、家禽的饲养；⑥林产品的采集；⑦灌溉、兽医、农技推广、农机作业和维修等农、林、牧、渔服务业项目；⑧农产品初加工；⑨远洋捕捞；⑩花卉、茶以及其他饮料作物和香料作物的种植；⑪海水养殖、内陆养殖；⑫其他。

2）"二、国家重点扶持的公共基础设施项目"。

在以下优惠事项中选择填报：①港口码头项目；②机场项目；③铁路项目；④公路项目；⑤城市公共交通项目；⑥电力项目；⑦水利项目；⑧其他项目。

3）"三、符合条件的环境保护、节能节水项目"。

在以下优惠事项中选择填报：①公共污水处理项目；②公共垃圾处理项目；③沼气综合开发利用项目；④节能减排技术改造项目；⑤海水淡化项目；⑥其他项目。

4）"四、符合条件的技术转让项目"：本列无须填报。

5）"五、清洁发展机制项目"：本列无须填报。

6）"六、符合条件的节能服务公司实施合同能源管理项目"：本列无须填报。

7）"七、线宽小于130纳米的集成电路生产项目"：本列无须填报。

8）"八、线宽小于65纳米或投资额超过150亿元的集成电路生产项目"：本列无须填报。

9）"九、其他"：填报上述所得减免优惠项目以外的其他所得减免优惠政策具体名称。

（3）第3列"优惠方式"：填报该项目享受所得减免企业所得税优惠的具体方式。该项目享受免征企业所得税优惠的,填报"免税";项目享受减半征税企业所得税优惠的,填报"减半征收"。

(4)第4列"项目收入":填报享受所得减免企业所得税优惠项目取得的收入总额。

(5)第5列"项目成本":填报享受所得减免企业所得税优惠项目发生的成本总额。

(6)第6列"相关税费":填报享受所得减免企业所得税优惠项目实际发生的有关税费总额,包括除企业所得税和允许抵扣的增值税以外的各项税金及其附加、合同签订费用、律师费等相关费用及其他支出。

(7)第7列"应分摊期间费用":填报享受所得减免企业所得税优惠项目合理分摊的期间费用总额。合理分摊比例可以按照投资额、销售收入、资产额、人员工资等参数确定,一经确定,不得随意变更。

(8)第8列"纳税调整额":填报纳税人按照税收规定需要调整减免税项目收入、成本、费用的金额,纳税调减以"-"号填列。

(9)第9列"项目所得额\免税项目":填报享受所得减免企业所得税优惠的纳税人计算确认的本期免税项目所得额。本列根据第3列分析填报,第3列填报"免税"的,填报第4-5-6-7+8列金额,当第4-5-6-7+8列<0时,填报0。

第9列"四、符合条件的技术转让项目"的"小计"行:当第4-5-6-7+8列≤500万元时,填报第4-5-6-7+8列金额(超过500万元部分的金额填入第10列);当第4-5-6-7+8列<0时,填报0。

(10)第10列"项目所得额\减半项目":填报享受所得减免企业所得税优惠的纳税人本期经计算确认的减半征收项目所得额。本列根据第3列分析填报,第3列填报"减半征税"的,填报第4-5-6-7+8列金额,当第4-5-6-7+8列<0时,填报0。

第10列"四、符合条件的技术转让项目"的"小计"行:填报第4-5-6-7+8列金额超过500万元的部分。

(11)第11列"减免所得额":填报享受所得减免企业所得税优惠的企业,该项目按照税收规定实际可以享受免征、减征的所得额,按第9列+第10列×50%金额填报。

第二,行次填报。

(1)第1行至第3行"一、农、林、牧、渔业项目":按农、林、牧、渔业项目的优惠政策具体内容分别填报,一个项目填报一行,纳税人有多个项目的,可自行增加行次填报。各行相应列次填报金额的合计金额填入"小计"行。根据《财政部 国家税务总局关于发布享受企业所得税优惠政策的农产品初加工范围(试行)的通知》(财税〔2008〕149号)、《国家税务总局关于黑龙江垦区国有农场土地承包费缴纳企业所得税问题的批复》(国税函〔2009〕779号)、《国家税务总局关于"公司+农户"经营模式企业所得税优惠问题的公告》(国家税务总局公告2010年第2号)、《财政部 国家税务总局关于享受企业所得税优惠的农产品初加工有关范围的补充通知》(财税〔2011〕26号)、《国家税务总局关于实施农林牧渔业项目企业所得税优惠问题的公告》(国家税务总局公告2011

年第 48 号)等相关税收政策规定,填报本纳税年度发生的减征、免征企业所得税项目的有关情况。

(2)第 4 行至第 6 行"二、国家重点扶持的公共基础设施项目":按国家重点扶持的公共基础设施项目具体内容分别填报,一个项目填报一行,纳税人有多个项目的,可自行增加行次填报。各行相应列次填报金额的合计金额填入"小计"行。根据《财政部 国家税务总局关于执行公共基础设施项目企业所得税优惠目录有关问题的通知》(财税〔2008〕46 号)、《财政部 国家税务总局 国家发展改革委关于公布公共基础设施项目企业所得税优惠目录(2008 年版)的通知》(财税〔2008〕116 号)、《国家税务总局关于实施国家重点扶持的公共基础设施项目企业所得税优惠问题的通知》(国税发〔2009〕80 号)、《财政部 国家税务总局关于公共基础设施项目和环境保护节能节水项目企业所得税优惠政策问题的通知》(财税〔2012〕10 号)、《财政部 国家税务总局关于支持农村饮水安全工程建设运营税收政策的通知》(财税〔2012〕30 号)第五条、《国家税务总局关于电网企业电网新建项目享受所得税优惠政策问题的公告》(国家税务总局公告 2013 年第 26 号)、《财政部 国家税务总局关于公共基础设施项目享受企业所得税优惠政策问题的补充通知》(财税〔2014〕55 号)等相关税收政策规定,从事《公共基础设施项目企业所得税优惠目录》规定的港口码头、机场、铁路、公路、城市公共交通、电力、水利等项目的投资经营的所得,自项目取得第一笔生产经营收入所属纳税年度起,第一年至第三年免征企业所得税,第四年至第六年减半征收企业所得税,不包括企业承包经营、承包建设和内部自建自用该项目的所得。本行填报本纳税年度发生的减征、免征企业所得税项目的有关情况。

(3)第 7 行至第 9 行"三、符合条件的环境保护、节能节水项目":按符合条件的环境保护、节能节水项目的具体内容分别填报,一个项目填报一行。纳税人有多个项目的,可自行增加行次填报。各行相应列次填报金额的合计金额填入"小计"行。根据《财政部 国家税务总局 国家发展改革委关于公布环境保护节能节水项目企业所得税优惠目录(试行)的通知》(财税〔2009〕166 号)、《财政部 国家税务总局关于公共基础设施项目和环境保护节能节水项目企业所得税优惠政策问题的通知》(财税〔2012〕10 号)等相关税收政策规定,从事符合条件的公共污水处理、公共垃圾处理、沼气综合开发利用、节能减排技术改造、海水淡化等环境保护、节能节水项目的所得,自项目取得第一笔生产经营收入所属纳税年度起,第一年至第三年免征企业所得税,第四年至第六年减半征收企业所得税。本行填报本纳税年度发生的减征、免征企业所得税项目的有关情况。

(4)第 10 行至第 12 行"四、符合条件的技术转让项目":按照不同技术转让项目分别填报,一个项目填报一行,纳税人有多个项目的,可自行增加行次填报。各行相应列次填报金额的合计金额填入"小计"行。根据《国家税务总局关于技术转让所得减免企业所得税有关问题的通知》(国税函〔2009〕212 号)、《财政部 国家税务总局关于居民企业技术转让有关企业所得税政策问题的通知》(财税〔2010〕111号)、《国家税务总局关于技术转让所得减免企业所得税有关问题的公告》(国家税务总局公告2013年第62号)、《国家税务总局关于许可使用权技术转让所得企业所得税有关问题的公告》(国家税务总局公告2015年第82号)等相关税收政策规定，一个纳税年度内，居民企业将其拥有的专利技术、计算机软件著作权、集成电路布图设计权、植物新品种、生物医药新品种，以及财政部和国家税务总局确定的其他技术的所有权或5年以上(含5年)全球独占许可使用权、5年以上(含5年)非独占许可使用权转让取得的所得，不超过500万元的部分，免征企业所得税；超过500万元的部分，减半征收企业所得税。居民企业从直接或间接持有股权之和达到100%的关联方取得的技术转让所得，不享受技术转让减免企业所得税优惠政策。本行填报本纳税年度发生的减征、免征企业所得税项目的有关情况。

(5)第13行至第15行"五、清洁发展机制项目"：按照实施的清洁发展机制的不同项目分别填报，一个项目填报一行，纳税人有多个项目的，可自行增加行次填报。各行相应列次填报金额的合计金额填入"小计"行。根据《财政部 国家税务总局关于中国清洁发展机制基金及清洁发展机制项目实施企业有关企业所得税政策问题的通知》(财税〔2009〕30号)等相关税收政策规定，企业实施的将温室气体减排量转让收入的65%上缴给国家的HFC和PFC类CDM项目，以及将温室气体减排量转让收入的30%上缴给国家的N2O类CDM项目，其实施该类CDM项目的所得，自项目取得第一笔减排量转让收入所属纳税年度起，第一年至第三年免征企业所得税，第四年至第六年减半征收企业所得税。本行填报本纳税年度发生的减征、免征企业所得税项目的有关情况。

(6)第16行至第18行"六、符合条件的节能服务公司实施合同能源管理项目"：按照节能服务公司实施合同能源管理的不同项目分别填报，一个项目填报一行，纳税人有多个项目的，可自行增加行次填报。各行相应列次填报金额的合计金额填入"小计"行。根据《财政部 国家税务总局关于促进节能服务产业发展增值税营业税和企业所得税政策问题的通知》(财税〔2010〕110号)、《国家税务总局 国家发展改革委关于落实节能服务企业合同能源管理项目企业所得税优惠政策有关征收管理问题的公告》(国家税务总局 国家发展改革委公告2013年第77号)等相关税收政策规定，符合条件的节能服务公司实施合同能源管理项目，符合税法有关规定的，自项目取得第一笔生产经营收入所属纳税年度起，第一年至第三年免征企业所得税，第四年至第六年按照25%的法定税率减半征收企业所得税。本行填报本纳税年度发生的减征、免征企业所得税项目的有关情况。

(7)第19行至第21行"七、线宽小于130纳米的集成电路生产项目"：按照投资的线宽小于130纳米的集成电路生产项目的不同项目分别填报，一个项目填报一行，纳税人有多个项目的，可自行增加行次填报。各行相应列次填报金额的合计金额填入"小计"行。根据《财政部 税务总局 国家发展改革委 工业和信息化部关于集成电路生产企业有关企业所得税政策问题的通知》(财税〔2018〕27号)规定,线宽小于130纳米,且经营期在10年以上的集成电路生产项目,自项目取得第一笔生产经营收入所属纳税年度起,第一年至第二年免征企业所得税,第三年至第五年按照25%的法定税率减半征收企业所得税。本行填报本纳税年度发生的减征、免征企业所得税项目的有关情况。填报该项目的纳税人还应填报《软件、集成电路企业优惠情况及明细表》(A107042),若纳税人不享受集成电路生产企业减免所得税优惠事项,只需填报表A107042"基本信息"和"关键指标情况",无须填报"减免税额"。

(8)第22行至第24行"八、线宽小于65纳米或投资额超过150亿元的集成电路生产项目":按照投资的线宽小于65纳米或投资额超过150亿元的集成电路生产项目的不同项目分别填报,一个项目填报一行,纳税人有多个项目的,可自行增加行次填报。各行相应列次填报金额的合计金额填入"小计"行。根据财税〔2018〕27号规定,线宽小于65纳米或投资额超过150亿元,且经营期在15年以上的集成电路生产项目,自项目取得第一笔生产经营收入所属纳税年度起,第一年至第五年免征企业所得税,第六年至第十年按照25%的法定税率减半征收企业所得税。本行填报本纳税年度发生的减征、免征企业所得税项目的有关情况。填报该项目的纳税人还应填报《软件、集成电路企业优惠情况及明细表》(A107042),若纳税人不享受集成电路生产企业减免所得税优惠事项,只需填报表A107042"基本信息"和"关键指标情况",无须填报"减免税额"。

(9)第25行至第27行"九、其他":填报纳税人享受的其他专项减免项目名称、优惠事项名称及减免税代码、项目收入等。按照享受所得减免企业所得税优惠的其他项目内容分别填报,一个项目填报一行,纳税人有多个项目的,可自行增加行次填报。各行相应列次填报金额的合计金额填入"小计"行。

(10)第28行"合计":填报第一项至第九项"小计"行的合计金额。

3. 表内、表间关系

第一,表内关系。(以表样列示行次为例)

(1)第3行=第1+2行。

(2)第6行=第4+5行。

(3)第9行=第7+8行。

(4)第12行=第10+11行。

(5)第15行=第13+14行。

(6)第18行=第16+17行。

(7)第21行=第19+20行。

(8)第24行=第22+23行。

(9)第27行=第25+26行。

(10)第28行=第3+6+9+12+15+18+21+24+27行。

(11)当第3列="免税"时,第9列=第4-5-6-7+8列;当第4-5-6-7+8列<0时,

第 9 列 = 0。

当第 12 行第 4-5-6-7+8 列 ≤ 5000000 时，第 12 行第 9 列 = 第 4-5-6-7+8 列；当第 12 行第 4-5-6-7+8 列 > 5000000 时，第 12 行第 9 列 = 5000000。

（12）当第 3 列 = "减半征税"时，第 10 列 = 第 4-5-6-7+8 列；当第 4-5-6-7+8 列 < 0 时，第 10 列 = 0。

当第 12 行第 4-5-6-7+8 列 ≤ 5000000 时，第 12 行第 10 列 = 0；当第 12 行第 4-5-6-7+8 列 > 5000000 时，第 12 行第 10 列 = 第 4-5-6-7+8 列 - 5000000。

（13）第 11 列 = 第 9 列 + 第 10 列 × 50%；当第 9 列 + 第 10 列 × 50% < 0 时，第 11 列 = 0。

第二，表间关系。

（1）当本表合计行第 11 列 ≥ 0，且本表合计行第 11 列 ≤ 表 A100000 第 19 行时，合计行第 11 列 = 表 A100000 第 20 行。

（3）当本表合计行第 11 列 ≥ 0，且本表合计行第 11 列 > 表 A100000 第 19 行时，表 A100000 第 20 行 = 表 A100000 第 19 行。

（五）A107040《减免所得税优惠明细表》

本表由享受减免所得税优惠的纳税人填报。纳税人根据税法和相关税收政策规定，填报本年享受减免所得税优惠情况。

1. A107040《减免所得税优惠明细表》的格式

依据国家税务总局 2018 年第 57 号关于修订《中华人民共和国企业所得税年度纳税申报表（A 类，2017 年版）》部分表单样式及填报说明的公告，《减免所得税优惠明细表》（A107040）是局部调整的表单。

整合"受灾地区农村信用社免征企业所得税"政策的填报行次；根据《财政部 税务总局 商务部 科技部 国家发展改革委关于将服务贸易创新发展试点地区技术先进型服务企业所得税政策推广至全国实施的通知》（财税〔2018〕44 号）规定，将第 20 行项目名称修订为"二十、服务贸易类技术先进型服务企业减按 15% 的税率征收企业所得税"；根据《财政部 税务总局 国家发展改革委 工业和信息化部关于集成电路生产企业有关企业所得税政策问题的通知》（财税〔2018〕27 号）规定，增加"二十六、线宽小于 130 纳米的集成电路生产企业减免企业所得税"和"二十七、线宽小于 65 纳米或投资额超过 150 亿元的集成电路生产企业减免企业所得税"两项内容（见表 9-29）。

A107040　　表 9-29　减免所得税优惠明细表

行次	项目	金　额
1	一、符合条件的小型微利企业减免企业所得税	
2	二、国家需要重点扶持的高新技术企业减按 15% 的税率征收企业所得税（填写 A107041）	
3	三、经济特区和上海浦东新区新设立的高新技术企业在区内取得的所得定期减免企业所得税（填写 A107041）	

续表

行次	项目	金额
4	四、受灾地区农村信用社免征企业所得税	
5	五、动漫企业自主开发、生产动漫产品定期减免企业所得税	
6	六、线宽小于0.8微米(含)的集成电路生产企业减免企业所得税(填写A107042)	
7	七、线宽小于0.25微米的集成电路生产企业减按15%税率征收企业所得税(填写A107042)	
8	八、投资额超过80亿元的集成电路生产企业减按15%税率征收企业所得税(填写A107042)	
9	九、线宽小于0.25微米的集成电路生产企业减免企业所得税(填写A107042)	
10	十、投资额超过80亿元的集成电路生产企业减免企业所得税(填写A107042)	
11	十一、新办集成电路设计企业减免企业所得税(填写A107042)	
12	十二、国家规划布局内集成电路设计企业可减按10%的税率征收企业所得税(填写A107042)	
13	十三、符合条件的软件企业减免企业所得税(填写A107042)	
14	十四、国家规划布局内重点软件企业可减按10%的税率征收企业所得税(填写A107042)	
15	十五、符合条件的集成电路封装、测试企业定期减免企业所得税(填写A107042)	
16	十六、符合条件的集成电路关键专用材料生产企业、集成电路专用设备生产企业定期减免企业所得税(填写A107042)	
17	十七、经营性文化事业单位转制为企业的免征企业所得税	
18	十八、符合条件的生产和装配伤残人员专门用品企业免征企业所得税	
19	十九、技术先进型服务企业减按15%的税率征收企业所得税	
20	二十、服务贸易类技术先进型服务企业减按15%的税率征收企业所得税	
21	二十一、设在西部地区的鼓励类产业企业减按15%的税率征收企业所得税	
22	二十二、新疆困难地区新办企业定期减免企业所得税	
23	二十三、新疆喀什、霍尔果斯特殊经济开发区新办企业定期免征企业所得税	
24	二十四、广东横琴、福建平潭、深圳前海等地区的鼓励类产业企业减按15%税率征收企业所得税	
25	二十五、北京冬奥组委、北京冬奥会测试赛赛事组委会免征企业所得税	
26	二十六、线宽小于130纳米的集成电路生产企业减免企业所得税(填写A107042)	
27	二十七、线宽小于65纳米或投资额超过150亿元的集成电路生产企业减免企业所得税(填写A107042)	
28	二十八、其他	
29	二十九、减:项目所得额按法定税率减半征收企业所得税叠加享受减免税优惠	
30	三十、支持和促进重点群体创业就业企业限额减征企业所得税(30.1+30.2)	

续表

行次	项目	金额
30.1	（一）下岗失业人员再就业	
30.2	（二）高校毕业生就业	
31	三十一、扶持自主就业退役士兵创业就业企业限额减征企业所得税	
32	三十二、民族自治地方的自治机关对本民族自治地方的企业应缴纳的企业所得税中属于地方分享的部分减征或免征（□免征□减征；减征幅度____%）	
33	合计（1+2+…+28-29+30+31+32）	

2. 有关项目填报说明

（1）第1行"一、符合条件的小型微利企业减免所得税"：根据税法、《财政部 税务总局关于进一步扩大小型微利企业所得税优惠政策范围的通知》（财税〔2018〕77号）、《国家税务总局关于贯彻落实进一步扩大小型微利企业所得税优惠政策范围有关征管问题的公告》（国家税务总局公告2018年第40号）等相关税收政策规定，从事国家非限制和禁止行业的企业，并符合工业企业，年度应纳税所得额不超过100万元（含100万元），从业人数不超过100人，资产总额不超过3000万元；其他企业，年度应纳税所得额不超过100万元（含100万元），从业人数不超过80人，资产总额不超过1000万元条件的，其所得减按50%计入应纳税所得额，按20%的税率缴纳企业所得税。本行填报《中华人民共和国企业所得税年度纳税申报表（A类）》（A100000）第23行×15%的金额。

（2）第2行"二、国家需要重点扶持的高新技术企业减按15%的税率征收企业所得税"：根据税法、《国家税务总局关于实施高新技术企业所得税优惠政策有关问题的公告》（国家税务总局公告2017年第24号）等规定，国家需要重点扶持的高新技术企业减按15%的税率征收企业所得税。本行填报表A107041第31行金额。

（3）第3行"三、经济特区和上海浦东新区新设立的高新技术企业在区内取得的所得定期减免企业所得税"：根据《国务院关于经济特区和上海浦东新区新设立高新技术企业实行过渡性税收优惠的通知》（国发〔2007〕40号）、《财政部 国家税务总局关于贯彻落实国务院关于实施企业所得税过渡优惠政策有关问题的通知》（财税〔2008〕21号）等规定，经济特区和上海浦东新区内，在2008年1月1日（含）之后完成登记注册的国家需要重点扶持的高新技术企业，在经济特区和上海浦东新区内取得的所得，自取得第一笔生产经营收入所属纳税年度起，第一年至第二年免征企业所得税，第三年至第五年按照25%法定税率减半征收企业所得税。本行填报表A107041第32行金额。

（4）第4行"四、受灾地区农村信用社免征企业所得税"：根据《财政部 海关总署 国家税务总局关于支持鲁甸地震灾后恢复重建有关税收政策问题的通知》（财税〔2015〕27号）规定，鲁甸受灾地区农村信用社，在规定期限内免征企业所得税。本行填报根据表A100000第23行计算的免征企业所得税金额。

（5）第5行"五、动漫企业自主开发、生产动漫产品定期减免企业所得税"：根据《财政

部 国家税务总局关于扶持动漫产业发展有关税收政策问题的通知》（财税〔2009〕65号）、《文化部 财政部 国家税务总局关于印发〈动漫企业认定管理办法（试行）〉的通知》（文市发〔2008〕51号）、《文化部 财政部 国家税务总局关于实施〈动漫企业认定管理办法（试行）〉有关问题的通知》（文产发〔2009〕18号）等规定，经认定的动漫企业自主开发、生产动漫产品，享受软件企业所得税优惠政策。即在2017年12月31日前自获利年度起，第一年至第二年免征所得税，第三年至第五年按照25%的法定税率减半征收所得税，并享受至期满为止。本行填报根据表A100000第23行计算的免征、减征企业所得税金额。

（6）第6行"六、线宽小于0.8微米（含）的集成电路生产企业减免企业所得税"：根据《财政部 国家税务总局关于进一步鼓励软件产业和集成电路产业发展企业所得税政策的通知》（财税〔2012〕27号）、《财政部 国家税务总局 发展改革委 工业和信息化部关于软件和集成电路产业企业所得税优惠政策有关问题的通知》（财税〔2016〕49号）、《财政部 税务总局 国家发展改革委 工业和信息化部关于集成电路生产企业有关企业所得税政策问题的通知》（财税〔2018〕27号）等规定，2017年12月31日前设立的集成电路线宽小于0.8微米（含）的集成电路生产企业，自获利年度起第一年至第二年免征企业所得税，第三年至第五年按照25%的法定税率减半征收企业所得税，并享受至期满为止。表A000000"208软件、集成电路企业类型"填报"110集成电路生产企业（线宽小于0.8微米（含）的企业）"的纳税人可以填报本项，本行填报表A107042第22行金额。

（7）第7行"七、线宽小于0.25微米的集成电路生产企业减按15%税率征收企业所得税"：根据财税〔2012〕27号、财税〔2016〕49号等规定，线宽小于0.25微米的集成电路生产企业，可减按15%的税率征收企业所得税。表A000000"208软件、集成电路企业类型"填报"120集成电路生产企业（线宽小于0.25微米的企业）"且表A107042"减免方式"填报"400企业减按15%税率征收企业所得税"的纳税人可以填报本项，本行填报表A107042第22行金额。

（8）第8行"八、投资额超过80亿元的集成电路生产企业减按15%税率征收企业所得税"：根据财税〔2012〕27号、财税〔2016〕49号等规定，投资额超过80亿元的集成电路生产企业，可减按15%的税率征收企业所得税。表A000000"208软件、集成电路企业类型"填报"130集成电路生产企业（投资额超过80亿元的企业）"且表A107042"减免方式"填报"400企业减按15%税率征收企业所得税"的纳税人可以填报本项，本行填报表A107042第22行金额。

（9）第9行"九、线宽小于0.25微米的集成电路生产企业减免企业所得税"：根据财税〔2012〕27号、财税〔2016〕49号、财税〔2018〕27号等规定，2017年12月31日前设立的线宽小于0.25微米的集成电路生产企业，经营期在15年以上的，自获利年度起计算优惠期，第一年至第五年免征企业所得税，第六年至第十年按照25%的法定税率减半征收企业所得税，并享受至期满为止。表A000000"208软件、集成电路企业类型"填报"120集成电路生产企业（线宽小于0.25微米的企业）"且表A107042"减免方式"填报"210企业五免五减半——免税""220企业五免五减半——减半征税"的纳税人可以填报本项，本行填报表A107042第22行金额。

（10）第10行："十、投资额超过80亿元的集成电路生产企业减免企业所得税"：根据财税〔2012〕27号、财税〔2016〕49号、财税〔2018〕27号等规定，2017年12月31日前设立的投资额超过80亿元的集成电路生产企业，经营期在15年以上的，自获利年度起计算优惠期，第一年至第五年免征企业所得税，第六年至第十年按照25%的法定税率减半征收企业所得税，并享受至期满为止。表A000000"208软件、集成电路企业类型"填报"130集成电路生产企业（投资额超过80亿元的企业）"且表A107042"减免方式"填报"210企业五免五减半——免税""220企业五免五减半——减半征税"的纳税人可以填报本项，本行填报表A107042第22行金额。

（11）第11行"十一、新办集成电路设计企业减免企业所得税"：根据财税〔2012〕27号、财税〔2016〕49号等规定，我国境内新办的集成电路设计企业，在2017年12月31日前自获利年度起计算优惠期，第一年至第二年免征企业所得税，第三年至第五年按照25%的法定税率减半征收企业所得税，并享受至期满为止。表A000000"208软件、集成电路企业类型"填报"210集成电路设计企业（新办符合条件企业）"的纳税人可以填报本项，本行填报表A107042第22行金额。

（12）第12行"十二、国家规划布局内集成电路设计企业可减按10%的税率征收企业所得税"：根据财税〔2012〕27号、财税〔2016〕49号等规定，国家规划布局内的重点集成电路设计企业，如当年未享受免税优惠的，可减按10%税率征收企业所得税。表A000000"208软件、集成电路企业类型"填报"220集成电路设计企业（符合规模条件的重点集成电路设计企业）""230集成电路设计企业（符合领域的重点集成电路设计企业）"的纳税人可以填报本项，本行填报表A107042第22行金额。

（13）第13行"十三、符合条件的软件企业减免企业所得税"：根据财税〔2012〕27号、财税〔2016〕49号等规定，我国境内新办的符合条件的企业，在2017年12月31日前自获利年度起计算优惠期，第一年至第二年免征企业所得税，第三年至第五年按照25%的法定税率减半征收企业所得税，并享受至期满为止。表A000000"208软件、集成电路企业类型"填报"311软件企业（一般软件企业—新办符合条件企业）""321软件企业（嵌入式或信息系统集成软件—新办符合条件企业）"的纳税人可以填报本项，本行填报表A107042第22行金额。

（14）第14行"十四、国家规划布局内重点软件企业可减按10%的税率征收企业所得税"：根据财税〔2012〕27号、财税〔2016〕49号等规定，国家规划布局内的重点软件企业，如当年未享受免税优惠的，可减按10%税率征收企业所得税。表A000000"208软件、集成电路企业类型"填报"312软件企业（一般软件企业—符合规模条件的重点软件企业）""313软件企业（一般软件企业—符合领域条件的重点软件企业）""314软件企业（一般软件企业—符合出口条件的重点软件企业）""322软件企业（嵌入式或信息系统集成软件—符合规模条件的重点软件企业)""323 软件企业(嵌入式或信息系统集成软件—符合领域条件的重点软件企业)""324 软件企业(嵌入式或信息系统集成软件—符合出口条件的重点软件企业)"的纳税人可以填报本项,本行填报表 A107042 第 22 行金额。

(15)第 15 行"十五、符合条件的集成电路封装、测试企业定期减免企业所得税":根据《财政部 国家税务总局 发展改革委 工业和信息化部关于进一步鼓励集成电路产业发展企业所得税政策的通知》(财税〔2015〕6 号)规定,符合条件的集成电路封装、测试企业,在 2017 年(含 2017 年)前实现获利的,自获利年度起第一年至第二年免征企业所得税,第三年至第五年按照 25%的法定税率减半征收企业所得税,并享受至期满为止;2017 年前未实现获利的,自 2017 年起计算优惠期,享受至期满为止。表 A000000"208 软件、集成电路企业类型"填报"400 集成电路封装测试企业"的纳税人可以填报本项,本行填报表 A107042 第 22 行金额。

(16)第 16 行"十六、符合条件的集成电路关键专用材料生产企业、集成电路专用设备生产企业定期减免企业所得税":根据财税〔2015〕6 号规定,符合条件的集成电路关键专用材料生产企业、集成电路专用设备生产企业,在 2017 年(含 2017 年)前实现获利的,自获利年度起第一年至第二年免征企业所得税,第三年至第五年按照 25%的法定税率减半征收企业所得税,并享受至期满为止;2017 年前未实现获利的,自 2017 年起计算优惠期,享受至期满为止。表 A000000"208 软件、集成电路企业类型"填报"500 集成电路关键专用材料生产企业""600 集成电路专用设备生产企业"的纳税人可以填报本项,本行填报表 A107042 第 22 行金额。

(17)第 17 行"十七、经营性文化事业单位转制为企业的免征企业所得税":根据《财政部 国家税务总局 中宣部关于继续实施文化体制改革中经营性文化事业单位转制为企业若干税收政策的通知》(财税〔2014〕84 号)等规定,从事新闻出版、广播影视和文化艺术的经营性文化事业单位转制为企业的,自转制注册之日起免征企业所得税。本行填报根据表 A100000 第 23 行计算的免征企业所得税金额。

(18)第 18 行"十八、符合条件的生产和装配伤残人员专门用品企业免征企业所得税":根据《财政部 国家税务总局 民政部关于生产和装配伤残人员专门用品企业免征企业所得税的通知》(财税〔2016〕111 号)等规定,符合条件的生产和装配伤残人员专门用品的企业免征企业所得税。本行填报根据表 A100000 第 23 行计算的免征企业所得税金额。

(19)第 19 行"十九、技术先进型服务企业减按 15%的税率征收企业所得税":根据《财政部 国家税务总局 商务部 科技部 国家发展改革委关于完善技术先进型服务企业有关企业所得税政策问题的通知》(财税〔2014〕59 号)、《财政部 国家税务总局 商务部 科学技术部 国家发展和改革委员会关于新增中国服务外包示范城市适用技术先进型服务企业所得税政策的通知》(财税〔2016〕108 号)、《财政部 税务总局 商务部 科技部 国家发展改革委关于将技术先进型服务企业所得税政策推广至全国实施的通知》(财税〔2017〕79 号)等规定,对经认定的技术先进型服务企业,减按 15%的税率征收企业所得税。表 A000000"206 技术先进型服务企业类型"填报"110 信息技术外包服务（ITO）""120 技术性业务流程外包服务（BPO）""130 技术性知识流程外包服务（KPO）"的纳税人可以填报本项，本行填报根据表 A100000 第 23 行计算的减征企业所得税金额。

（20）第 20 行"二十、服务贸易类技术先进型服务企业减按 15% 的税率征收企业所得税"：根据《财政部 税务总局 商务部科技部 国家发展改革委关于将服务贸易创新发展试点地区技术先进型服务企业所得税政策推广至全国实施的通知》（财税〔2018〕44 号）规定，对经认定的技术先进型服务企业（服务贸易类），减按 15% 的税率征收企业所得税。表 A000000"206 技术先进型服务企业类型"填报"210 计算机和信息服务""220 研究开发和技术服务""230 文化技术服务""240 中医药医疗服务"的纳税人可以填报本项，本行填报根据表 A100000 第 23 行计算的减征企业所得税金额。

（21）第 21 行"二十一、设在西部地区的鼓励类产业企业减按 15% 的税率征收企业所得税"：根据《财政部 海关总署 国家税务总局关于深入实施西部大开发战略有关税收政策问题的通知》（财税〔2011〕58 号）、《国家税务总局关于深入实施西部大开发战略有关企业所得税问题的公告》（国家税务总局公告 2012 年第 12 号）、《财政部 海关总署 国家税务总局关于赣州市执行西部大开发税收政策问题的通知》（财税〔2013〕4 号）、《西部地区鼓励类产业目录》（中华人民共和国国家发展和改革委员会令第 15 号）、《国家税务总局关于执行<西部地区鼓励类产业目录>有关企业所得税问题的公告》（国家税务总局公告 2015 年第 14 号）等规定，对设在西部地区的鼓励类产业企业减按 15% 的税率征收企业所得税；对设在赣州市的鼓励类产业的内资和外商投资企业减按 15% 税率征收企业所得税。本行填报根据表 A100000 第 23 行计算的减征企业所得税金额。

（22）第 22 行"二十二、新疆困难地区新办企业定期减免企业所得税"：根据《财政部 国家税务总局关于新疆困难地区新办企业所得税优惠政策的通知》（财税〔2011〕53 号）、《财政部 国家税务总局 国家发展改革委 工业和信息化部关于完善新疆困难地区重点鼓励发展产业企业所得税优惠目录的通知》（财税〔2016〕85 号）等规定，对在新疆困难地区新办的属于《新疆困难地区重点鼓励发展产业企业所得税优惠目录》范围内的企业，自取得第一笔生产经营收入所属纳税年度起，第一年至第二年免征企业所得税，第三年至第五年减半征收企业所得税。本行填报根据表 A100000 第 23 行计算的免征、减征企业所得税金额。

（23）第 23 行"二十三、新疆喀什、霍尔果斯特殊经济开发区新办企业定期免征企业所得税"：根据《财政部 国家税务总局关于新疆喀什霍尔果斯两个特殊经济开发区企业所得税优惠政策的通知》（财税〔2011〕112 号）、《财政部 国家税务总局 国家发展改革委 工业和信息化部关于完善新疆困难地区重点鼓励发展产业企业所得税优惠目录的通知》（财税〔2016〕85 号）等规定，对在新疆喀什、霍尔果斯两个特殊经济开发区内新办的属于《新疆困难地区重点鼓励发展产业企业所得税优惠目录》范围内的企业，自取得第一笔生产经营收入所属纳税年度起，五年内免征企业所得税。本行填报根据表

A100000 第 23 行计算的免征企业所得税金额。

(24) 第 24 行"二十四、广东横琴、福建平潭、深圳前海等地区的鼓励类产业企业减按 15% 税率征收企业所得税"：根据《财政部 国家税务总局关于广东横琴新区、福建平潭综合实验区、深圳前海深港现代化服务业合作区企业所得税优惠政策及优惠目录的通知》(财税〔2014〕26 号)、《财政部 税务总局关于平潭综合实验区企业所得税优惠目录增列有关旅游产业项目的通知》(财税〔2017〕75 号)等规定，对设在广东横琴新区、福建平潭综合实验区和深圳前海深港现代服务业合作区的鼓励类产业企业减按 15% 的税率征收企业所得税。本行填报根据表 A100000 第 23 行计算的减征企业所得税金额。

(25) 第 25 行"二十五、北京冬奥组委、北京冬奥会测试赛赛事组委会免征企业所得税"：根据《财政部 税务总局 海关总署关于北京 2022 年冬奥会和冬残奥会税收政策的通知》(财税〔2017〕60 号)等规定，为支持发展奥林匹克运动，确保北京 2022 年冬奥会和冬残奥会顺利举办，对北京冬奥组委免征应缴纳的企业所得税，北京冬奥会测试赛赛事组委会取得的收入及发生的涉税支出比照执行北京冬奥组委的税收政策。本行填报北京冬奥组委、北京冬奥会测试赛赛事组委会根据表 A100000 第 23 行计算的免征企业所得税金额。

(26) 第 26 行"二十六、线宽小于 130 纳米的集成电路生产企业减免企业所得税"：根据财税〔2018〕27 号规定，集成电路线宽小于 130 纳米，且经营期在 10 年以上的集成电路生产企业，自企业获利年度起，第一年至第二年免征企业所得税，第三年至第五年按照 25% 的法定税率减半征收企业所得税。表 A000000"208 软件、集成电路企业类型"填报"140 集成电路生产企业(线宽小于 130 纳米的企业)"的纳税人可以填报本项，本行填报表 A107042 第 22 行金额。

(27) 第 27 行"二十七、线宽小于 65 纳米或投资额超过 150 亿元的集成电路生产企业减免企业所得税"：根据财税〔2018〕27 号规定，集成电路线宽小于 65 纳米或投资额超过 150 亿元，且经营期在 15 年以上的集成电路生产企业，自企业获利年度起，第一年至第五年免征企业所得税，第六年至第十年按照 25% 的法定税率减半征收企业所得税。表 A000000"208 软件、集成电路企业类型"填报"150 集成电路生产企业(线宽小于 65 纳米或投资额超过 150 亿元的企业)"的纳税人可以填报本项，本行填报表 A107042 第 22 行金额。

(28) 第 28 行"二十八、其他"：填报国务院根据税法授权制定的及本表未列明的其他税收优惠政策，需填报项目名称、减免税代码及免征、减征企业所得税金额。

(29) 第 29 行"二十九、项目所得额按法定税率减半征收企业所得税叠加享受减免税优惠"：纳税人同时享受优惠税率和所得项目减半情形下，在填报本表低税率优惠时，所得项目按照优惠税率减半计算多享受优惠的部分。

企业从事农林牧渔业项目、国家重点扶持的公共基础设施项目、符合条件的环境保护、节能节水项目、符合条件的技术转让、集成电路生产项目、其他专项优惠等所得额应按法定税率 25% 减半征收，同时享受小型微利企业、高新技术企业、技术先进型服务企业、集成电路线生产企业、国家规划布局内重点软件企业和集成电路设计企业等优惠税率政策，由于申报表填报顺序，按优惠税率减半叠加享受减免税优惠部分，应在本行对该部分金额进行调整。本行应大于等于0且小于等于第1+2+…+20+22+…+28行的值。

计算公式：本行=减半项目所得额×50%×（25%-优惠税率）。

（30）第30行"三十、支持和促进重点群体创业就业企业限额减征企业所得税"：根据《财政部 税务总局 人力资源社会保障部关于继续实施支持和促进重点群体创业就业有关税收政策的通知》（财税〔2017〕49号）等规定，商贸企业、服务型企业、劳动就业服务企业中的加工型企业和街道社区具有加工性质的小型企业实体，在新增加的岗位中，当年新招用在人力资源社会保障部门公共就业服务机构登记失业半年以上且持《就业创业证》或《就业失业登记证》（注明"企业吸纳税收政策"）人员，与其签订1年以上期限劳动合同并依法缴纳社会保险费的，在3年内按实际招用人数予以定额依次扣减增值税、城市维护建设税、教育费附加、地方教育附加和企业所得税优惠。定额标准为每人每年4000元，最高可上浮30%。本行填报企业纳税年度终了时实际减免的增值税、城市维护建设税、教育费附加和地方教育附加小于核定的减免税总额部分，在企业所得税汇算清缴时扣减的企业所得税金额。当年扣减不完的，不再结转以后年度扣减。本行填报第30.1+30.2行的合计金额。

安置下岗失业人员再就业、高校毕业生就业扣减的企业所得税，第30行=第30.1+30.2行。

（31）第31行"三十一、扶持自主就业退役士兵创业就业企业限额减征企业所得税"：根据《财政部 税务总局 民政部关于继续实施扶持自主就业退役士兵创业就业有关税收政策的通知》（财税〔2017〕46号）等规定，对商贸企业、服务型企业、劳动就业服务企业中的加工型企业和街道社区具有加工性质的小型企业实体，在新增加的岗位中，当年新招用自主就业退役士兵，与其签订1年以上期限劳动合同并依法缴纳社会保险费的，在3年内按实际招用人数予以定额依次扣减增值税、城市维护建设税、教育费附加、地方教育附加和企业所得税优惠。定额标准为每人每年4000元，最高可上浮50%。本行填报企业纳税年度终了时实际减免的增值税、城市维护建设税、教育费附加和地方教育附加小于核定的减免税总额部分，在企业所得税汇算清缴时扣减的企业所得税金额。当年扣减不完的，不再结转以后年度扣减。

（32）第32行"三十二、民族自治地方的自治机关对本民族自治地方的企业应缴纳的企业所得税中属于地方分享的部分减征或免征（□免征□减征：减征幅度____%）"：根据税法、《财政部 国家税务总局关于贯彻落实国务院关于实施企业所得税过渡优惠政策有关问题的通知》（财税〔2008〕21号）、《中华人民共和国民族区域自治法》的规定，实行民族区域自治的自治区、自治州、自治县的自治机关对本民族自治地方的企业应缴纳的企业所得税中属于地方分享的部分，可以决定减征或者免征，自治州、自治县决定减征或者免征的，须报省、自治区、直辖市人民政府批准。

纳税人填报该行次时，根据享受政策的类型选择"免征"或"减征"填报，二者必选其一。选择"免征"是指企业所得税款地方分成40%部分全部免征；选择"减征：减征幅度____%"需填报"减征幅度"，减征幅度范围是1至100，表示企业所得税地方分成部分减征的百分比。如，地方分享部分减半征收，则选择"减征"，并在"减征幅度"后填写"50%"。本行填报（应纳所得税额−本表以上行次优惠合计）×40%×减征幅度的金额，以上行次不包括第30.1行、第30.2行。

第32行=（表A100000第25行−本表第1+2+3+4+5…+30+31行）×40%×减征幅度。

（33）第33行"合计"：第33行=第1+2+…+28−29+30+31+32行。第33行=表A100000第26行。

3. 表内、表间关系

第一，表内关系。

（1）第30行=第30.1+30.2行。

（2）第33行=第1+2+…+28−29+30+31+32行。

第二，表间关系。

（1）第2行=表A107041第31行。

（2）第3行=表A107041第32行。

（3）当表A000000"208软件、集成电路企业类型"填报"110集成电路生产企业（线宽小于0.8微米（含）的企业）"时，第6行=表A107042第22行。

（4）当表A000000"208软件、集成电路企业类型"填报"120集成电路生产企业（线宽小于0.25微米的企业）"且"减免方式"填报"400企业减按15%税率征收企业所得税"的，第7行=表A107042第22行。

（5）当表A000000"208软件、集成电路企业类型"填报"130集成电路生产企业（投资额超过80亿元的企业）"且"减免方式"填报"400企业减按15%税率征收企业所得税"的，第8行=表A107042第22行。

（6）当表A000000"208软件、集成电路企业类型"填报"120集成电路生产企业（线宽小于0.25微米的企业）"且"减免方式"填报"210企业五免五减半——免税""220企业五免五减半——减半征税"的，第9行=表A107042第22行。

（7）当表A000000"208软件、集成电路企业类型"填报"130集成电路生产企业（投资额超过80亿元的企业）"且"减免方式"填报"210企业五免五减半——免税""220企业五免五减半——减半征税"的，第10行=表A107042第22行。

（8）当表A000000"208软件、集成电路企业类型"填报"210集成电路设计企业（新办符合条件企业）"时，第11行=表A107042第22行。

（9）当表A000000"208软件、集成电路企业类型"填报"220集成电路设计企业（符合规模条件的重点集成电路设计企业）""230集成电路设计企业（符合领域的重点集成电路设计企业）"时，第12行=表A107042第22行。

（10）当表A000000"208软件、集成电路企业类型"填报"311软件企业（一般软件企业—新办符合条件企业）""321软件企业（嵌入式或信息系统集成软件—新办符合条件企业）"时，第13行＝表A107042第22行。

（11）当表A000000"208软件、集成电路企业类型"填报"312软件企业（一般软件企业—符合规模条件的重点软件企业）""313软件企业（一般软件企业—符合领域条件的重点软件企业）""314软件企业（一般软件企业—符合出口条件的重点软件企业）""322软件企业（嵌入式或信息系统集成软件—符合规模条件的重点软件企业）""323软件企业（嵌入式或信息系统集成软件—符合领域条件的重点软件企业）""324软件企业（嵌入式或信息系统集成软件—符合出口条件的重点软件企业）"时，第14行＝表A107042第22行。

（12）当表A000000"208软件、集成电路企业类型"填报"400集成电路封装测试企业"时，第15行＝表A107042第22行。

（13）当表A000000"208软件、集成电路企业类型"填报"500集成电路关键专用材料生产企业""600集成电路专用设备生产企业"时，第16行＝表A107042第22行。

（14）当表A000000"208软件、集成电路企业类型"填报"140集成电路生产企业（线宽小于130纳米的企业）"时，第26行＝表A107042第22行。

（15）当表A000000"208软件、集成电路企业类型"填报"150集成电路生产企业（线宽小于65纳米或投资额超过150亿元的企业）"时，第27行＝表A107042第22行。

（16）第32行＝（表A100000第25行－本表第1+2+3+4+5…+30+31行）×40%×减征幅度。

（17）第33行＝表A100000第26行。

（六）A107041《高新技术企业优惠情况及明细表》

本表适用于具备高新技术企业资格的纳税人填报。

纳税人根据税法、《科技部 财政部 国家税务总局关于修订印发〈高新技术企业认定管理办法〉的通知》（国科发火〔2016〕32号）、《科学技术部 财政部 国家税务总局关于修订印发〈高新技术企业认定管理工作指引〉的通知》（国科发火〔2016〕195号）、《国家税务总局关于实施高新技术企业所得税优惠政策有关问题的公告》（国家税务总局公告2017年第24号）等相关税收政策规定，填报本年发生的高新技术企业优惠情况。不论是否享受优惠政策，高新技术企业资格在有效期内的纳税人均需填报本表。

1. A107041《高新技术企业优惠情况及明细表》的格式

依据国家税务总局2018年第57号关于修订《中华人民共和国企业所得税年度纳税申报表（A类，2017年版）》部分表单样式及填报说明的公告，《高新技术企业优惠情况及明细表》（A107041）是局部调整的表单。将原表单"基本信息"的部分项目调整至《企业所得税年度纳税申报基础信息表》（A000000）中（见表9-30）。

A107041

表9-30 高新技术企业优惠情况及明细表

		税收优惠基本信息			
1	企业主要产品(服务)发挥核心支持作用的技术所属范围	国家重点支持的高新技术领域	一级领域		
2			二级领域		
3			三级领域		
		税收优惠有关情况			
4	收入指标	一、本年高新技术产品(服务)收入(5+6)			
5		其中：产品(服务)收入			
6		技术性收入			
7		二、本年企业总收入(8-9)			
8		其中：收入总额			
9		不征税收入			
10		三、本年高新技术产品(服务)收入占企业总收入的比例(4÷7)			
11	人员指标	四、本年科技人员数			
12		五、本年职工总数			
13		六、本年科技人员占企业当年职工总数的比例(11÷12)			
14		高新研发费用归集年度	本年度	前一年度	前二年度	合计
			1	2	3	4
15	研发费用指标	七、归集的高新研发费用金额(16+25)				
16		(一)内部研究开发投入(17+…+22+24)				
17		1. 人员人工费用				
18		2. 直接投入费用				
19		3. 折旧费用与长期待摊费用				
20		4. 无形资产摊销费用				
21		5. 设计费用				
22		6. 装备调试费与实验费用				
23		7. 其他费用				
24		其中：可计入研发费用的其他费用				
25		(二)委托外部研发费用[(26+28)×80%]				
26		1. 境内的外部研发费				
27		2. 境外的外部研发费				
28		其中：可计入研发费用的境外的外部研发费				
29		八、销售(营业)收入				
30		九、三年研发费用占销售(营业)收入的比例(15行4列÷29行4列)				
31	减免税额	十、国家需要重点扶持的高新技术企业减征企业所得税				
32		十一、经济特区和上海浦东新区新设立的高新技术企业定期减免税额				

2. 有关项目填报说明

（1）第1行至第3行："企业主要产品（服务）发挥核心支持作用的技术所属范围"：填报对企业主要产品（服务）发挥核心支持作用的技术属于《国家重点支持的高新技术领域》规定的具体范围，填报至三级明细领域，如"一、电子信息技术（一）软件1. 系统软件"。

（2）第4行"一、本年高新技术产品（服务）收入"：第4行＝第5+6行。

（3）第5行"产品（服务）收入"：填报纳税人本年发挥核心支持作用的技术属于《国家重点支持的高新技术领域》规定范围的产品（服务）收入。

（4）第6行"技术性收入"：包括技术转让收入、技术服务收入和接受委托研究开发收入。

（5）第7行"二、本年企业总收入"：第7行＝第8-9行。

（6）第8行"（一）收入总额"：填报纳税人本年以货币形式和非货币形式从各种来源取得的收入总额。包括：销售货物收入，提供劳务收入，转让财产收入，股息、红利等权益性投资收益，利息收入，租金收入，特许权使用费收入，接受捐赠收入，其他收入。

（7）第9行"不征税收入"：填报纳税人本年符合相关政策规定的不征税收入。

（8）第10行"三、本年高新技术产品（服务）收入占企业总收入的比例"：填报第4÷7行计算后的比例。第10行＝第4÷7行。

（9）第11行"四、本年科技人员数"：填报纳税人直接从事研发和相关技术创新活动，以及专门从事上述活动的管理和提供直接技术服务的，累计实际工作时间在183天以上的人员，包括在职、兼职和临时聘用人员。

（10）第12行"五、本年职工总数"：填报纳税人本年在职、兼职和临时聘用人员。在职人员可以通过企业是否签订劳动合同或缴纳社会保险费来判断。兼职、临时聘用人员全年须在企业累计工作183天以上。

（11）第13行"六、本年科技人员占企业当年职工总数的比例"：填报第11÷12行的比例。第13行＝第11÷12行。

（12）第14行"高新研发费用归集年度"：本行无填报事项。

与计算研发费比例相关的第15行至第29行需填报三年数据，实际经营不满三年的按实际经营时间填报。

（13）第15行"七、本年归集的高新研发费用金额"：第15行＝第16+25行。

（14）第16行"（一）内部研究开发投入"：第16行＝第17+18+19+20+21+22+24行。

（15）第17行"1. 人员人工费用"：填报纳税人科技人员的工资薪金、基本养老保险费、基本医疗保险费、失业保险费、工伤保险费、生育保险费和住房公积金，以及外聘科技人员的劳务费用。

（16）第18行"2. 直接投入费用"：填报纳税人为实施研究开发活动而实际发生的

相关支出。包括：直接消耗的材料、燃料和动力费用；用于中间试验和产品试制的模具、工艺装备开发及制造费，不构成固定资产的样品、样机及一般测试手段购置费，试制产品的检验费；用于研究开发活动的仪器、设备的运行维护、调整、检验、检测、维修等费用，以及通过经营租赁方式租入的用于研发活动的固定资产租赁费。

(17) 第19行"3. 折旧费用与长期待摊费用"：填报纳税人用于研究开发活动的仪器、设备和在用建筑物的折旧费；研发设施的改建、改装、装修和修理过程中发生的长期待摊费用。

(18) 第20行"4. 无形资产摊销费用"：填报纳税人用于研究开发活动的软件、知识产权、非专利技术(专有技术、许可证、设计和计算方法等)的摊销费用。

(19) 第21行"5. 设计费用"：填报纳税人为新产品和新工艺进行构思、开发和制造，进行工序、技术规范、规程制定、操作特性方面的设计等发生的费用，包括为获得创新性、创意性、突破性产品进行的创意设计活动发生的相关费用。

(20) 第22行"6. 装备调试费与实验费用"：填报纳税人工装准备过程中研究开发活动所发生的费用，包括研制特殊、专用的生产机器，改变生产和质量控制程序，或制定新方法及标准等活动所发生的费用。

(21) 第23行"7. 其他费用"：填报纳税人与研究开发活动直接相关的其他费用，包括技术图书资料费、资料翻译费、专家咨询费、高新科技研发保险费、研发成果的检索、论证、评审、鉴定、验收费用、知识产权的申请费、注册费、代理费、会议费、差旅费、通讯费等。

(22) 第24行"可计入研发费用的其他费用"：填报纳税人为研究开发活动所发生的其他费用中不超过研究开发总费用的20%的金额，按第17行至第22行之和×20%÷(1-20%)与第23行的孰小值填报。

(23) 第25行"(二)委托外部研发费用"：填报纳税人委托境内外其他机构或个人进行研究开发活动所发生的费用(研究开发活动成果为委托方企业拥有，且与该企业的主要经营业务紧密相关)。委托外部研发费用的实际发生额应按照独立交易原则确定，实际发生额的80%可计入委托方研发费用总额。第25行=(第26+28行)×80%。

(24) 第26行"1. 境内的外部研发费用"：填报纳税人委托境内其他机构或个人进行的研究开发活动所支出的费用。本行填报实际发生境内的外部研发费用。

(25) 第27行"2. 境外的外部研发费用"：填报纳税人委托境外机构或个人完成的研究开发活动所发生的费用。受托研发的境外机构是指依照外国(地区)及港澳台法律成立的企业和其他取得收入的组织；受托研发的境外个人是指外籍及港澳台个人。本行填报实际发生境外的外部研发费用。

(26) 第28行"可计入研发费用的境外的外部研发费用"：根据《高新技术企业认定管理办法》等规定，纳税人在中国境内发生的研发费用总额占全部研发费用总额的比例不低于60%，即境外发生的研发费用总额占全部研发费用总额的比例不超过40%。本行填报(第17+18+…+22+23+26行)×40%÷(1-40%)与第27行的孰小值。

(27)第29行"八、销售(营业)收入":填报纳税人主营业务收入与其他业务收入之和。

(28)第30行"九、三年研发费用占销售(营业)收入的比例":填报第15行4列÷第29行4列的比例。第30行=第15行第4列÷第29行第4列。

(29)第31行"十、国家需要重点扶持的高新技术企业减征企业所得税":本行填报经济特区和上海浦东新区外的高新技术企业或虽是经济特区和上海浦东新区新设的高新技术企业但取得区外所得的减免税金额。经济特区和上海浦东新区新设的高新技术企业定期减免政策期满后,只享受15%税率优惠政策的,减免税金额也在本行填报。第31行=表A107040第2行。

(30)第32行"十一、经济特区和上海浦东新区新设立的高新技术企业定期减免":本行填报在经济特区和上海浦东新区新设的高新技术企业区内所得的减免税金额。第32行=表A107040第3行。

七、汇总纳税

(一)A109000《跨地区经营汇总纳税企业年度分摊企业所得税明细表》

本表适用于跨地区经营汇总纳税的纳税人填报。纳税人应根据税法、《财政部 国家税务总局 中国人民银行关于印发〈跨省市总分机构企业所得税分配及预算管理办法〉的通知》(财预〔2012〕40号)、《国家税务总局关于印发〈跨地区经营汇总纳税企业所得税征收管理办法〉的公告》(国家税务总局公告2012年第57号)规定计算企业每一纳税年度应缴的企业所得税、总机构和分支机构应分摊的企业所得税。仅在同一省(自治区、直辖市和计划单列市)内设立不具有法人资格分支机构的汇总纳税企业,省(自治区、直辖市和计划单列市)参照上述文件规定制定企业所得税分配管理办法的,按照其规定填报本表。

1. A109000《跨地区经营汇总纳税企业年度分摊企业所得税明细表》的格式(如表9-31所示)

A109000　　　表9-31　跨地区经营汇总纳税企业年度分摊企业所得税明细表

行次	项目	金额
1	一、实际应纳所得税额	
2	减:境外所得应纳所得税额	
3	加:境外所得抵免所得税额	
4	二、用于分摊的本年实际应纳所得税额(1-2+3)	
5	三、本年累计已预分、已分摊所得税额(6+7+8+9)	
6	(一)总机构直接管理建筑项目部已预分所得税额	

续表

行次	项目	金额
7	（二）总机构已分摊所得税额	
8	（三）财政集中已分配所得税额	
9	（四）分支机构已分摊所得税额	
10	其中：总机构主体生产经营部门已分摊所得税额	
11	四、本年度应分摊的应补（退）的所得税额（4-5）	
12	（一）总机构分摊本年应补（退）的所得税额（11×总机构分摊比例）	
13	（二）财政集中分配本年应补（退）的所得税额（11×财政集中分配比例）	
14	（三）分支机构分摊本年应补（退）的所得税额（11×分支机构分摊比例）	
15	其中：总机构主体生产经营部门分摊本年应补（退）的所得税额（11×总机构主体生产经营部门分摊比例）	
16	五、境外所得抵免后的应纳所得税额（2-3）	
17	六、总机构本年应补（退）所得税额（12+13+15+16）	

拓展阅读 与2014版相比，2017版《跨地区经营汇总纳税企业年度分摊企业所得税明细表》（A109000）的主要变化

（1）为避免产生理解歧义，调整了原第1行"一、总机构实际应纳所得税额"、原第4行"二、总机构用于分摊的本年实际应纳所得税"、原第5行"三、本年累计已预分、已分摊所得税"、原第6行"（一）总机构向其直接管理的建筑项目部所在地预分的所得税额"、原第9行"（四）总机构所属分支机构已分摊所得税额"、原第11行"四、总机构本年度应分摊的应补（退）的所得税"、原第14行"（三）总机构所属分支机构分摊本年应补（退）的所得税额"、原第16行"五、总机构境外所得抵免后的应纳所得税额"行次名称。

（2）为满足省内跨地区汇总纳税企业填报，将原表内有关行次计算公式中的"25%""50%"比例调整为"总机构分摊比例""财政集中分配比例""分支机构分摊比例""总机构主体生产经营部门分摊比例"。

2. 有关项目填报说明

（1）第1行"实际应纳所得税额"：第1行=表A10000第31行"八、实际应纳所得税额（28+29-30）"。

（2）第2行"境外所得应纳所得税额"：第2行=表A10000第29行"加：境外所得应纳所得税额（填写A108000）"。

（3）第3行"境外所得抵免所得税额"：第3行=表A10000第30行"减：境外所得抵免所得税额（填写A108000）"。

（4）第4行"用于分摊的本年实际应纳所得税额"：第4行=第1-2+3行。

(5)第5行"本年累计已预分、已分摊所得税额"：填报企业按照税收规定计算的分支机构本年累计已分摊的所得税额、建筑企业总机构直接管理的跨地区项目部本年累计已预分并就地预缴的所得税额。

①第5行"本年累计已预分、已分摊所得税额"=第6+7+8+9行。

②第5行"本年累计已预分、已分摊所得税额"=表A10000第32行"减：本年累计实际已缴纳的所得税额"

(6)第6行"总机构直接管理建筑项目部已预分所得税额"：填报建筑企业总机构按照规定在预缴纳税申报时，向其总机构直接管理的项目部所在地按照项目收入的0.2%预分的所得税额。

(7)第7行"总机构已分摊所得税额"：填报企业在预缴申报时已按照规定比例计算缴纳的由总机构分摊的所得税额。

(8)第8行"财政集中已分配所得税额"：填报企业在预缴申报时已按照规定比例计算缴纳的由财政集中分配的所得税额。

(9)第9行"分支机构已分摊所得税额"：填报企业在预缴申报时已按照规定比例计算缴纳的由所属分支机构分摊的所得税额。

(10)第10行"其中：总机构主体生产经营部门已分摊所得税额"：填报企业在预缴申报时已按照规定比例计算缴纳的由总机构主体生产经营部门分摊的所得税额。

(11)第11行"本年度应分摊的应补(退)的所得税额"：填报企业本年度应补(退)的所得税额，不包括境外所得应纳所得税额。第11行=第4-5行。

(12)第12行"总机构分摊本年应补(退)的所得税额"：第12行=第11行×总机构分摊比例。

(13)第13行"财政集中分配本年应补(退)的所得税额"：第13行=第11行×财政集中分配比例。第13行=表A100000第35行"财政集中分配本年应补(退)所得税额(填写A109000)"。

(14)第14行"分支机构分摊本年应补(退)的所得税额"：第14行=第11行×分支机构分摊比例。

(15)第15行"其中：总机构主体生产经营部门分摊本年应补(退)的所得税额"：第15行=第11行×总机构主体生产经营部门分摊比例。

第15行=表A10000第36行"总机构主体生产经营部门分摊本年应补(退)所得税额(填写A109000)"。

(16)第16行"境外所得抵免后的应纳所得税额"：第16行=第2-3行。

(17)第12行"总机构分摊本年应补(退)的所得税额"+16行"境外所得抵免后的应纳所得税额"=表A10000第34行"其中：总机构分摊本年应补(退)所得税额(填写A109000)"。

(18)第17行"总机构本年应补(退)所得税额"：第17行=第12+13+15+16行。

(二)A109010《企业所得税汇总纳税分支机构所得税分配表》

本表适用于跨地区经营汇总纳税的总机构填报。

对于仅在同一省(自治区、直辖市和计划单列市)内设立不具有法人资格分支机构的企业,根据本省(自治区、直辖市和计划单列市)汇总纳税分配办法在总机构和各分支机构分配企业所得税额的,填报本表。

纳税人应根据税法、《财政部 国家税务总局 中国人民银行关于印发〈跨省市总分机构企业所得税分配及预算管理办法〉的通知》(财预〔2012〕40号)、《国家税务总局关于印发〈跨地区经营汇总纳税企业所得税征收管理办法〉的公告》(国家税务总局公告2012年第57号)规定计算总分机构每一纳税年度应缴的企业所得税额、总机构和分支机构应分摊的企业所得税额。

1. A109010《企业所得税汇总纳税分支机构所得税分配表》的格式(如表9-32所示)

A109010　　　　表9-32　企业所得税汇总纳税分支机构所得税分配表

税款所属期间：　年　月　日至　年　月　日

总机构名称(盖章)：

总机构统一社会信用代码(纳税人识别号)：　　　　　　　　　　　　　金额单位：元(列至角分)

应纳所得税额		总机构分摊所得税额	总机构财政集中分配所得税额			分支机构分摊所得税额	
	分支机构统一社会信用代码(纳税人识别号)	分支机构名称	三项因素			分配比例	分配所得税额
			营业收入	职工薪酬	资产总额		
分支机构情况							
		合计					

拓展阅读 与2014版相比，2017版《企业所得税汇总纳税分支机构所得税分配表》(A109010)的主要变化

(1)将原"总机构纳税人识别号"调整为"总机构统一社会信用代码(纳税人识别号)"，并将其移至表头部分。将原"分支机构纳税人识别号"调整为"分支机构统一社会信用代码(纳税人识别号)"。

(2)为了提高税款分配计算结果的精准性，调整了"分配比例"的计算规则，由保留小数点后四位调整为保留小数点后十位。

2. 具体项目填报说明

(1)"税款所属时期"：填报公历1月1日至12月31日。

(2)"总机构名称""分支机构名称"：填报营业执照、税务登记证等证件载明的纳税人名称。

(3)"总机构统一社会信用代码(纳税人识别号)""分支机构统一社会信用代码(纳税人识别号)"：填报工商等部门核发的纳税人统一社会信用代码。未取得统一社会信用代码的，填报税务机关核发的纳税人识别号。

(4)"应纳所得税额"：填报企业汇总计算的、且不包括境外所得应纳所得税额的本年应补(退)的所得税额。数据来源于《跨地区经营汇总纳税企业年度分摊企业所得税明细表》(A109000)第11行"本年度应分摊的应补(退)所得税额"。

(5)"总机构分摊所得税额"。

1)对于跨省(自治区、直辖市、计划单列市)经营汇总纳税企业，填报企业本年应补(退)所得税额×25%后的金额。

2)对于同一省(自治区、直辖市、计划单列市)内跨地区经营汇总纳税企业，填报企业本年应补(退)所得税额×规定比例后的金额。

(6)"总机构财政集中分配所得税额"。

1)对于跨省(自治区、直辖市、计划单列市)经营汇总纳税企业，填报企业本年应补(退)所得税额×25%后的金额。

2)对于同一省(自治区、直辖市、计划单列市)内跨地区经营汇总纳税企业，填报企业本年应补(退)所得税额×规定比例后的金额。

(7)"分支机构分摊所得税额"。

1)对于跨省(自治区、直辖市、计划单列市)经营汇总纳税企业，填报企业本年应补(退)的所得税额×50%后的金额。

2)对于同一省(自治区、直辖市、计划单列市)内跨地区经营汇总纳税企业，填报企业本年应补(退)所得税额×规定比例后的金额。

(8)"营业收入"：填报上一年度各分支机构销售商品、提供劳务、让渡资产使用权

等日常经营活动实现的全部收入的合计额。

（9）"职工薪酬"：填报上一年度各分支机构为获得职工提供的服务而给予各种形式的报酬以及其他相关支出的合计额。

（10）"资产总额"：填报上一年度各分支机构在经营活动中实际使用的应归属于该分支机构的资产合计额。

（11）"分配比例"：填报经总机构所在地主管税务机关审核确认的各分支机构分配比例，分配比例应保留小数点后十位。

（12）"分配所得税额"：填报分支机构按照分支机构分摊所得税额乘以相应的分配比例的金额。

（13）"合计"：填报上一年度各分支机构的营业收入总额、职工薪酬总额和资产总额三项因素的合计金额及本年各分支机构分配比例和分配税额的合计金额。

3. 表内、表间关系

第一，表内关系。

（1）总机构分摊所得税额＝应纳所得税额×总机构分摊比例。

（2）总机构财政集中分配所得税额＝应纳所得税额×财政集中分配比例。

（3）分支机构分摊所得税额＝应纳所得税额×分支机构分摊比例。

（4）分支机构分配比例＝（该分支机构营业收入÷分支机构营业收入合计）×35％+（该分支机构职工薪酬÷分支机构职工薪酬合计）×35％+（该分支机构资产总额÷分支机构资产总额合计）×30％。

（5）分支机构分配所得税额＝分支机构分摊所得税额×该分支机构分配比例。

第二，表间关系

应纳所得税额＝表 A109000 第 11 行。

经典案例

1. 北京红珊瑚养殖股份公司（上市公司），财务信息反映：2018 年计入成本费用的职工工资、奖金、津贴和补贴金额 1300 万元，按规定实际支付 1300 万元；福利费用列支 300 万元，福利费用专设账目核算；职工教育经费当年实际列支 35 万元，"以前年度累计结转扣除额"2.5 万元；工会经费当年实际列支 22 万元，取得《工会经费收入专用收据》。

试分析填写 2018 年 A105050《职工薪酬支出及纳税调整明细表》。

【分析填报】A105050《职工薪酬支出及纳税调整明细表》的填写。

工资支付符合规定，当年支付的 1300 万元税法允许扣除，不用调整；填入 A105050《职工薪酬支出及纳税调整明细表》的第 1 行的"工资薪金支出"栏目，"账载金额"填写"13000000 元"，"实际发生额"填写"13000000 元"，"税收金额"填写"13000000 元"，"纳税调整金额"填写"0"。

职工福利费用单独核算，符合税收政策，但是，税法允许税前扣除比例是工资总额的14%，1300×14%＝182（万元），超标部分要纳税调整，超标金额＝300－182＝118（万元），A105050《职工薪酬支出及纳税调整明细表》的第3行"职工福利费支出"栏目，"账载金额"填写"3000000元"，"税收规定扣除率"填写14%，"税收金额"填写"1820000元"，"纳税调整金额"填写"1180000元"。

职工教育经费计入成本费用的金额为35万元，2018年按税收规定比例扣除的职工教育经费为1300×8%＝104（万元），"以前年度累计结转扣除额"2.5万元，第1列"账载金额"+第4列"以前年度累计结转扣除额"之和＝35+2.5＝37.5万元，本年可以扣除37.5万元。A105050《职工薪酬支出及纳税调整明细表》第5行"按税收规定比例扣除的职工教育经费"栏目，"账载金额"填写"350000元"，"税收规定扣除率"填写8%，"以前年度累计结转扣除额"填写25000元，"税收金额"填写"375000元"，"纳税调整金额"填写"-25000元"，"累计结转以后年度扣除额"填写"0"。并按报表内勾稽关系填写第4行"职工教育经费支出"中的金额。

工会经费实际列支22万元，税法允许税前扣除比例是工资总额的2%，在规定的限额之内，无须纳税调整。A105050《职工薪酬支出及纳税调整明细表》的第7行"工会经费支出"栏目，"账载金额"填写"220000"，"税收规定扣除率"填写2%，"税收金额"填写"220000"，"纳税调整金额"填写"0"。

该公司纳税调整项目明细表如下表9-33所示。

A105050

表9-33　职工薪酬支出及纳税调整明细表

行次	项目	账载金额	实际发生额	税收规定扣除率	以前年度累计结转扣除额	税收金额	纳税调整金额	累计结转以后年度扣除额
		1	2	3	4	5	6(1-5)	7(1+4-5)
1	一、工资薪金支出	13000000	13000000	*	*	13000000	0	*
2	其中：股权激励			*	*			*
3	二、职工福利费支出	3000000	3000000	14%	*	1820000	1180000	*
4	三、职工教育经费支出	350000	350000	*	25000	375000	-25000	0
5	其中：按税收规定比例扣除的职工教育经费	350000	350000	8%	25000	375000	-25000	0
6	按税收规定全额扣除的职工培训费用				*			*
7	四、工会经费支出	220000	220000	2%	*	220000	0	*
8	五、各类基本社会保障性缴款			*	*			*

续表

行次	项目	账载金额	实际发生额	税收规定扣除率	以前年度累计结转扣除额	税收金额	纳税调整金额	累计结转以后年度扣除额
		1	2	3	4	5	6(1-5)	7(1+4-5)
9	六、住房公积金			*	*			*
10	七、补充养老保险				*			*
11	八、补充医疗保险				*			*
12	九、其他			*	*			
13	合计(1+3+4+7+8+9+10+11+12)	16570000	16570000	*	25000	15415000	1155000	0

2. 某市华茂制药公司2013年2月成立，2013年当年"当年境内所得额"-200000元，2014年"当年境内所得额"-500000元，2015年"当年境内所得额"-100000元，2016年"当年境内所得额"500000元；2017年"当年境内所得额"160000元，2018年"当年境内所得额"100000元。试分析填写2018年A106000《企业所得税弥补亏损明细表》。

【分析填报】 A106000《企业所得税弥补亏损明细表》的填写。

(1)按填写说明，先从第1列"年度"填起，纳税人首先填报第11行"本年度"对应的公历年度，再依次从第10行往第1行倒推填报以前年度。反映在表上，就是第11行第一列填写2018年，然后依次上推，第10行填写"2017年"，第9行填写"2016年"，第8行填写"2015年"，第7行填写"2014年"，第6行填写"2013年"，恰好向前追溯5个年度。

(2)第2列反映的是当年和前五个年度的"当年境内所得额"，第2列的"本年度"2018年填写"100000"。第2列的"前一年度2017年"填写"160000"；第2列的"前二年度2016年"填写"500000"；第2列的"前三年度2015年"填写"-100000"；第2列的"前四年度2014年"填写"-500000"；第2列的"前五年度2013年"填写"-200000"；

注意，这个表格中的"前一年度""前二年度""前三年度""前四年度""前五年度"均针对汇算清缴当年来说的，比如，2018年汇算清缴，则2017年相对2018年度来说，就是"前一年度"，2016年就是"前二年度"等等，以此类推。

(3)第3列"分立转出的亏损额"，第4列、第5列"合并、分立转入的亏损额-可弥补年限5年(或10年)"：填报金额均为"0"。

(4)第6列"弥补亏损企业类型"：根据不同年度情况从《弥补亏损企业类型代码表》中选择相应的代码填入本项。结合本案例，该制药企业是"一般企业"，亏损结转年限为5年，代码100。

(5)第7列的"当年亏损额",填报纳税人各年度可弥补亏损额的合计金额。从下到上依次填写2018年"0"、2017年"0"、2016年"0"、2015年"100000"、2014年"500000"、2013年"200000"。

(6)第8列"当年待弥补的亏损额":填报在用本年度(申报所属期年度)所得额弥补亏损前,当年度尚未被弥补的亏损额。

分析确定各年亏损弥补情况:

该企业真正开始盈利年度是2016年,站在2018年汇算清缴年度来说,这是"前二年度";2017年也盈利,这是"前一年度",弥补亏损只能在2016年"前二年度"和2017年"前一年度"进行,因为前5年度只有2016和2017年这两年盈利。

2016年度盈利500000元,可以先弥补2013年的"-200000",然后继续弥补2014年亏损"-500000"中的"300000",2014年剩余200000元亏损尚未弥补,2016年的盈利("前两年度")就被用完了。

2017年盈利160000,符合规定的亏损只能依次弥补,所以,2014年亏损还没有补完的是200000,全部补亏,当年只能补亏160000。2014年仍有4万元亏损尚未弥补。2017年("前一年度")的盈利被用完了。

2018年年度汇算清缴时,公司2014年和2015年尚未弥补的亏损额合计为140000元,由于在税法规定的弥补期内,因此,可填入11行第8列"当年待弥补的亏损额"中,金额为"140000"。

(7)第9列"用本年度所得额弥补的以前年度亏损额-使用境内所得弥补":当第11行第2列本年度(申报所属期年度)的"当年境内所得额">0时,填报各年度被本年度(申报所属期年度)境内所得依次弥补的亏损额。

由于本年即2018年盈利100000元,弥补了2014年亏损40000元,尚余60000元,可以继续弥补2015年亏损"100000元"中的60000元,填入第9列"用本年度所得额弥补的以前年度亏损额-使用境内所得弥补",金额为"100000"。这样,2018年本年度的盈利100000元被用完了。

(8)第10列"用本年度所得额弥补的以前年度亏损额-使用境外所得弥补":本列数据为0。

(9)第11列"当年可结转以后年度弥补的亏损额":填报各年度尚未弥补完的且准予结转以后年度弥补的亏损额。第11列=第8-9-10列。

2015年亏损尚余40000元没有弥补,尚未超过规定的5年,所以,可以结转以后年度继续弥补,第11列"可结转以后年度弥补的亏损额"填写"40000"。

(10)第12行第11列"可结转以后年度弥补的亏损额合计"填写"40000"。

该公司弥补亏损明细表如表9-34所示。

表9-34 企业所得税弥补亏损明细表

A106000

行次	项目	年度	当年境内所得额	分立转出的亏损额	合并、分立转入的亏损额 可弥补年限5年	合并、分立转入的亏损额 可弥补年限10年	弥补亏损企业类型	当年亏损额	当年待弥补的亏损额	用本年度所得额弥补的以前年度亏损额 使用境内所得弥补	用本年度所得额弥补的以前年度亏损额 使用境外所得弥补	当年可结转以后年度弥补的亏损额
		1	2	3	4	5	6	7	8	9	10	11
1	前十年度											0
2	前九年度											0
3	前八年度											0
4	前七年度											0
5	前六年度											0
6	前五年度	2013	-200000	0	0		100	200000		0	0	0
7	前四年度	2014	-500000	0	0		100	500000		0	0	0
8	前三年度	2015	-100000	0	0		100	100000	0	0	0	0
9	前二年度	2016	500000	0	0		100	0	0	0	0	0
10	前一年度	2017	160000	0	0		100	0	0	100000	0	0
11	本年度	2018	100000	0	0		100	0	140000			40000
12	可结转以后年度弥补的亏损额合计											40000

第三节 企业所得税纳税申报表填写案例

一、企业情况

假定北京某食品有限责任公司，由郑州某控股投资公司、山西某饮料制品公司、四川某餐饮管理公司共同设立的有限责任公司，投资占比为2∶1∶1，主要经营保健品制造，所属行业明细代码为1391。营业执照注明登记日期2008年1月；注册资金10000万元；注册登记地：北京市XX路2098号，企业所得税税率适用25%。取得一般纳税人资格。

法定代表人：球球

会计主管：呦呦

全年月从业人数平均数：500人

全年资产总额平均数：50000万元

假定纳税人识别号：110108888666998

企业会计核算软件：金蝶

会计核算方法：该企业适用《企业会计准则》，采用平均年限法计提折旧，存货成本计价方法采用先进先出法，坏账损失采用备抵法核算，所得税采用资产负债表债务法核算。

2018年已经预缴企业所得税358万元。

二、相关业务数据和填写说明

（1）主营业务收入，本年度为121200000元，主要是销售食品收入。

（2）其他业务收入888000元，为出租闲置土地取得的租金收入，租赁期从2018年1月开始，一次性收取三年租金2664000元（假设税法规定收入按合同约定一次性确认）。

（3）其他业务成本48840元，为闲置土地出租对应的摊销费用。

（4）主营业务成本为61440000元，主要是食品的销售成本。

（5）将库存商品90000元用于市场推广；不含税公允价值为120000元，没有确认营业收入和营业成本，直接确认销售费用90000元。（相关的税金及附加已经正确处理）

(6)本年接受政府补助1000000元,会计核算如下。

借:银行存款　　　　　　　　　　　　　　　　　　　　　1000000
　　贷:递延收益　　　　　　　　　　　　　　　　　　　　　　　1000000

按期分摊如下。

借:递延收益　　　　　　　　　　　　　　　　　　　　　　50000
　　贷:营业外收入　　　　　　　　　　　　　　　　　　　　　　50000

经查,属于国务院财政部门规定专项用途并经国务院批准为不征税收入。与之相关的支出为30000元,计入管理费用核算。

(7)营业外支出518000元,其中违反借款合同规定支付银行罚款18000元。通过中国红十字会向地震灾区捐赠现金500000元。

(8)应付职工薪酬(通过成本、费用扣除)。

1)计提工资9888000元并按规定全部发放。

2)按照规定比例2%列支工会经费197760元,并拨缴上级工会,取得财政监制的工会收款收据。

3)列支使用职工教育经费300000元。

4)本年没有发生职工福利费用。

5)本期按规定计提并缴纳社保2900000元。

(9)管理费用4332000元,其中:

1)当年没有发生技术开发费。

2)业务招待费支出402000元。

3)应付职工薪酬列支2750000元。

4)办公费300000元。

5)各项税费500000元。

6)其他380000元。

(10)销售费用18180000元,其中:

1)本年发生广告宣传费支出17044000元,其中不符合条件的广告支出44000元。

2)其他1136000元。

3)上年广告宣传费尚余999000元没有扣除结转入本年。

(11)财务费用363600元,均为和金融机构往来的利息支出。

(12)税金及附加911000元,包括企业计算缴纳的城建税、教育费附加等合理税费。

(13)资产折旧和摊销(税法和会计之间无差异,折旧和摊销通过成本、费用扣除)。

1)房屋建筑物的期末原值为198000000元(含土地使用权),全年计提折旧8910000元,已经使用7年。

2）机器设备的原值为96000000元，计税基础和会计账载金额一致，均是96000000元，全年共计提折旧8640000元，允许扣除的折旧也为8640000元。设备已经使用5年。

3）电子设备原值48000000元，全年共计计提折旧14400000元。已经使用2年。

4）不存在其他无形资产和长期待摊费用。

（14）以前年度盈亏情况：2016年亏损为2805822元；2017年盈利为2265800元。

三、分析填报2018年度申报表

案例解析及年度所得税报表填报如下。

（1）首先根据企业的基本情况，填写A000000《企业基础信息表》。

（2）根据会计利润表中的年度数据分析填写。

1）主营业务收入，本年度为121200000元，主要是销售食品收入。填写A101010《一般企业收入明细表》的3行"销售商品收入"121200000元。

2）其他业务收入888000元，为出租闲置土地取得的租金收入，租赁期从2018年1月开始，一次性收取三年租金2664000元（假设税法规定收入按合同约定一次性确认）。

填写A101010《一般企业收入明细表》的13行"出租无形资产收入"888000元。同时，对A105020《未按权责发生制确认收入纳税调整明细表》中的第2行"租金"：第1列"合同金额或交易金额"填写2664000，第2列"账载金额-本年"填写888000，第4列"税收金额-本年"填写2664000，第6列"纳税调整金额"填写1776000。并按报表间关系，填写A105000《纳税调整项目明细表》第3行，"账载金额"888000，"税收金额"2664000，"调增金额"1776000。

3）其他业务成本48840元，为闲置土地出租对应的摊销费用。填入A102010《一般企业成本支出明细表》第13行"出租无形资产成本"48840元。

4）主营业务成本为61440000元，主要是食品的销售成本。填入A102010《一般企业成本支出明细表》第3行"销售商品成本"61440000元。

5）将库存商品90000元用于市场推广；不含税公允价值为120000元，没有确认营业收入和营业成本，直接确认销售费用90000元。（相关的税金及附加已经正确处理）

①填入A105010《视同销售和房地产开发企业特定业务纳税调整明细表》第3行"（二）用于市场推广或销售视同销售收入"，"税收金额"120000元，"纳税调整金额"120000。

②填入A105010《视同销售和房地产开发企业特定业务纳税调整明细表》第13行"（二）用于市场推广或销售视同销售成本"，"税收金额"90000元，"纳税调整金额"

−90000元。

③填写A105000《纳税调整项目明细表》第2行，"税收金额"120000，"调增金额"120000；第13行，"税收金额"90000，"调减金额"90000。

6）本年接受政府补助。

填入A105040《专项用途财政性资金纳税调整明细表》第6行，"取得年度"填写2018年，"财政性资金"填写1000000，第3列"其中：符合不征税收入条件的财政性资金"填写1000000，第4列"其中：计入本年损益的金额"填写50000，第10列"支出金额"填写30000，第11列"其中：费用化支出金额"填写30000，第12列"结余金额"填写970000。

填写A105000《纳税调整项目明细表》第9行第4列，金额为50000，填写第25行第3列，金额为30000。

7）营业外支出518000元，其中违反借款合同规定支付银行罚款18000元。通过中国红十字会向地震灾区捐赠现金500000元。

填入A102010《一般企业成本支出明细表》第21行"捐赠支出"500000元。

填入A102010《一般企业成本支出明细表》第23行"罚没支出"18000元。

公益性捐赠支出500000元，填入A105070《捐赠支出及纳税调整明细表》，第3行，第1列填写500000，第3列填写公益性捐赠扣除限额4361347.2（会计利润总额×12%），第4列填写500000，第5列填写0，第7列填写0。并填写A105000《纳税调整项目明细表》相应第17行的第1列500000，第2列500000，第3列0。

8）应付职工薪酬。

工资支付符合规定，不用调整；填入A105050《职工薪酬支出及纳税调整明细表》的第1行的"工资薪金支出"栏目，"账载金额"填写"9888000"，"税收金额"填写"9888000"，"纳税调整金额"填写"0"。

工会经费实际列支197760元，等于税法允许税前扣除的工资总额2%，在规定的限额之内，无须纳税调整。A105050《职工薪酬支出及纳税调整明细表》的第7行"工会经费支出"栏目，"账载金额"填写"197760"，"税收规定扣除率"填写2%，"税收金额"填写"197760"，"纳税调整金额"填写"0"。

职工教育经费计入成本费用的金额为300000元，按税收规定比例扣除的职工教育经费为9888000×8%＝791040元，不超限额，无须调整。A105050《职工薪酬支出及纳税调整明细表》第5行"按税收规定比例扣除的职工教育经费"栏目，"账载金额"填写"300000"，"税收规定扣除率"填写8%，"以前年度累计结转扣除额"填写0，"税收金额"填写"300000"，"纳税调整金额"填写"0"，"累计结转以后年度扣除额"填写"0"。并按报表内勾稽关系填写第4行"职工教育经费支出"中的金额。

社保是按规定计提并交纳的，所以无须调整。填入A105050《职工薪酬支出及纳税调整明细表》的第8行的"各类基本社会保障性缴款"栏目，"账载金额"填写

"2900000"，"税收金额"填写"2900000"，"纳税调整金额"填写"0"。

9) 管理费用4332000元。逐项填入A104000《期间费用明细表》的各行次。

业务招待费支出的调整，填写A105000《纳税调整项目明细表》第15行，"账载金额"填写"402000"，"税收金额"填写"241200"，"调增金额"填写"160800"。

其中，第2列"税收金额"填报按照税法规定允许税前扣除的业务招待费支出的金额，即："本行第1列×60%"（241200）与当年销售（营业）收入（121200000+888000+120000）×5‰=611040 的孰小值。

10) 销售费用18180000元。逐项填入A104000《期间费用明细表》的各行次。

填写A105060《广告费和业务宣传费跨年度纳税调整明细表》，第1行"一、本年广告费和业务宣传费支出"17044000，第2行"减：不允许扣除的广告费和业务宣传费支出"44000，第3行"二、本年符合条件的广告费和业务宣传费支出"17000000，第4行"三、本年计算广告费和业务宣传费扣除限额的销售（营业）收入"122208000（121200000+888000+120000），第5行"税收规定扣除率"15%，第6行"四、本企业计算的广告费和业务宣传费扣除限额"18331200，第7行"五、本年结转以后年度扣除额"0，第8行"加：以前年度累计结转扣除额"999000，第9行"减：本年扣除的以前年度结转额"999000，第12行"七、本年广告费和业务宣传费支出纳税调整金额"-955000，第13行"八、累计结转以后年度扣除额"为0。

同时，将第12行的绝对值955000填入表A105000第16行第4列。

11) 财务费用363600元，均为和金融结构往来的利息支出。逐项填入A104000《期间费用明细表》的各行次。

12) 税金及附加911000元，包括企业计算缴纳的城建税、教育费附加等合理税费。填入A100000《中华人民共和国企业所得税年度纳税申报表（A类）》第3行911000。

13) 资产折旧和摊销（税法和会计之间无差异）。填入A105080《资产折旧、摊销情况及纳税调整明细表》相关行次，并汇总填入表A105000第32行。

14) 以期年度亏损。2016年度界定为"前两年度"，该年亏损2805822元，用2017年所得进行弥补，2017年可以弥补2265800元，剩余部分用本年（2018年）的所得进行弥补。

填入A106000《企业所得税弥补亏损明细表》相关栏次，并将第6行第10列数据填入表A100000第21行。

(三)该公司应填写的纳税申报表及附表如下表 9-35～表 9-50 所示。

表 9-35　中华人民共和国企业所得税年度纳税申报表封面

(A 类，2017 年版)

税款所属期间：2018 年 1 月 1 日至 2018 年 12 月 31 日

纳税人识别号(统一社会信用代码)：☐☐☐☐☐☐☐☐☐☐☐☐☐☐☐

纳税人名称：北京某食品有限责任公司

金额单位：人民币元(列至角分)

谨声明：本纳税申报表是根据国家税收法律法规及相关规定填报的、是真实的、可靠的、完整的。

纳税人(签章)：2019 年 4 月 25 日
　　　　　　　　　　　　　年　　月　　日

经办人：	受理人：
经办人身份证号：××××××××	受理税务机关(章)：
代理机构签章：	受理日期：　年　月　日

国家税务总局监制

表 9-36　企业所得税年度纳税申报表填报表单

表单编号	表单名称	是否填报
A000000	企业所得税年度纳税申报基础信息表	√
A100000	中华人民共和国企业所得税年度纳税申报表(A 类)	√
A101010	一般企业收入明细表	☒
A101020	金融企业收入明细表	☐
A102010	一般企业成本支出明细表	☒
A102020	金融企业支出明细表	☐
A103000	事业单位、民间非营利组织收入、支出明细表	☐
A104000	期间费用明细表	☒
A105000	纳税调整项目明细表	☒
A105010	视同销售和房地产开发企业特定业务纳税调整明细表	☒
A105020	未按权责发生制确认收入纳税调整明细表	☒
A105030	投资收益纳税调整明细表	☐

续表

表单编号	表单名称	是否填报
A105040	专项用途财政性资金纳税调整明细表	☑
A105050	职工薪酬支出及纳税调整明细表	☑
A105060	广告费和业务宣传费跨年度纳税调整明细表	☑
A105070	捐赠支出及纳税调整明细表	☑
A105080	资产折旧、摊销及纳税调整明细表	☑
A105090	资产损失税前扣除及纳税调整明细表	☐
A105100	企业重组及递延纳税事项纳税调整明细表	☐
A105110	政策性搬迁纳税调整明细表	☐
A105120	特殊行业准备金及纳税调整明细表	☐
A106000	企业所得税弥补亏损明细表	☑
A107010	免税、减计收入及加计扣除优惠明细表	☐
A107011	符合条件的居民企业之间的股息、红利等权益性投资收益优惠明细表	☐
A107012	研发费用加计扣除优惠明细表	☐
A107020	所得减免优惠明细表	☐
A107030	抵扣应纳税所得额明细表	☐
A107040	减免所得税优惠明细表	☐
A107041	高新技术企业优惠情况及明细表	☐
A107042	软件、集成电路企业优惠情况及明细表	☐
A107050	税额抵免优惠明细表	☐
A108000	境外所得税收抵免明细表	☐
A108010	境外所得纳税调整后所得明细表	☐
A108020	境外分支机构弥补亏损明细表	☐
A108030	跨年度结转抵免境外所得税明细表	☐
A109000	跨地区经营汇总纳税企业年度分摊企业所得税明细表	☐
A109010	企业所得税汇总纳税分支机构所得税分配表	☐

说明：企业应当根据实际情况选择需要填报的表单。

A000000

表 9-37　企业所得税年度纳税申报基础信息表

基本经营情况（必填项目）			
101 纳税申报企业类型（填写代码）	100	102 分支机构就地纳税比例（%）	
103 资产总额（填写平均值，单位：万元）	50000	104 从业人数（填写平均值，单位：人）	500
105 所属国民经济行业（填写代码）	1391	106 从事国家限制或禁止行业	☐是 ☑否
107 适用会计准则或会计制度（填写代码）	110	108 采用一般企业财务报表格式（2018 年版）	☐是 ☑否
109 小型微利企业	☐是 ☑否	110 上市公司	是（☐境内 ☐境外） ☑否

续表

有关涉税事项情况（存在或者发生下列事项时必填）			
201 从事股权投资业务	□是	202 存在境外关联交易	□是
203 选择采用的境外所得抵免方式		□分国（地区）不分项　□不分国（地区）不分项	
204 有限合伙制创业投资企业的法人合伙人	□是	205 创业投资企业	□是
206 技术先进型服务企业类型（填写代码）		207 非营利组织	□是
208 软件、集成电路企业类型（填写代码）		209 集成电路生产项目类型	□130纳米　□65纳米
210 科技型中小企	210-1 年（申报所属期年度）入库编号1		210-2 入库时间1	
	210-3 年（所属期下一年度）入库编号2		210-4 入库时间2	
211 高新技术企业申报所属期年度有效的高新技术企业证书	211-1 证书编号1		211-2 发证时间1	
	211-3 证书编号2		211-4 发证时间2	
212 重组事项税务处理方式	□一般性　□特殊性		213 重组交易类型（填写代码）	
214 重组当事方类型（填写代码）		215 政策性搬迁开始时间	年　月
216 发生政策性搬迁且停止生产经营无所得年度	□是	217 政策性搬迁损失分期扣除年度	□是
218 发生非货币性资产对外投资递延纳税事项	□是	219 非货币性资产对外投资转让所得递延纳税年度	□是
220 发生技术成果投资入股递延纳税事项	□是	221 技术成果投资入股递延纳税年度	□是
222 发生资产（股权）划转特殊性税务处理事项	□是	223 债务重组所得递延纳税年度	□是

主要股东及分红情况（必填项目）						
股东名称	证件种类	证件号码	投资比例(%)	当年（决议日）分配的股息、红利等权益性投资收益金额	国籍（注册地址）	
郑州某控股投资公司	营业执照	略	50%		略	
山西某饮料制品公司	营业执照	略	25%		略	
四川某餐饮管理公司	营业执照	略	25%		略	
其余股东合计	——	——			——	

表 9-38　中华人民共和国企业所得税年度纳税申报表（A 类）

A100000

行次	类别	项目	金额
1	利润总额计算	一、营业收入（填写A101010\101020\103000）	122 088 000.00
2		减：营业成本（填写A102010\102020\103000）	61 488 840.00
3		减：税金及附加	911 000.00
4		减：销售费用（填写A104000）	18 180 000.00
5		减：管理费用（填写A104000）	4 332 000.00
6		减：财务费用（填写A104000）	363 600.00
7		减：资产减值损失	
8		加：公允价值变动收益	
9		加：投资收益	
10		二、营业利润（1-2-3-4-5-6-7+8+9）	36 812 560.00
11		加：营业外收入（填写A101010\101020\103000）	50 000.00
12		减：营业外支出（填写A102010\102020\103000）	518 000.00
13		三、利润总额（10+11-12）	36 344 560.00
14	应纳税所得额计算	减：境外所得（填写A108010）	0.00
15		加：纳税调整增加额（填写A105000）	2 086 800.00
16		减：纳税调整减少额（填写A105000）	1 095 000.00
17		减：免税、减计收入及加计扣除（填写A107010）	0.00
18		加：境外应税所得抵减境内亏损（填写A108000）	
19		四、纳税调整后所得（13-14+15-16-17+18）	37 336 360.00
20		减：所得减免（填写A107020）	0.00
21		减：弥补以前年度亏损（填写A106000）	540 022.00
22		减：抵扣应纳税所得额（填写A107030）	0.00
23		五、应纳税所得额（19-20-21-22）	36 796 338.00
24	应纳税额计算	税率（25%）	0.25
25		六、应纳所得税额（23×24）	9 199 084.50
26		减：减免所得税额（填写A107040）	0.00
27		减：抵免所得税额（填写A107050）	0.00
28		七、应纳税额（25-26-27）	9 199 084.50
29		加：境外所得应纳所得税额（填写A108000）	0.00
30		减：境外所得抵免所得税额（填写A108000）	0.00
31		八、实际应纳所得税额（28+29-30）	9 199 084.50
32		减：本年累计实际已缴纳的所得税额	3 580 000.00
33		九、本年应补（退）所得税额（31-32）	5 619 084.50
34		其中：总机构分摊本年应补（退）所得税额（填写A109000）	0.00
35		财政集中分配本年应补（退）所得税额（填写A109000）	0.00
36		总机构主体生产经营部门分摊本年应补（退）所得税额（填写A109000）	0.00

A101010

表 9-39　一般企业收入明细表

行次	项目	金额
1	一、营业收入(2+9)	122 088 000.00
2	（一）主营业务收入(3+5+6+7+8)	121 200 000.00
3	1.销售商品收入	121 200 000.00
4	其中：非货币性资产交换收入	
5	2.提供劳务收入	
6	3.建造合同收入	
7	4.让渡资产使用权收入	
8	5.其他	
9	（二）其他业务收入(10+12+13+14+15)	888 000.00
10	1.销售材料收入	
11	其中：非货币性资产交换收入	
12	2.出租固定资产收入	
13	3.出租无形资产收入	888 000.00
14	4.出租包装物和商品收入	
15	5.其他	
16	二、营业外收入(17+18+19+20+21+22+23+24+25+26)	50 000.00
17	（一）非流动资产处置利得	
18	（二）非货币性资产交换利得	
19	（三）债务重组利得	
20	（四）政府补助利得	50 000.00
21	（五）盘盈利得	
22	（六）捐赠利得	
23	（七）罚没利得	
24	（八）确实无法偿付的应付款项	
25	（九）汇兑收益	
26	（十）其他	

A102010

表 9-40　一般企业成本支出明细表

行次	项目	金额
1	一、营业成本(2+9)	61 488 840.00
2	（一）主营业务成本(3+5+6+7+8)	61 440 000.00
3	1.销售商品成本	61 440 000.00
4	其中：非货币性资产交换成本	
5	2.提供劳务成本	

续表

行次	项目	金额
6	3. 建造合同成本	
7	4. 让渡资产使用权成本	
8	5. 其他	
9	(二)其他业务成本(10+12+13+14+15)	48 840.00
10	1. 材料销售成本	
11	其中：非货币性资产交换成本	
12	2. 出租固定资产成本	
13	3. 出租无形资产成本	48 840.00
14	4. 包装物出租成本	
15	5. 其他	
16	二、营业外支出(17+18+19+20+21+22+23+24+25+26)	518 000.00
17	(一)非流动资产处置损失	
18	(二)非货币性资产交换损失	
19	(三)债务重组损失	
20	(四)非常损失	
21	(五)捐赠支出	500 000.00
22	(六)赞助支出	
23	(七)罚没支出	18 000.00
24	(八)坏账损失	
25	(九)无法收回的债券股权投资损失	
26	(十)其他	

A104000

表 9-41 期间费用明细表

行次	项目	销售费用	其中：境外支付	管理费用	其中：境外支付	财务费用	其中：境外支付
		1	2	3	4	5	6
1	一、职工薪酬		*	2 750 000.00	*	*	*
2	二、劳务费					*	*
3	三、咨询顾问费					*	*
4	四、业务招待费		*	402 000.00	*	*	*
5	五、广告费和业务宣传费	17 044 000.00	*		*	*	*
6	六、佣金和手续费						
7	七、资产折旧摊销费		*		*	*	*

续表

行次	项目	销售费用	其中：境外支付	管理费用	其中：境外支付	财务费用	其中：境外支付
		1	2	3	4	5	6
8	八、财产损耗、盘亏及毁损损失		*	*	*	*	*
9	九、办公费		*	300 000.00	*	*	*
10	十、董事会费		*		*	*	*
11	十一、租赁费					*	*
12	十二、诉讼费		*		*	*	*
13	十三、差旅费		*		*	*	*
14	十四、保险费		*		*	*	*
15	十五、运输、仓储费					*	*
16	十六、修理费					*	*
17	十七、包装费		*		*	*	*
18	十八、技术转让费					*	*
19	十九、研究费用					*	*
20	二十、各项税费		*	500 000.00	*	*	*
21	二十一、利息收支	*	*	*	*	363 600.00	
22	二十二、汇兑差额	*	*	*	*		
23	二十三、现金折扣	*	*	*	*		
24	二十四、党组织工作经费	*	*		*	*	*
25	二十五、其他	1 136 000.00		380 000.00			
26	合计(1+2+3+…25)	18 180 000.00	0.00	4 332 000.00	0.00	363 600.00	0.00

A105000　　　　表9-42　纳税调整项目明细表

行次	项目	账载金额	税收金额	调增金额	调减金额
		1	2	3	4
1	一、收入类调整项目(2+3+…8+10+11)	*	*	1 896 000.00	50 000.00
2	（一）视同销售收入（填写A105010）	*	120 000.00	120 000.00	*

续表

行次	项目	账载金额 1	税收金额 2	调增金额 3	调减金额 4
3	(二)未按权责发生制原则确认的收入(填写A105020)	888 000.00	2 664 000.00	1 776 000.00	0.00
4	(三)投资收益(填写A105030)				
5	(四)按权益法核算长期股权投资对初始投资成本调整确认收益	*	*	*	
6	(五)交易性金融资产初始投资调整	*	*		*
7	(六)公允价值变动净损益		*		
8	(七)不征税收入	*	*		50 000.00
9	其中:专项用途财政性资金(填写A105040)				50 000.00
10	(八)销售折扣、折让和退回				
11	(九)其他				
12	二、扣除类调整项目(13+14+…24+26+27+28+29+30)	*	*	190 800.00	1 045 000.00
13	(一)视同销售成本(填写A105010)	*	90 000.00	*	90 000.00
14	(二)职工薪酬(填写A105050)	13 285 760.00	13 285 760.00	0.00	0
15	(三)业务招待费支出	402 000.00	241 200.00	160 800.00	*
16	(四)广告费和业务宣传费支出(填写A105060)	*	*		955 000.00
17	(五)捐赠支出(填写A105070)	500 000.00	500 000.00		
18	(六)利息支出				
19	(七)罚金、罚款和被没收财物的损失		*		*
20	(八)税收滞纳金、加收利息		*		*
21	(九)赞助支出		*		*
22	(十)与未实现融资收益相关在当期确认的财务费用				
23	(十一)佣金和手续费支出				*

续表

行次	项目	账载金额 1	税收金额 2	调增金额 3	调减金额 4
24	(十二)不征税收入用于支出所形成的费用	*	*	30 000.00	*
25	其中:专项用途财政性资金用于支出所形成的费用(填写A105040)	*	*	30 000.00	*
26	(十三)跨期扣除项目				
27	(十四)与取得收入无关的支出		*		*
28	(十五)境外所得分摊的共同支出		*		*
29	(十六)党组织工作经费				
30	(十七)其他				
31	三、资产类调整项目(32+33+34+35)	*	*	0	0
32	(一)资产折旧、摊销(填写A105080)	31 950 000.00	31 950 000.00	0	0
33	(二)资产减值准备金		*		
34	(三)资产损失(填写A105090)				
35	(四)其他				
36	四、特殊事项调整项目(37+38+…+42)	*	*		
37	(一)企业重组及递延纳税事项(填写A105100)				
38	(二)政策性搬迁(填写A105110)	*	*		
39	(三)特殊行业准备金(填写A105120)				
40	(四)房地产开发企业特定业务计算的纳税调整额(填写A105010)	*			
41	(五)合伙企业法人合伙人应分得的应纳税所得额				
42	(六)其他	*	*		
43	五、特别纳税调整应税所得	*	*		
44	六、其他	*	*		
45	合计(1+12+31+36+43+44)	*	*	2 086 800.00	1 095 000.00

A105010　　　　　　　表9-43　视同销售和房地产开发企业特定业务纳税调整明细表

行次	项目	税收金额 1	纳税调整金额 2
1	一、视同销售（营业）收入（2+3+4+5+6+7+8+9+10）	120 000.00	120 000.00
2	（一）非货币性资产交换视同销售收入		0.00
3	（二）用于市场推广或销售视同销售收入	120 000.00	120 000.00
4	（三）用于交际应酬视同销售收入		0.00
5	（四）用于职工奖励或福利视同销售收入		0.00
6	（五）用于股息分配视同销售收入		0.00
7	（六）用于对外捐赠视同销售收入		0.00
8	（七）用于对外投资项目视同销售收入		0.00
9	（八）提供劳务视同销售收入		0.00
10	（九）其他		0.00
11	二、视同销售（营业）成本（12+13+14+15+16+17+18+19+20）	90 000.00	-90 000.00
12	（一）非货币性资产交换视同销售成本		
13	（二）用于市场推广或销售视同销售成本	90 000.00	-90 000.00
14	（三）用于交际应酬视同销售成本		0.00
15	（四）用于职工奖励或福利视同销售成本		0.00
16	（五）用于股息分配视同销售成本		0.00
17	（六）用于对外捐赠视同销售成本		0.00
18	（七）用于对外投资项目视同销售成本		0.00
19	（八）提供劳务视同销售成本		0.00
20	（九）其他		0.00
21	三、房地产开发企业特定业务计算的纳税调整额（22-26）		
22	（一）房地产企业销售未完工开发产品特定业务计算的纳税调整额（24-25）		
23	1. 销售未完工产品的收入		*
24	2. 销售未完工产品预计毛利额		
25	3. 实际发生的营业税金及附加、土地增值税		
26	（二）房地产企业销售的未完工产品转完工产品特定业务计算的纳税调整额（28-29）	0.00	0.00
27	1. 销售未完工产品转完工产品确认的销售收入		*
28	2. 转回的销售未完工产品预计毛利额		0.00
29	3. 转回实际发生的营业税金及附加、土地增值税		0.00

A105020

表9-44 未按权责发生制确认收入纳税调整明细表

行次	项目	合同金额（交易金额）1	账载金额 本年 2	账载金额 累计 3	税收金额 本年 4	税收金额 累计 5	纳税调整金额 6(4-2)
1	一、跨期收取的租金、利息、特许权使用费收入(2+3+4)	2 664 000.00	888 000.00	888 000.00	2 664 000.00	2 664 000.00	1 776 000.00
2	（一）租金	2 664 000.00	888 000.00	888 000.00	2 664 000.00	2 664 000.00	1 776 000.00
3	（二）利息						0.00
4	（三）特许权使用费						0.00
5	二、分期确认收入(6+7+8)	0.00	0.00	0.00	0.00	0.00	0.00
6	（一）分期收款方式销售货物收入						0.00
7	（二）持续时间超过12个月的建造合同收入						0.00
8	（三）其他分期确认收入						0.00
9	三、政府补助递延收入(10+11+12)	0.00	0.00	0.00	0.00	0.00	0.00
10	（一）与收益相关的政府补助						0.00
11	（二）与资产相关的政府补助						0.00
12	（三）其他						0.00
13	四、其他未按权责发生制确认收入						0.00
14	合计(1+5+9+13)	2 664 000.00	888 000.00	888 000.00	2 664 000.00	2 664 000.00	1 776 000.00

表 9-45 专项用途财政性资金纳税调整明细表

A105040

行次	项目	取得年度	财政性资金	其中:符合不征税收入条件的财政性资金 金额	其中:计入本年损益的金额	以前年度支出情况 前五年度	以前年度支出情况 前四年度	以前年度支出情况 前三年度	以前年度支出情况 前二年度	以前年度支出情况 前一年度	本年支出情况 支出金额	本年支出情况 其中:费用化支出金额	本年结余情况 结余金额	本年结余情况 其中:上缴财政金额	本年结余情况 应计入本年应税收入金额
		1	2	3	4	5	6	7	8	9	10	11	12	13	14
1	前五年度												0.00		
2	前四年度					*							0.00		
3	前三年度					*	*						0.00		
4	前二年度					*	*	*					0.00		
5	前一年度					*	*	*	*						
6	本年	2018年	1 000 000.00	1 000 000.00	50 000.00	*	*	*	*	*	30 000.00	30 000.00	970 000.00	0.00	
7	合计 (1+2+3+4+5+6)	*	1 000 000.00	1 000 000.00	50 000.00						30 000.00	30 000.00	970 000.00	0.00	0.00

表 9-46 职工薪酬支出及纳税调整明细表

A105050

行次	项目	账载金额 1	实际发生额 2	税收规定扣除率 3	以前年度累计结转扣除额 4	税收金额 5	纳税调整金额 6(1-5)	累计结转以后年度扣除额 7(1+4-5)
1	一、工资薪金支出	9 888 000.00	9 888 000.00	*	*	9 888 000.00	0.00	*
2	其中：股权激励	0.00	0.00	*	*	0.00	0.00	*
3	二、职工福利费支出	300 000.00	300 000.00	*	*	300 000.00	0.00	*
4	三、职工教育经费支出	300 000.00	300 000.00	8%	0.00	300 000.00	0.00	0.00
5	其中：按税收规定比例扣除的职工教育经费							
6	按税收规定全额扣除的职工培训费用			*	*		0.00	*
7	四、工会经费支出	197 760.00	197 760.00	2%	*	197 760.00	0.00	*
8	五、各类基本社会保障性缴款	2 900 000.00	2 900 000.00	*	*	2 900 000.00	0.00	*
9	六、住房公积金			*	*		0.00	*
10	七、补充养老保险		0.00	*	*	0.00	0.00	*
11	八、补充医疗保险		0.00	*	*	0.00	0.00	*
12	九、其他			*	*		0.00	*
13	合计(1+3+4+7+8+9+10+11+12)	13 285 760.00	13 285 760.00	*	0.00	13 285 760.00	0.00	0.00

A105060

表 9-47 广告费和业务宣传费跨年度纳税调整明细表

行次	项目	金额
1	一、本年广告费和业务宣传费支出	17 044 000.00
2	减：不允许扣除的广告费和业务宣传费支出	44 000.00
3	二、本年符合条件的广告费和业务宣传费支出(1-2)	17 000 000.00
4	三、本年计算广告费和业务宣传费扣除限额的销售（营业）收入	122 208 000.00
5	乘：税收规定扣除率	15%
6	四、本企业计算的广告费和业务宣传费扣除限额(4×5)	18 331 200.00
7	五、本年结转以后年度扣除额(3-6，本行=3-6；3≤6，本行=0)	0.00
8	加：以前年度累计结转的以前年度扣除额	999 000.00
9	减：本年扣除的以前年度结转额[3>6，本行=0；3≤6，本行=8 或(6-3)取小值]	999 000.00
10	六、按照分摊协议归集至其他关联方的广告费和业务宣传费(10≤3 或 6 取小值)	
11	按照分摊协议从其他关联方归集本企业的广告费和业务宣传费	
12	七、本年广告费和业务宣传费支出纳税调整金额(3>6，本行=2-3-6+10-11；3≤6，本行=2+10-11-9)	-955 000.00

A105070

表 9-48 捐赠支出及纳税调整明细表

行次	项目	账载金额	以前年度结转可扣除的捐赠额	按税收规定计算的扣除限额	税收金额	纳税调增金额	纳税调减金额	可结转以后年度扣除的捐赠额
		1	2	3	4	5	6	7
1	一、非公益性捐赠		*	*	*	0.00	*	*
2	二、全额扣除的公益性捐赠	*	*	*	*	*	*	*
3	三、限额扣除的公益性捐赠(4+5+6+7)	500 000.00	0.00	4 361 347.20	500 000.00	0.00	0.00	0.00
4	前三年度（　　年）	*	*	*	*	*	*	
5	前二年度（　　年）	*	*	*	*	*	*	
6	前一年度（　　年）	*	*	*	*	*	*	
7	本　年（2018年）	500 000.00	*	4 361 347.20	500 000.00	0.00	*	0.00
8	合计(1+2+3)	500 000.00	0.00	4 361 347.20	500 000.00	0.00	0.00	0.00

表9-49 资产折旧、摊销情况及纳税调整明细表

A105080

行次	项目	账载金额			税收金额				纳税调整金额
		资产原值	本年折旧、摊销额	累计折旧、摊销额	资产计税基础	税收折旧额	享受加速折旧政策的资产按税收一般规定计算的折旧、摊销额	加速折旧统计额	
		1	2	3	4	5	6	7=5-6	累计折旧摊销额 8	9(2-5)
1	一、固定资产(2+3+4+5+6+7)	342 000 000.00	31 950 000.00	134 370 000.00	342 000 000.00	31 950 000.00	*	*	134 370 000.00	0.00
2	(一)房屋、建筑物	198 000 000.00	8 910 000.00	62 370 000.00	198 000 000.00	8 910 000.00	*	*	62 370 000.00	0.00
3	(二)飞机、火车、轮船、机器、机械和其他生产设备	96 000 000.00	8 640 000.00	43 200 000.00	96 000 000.00	8 640 000.00	*	*	43 200 000.00	0.00
4	(三)与生产经营活动有关的器具、工具、家具等						*	*		
5	(四)飞机、火车、轮船以外的运输工具						*	*		
6	(五)电子设备	48 000 000.00	14 400 000.00	28 800 000.00	48 000 000.00	14 400 000.00	*	*	28 800 000.00	0.00
7	(六)其他						*	*		

续表

行次	项目	账载金额			税收金额				纳税调整金额
		资产原值	本年折旧、摊销额	累计折旧、摊销额	资产计税基础	税收折旧额	享受加速折旧政策的资产按税收一般规定计算的折旧、摊销额	加速折旧统计额	累计折旧摊销额
		1	2	3	4	5	6	7=5-6	8	9(2-5)
8	其中:享受固定资产加速折旧及一次性扣除政策的资产加速折旧额大于一般折旧额的部分	(一)重要行业固定资产加速折旧(不含一次性扣除)								*
9		(二)其他行业研发设备加速折旧								*
10		(三)固定资产一次性扣除								*
11		(四)技术进步、更新换代固定资产								*
12		(五)常年强震动、高腐蚀固定资产								*
13		(六)外购软件折旧								*
14		(七)集成电路企业生产设备								*
15	二、生产性生物资产(16+17)						*	*		
16	(一)林木类						*	*		
17	(二)畜类						*	*		

续表

行次	项目	账载金额			税收金额				纳税调整金额
		资产原值	本年折旧、摊销额	累计折旧、摊销额	资产计税基础	税收折旧额	享受加速折旧政策的资产按税收一般规定计算的折旧、摊销额	加速折旧统计额	累计折旧摊销额
		1	2	3	4	5	6	7=5-6	8	9(2-5)
18	三、无形资产(19+20+21+22+23+24+25+27)									
19	(一)专利权						*	*		
20	(二)商标权						*	*		
21	(三)著作权						*	*		
22	(四)土地使用权						*	*		
23	(五)非专利技术						*	*		
24	(六)特许权使用费						*	*		
25	(七)软件						*	*		
26	其中:享受企业外购软件加速摊销政策						*	*		
27	(八)其他						*	*		
28	四、长期待摊费用(29+30+31+32+33)						*	*		
29	(一)已足额提取折旧的固定资产的改建支出						*	*		

续表

行次	项目	账载金额			税收金额				纳税调整金额
		资产原值	本年折旧、摊销额	累计折旧、摊销额	资产计税基础	税收折旧额	享受加速折旧政策的资产按税收一般规定计算的折旧、摊销额	加速折旧统计额	累计折旧摊销额
		1	2	3	4	5	6	7=5-6	8	9(2-5)
30	(二)租入固定资产的改建支出						*	*		
31	(三)固定资产的大修理支出						*	*		
32	(四)开办费						*	*		
33	(五)其他						*	*		
34	五、油气勘探投资						*	*		
35	六、油气开发投资						*	*		
36	合计(1+15+28+34+35)	342 000 000.00	31 950 000.00	134 370 000.00	342 000 000.00	31 950 000.00	*	0.00	134 370 000.00	0.00
所附列资料	全民所有制企业公司制改制资产评估增值政策资产						*			

表9-50 企业所得税弥补亏损明细表

A106000

行次	项目	年度	当年境内所得额	分立转出的亏损额	合并、分立转入的亏损额		弥补亏损企业类型	当年亏损额	当年待弥补的亏损额	用本年度所得额弥补以前年度亏损额		当年可结转以后年度弥补的亏损额
					可弥补年限5年	可弥补年限10年				使用境内所得弥补	使用境外所得弥补	
			1	2	3	4	5	6	7	8	9	10	11
1	前十年度											
2	前九年度											
3	前八年度											
4	前七年度											
5	前六年度											
6	前五年度											
7	前四年度											
8	前三年度											
9	前二年度	2016年	-2 805 822.00				100	2 805 822.00				
10	前一年度	2017年	2 265 800.00				100	0.00				
11	本年度	2018年	37 336 360.00				100	0.00	540 022.00	540 022.00		0.00
12	可结转以后年度弥补的亏损额合计											0.00

本章小结

大家知道，汇算清缴申报表是《企业所得税法》及相关企业所得税税收政策落地的浓缩反映。本章主要介绍了《中华人民共和国企业所得税年度纳税申报表（A类，2017年版）》的基本架构、填报说明及填写案例，通过拓展阅读、经典案例等方式，让大家对2017版《中华人民共和国企业所得税年度纳税申报表（A类）》有一个初步的了解。同时2018年新出台的税收政策对2017版企业所得税年度纳税申报表的影响我们也进行了分析，目的是要求阅读者掌握和理解所得税汇算清缴年度申报的要点和注意事项。

汇算清缴是企业对过去一年涉税事项的盘点、梳理和总结的过程，纳税人应重视年度申报表的填报工作，以汇算清缴为契机开展全面自查，填对填准每一张年度所得税申报表，把税收风险控制在汇算清缴申报之前。